딥러닝 프로젝트를 위한

허깅페이스
실전 가이드

딥러닝 프로젝트를 위한
허깅페이스 실전 가이드

지은이 윤대희, 김동화, 송종민, 진현두

펴낸이 박찬규   엮은이 최용   디자인 북누리   표지디자인 Arowa & Arowana

펴낸곳 위키북스   전화 031-955-3658, 3659   팩스 031-955-3660

주소 경기도 파주시 문발로 115, 311호(파주출판도시, 세종출판벤처타운)

가격 32,000   페이지 392   책규격 175 x 235mm

초판 발행 2024년 09월 26일

ISBN 979-11-5839-546-9 (93000)

등록번호 제406-2006-000036호   등록일자 2006년 05월 19일

홈페이지 wikibook.co.kr   전자우편 wikibook@wikibook.co.kr

딥러닝 프로젝트를 위한

허깅페이스
실전 가이드

자연어 처리부터 컴퓨터 비전, 멀티모달 프로젝트까지
허깅페이스로 쉽고 빠르게 구축하기

윤대희, 김동화, 송종민, 진현두 지음

위키북스

서문

현대 사회는 인공지능 기술의 급속한 발전으로 인해 새로운 기회와 도전에 직면하고 있습니다. 이러한 상황에서 자연어 처리와 컴퓨터비전 기술은 인간과 기계의 상호작용을 혁신적으로 변화시키고 있습니다. 허깅페이스는 이러한 기술의 발전과 접근성 향상에 중요한 역할을 하고 있으며, 이 책은 허깅페이스를 활용한 최신 인공지능 기술의 핵심 개념과 실무 능력을 제공합니다.

불과 몇 년 전만 해도 최첨단 인공지능 모델을 사용하려면 방대한 컴퓨팅 자원과 전문 지식이 필요했습니다. 그러나 허깅페이스의 등장으로 이러한 장벽이 크게 낮아졌습니다. 이제 단 몇 줄의 코드로 BERT, GPT, DALL-E와 같은 강력한 모델들을 활용할 수 있게 되었습니다. 허깅페이스는 사전 학습된 모델을 쉽게 공유하고 사용할 수 있는 허브를 제공하며, 트랜스포머 라이브러리를 통해 최신 모델을 손쉽게 구현할 수 있게 해줍니다. 이는 대기업뿐만 아니라 개인 개발자, 소규모 스타트업, 연구자들도 최신 인공지능 기술을 활용할 수 있게 만들었습니다.

이 책은 허깅페이스를 활용한 자연어 처리, 컴퓨터비전, 그리고 멀티모달 분야의 핵심 개념과 실무에 중점을 둡니다. BERT, BART, RoBERTa, T5, LLa-Ma-3와 같은 최신 언어 모델부터 CLIP, OWLv2, SAM과 같은 최신 비전 모델, 그리고 BLIP-2, LayoutLM, ViLT, Stable-diffusion과 같은 멀티모달 모델까지 다양한 모델을 다루며, 이를 실제 문제에 적용하는 방법을 알려줍니다. 각 모델의 구현뿐만 아니라 데이터 전처리, 모델 학습, 결과 평가와 같은 실제 코드를 이용한 실습을 통해 실무에서 즉시 활용할 수 있습니다.

이 책은 5개의 장과 부록으로 구성돼 있습니다. 1장에서는 허깅페이스의 기본 개념과 환경 설정을 다룹니다. 2장에서는 허깅페이스 트랜스포머 라이브러리의 주요 컴포넌트를 상세히 설명합니다. 3장과 4장에서는 각각 자연어 처리와 컴퓨터비전 분야의 다양한 태스크와 모델을 다룹니다. 5장에서는 이미지와 텍스트를 함께 다루는 멀티모달 태스크를 소개합니다. 마지막으로 부록에서는 이미지 매칭, 하이퍼파라미터 최적화 등 추가적인 주제를 다룹니다.

허깅페이스를 활용해 최신 인공지능 기술을 빠르게 습득하고 실무에 적용하고자 하는 모든 분에게 이 책을 추천합니다. 실제 프로젝트에 바로 적용할 수 있는 코드 예제와 상세한 설명을 통해, 여러분은 자연어 처리, 컴퓨터비전, 멀티모달 분야의 다양한 과제를 쉽게 구현할 수 있게 될 것입니다. 또한, 최신 모델들의 작동 원리를 이해하고 효과적으로 활용하는 방법을 배움으로써, 인공지능 관련 업무에서 뛰어난 성과를 낼 수 있는 역량을 갖추게 될 것입니다.

이 책의
사용 설명서

이 책을 효과적으로 읽고 이해하려면 1장부터 순서대로 읽어나가는 것이 가장 좋은 방법입니다. 책의 내용이 기초부터 심화 과정으로 구성돼 있어, 각 장은 이전 장의 지식을 바탕으로 전개됩니다. 특히 1장과 2장에서 다루는 기본 개념과 라이브러리 사용법은 이후 장들의 기반이 되므로 확실히 이해하기 바랍니다. 각 장의 주요 개념을 학습한 후에는 반드시 예제 코드를 따라해 보는 것이 중요합니다. 실습을 통해 이론적 개념을 확실히 체득할 수 있습니다.

3장부터 5장까지는 자연어 처리, 컴퓨터비전, 멀티모달 등 다양한 응용 분야를 다룹니다. 이 부분에서는 최대한 동일한 코드가 반복되지 않도록 다양한 방법으로 실습이 진행됩니다. 이를 통해 독자들은 여러 가지 접근 방식과 기술을 경험할 수 있으며, 각 분야의 특성에 맞는 구현 방법을 학습할 수 있습니다. 본인의 관심사에 따라 특정 장에 더 많은 시간을 투자할 수 있습니다.

각 장을 학습할 때는 하위 섹션을 단계별로 차근차근 읽어나가며, 제시된 예제를 실행해 보며 이해도를 높이세요. 책에서 소개하는 허깅페이스 허브를 적극 활용하는 것도 좋은 방법입니다. 여기서 추가 예제와 최신 모델을 찾아볼 수 있어, 학습 내용을 더욱 풍부하게 만들 수 있습니다.

각 장을 마칠 때마다 주요 개념을 복습하고, 배운 내용을 응용해 볼 수 있는 작은 프로젝트를 시도해 보는 것도 효과적인 학습 방법입니다. 또는 예제에서 사용된 모델이 아닌 유사한 모델로 변경한 뒤 예제를 다시 실습하고 비교해 보는 것도 좋은 방법입니다. 부록의 내용은 필요에 따라 참조하면 됩니다. 특히 하이퍼파라미터 최적화나 모델 경량화에 관심이 있다면 유용할 것입니다.

심화 이론에 대해 더 깊이 있게 학습하고 싶다면, 위키북스의 《파이토치 트랜스포머를 활용한 자연어 처리와 컴퓨터비전 심층학습》을 참고하면 좋습니다. 이 책은 더 상세한 이론적 배경과 고급 기술을 다루고 있어, 본 책의 내용을 보완하는 데 도움이 될 것입니다.

또한, 이 책에서 제시하는 미세 조정 실습들은 주로 작은 데이터세트의 예를 보여주고 있습니다. 실제 환경에서는 더 큰 규모의 데이터세트와 적절하게 조정된 하이퍼파라미터를 사용해야 한다는 점을 명심하세요. 이러한 실제 적용 시의 차이점을 인지하고, 필요에 따라 데이터와 파라미터를 조정하는 연습을 해보는 것이 중요합니다.

이러한 방식으로 접근하면 허깅페이스 라이브러리와 다양한 AI 모델들을 효과적으로 학습할 수 있으며, 실제 응용 능력을 키워나갈 수 있을 것입니다.

이 책에서 사용된 예제 코드와 파일은 위키북스 깃허브에서 확인할 수 있습니다.

https://github.com/wikibook/hugging-face

예제 코드는 각 장에 해당하는 별도의 디렉터리에 정리되어 있으며, 각 예제는 "예제 1.01 파이토치 GPU 가속 확인.ipynb"와 같이 주피터 노트북 파일로 제공됩니다. datasets와 images 디렉터리에는 이 책에서 사용된 데이터 파일이 저장되어 있으며, models.디렉터리는 실습 과정에서 생성되는 모델 파일을 위한 공간입니다.

목차

01

허깅페이스 알아보기

1.1 인공지능과 허깅페이스   2

    1.1.1 머신러닝과 딥러닝   3

    1.1.2 딥러닝을 위한 허깅페이스   5

1.2 트랜스포머   6

    1.2.1 트랜스포머 모델 구조   7

    1.2.2 멀티 헤드 어텐션   9

    1.2.3 마스크드 멀티 헤드 어텐션   11

1.3 파이토치 설치 및 환경 설정   12

    1.3.1 윈도우 / 리눅스   12

    1.3.2 리눅스(ROCm)   15

    1.3.3 맥   16

    1.3.4 구글 코랩   17

1.4 허깅페이스 허브   18

    1.4.1 허깅페이스 알아보기   19

    1.4.2 Models 페이지 알아보기   21

    1.4.3 사전 학습된 모델 다운로드   25

1.5 허깅페이스 리포지터리   26

    1.5.1 모델 리포지터리 생성   27

    1.5.2 모델 파일 업로드   29

    1.5.3 push_to_hub 메서드를 통한 업로드   31

    1.5.4 Git을 통한 업로드   34

02

허깅페이스 트랜스포머

2.1 라이브러리 소개   39

    2.1.1 트랜스포머   40

    2.1.2 토크나이저   40

    2.1.3 데이터세트   41

    2.1.4 디퓨저   42

    2.1.5 가속화   43

2.2 모델 설정   44

    2.2.1 PretrainedConfig 클래스   45

    2.2.2 ModelConfig 클래스   49

2.3 토크나이저   50

    2.3.1 PreTrainedTokenizer 클래스   51

    2.3.2 ModelTokenizer 클래스   53

2.4 모델   55

    2.4.1 PreTrainedModel 클래스   56

    2.4.2 ModelModel 클래스   56

2.5 특징 추출   60

    2.5.1 ImageFeatureExtractor 클래스   61

    2.5.2 AudioFeatureExtractor 클래스   63

2.6 이미지 프로세서   66

    2.6.1 ImageProcessor 클래스   66

목차

2.7 오토 클래스   68

    2.7.1 주요 Auto 클래스   69

2.8 파이프라인   72

    2.8.1 파이프라인 종류와 예시   72

    2.8.2 pipeline 함수   76

2.9 데이터세트   83

    2.9.1 선택, 분리, 병합   87

    2.9.2 필터 및 맵   89

    2.9.3 기타 메서드   92

    2.9.4 데이터 업로드   94

2.10 트레이너   99

    2.10.1 트레이너 클래스   100

    2.10.2 트레이닝 아규먼트   102

    2.10.3 토큰 분류 - 개체명 인식   105

2.11 모델 평가   117

    2.11.1 평가 라이브러리   119

03

자연어 처리

3.1 텍스트 분류: BERT   127

    3.1.1   BERT   127

    3.1.2   BertTokenizer   130

    3.1.3   BertModel   132

    3.1.4   텍스트 분류 모델 학습   134

3.2 요약문 생성: BART   141

    3.2.1   BART   142

    3.2.2   BartTokenizer   145

    3.2.3   BartModel   146

    3.2.4   요약문 생성 모델 학습   149

3.3 질의 응답: RoBERTa   157

    3.3.1   RoBERTa   158

    3.3.2   추출 질의 응답 모델 학습   160

3.4 기계 번역: T5   168

    3.4.1   T5   169

    3.4.2   기계 번역 모델 학습   173

3.5 텍스트 생성: LLaMA-3.1   179

    3.5.1   LLaMA-3 시리즈   181

    3.5.2   텍스트 생성 모델 실습   187

    3.5.3   텍스트 생성 모델 학습   196

목차

04

컴퓨터비전

4.1 제로샷 이미지 분류: CLIP   205

    4.1.1 CLIP   206

    4.1.2 제로샷 이미지 분류 수행   208

4.2 제로샷 객체 검출: OWLv2   214

    4.2.1 OWLv2   215

    4.2.2 제로샷 객체 검출 수행   217

4.3 이미지 세그먼테이션: SAM   230

    4.3.1 SAM   231

    4.3.2 이미지 세그먼테이션 수행   234

05

멀티모달

5.1 이미지 캡셔닝: BLIP-2   251

   5.1.1 BLIP   253

   5.1.2 이미지 캡셔닝 수행   265

5.2 문서 질의 응답: LayoutLM   268

   5.2.1 LayoutLM   269

   5.2.2 문서 시각 질의 응답 수행   277

5.3 시각적 질의 응답: ViLT   290

   5.3.1 ViLT   291

   5.3.2 시각적 질의 응답 수행   296

5.4 이미지 생성: Stable-Diffusion   308

   5.4.1 확산 모델   310

   5.4.2 Stable-Diffusion 3   312

   5.4.3 이미지 생성 수행   319

목차

부록 **A**

———

이미지 매칭

A.1 이미지 특징 벡터	327
A.2 FAISS	330
A.3 인덱스 유형	336

부록 **B**

———

레이 튠

B.1 하이퍼파라미터 최적화 수행	342
B.2 하이퍼파라미터 최적화 결과 비교	347
B.3 하이퍼파라미터 검색 알고리즘	349

부록 **C**

———

GPTQ

C.1 GPTQConfig 클래스	353
C.2 모델 양자화	355

부록 **D**

———

가속화

D.1 Accelerator 클래스	361
D.2 모델 분산 학습 수행	363

허깅페이스 알아보기

인공지능 기술이 빠르게 발전하면서 우리 일상 속 다양한 분야에 적용되고 있다. 그중에서도 자연어 처리, 컴퓨터비전, 멀티모달 AI는 특히 주목받는 영역이다. 이러한 첨단 기술을 누구나 쉽게 접근하고 활용할 수 있게 해주는 플랫폼이 바로 허깅페이스다.

1장에서는 허깅페이스의 기본 개념과 주요 기능을 살펴본다. 먼저 인공지능과 허깅페이스의 관계를 이해하고, 머신러닝과 딥러닝의 기초 개념을 간략히 알아본다. 이어서 현대 AI 기술의 핵심인 트랜스포머 모델의 구조와 작동 원리를 자세히 살펴본다. 멀티 헤드 어텐션과 마스크드 멀티 헤드 어텐션 메커니즘을 통해 모델이 어떻게 텍스트, 이미지, 음성 등 다양한 데이터를 처리하는지 이해할 수 있다.

실습 환경 구축을 위해 다양한 운영 체제에서 파이토치를 설치하고 설정하는 방법을 단계별로 안내한다. 윈도우, 리눅스, 맥 사용자를 위한 가이드뿐만 아니라, 클라우드 기반의 구글 코랩 활용법도 소개하여 독자들이 자신의 환경에 맞는 최적의 설정으로 실습할 수 있다.

마지막으로, 자신만의 모델을 허깅페이스 리포지터리에 업로드하고 관리하는 과정을 상세히 다룬다. 이를 통해 독자들은 단순히 모델을 사용하는 것을 넘어, AI 커뮤니티에 기여하고 협업할 수 있는 능력을 갖추게 된다.

이 장을 통해 독자들은 허깅페이스를 전반적으로 이해하고, 자연어 처리, 컴퓨터비전, 멀티모달 AI 등 최신 인공지능 기술을 효과적으로 활용할 수 있는 탄탄한 기초를 마련하게 된다. 이는 독자가 향후 복잡한 AI 프로젝트를 수행하고, 혁신적인 응용 프로그램을 개발하는 데 큰 도움이 될 것이다.

1.1 인공지능과 허깅페이스

인공지능(Artificial Intelligence, AI)이란 인간의 지능을 모방하거나 확장하기 위해 컴퓨터 시스템을 활용하는 이론적, 공학적 접근 방식을 말한다. 인간의 지능과 연결된 인지 문제를 해결하려는 컴퓨터 과학 분야 중 하나로, 기존에 인간만이 수행할 수 있다고 생각되던 역할을 컴퓨터가 수행할 수 있도록 구현해 만든 지능을 의미한다. 이는 인간과 비슷한 학습, 추론, 문제 해결 능력을 가진 지능형 시스템을 의미한다. 즉, 인간과 같이 생각하고, 학습하고, 추론하며, 문제를 해결할 수 있는 지능형 시스템을 개발하는 것을 목표로 한다.

이러한 시스템은 데이터를 기반으로 패턴을 발견하고 경험을 통해 지식을 축적해 미래의 행동을 예측하고 최적의 의사결정을 내릴 수 있어야 한다. 인공지능은 매우 광범위한 분야로 다양한 이론과 기술이 포함된다. 인공지능의 역사는 1940년대부터 시작됐지만, 머신러닝과 딥러닝 기술의 발전은 비교적 최근의 일이다. 20세기 초반 인공지능의 개념이 처음 등장한 이후, 수많은 연구자들이 컴퓨터가 스스로 학습하고 지능적인 행동을 할 수 있게 하는 방법을 모색해 왔다. 그러나 한동안 이론과 계산 능력의 한계로 인해 큰 진전을 이루지 못했다.

하지만 21세기에 접어들면서 빅데이터 확보, 컴퓨팅 파워의 비약적인 향상, 알고리즘의 고도화 등으로 인해 인공지능 기술의 실용화가 본격적으로 이뤄지기 시작했다. 특히 인공지능 기술은 다층 신경망 구조를 통해 데이터로부터 고차원의 복잡한 특징을 자동으로 추출할 수 있게 되면서 컴퓨터비전, 자연어 처리, 음성 인식 등 다양한 분야에서 인간 수준의 성능을 달성하게 됐다. 인공지능 기술 중 머신러닝과 딥러닝은 현대 인공지능의 핵심 기술로 자리 잡고 있다.

머신러닝과 딥러닝은 현대 인공지능의 핵심 기술이다. 머신러닝은 데이터로부터 패턴을 학습하고 미래 데이터에 대한 예측이나 의사결정을 수행하는 알고리즘과 기술을 말한다. 딥러닝은 머신러닝의 한 분야로, 인간 두뇌의 신경망에서 영감을 얻어 다층 신경망 구조를 통해 데이터의 복잡한 패턴과 특징을 자동으로 학습한다.

딥러닝 모델은 데이터, 신경망 구조, 손실 함수, 최적화, 활성화 함수 등의 주요 구성요소로 이뤄진다. 이러한 요소가 유기적으로 작동해 데이터에서 의미 있는 패턴을 효과적으로 학습하고 일반화한다. 최근 딥러닝 모델의 구축 및 활용을 위한 오픈소스 생태계도 크게 성장하고 있다. 그중 대표적인 것이 바로 **허깅페이스(Hugging Face)**[1]다.

허깅페이스는 다양한 분야의 대규모 사전 학습 딥러닝 모델과 이를 구축하고 미세 조정할 수 있는 라이브러리 및 도구를 제공하는 플랫폼이다. 또한 오픈소스 커뮤니티를 기반으로 모델과 지식을 공유하고 협업할 수 있는 환경을 제공한다.

1.1.1 머신러닝과 딥러닝

머신러닝(Machine Learning, ML)은 인공지능의 한 분야로 데이터로부터 패턴을 학습하고 이를 바탕으로 미래 데이터에 대한 예측 또는 의사결정을 수행하는 알고리즘과 기술을 의미한다. 머신러닝은 명시적인 프로그래밍 없이 컴퓨터가 스스로 학습할 수 있게 한다.

딥러닝(Deep Learning, DL)은 머신러닝의 한 분야로 인간 두뇌의 신경망에서 영감을 얻은 알고리즘과 데이터 구조를 활용한다. 딥러닝은 대량의 데이터로부터 다층 신경망 구조를 통해 복잡한 패턴과 특징을 자동으로 학습하는 기술이다.

머신러닝과 딥러닝은 포함 관계지만 몇 가지 주요한 차이점이 있다. 모델 구조 측면에서 머신러닝은 간단한 선형 모델이나 의사결정 트리 등의 구조를 사용하는 반면, 딥러닝은 다층의 복잡한 신경망 구조를 사용한다. 또한, 특징 추출 방식에 있어 머신러닝은 대부분 수작업으로 특징을 설계하고 추출하지만, 딥러닝은 데이터로부터 자동으로 특징을 학습한다.

데이터 요구 사항 측면에서도 머신러닝은 비교적 적은 양의 구조화된 데이터로도 작동 가능하지만, 딥러닝은 대량의 데이터를 필요로 한다. 계산 복잡성 면에서도 머신러닝 알고리즘은 비교적 간단한 반면, 딥러닝 모델은 복잡한 구조와 많은 계산 리소스를 필요로 한다.

딥러닝이 이렇게 복잡한 구조를 가지는 이유는 바로 인간 두뇌의 신경망에서 영감을 얻었기 때문이다. 딥러닝 모델은 다층의 인공신경망으로 구성돼 있으며, 각 층은 입력 데이터의 다양한 특징을 계층적으로 추출하고 표현한다. 딥러닝 모델의 주요 구성 요소는 다음과 같다.

---

1 https://huggingface.co/

딥러닝 모델의 주요 구성 요소

- **데이터**: 모델이 패턴을 학습할 수 있도록 하는 대량의 데이터 집합이다.

- **신경망**: 입력층, 은닉층, 출력층으로 구성된 다층 신경망 구조다.

- **손실 함수(Loss function)**: 모델의 예측과 실제 값 간의 차이를 측정하는 함수다.

- **최적화(Optimizer)**: 손실 함수를 최소화하기 위해 모델 가중치를 조정하는 알고리즘이다.

- **활성화 함수(Activation function)**: 신경망에 비선형성을 제공해 복잡한 패턴을 학습할 수 있게 변환한다.

딥러닝에서 대량의 고품질의 학습 데이터는 필수적인 요소다. 이 데이터는 모델이 패턴을 효과적으로 학습하고 일반화할 수 있도록 대표성 있는 샘플로 구성돼야 한다. 데이터의 양과 품질이 딥러닝 모델 성능에 직접적인 영향을 미친다.

딥러닝 모델의 핵심은 다층 인공신경망 구조다. 입력층에서 데이터가 받아들여지고, 은닉층을 통해 계층적으로 특징이 추출되어 출력층에서 최종 결과가 산출된다. 각 층은 **노드(Node)**들로 구성되며, 이웃 **계층(Layer)** 노드들 간의 가중치 연결로 이루어진다.

손실 함수는 모델의 예측 결과와 실제 정답 데이터 간의 차이를 측정한다. 이 손실 함수의 값을 최소화하는 것이 학습 목표가 된다. 문제 유형과 데이터 특성에 맞는 적절한 손실 함수를 선택해야 한다.

최적화는 손실 함수 값을 최소화하기 위해 신경망 가중치를 조정하는 알고리즘이다. 가중치 갱신 과정에서 학습률 조정, 모멘텀 추가, 적응적 학습 기법 등을 도입해 수렴 속도와 성능을 개선한다.

활성화 함수는 신경망에 비선형성을 부여해 복잡한 패턴을 학습할 수 있게 한다. 활성화 함수 선택이 모델 표현력과 수렴 속도에 영향을 미친다.

이러한 주요 구성 요소들이 유기적으로 작동하면서 딥러닝 모델은 데이터로부터 의미 있는 패턴을 효과적으로 학습하고 일반화할 수 있게 된다. 이 외에도 하이퍼파라미터 튜닝, 데이터 전처리 등 다양한 요소들의 결합으로 딥러닝 모델을 구축하게 된다.

1.1.2 딥러닝을 위한 허깅페이스

앞서 설명한 딥러닝 기술의 발전과 더불어, 이를 뒷받침하는 오픈소스 생태계도 함께 성장하고 있다. 허깅페이스는 2016년에 설립된 뉴욕 소재의 스타트업 기업으로 딥러닝 모델 구축 및 배포를 위한 오픈소스 라이브러리와 플랫폼을 제공하고 있다.

창립 초기에는 주로 자연어 처리 분야에 집중했지만 컴퓨터비전, 음성 등 다양한 분야의 대규모 사전 학습 딥러닝 모델을 제공하는 플랫폼으로 발전했다. 연구자와 개발자들은 허깅페이스를 통해 최신 모델을 쉽게 활용하고 미세 조정(Fine-tuning) 할 수 있으며, 모델 구축을 위한 다양한 라이브러리와 도구를 함께 제공한다.

또한, 허깅페이스는 개발자들이 모델을 공유하고 협업하는 데 필요한 다양한 기능을 제공해, 오픈소스 생태계의 활성화와 지식 공유를 촉진시켜 딥러닝 모델 개발의 속도와 효율성을 향상시킨다. 이는 딥러닝 모델의 신뢰성과 안정성을 높이는 데 기여하며, 다양한 사용자들에게 신뢰할 수 있는 딥러닝 모델을 제공할 수 있게 된다.

허깅페이스의 영향력은 딥러닝 생태계 전반에 걸쳐 확대되고 있으며, 더 많은 연구 및 응용 분야에서 활용되고 있다. 허깅페이스는 딥러닝 기술의 발전을 가속화하고, 다양한 문제를 해결하는 데 기여하고 있다. 허깅페이스의 주요 특징은 다음과 같다.

허깅페이스의 주요 특징

- **다양한 사전 학습 모델 제공**: BERT, GPT, CLIP 등 다양한 분야에서 널리 활용되는 대규모 사전 학습 딥러닝 모델을 제공한다. 사용자는 이 모델을 다운로드해 미세 조정하거나 추론에 활용할 수 있다.
- **통합 라이브러리**: 허깅페이스는 파이토치(PyTorch)와 텐서플로(TensorFlow) 기반의 라이브러리를 제공해 모델 구축, 미세 조정, 추론 등의 작업을 편리하게 수행할 수 있다.
- **다양한 분야 지원**: 자연어 처리뿐만 아니라 컴퓨터비전, 오디오, 강화학습 등 다양한 분야의 모델과 데이터 세트를 지원한다.
- **모델 공유**: 허깅페이스 커뮤니티에서는 모델과 코드를 공유하고 협업한다. 이를 통해 지식과 경험을 쉽게 공유하고 습득할 수 있다.
- **클라우드 및 배포 지원**: 허깅페이스는 AWS, GCP 등 클라우드 환경에서의 모델 배포를 지원하며, 간편한 API를 통해 애플리케이션에 통합할 수 있다.

1.2 트랜스포머

트랜스포머(Transformer) 모델은 2017년 구글 브레인 팀에 의해 제안된 새로운 딥러닝 아키텍처로 〈Attention is All You Need〉[2] 논문을 통해 소개됐다. 이 모델은 자연어 처리 및 기계 번역 분야에서 기존의 주류였던 순환 신경망(RNN)과는 완전히 다른 접근 방식을 채택해 큰 성과를 거뒀다. 트랜스포머의 주목할 만한 특징 중 하나는 **어텐션(Attention) 메커니즘**[3]을 적극적으로 활용했다는 것이다. 기존의 순환 신경망(RNN)과는 달리, 트랜스포머는 입력 시퀀스를 병렬로 처리함으로써 처리 속도와 성능을 높였다.

순환 신경망은 오랜 기간 동안 자연어 처리 분야에서 주류 모델로 사용됐지만 순차적인 처리 방식 때문에 긴 시퀀스를 효율적으로 다루기 어려웠다. 이러한 제약을 극복하기 위해 트랜스포머는 기존의 모델과는 다른 방식인 **셀프 어텐션(Self-attention)** 메커니즘을 활용해, 순차적인 처리나 반복 연결에 의존하지 않도록 입력 토큰 간의 관계를 모델링했다. 이를 통해 장기 의존성 문제를 해결했으며, 재귀나 합성곱 연산 없이도 뛰어난 성능을 보여주었다.

트랜스포머 모델은 대규모 데이터세트에서 효율적으로 학습되므로 기계 번역, 언어 모델링, 텍스트 분류 등 다양한 자연어 처리 작업에서 뛰어난 성능을 발휘한다. 특히 순환 신경망의 한계였던 장기 의존성 처리에 강점을 보여, 자연어 처리 분야에서 폭넓게 활용되는 영향력 있는 모델로 자리 잡았다. 다음 표 1.1은 주요한 트랜스포머 모델의 특징과 역사를 보여준다.

표 1.1 트랜스포머 모델의 특징과 역사

모델	출시일	주요 특징
Transformer	2017년 6월	어텐션 메커니즘 기반 새로운 모델 아키텍처 제안
GPT	2018년 6월	트랜스포머 기반 최초 대규모 생성 모델
BERT	2018년 10월	양방향 인코더, 맥락 표현 효과적 학습
XLNet	2019년 6월	순열 기반 언어 모델링으로 BERT 한계 극복
RoBERTa	2019년 7월	BERT 모델 규모 확장 및 성능 개선
DistilBERT	2019년 9월	BERT 경량화 모델

---

2 https://arxiv.org/abs/1706.03762
3 시퀀스 데이터를 처리할 때, 특정 시점의 출력을 계산하기 위해 입력 시퀀스의 다른 부분들에 가중치를 부여하는 방식

모델	출시일	주요 특징
GPT-3	2020년 5월	1,750억 개 파라미터 대규모 언어 모델
T5	2020년 10월	텍스트-텍스트 변환 통합 모델
ALBERT	2020년 9월	매개변수 효율성 높인 BERT 개선 모델
ELECTRA	2020년 3월	대조 학습(Contrastive learning) 기반 모델
GPT-Neo	2021년 3월	GPT-3 규모의 오픈소스 언어 모델
FLAN	2021년 9월	다중 과제 미세 조정 통한 대규모 언어 모델 적용
LaMDA	2021년 1월	대화형 AI 모델
PaLM	2021년 4월	540B 매개변수의 멀티모달 모델
Jurassic-1	2022년 2월	178B 매개변수의 언어 모델
ChatGPT	2022년 11월	대화형 질의응답 모델
GPT-4	2023년 3월	멀티모달 입출력 지원 대규모 모델
Gemini(Bard)	2023년 2월	멀티모달 대화 모델
Llama 2	2023년 2월	초거대 AI 모델 연구를 위한 오픈소스 언어 모델
Claude	2023년 3월	구조화된 합리적 사고 지원 모델
Claude-3	2024년 2월	합리적 사고와 견고한 추론 능력
Llama 3	2024년 4월	오류 감소 및 논리적 추론 능력 향상

1.2.1 트랜스포머 모델 구조

트랜스포머 모델은 크게 **임베딩(Embedding)**, **인코더(Encoder)**, **디코더(Decoder)** 계층으로 구성된다. 임베딩 계층은 입력 토큰을 고정 길이 벡터로 변환하고, 인코더와 디코더는 **멀티 헤드 어텐션(Multi-head attention)**과 **순방향 신경망(Feedforward neural network)**[4]으로 입력 시퀀스를 처리한다.

임베딩 계층은 단어나 토큰을 연속 벡터 공간으로 변환해 모델이 이해할 수 있는 형태로 만들어준다. 즉, 단어나 토큰을 숫자로 표현하는 과정이다. 이 과정에서 단어 간의 의미적 유사성을 보존하는 방향으로 모델이 학습된다. 또한, **위치 인코딩(Position encoding)**을 통해 입력

---

4 전통적인 신경망 구조를 통해 입력 표현을 더 추상화된 표현으로 변환하는 역할을 수행한다.

시퀀스에서 각 단어나 토큰의 위치 정보를 추가로 제공한다. 임베딩 계층을 통해 단어를 밀집 벡터로 표현함으로써 모델이 이해하기 쉽고, 효과적으로 자연어를 처리할 수 있게 된다.

예를 들어 "I am a student"를 입력받았을 때 임베딩 계층에서는 각 단어('I', 'am', 'a', 'student')를 고정 길이의 벡터로 변환한다. 이때 단어의 의미나 맥락 정보를 벡터에 반영해 유사한 단어들은 가까운 벡터 공간에 위치하게 된다. 또한 위치 인코딩을 통해 각 단어의 위치 정보도 함께 제공된다. 이를 5차원 벡터로 표현한다면 표 1.2와 같다.

표 1.2 임베딩 벡터 표현

단어	단어 벡터	위치 인코딩 벡터	결과 벡터
I	[0.2, 0.1, −0.3, 0.5, 0.2]	[0.1, 0.2, 0.3, 0.4, 0.5]	[0.3, 0.3, 0.0, 0.9, 0.7]
am	[−0.1, 0.6, 0.2, −0.4, 0.1]	[−0.2, −0.1, 0.0, 0.1, 0.2]	[−0.3, 0.5, 0.2, −0.3, 0.3]
a	[0.3, −0.2, 0.5, 0.1, −0.1]	[0.3, 0.4, 0.5, 0.6, 0.7]	[0.6, 0.2, 1.0, 0.7, 0.6]
student	[0.6, −0.3, 0.1, 0.7, −0.4]	[−0.4, −0.5, −0.6, −0.7, −0.8]	[0.2, −0.8, −0.5, 0.0, −1.2]
teacher	[0.7, −0.2, 0.3, 0.6, −0.5]	(없음)	[0.7, −0.2, 0.3, 0.6, −0.5]

표 1.2 예시에서는 각 단어에 대해 고유한 위치 인코딩 벡터를 더해 위치 정보를 반영했다. 그러므로 각 단어가 5차원 실수 벡터와 위치 인코딩의 합으로 표현된다. 이 벡터 값들은 사전 학습된 가중치를 사용하거나 모델 학습 과정에서 최적화된다. 의미 있는 단어들(예: 'student'와 'teacher')은 벡터 공간상에서 가까운 위치에 임베딩되어 유사도가 높아지며, 임베딩된 벡터는 인코더와 디코더 계층의 입력으로 사용되어 다음 처리 과정을 거치게 된다.

인코더는 입력 시퀀스를 병렬적으로 처리하며 문맥 정보를 추출하고, 이를 다음 계층으로 전달한다. 멀티 헤드 어텐션은 입력 시퀀스 내의 모든 단어 간의 관계를 학습하고, 순방향 신경망은 각 단어의 특징을 추출해 다음 계층으로 전달한다.

"I am a student"라는 문장에서 'student'라는 단어의 의미를 제대로 파악하려면 앞 단어들 ('I', 'am', 'a')의 맥락도 고려해야 한다. 멀티 헤드 어텐션을 통해 단어 간 관계를 학습하고, 순방향 신경망으로 각 단어의 특징을 추출한다.

디코더는 인코더에서 생성된 문맥 정보를 바탕으로 출력 시퀀스를 생성한다. 마찬가지로 멀티 헤드 어텐션과 순방향 신경망을 사용해 입력과 출력 시퀀스 간의 상호작용을 학습하고, 번역이나 요약 등의 과제를 수행하게 된다.

기계 번역 모델에서 "I am a student"라는 영어 문장을 한국어로 번역하고자 한다면, 디코더는 인코더로부터 받은 문맥 정보와 이전에 생성된 번역 결과(예: '나는')를 입력으로 받아 다음 단어(예: '학생')를 예측한다. 이 과정에서 멀티 헤드 어텐션과 순방향 신경망을 활용해 입력과 출력 시퀀스 간의 관계를 학습한다. 다음 그림 1.1은 트랜스포머 모델의 구조를 시각화했다.

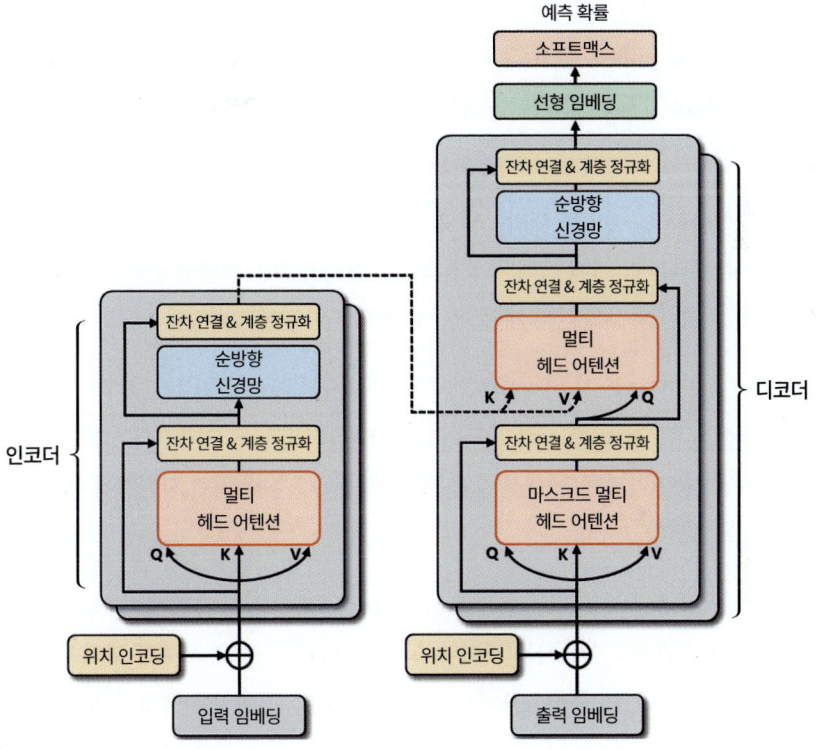

그림 1.1 트랜스포머 모델 구조

1.2.2 멀티 헤드 어텐션

멀티 헤드 어텐션은 어텐션 메커니즘을 효과적으로 수행하기 위한 기법 중 하나로 어텐션 메커니즘을 여러 개의 병렬 어텐션 모델로 분산시켜 수행한다. 각각의 어텐션 헤드는 서로 다른 가중치를 갖고 있어, 입력 시퀀스의 다양한 측면을 포착할 수 있다.

어텐션 메커니즘에서는 **쿼리(Query)**, **키(Key)**, **값(Value)**의 세 가지 입력을 사용한다. 쿼리는 현재 위치에서 관심 있는 부분을 나타내는 벡터, 키는 각 위치에 대한 정보를 나타내는 벡터, 값은 각 위치에 대한 값 벡터를 의미한다.

쿼리 벡터는 현재 처리 중인 단어에 대한 정보를 담고 있다. "The student studies at the university."라는 문장에서 'student'라는 단어를 쿼리로 선택한다면, 'student'에 대한 정보를 얻기 위한 쿼리 벡터가 된다.

키 벡터는 입력 시퀀스의 각 단어를 나타내는 값으로 'The', 'studies', 'at', 'the', 'university' 등이 키 벡터로 사용된다. 값 벡터는 키와 연관된 정보를 담고 있는 벡터로 "The student studies at the university."에서 각 단어의 의미나 문맥 정보가 값 벡터로 사용될 수 있다. 예를 들어, 'student'에 대한 값 벡터는 해당 단어가 학생을 의미하는 것과 관련된 정보가 포함된다.

멀티 헤드 어텐션에서는 이러한 쿼리-키-값 구조를 여러 번 병렬로 사용해 입력 시퀀스의 다양한 측면을 파악한다. 각 어텐션 헤드의 결과는 연결되어 최종 어텐션 값을 생성한다. 멀티 헤드 어텐션에서는 이런 과정을 여러 개의 어텐션 헤드로 나누어 수행한다.

가령 3개의 헤드가 있다면, 첫 번째 헤드는 구문(Syntax) 정보에 집중하고, 두 번째는 의미론(Semantics)적 정보, 세 번째는 화용론(Pragmatics)적 정보에 집중한다. 각 헤드의 결과는 연결(concatenate)되어 최종 어텐션 값을 생성한다. 이를 통해 입력 시퀀스에 대한 보다 풍부한 표현을 얻을 수 있다.

다시 말해 "The student studies at the university."라는 문장에서 멀티 헤드 어텐션은 문장 내 각 단어 간의 관계를 학습하는 것이다. 'student'라는 단어의 의미를 파악하려면 'the'와의 관계, 'studies'와의 관계 등을 고려해야 한다. 멀티 헤드 어텐션은 여러 개의 어텐션 헤드를 병렬로 사용해 다양한 관점에서 단어 간 관계를 포착한다. 이를 통해 'student'라는 단어가 주체이며 'studies'와 관련돼 있다는 문맥 정보를 얻을 수 있다.

트랜스포머 모델에서는 멀티 헤드 어텐션과 순방향 신경망이 반복적으로 적용된다. 멀티 헤드 어텐션을 통해 문맥 정보를 포착하고, 순방향 신경망을 통해 각 위치의 표현을 변환한다. 이 과정을 거치면서 점차 풍부한 표현을 학습할 수 있게 된다.

1.2.3 마스크드 멀티 헤드 어텐션

마스크드 멀티 헤드 어텐션(Masked multi-head attention)은 디코더 부분에서 사용되는 특수한 형태의 멀티 헤드 어텐션이다. 디코더는 출력 시퀀스를 생성하는 역할을 하는데, 이때 아직 생성되지 않은 미래의 출력 토큰들에 접근하지 못하도록 하는 것이 중요하다.

예를 들어 "The dog chases the cat"이라는 문장을 생성할 때, 'The dog'까지만 생성했다면 'chases the cat'에 대한 정보를 이용하면 안 된다. 마스크드 멀티 헤드 어텐션은 이를 방지하기 위해 미래 정보에 대한 가중치를 0으로 만들어 주는 마스킹 기법을 사용한다.

따라서 디코더에서는 현재 시점까지의 출력 정보만을 이용해 다음 토큰을 예측하게 된다. 이를 통해 출력 시퀀스를 적절히 생성할 수 있다. 그러므로 디코더에서는 마스크드 멀티 헤드 어텐션을 사용해 현재까지의 출력에만 주목하면서 다음 출력을 예측한다. 디코더도 멀티 헤드 어텐션과 순방향 신경망을 반복적으로 수행하면서 점차 풍부한 표현을 학습한다.

그러므로 인코더와 디코더는 서로 다른 역할을 수행하게 된다. 인코더는 입력 시퀀스를 순차적으로 처리하면서 문맥 정보를 추출하며, 이 과정에서 멀티 헤드 어텐션은 입력 시퀀스 내 각 단어 간의 관계를 학습하고, 순방향 신경망은 각 단어의 특징을 추출한다. 추출된 정보는 다음 계층으로 전달된다.

디코더에서는 마스크드 멀티 헤드 어텐션을 사용해 현재까지의 출력에만 주목하면서 다음 출력을 예측한다. 이때 인코더에서 추출한 문맥 정보도 참고하게 된다. 디코더 역시 멀티 헤드 어텐션과 순방향 신경망을 반복적으로 수행하면서 출력 시퀀스에 대한 풍부한 표현을 점차 학습한다.

인코더와 디코더의 반복 구조를 통해 입력 시퀀스의 문맥을 파악하고, 출력 시퀀스를 생성할 수 있게 된다. 멀티 헤드 어텐션과 순방향 신경망이 계속 쌓이면서 모델은 점점 높은 수준의 표현을 학습해 성능이 향상된다. 이렇게 트랜스포머는 입력부터 출력까지의 **종단 간(End-to-end)** 학습이 가능하며, 어텐션 메커니즘을 통해 병렬 계산을 수행하여 빠른 학습과 추론 성능을 보인다. 또한, 순차적인 처리 없이 전체 문맥을 동시에 활용할 수 있어 다양한 자연어 처리 작업에서 높은 성능을 보여준다.

1.3 파이토치 설치 및 환경 설정

이 책에서는 파이토치를 기반으로 허깅페이스 라이브러리를 실습한다. 파이토치는 딥러닝 및 인공지능 애플리케이션에 널리 사용되는 파이썬용 오픈 소스 머신러닝 라이브러리다. 파이토치는 텐서 연산을 지원하며, 신경망 모델 구축 및 학습을 위한 다양한 기능을 제공한다.

파이토치는 운영 체제나 사용 환경에 따라 설치 방법이 다르다. GPU 장치에 따라 GPU 가속이 지원되지 않을 수 있으며 GPU 가속을 적용하는 방법이 달라진다. 이번 절에서는 GPU 가속을 위해 운영체제별 파이토치 설치 방법과 GPU 가속 적용 방법을 알아본다.

1.3.1 윈도우 / 리눅스

윈도우와 리눅스 환경에서 GPU 가속을 사용하려면 CUDA(Compute Unified Device Architecture)가 필요하다. CUDA란 NVIDIA에서 제공하는 소프트웨어로 GPGPU(General-Purpose computing on Graphics Processing Units)[5] 기술을 지원하는 프로그램이다.

CPU보다 계산 속도가 훨씬 더 빠르므로 이미지 처리, 음성 인식, 머신러닝 등과 같은 컴퓨팅 작업에서 사용된다. CUDA는 NVIDIA 그래픽 카드만 지원하며, GPU Compute Capability[6] 3.5 이상의 GPU를 사용하고 있어야 한다. 이 책의 실습에는 최소 16GB의 GPU 메모리가 필요하며, 생성형 모델 예제의 경우 최소 24GB의 GPU 메모리가 필요하다. CUDA를 지원하는 그래픽 카드의 사양은 다음 경로에서 확인할 수 있다

- GPU Compute Capability: https://developer.nvidia.com/cuda-gpus

CUDA 환경을 구성할 수 있는 시스템이라면 현재 사용하고 있는 GPU의 드라이버를 최신 버전으로 업데이트한다. NVIDIA 그래픽 카드 드라이버는 다음 경로에서 업데이트할 수 있다.

- NVIDIA Driver Downloads: https://www.nvidia.com/Download/index.aspx

---

5 CPU에서 처리하던 연산을 GPU에서 병렬 처리로 연산 속도를 향상시키는 기술을 의미한다.
6 NVIDIA GPU에서 수행할 수 있는 계산 능력의 버전을 나타내는 지표

GPU Compute Capability를 확인하고 드라이버를 최신 버전으로 업데이트했다면, CUDA Toolkit을 설치한다. CUDA Toolkit은 GPU 가속화 애플리케이션 개발에 필요한 GPU 가속화 라이브러리, 디버깅 및 최적화 툴, 컴파일러 등을 제공한다.

CUDA Toolkit을 설치하기 전에, 파이토치 GPU에서 지원하는 CUDA Toolkit 버전을 확인해야 한다. https://pytorch.org/get-started/locally/에 접속해 파이토치 버전에 따른 CUDA 버전을 확인한다. 그림 1.2와 같이 표시되는 것을 확인할 수 있다.

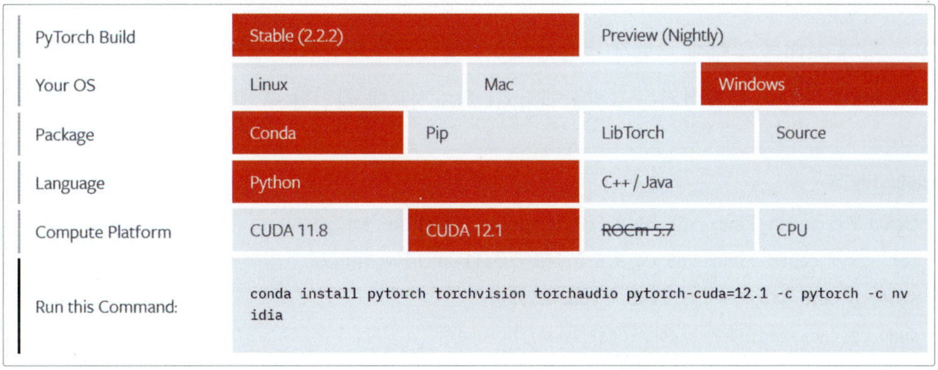

PyTorch Build	Stable (2.2.2)		Preview (Nightly)	
Your OS	Linux	Mac	Windows	
Package	Conda	Pip	LibTorch	Source
Language	Python		C++ / Java	
Compute Platform	CUDA 11.8	CUDA 12.1	~~ROCm 5.7~~	CPU
Run this Command:	conda install pytorch torchvision torchaudio pytorch-cuda=12.1 -c pytorch -c nvidia			

그림 1.2 CUDA 버전 확인

현재 파이토치 2.2.2 GPU에서 지원하는 CUDA Toolkit은 CUDA 11.8과 CUDA 12.1이다. 다음 경로에 접속해 CUDA Toolkit 11.8.x 또는 CUDA Toolkit 12.1.x를 설치한다.

- CUDA Toolkit: https://developer.nvidia.com/cuda-toolkit-archive

CUDA Toolkit까지 설치가 완료됐다면 NVIDIA CUDA 심층 신경망 라이브러리(cuDNN)[7]를 설치한다. CUDA 버전과 호환되는 압축 파일을 다운로드해 NVIDIA GPU Computing Toolkit이 설치된 경로로 파일을 덮어씌운다. cuDNN 라이브러리는 다음 경로에서 다운로드할 수 있다.[8]

- cuDNN: https://developer.nvidia.com/rdp/cudnn-archive

---

7 심층 신경망을 위한 GPU 가속 프리미티브(GPU-accelerated library of primitives) 라이브러리
8 cuDNN 라이브러리는 NVIDIA 회원가입을 해야 한다.

파일을 모두 덮어씌웠다면 환경 변수에 경로(Path)를 등록한다. 명령 프롬프트에서 다음 명령을 실행해 환경 변수를 등록한다.

윈도우 명령 프롬프트

```
setx path "%PATH%;C:\Program Files\NVIDIA GPU Computing Toolkit\CUDA\v11.8\bin"
setx path "%PATH%;C:\Program Files\NVIDIA GPU Computing Toolkit\CUDA\v11.8\extras\CUPTI\libx64"
setx path "%PATH%;C:\Program Files\NVIDIA GPU Computing Toolkit\CUDA\v11.8\include"
```

C:\Program Files 경로에 11.8 버전으로 설치했다면 위와 같이 경로를 등록한다. 명령 프롬프트 창에 path를 입력해 경로가 정상적으로 등록됐는지 확인한다. 경로가 정상적으로 등록됐다면, path 명령어로 출력되는 결괏값에서 CUDA 경로를 확인할 수 있다.

리눅스 터미널

```
chmod 755 cudnn-linux-x86_64-8.6.0.163_cuda11-archive.tar.xz
tar -zxvf cudnn-linux-x86_64-8.6.0.163_cuda11-archive.tar.xz
sudo cp cuda/lib64/* /usr/local/cuda/lib64/
sudo cp cuda/include/* /usr/local/cuda/include/
sudo chmod a+r /usr/local/cuda/include/cudnn.h
sudo chmod a+r /usr/local/cuda/lib64/libcudnn*
cat /usr/local/cuda/include/cudnn_version.h | grep CUDNN_MAJOR -A 2
```

현재 리눅스 터미널 예시는 cudnn-linux-x86_64-8.6.0.163_cuda11-archive.tar.xz 파일에 대한 예시이므로 파일명은 다를 수 있다. 파일을 압축 해제하기 전 파일 권한이 없을 수 있으므로 chmod 755 명령어로 파일 권한을 부여한다.

tar -zxvf 명령어로 tar.gz 파일의 압축을 해제하고 CUDA가 설치된 경로로 복사한다. 동일하게 권한 부여가 되지 않을 수 있으므로 앞에서와 동일한 방식으로 권한을 부여한다. 파일 복사 및 권한 부여를 완료했다면 cat 명령어를 통해 cuDNN 버전을 확인할 수 있다.[9]

CUDA와 cuDNN까지 설치가 완료됐다면 패키지 매니저 또는 아나콘다를 이용해 GPU를 사용하는 파이토치를 설치한다. 현재 설치하려는 환경에 따라 하나의 명령어만 실행한다.

---

9 데비안의 소프트웨어 패키지 형식의 파일을 설치해야 한다면, dpkg -i {package_name}.deb로 cuDNN을 설치할 수 있다.

패키지 매니저를 이용한 설치: 파이토치 GPU CUDA 11.8

```
pip3 install torch torchvision torchaudio --index-url https://download.pytorch.org/whl/cu118
```

아나콘다를 이용한 설치: 파이토치 GPU CUDA 11.8

```
conda install pytorch torchvision torchaudio pytorch-cuda=11.8 -c pytorch -c nvidia
conda install pytorch torchvision torchaudio pytorch-cuda=11.8 -c pytorch -c nvidia
```

파이토치를 설치했다면 예제 1.1과 같이 파이토치의 설치된 버전과 GPU 가속을 확인한다.

예제 1.1 파이토치 GPU 가속 확인

```
import torch

print(torch.__version__)
print(torch.cuda.is_available())
```

【 출력 결과 】

```
2.2.2+cu118
True
```

1.3.2 리눅스(ROCm)

파이토치 1.8 버전부터 리눅스에서 AMD GPU로 GPU 가속이 적용된 파이토치를 사용할 수 있다. GPU 컴퓨팅을 위한 오픈 소스 소프트웨어인 ROCm[10]으로 설치할 수 있다. ROCm이 란 AMD의 GPGPU 소프트웨어로 NVIDIA의 CUDA에 대응한다.

파이토치 GPU 빌드의 범위는 리눅스에서 ROCm을 지원하는 AMD GPU에 제한된다. 현재 파이토치 ROCm은 5.2 버전을 지원하므로 다음과 같은 경로에서 ROCm 5.2를 지원하는 그 래픽 카드를 확인하고 설치할 수 있다.

패키지 매니저를 이용한 설치: 파이토치 GPU ROCm 6.0

```
pip3 install --pre torch torchvision torchaudio --index-url https://download.pytorch.org/
whl/nightly/rocm6.0
```

---

10 https://github.com/ROCm/ROCm

현재 아나콘다에서는 ROCm 패키지를 제공하지 않으므로 패키지 매니저를 통해 설치한다. 파이토치를 설치했다면 앞선 예제 1.1과 같이 파이토치 버전을 확인한다.

1.3.3 맥

파이토치 1.12 버전부터 애플 실리콘(Apple Silicon M1/M2)이 탑재된 맥에서 GPU 가속을 적용할 수 있다. 맥 환경에서 GPU 가속은 맥 OS 12.3 버전 이상부터 적용되므로 [Apple 메뉴] → [이 Mac에 관하여]를 선택해 맥 OS 버전을 확인한다.

아나콘다를 사용해 파이토치를 설치하는 경우 ARM 64bit가 지원되는 아나콘다를 설치한다. M1/M2 전용 아나콘다를 설치하지 않는다면 GPU 가속이 적용되지 않으므로 설치에 주의한다.[11]

애플 실리콘이 탑재된 맥에서는 CUDA 가속이 아닌 **MPS(Metal Performance Shaders)** 를 통한 GPU 가속을 적용한다. MPS는 머신러닝, 컴퓨터비전 등을 위한 컴퓨팅 그래프의 구축, 컴파일 및 실행을 지원한다. 다음은 패키지 매니저 또는 아나콘다를 사용한 설치 방법을 보여준다.

패키지 매니저를 이용한 설치

```
pip3 install torch torchvision torchaudio
```

아나콘다를 이용한 설치

```
conda install pytorch torchvision torchaudio -c pytorch
```

맥에서는 파이토치 CPU를 설치하는 방법과 동일하다. 단, MPS를 통한 GPU 가속을 적용할 수 있는 경우 GPU 가속을 활용할 수 있다. 다음 예제 1.2는 맥에서 하드웨어 가속을 확인하는 방법을 보여준다.

---

11 https://www.anaconda.com/download에서 64-Bit M1/M2 아나콘다를 내려받아 설치할 수 있다.

예제 1.2 MPS 가속 확인

```python
import torch

print(torch.__version__)
print(torch.backends.mps.is_built())
print(torch.backends.mps.is_available())
```

【 출력 결과 】

```
2.2.2
True
True
```

MPS를 사용해 GPU 가속을 적용할 수 있는 경우 `torch.backends.mps.is_built()`와 `torch.backends.mps.is_available()` 모두 True를 반환해야 한다. 하나라도 False를 반환하는 경우 MPS 환경에 부적합하거나 설치가 제대로 진행되지 않았을 수 있으므로 설치 과정을 확인한다.

1.3.4 구글 코랩

구글 코랩은 클라우드 환경에서 실행되는 주피터 노트북을 제공하는 무료 클라우드 서비스다. 강력한 컴퓨팅 리소스를 제공하며 대화형 환경에서 프로토타입 코드를 작성하고 실험할 수 있다.

또한 노트북을 다른 사람과 쉽게 공유하고 실시간으로 코드를 공동 작업할 수 있어 프로그래밍 학습 및 교육을 위해 사용할 수도 있다. 구글 코랩을 사용하려면 구글 계정이 필요하며 브라우저에서 노트북을 열어야 한다.[12]

브라우저 환경에서 구글 코랩 노트북을 생성했다면, 상단 메뉴바에서 [런타임] → [런타임 유형 변경]을 선택한다. 노트 설정 팝업창이 생성된다면 하드웨어 가속기를 GPU로 설정한다.

---

12 https://colab.research.google.com/

이 책의 실습을 위해서는 T4 GPU가 필요하며, 생성형 모델 예제의 경우 A100 GPU 또는 L4 GPU를 사용해야 한다[13]. GPU 설정이 완료됐다면 예제 1.3과 같이 파이토치 설치 버전과 GPU 가속을 확인할 수 있다.

예제 1.3 파이토치 GPU 가속 확인

```
import torch

print(torch.__version__)
print(torch.cuda.is_available())
```

【 출력 결과 】
```
2.2.1+cu121
True
```

1.4 허깅페이스 허브

허깅페이스 허브(Hugging Face Hub)는 머신러닝 모델, 데모, 데이터 세트 및 메트릭(Metric)을 공유할 수 있는 플랫폼이다. 연구자와 개발자들이 자신의 모델과 데이터세트를 업로드해 다른 사용자들과 공유할 수 있다.

허깅페이스 허브의 가장 큰 장점은 모델과 데이터세트 탐색 및 접근에 용이하다는 것이다. 직관적인 웹 인터페이스와 검색 기능을 통해 원하는 모델이나 데이터세트를 쉽게 찾을 수 있다. 또한 모델과 데이터세트에 대한 메타데이터와 가이드 문서가 제공되어 사용 방법을 이해할 수 있다.

이 외에도 모델 및 데이터세트의 버전 관리도 지원하여, 새로운 버전이 출시되면 이전 버전과의 차이를 비교할 수 있다. 이를 통해 프로젝트에 적합한 버전을 선택할 수 있다. 또한 모델 및 데이터세트의 인기도, 사용 통계, 평가 지표 등의 정보를 제공해 자신의 요구사항에 맞는 모델과 데이터세트를 찾을 수 있다.

---

13 T4 GPU는 무료로 사용할 수 있고, A100과 L4 GPU를 사용하려면 코랩 프로 요금제에 가입해야 한다.

허깅페이스 허브에서는 모델과 데이터세트를 직접 다운로드할 수 있을 뿐만 아니라, 허깅페이스 라이브러리를 통해 바로 사용할 수 있다. 이를 통해 개발 과정이 매우 간소화되고 생산성이 향상된다. 허깅페이스 허브는 AI 모델과 데이터세트를 탐색하고 공유하는 데 최적화된 플랫폼으로 검색 및 통합 기능, 버전 관리, 커뮤니티 기능 등을 제공해 AI 개발 과정을 간소화할 수 있다.

1.4.1 허깅페이스 알아보기

허깅페이스에서 모델 탐색 및 데이터세트 접근을 위해서는 허깅페이스 계정이 필요하다. 허깅페이스 웹사이트[14]에 접속해 홈페이지 상단에 있는 [Sign Up] 버튼을 눌러 가입할 수 있다. 이메일 주소, 사용자명, 비밀번호를 설정하고, 이메일로 전송된 확인 링크를 클릭해 계정을 활성화한다. 계정을 생성하고 로그인한 후에는 그림 1.3과 같은 화면을 확인할 수 있다.

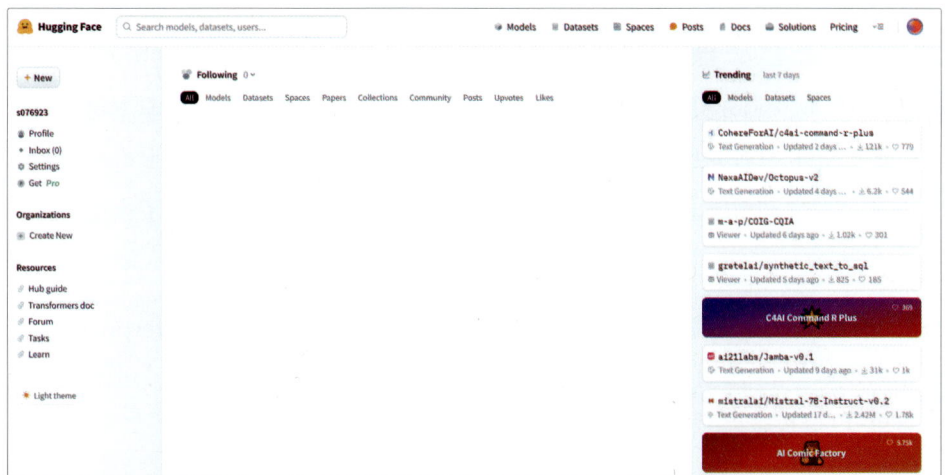

그림 1.3 허깅페이스 메인 페이지

허깅페이스의 상단 내비게이션은 크게 **모델(Models)**, **데이터세트(Datasets)**, **스페이스 (Spaces)**, **포스트(Posts)**, **문서(Docs)**, **솔루션(Solutions)**, **결제(Pricing)**, **프로필 (Profile)** 메뉴로 구성된다. 각 버튼은 사용자가 웹사이트를 탐색하고 필요한 정보에 빠르게 접근할 수 있도록 돕는 역할을 한다.

---

14 https://huggingface.co/

Models와 Datasets 페이지는 허깅페이스에서 제공하는 다양한 사전 학습된 모델 및 데이터세트들의 목록을 확인할 수 있는 곳이다. 검색창이나 필터링 기능을 통해 원하는 모델이나 데이터세트를 찾을 수 있으며, 모델 및 데이터세트 이름, 작성자, 과제, 라이브러리 등으로 필터링이 가능하다.

Spaces는 자신의 머신러닝/딥러닝 모델을 간단한 웹 인터페이스를 통해 모델을 배포하고 공유할 수 있는 플랫폼이다. HTML, 자바스크립트 등으로 커스터마이징도 가능하며 다른 사용자들이 공개한 다양한 모델 앱을 살펴보고 직접 사용해 볼 수 있다. 예를 들어 이미지 분석, 텍스트 요약, 챗봇 등의 앱을 대화형으로 사용해 볼 수 있다. 또한 리더보드 페이지를 통해 현재 인기 있는 모델을 한눈에 파악할 수 있다.

Posts는 허깅페이스에서 운영하는 블로그 페이지로 자연어 처리, 컴퓨터비전, 오디오 등 다양한 AI 분야에 대한 튜토리얼, 최신 동향, 사례 연구 등의 기술 블로그 포스트를 찾아볼 수 있다. 조회 수가 높거나 공감을 많이 받은 인기 포스트를 별도로 확인할 수 있으며, AI 분야의 최신 동향과 기술 정보를 습득할 수 있고, 다양한 사례와 경험을 공유받을 수 있다.

Docs에서는 허깅페이스의 다양한 라이브러리와 서비스의 사용 방법을 안내하는 종합 문서를 확인할 수 있다. 모델 허브를 비롯해 트랜스포머, 데이터세트, 토크나이저 라이브러리 등에 대한 예제, 비주얼 가이드 등 다양한 형식으로 제공되어 효과적으로 활용하는 방법을 상세히 익힐 수 있다.

Solutions는 비지니스 목적의 사용자를 위한 지원 페이지다. 엔터프라이즈(Enterprise Hub) 플랜 이용자의 경우에 이 페이지를 활용할 수 있다. 이 페이지에서는 허깅페이스 전문가의 도움을 받아 더 나은 아키텍처를 구성할 수 있게 돕는다.

Pricing은 허깅페이스에서 제공하는 유료 서비스 및 가격 정책을 안내하는 페이지다. 허깅페이스는 기본적으로 오픈소스 기반의 무료 서비스를 제공하지만, 일부 고급 기능과 확장된 리소스를 위해서는 유료 플랜을 이용할 수 있다.

프로필은 모델, 데이터세트, 스페이스, 컬렉션, 조직 등을 생성하거나 허깅페이스 계정에 대한 설정을 관리하는 곳이다. 새로운 모델이나 데이터세트를 깃허브처럼 업로드하고 관리할 수 있으며, 모델 카드를 작성해 모델에 대한 상세 정보를 제공할 수도 있다.

프로필의 스페이스에서는 데모용 애플리케이션 코드를 호스팅하고 커스터마이징할 수 있다. 저장소에 웹 인터페이스를 더해 대화형 데모나 문서를 게시할 수 있다. 조직은 팀 기반 협업을 위한 공간으로 멤버 초대, 권한 관리, 비공개 저장소 등의 기능을 제공한다.

계정 설정에서 개인 정보, API 토큰, SSH 키, 알림 설정 등을 관리할 수 있다. 이 외에도 조직을 관리하거나 허깅페이스 결제 정보나 구독 정보 등도 확인할 수 있다.

좌측 사이드바에서는 계정 프로필 정보, 소속 조직, 공식 문서 등을 확인할 수 있다. 메인 페이지에는 현재 계정에서 팔로우하는 모델, 데이터세트, 스페이스 등의 최신 업데이트 정보가 표시된다. 우측 사이드바에서는 지난 일주일 동안 가장 인기 있었던 모델, 데이터세트, 스페이스를 한눈에 볼 수 있어 트렌드를 쉽게 파악할 수 있다.

1.4.2 Models 페이지 알아보기

허깅페이스 홈페이지에서 가장 많이 활용되는 주요 기능은 모델(Models) 페이지다. 모델 페이지에서는 원하는 모델을 검색하고 탐색할 수 있으며, 각 모델의 상세 정보를 확인할 수 있다. 또한 관심 있는 모델을 간단히 다운로드해 로컬에서 바로 활용할 수 있고, 직접 학습시킨 모델을 허깅페이스 모델 허브에 공유할 수 있다. 그림 1.4는 허깅페이스 모델 페이지를 보여준다.

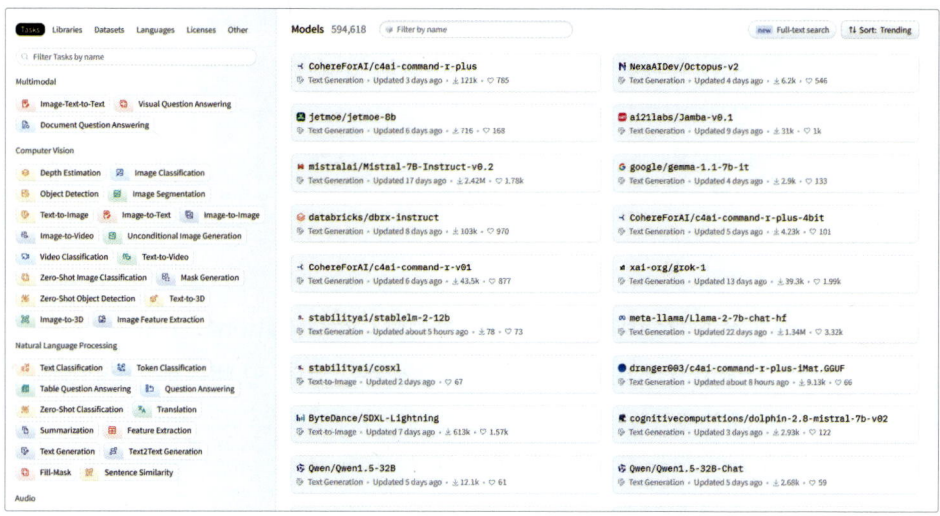

그림 1.4 허깅페이스 모델 페이지

허깅페이스 모델 페이지의 좌측 메뉴는 모델 검색 및 필터링을 위한 다양한 옵션을 제공한다. 사용자는 **과제 유형(Tasks)**, **라이브러리(Libraries)**, **데이터세트(Datasets)**, **지원 언어 (Languages)** 등으로 모델을 필터링할 수 있다. 이를 통해 원하는 조건에 맞는 모델을 쉽게 찾을 수 있다. 또한, 우측 상단에는 인기 모델, 최신 모델 등 다양한 카테고리로 모델을 탐색할 수 있는 메뉴가 제공되어 모델 검색의 편의성을 높여준다.

허깅페이스 모델 페이지를 자세히 살펴보기 위해 널리 사용되는 딥러닝 합성곱 신경망 아키텍처 중 하나인 ResNet-18 모델로 자세히 알아보자. 검색창에 resnet-18을 검색하고 microsoft/resnet-18[15] 모델을 선택하면, ResNet-18에 대한 자세한 정보와 관련된 다양한 리소스를 찾을 수 있다. 그림 1.5는 microsoft/resnet-18 모델 페이지 화면을 보여준다.

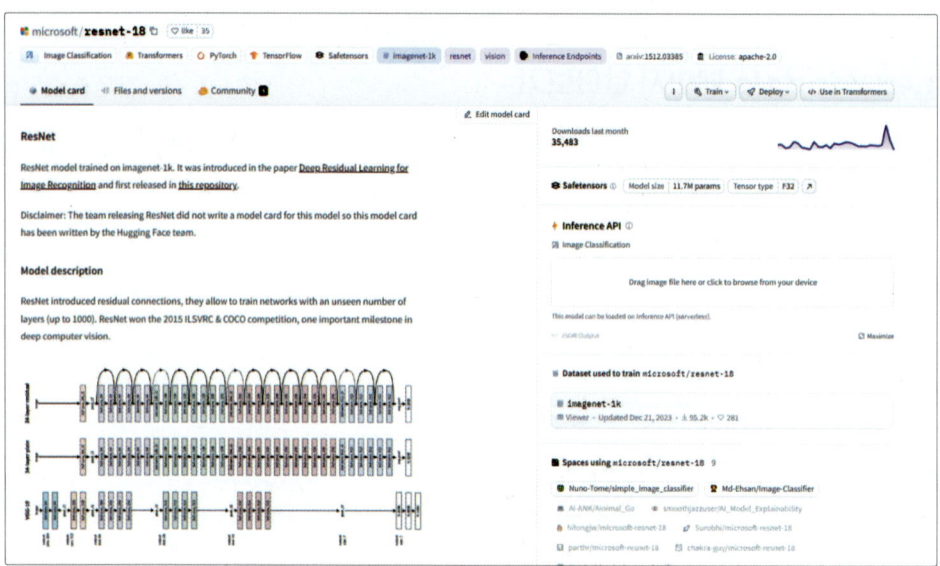

그림 1.5 microsoft/resnet-18 페이지

모델 이름(microsoft/resnet-18) 아래에는 [Image Classification], [Transformers], [PyTorch]부터 [License:apache-2.0]까지 여러 버튼이 있다. 이 버튼들은 microsoft/resnet-18 모델에 대한 포괄적인 정보를 제공하는 태그다.

---

15 https://huggingface.co/microsoft/resnet-18

[Image Classification]은 이 모델이 이미지 분류 작업에 사용됨을 나타내며, [Transformers], [PyTorch], [TensorFlow], [Safetensors]는 해당 모델이 지원하는 라이브러리를 나타낸다. [imagenet-1k]는 이 모델을 학습하는 데 사용된 데이터세트를 가리킨다.

아이콘이 없는 [resnet]과 [vision]은 허깅페이스에서 지원되지 않는 임의의 태그를 의미하며 해당 모델에서는 ResNet 모델과 컴퓨터비전 작업을 의미한다.

[Inference Endpoints]는 학습된 모델을 클라우드 API 서비스로 제공할 수 있음을 의미한다. 일반적으로 머신러닝 모델을 실제 서비스에 배포하려면 모델을 서빙할 수 있는 인프라가 필요하다. 허깅페이스의 Inference Endpoints는 이런 작업을 편리하게 처리할 수 있도록 제공되는 API 엔드포인트 서비스다.

[arxiv:1512.03385]는 ArXiv(아카이브) 전자 서적 리포지터리에 업로드된 특정 논문의 고유 ID를 의미한다. 이 모델과 관련된 참고 논문을 가리키며, 해당 논문은 https://arxiv.org/abs/{ArXiv ID}와 같이 접근할 수 있다.

[License:apache-2.0]는 이 모델의 라이선스가 Apache 2.0임을 나타낸다. 모델을 활용할 때는 라이선스와 관련된 조건을 준수해야 한다. 오픈 소스 라이선스, 상업용 라이선스, 크리에이티브 커먼즈 라이선스와 같이 다양한 라이선스가 존재하므로 모델 활용 시에는 주의가 필요하다.

모델 태그 아래에는 [Model card], [Files and versions], [Community] 탭과 [Train], [Deploy], [Use in Transformers] 버튼이 있다. 이 탭에서는 해당 모델에 대한 상세 정보를 확인할 수 있으며, 버튼을 클릭해 모델 학습 및 배포 방법을 확인할 수 있다.

[Model card] 탭에는 모델에 대한 상세한 설명과 사용 예시 코드, 성능 지표, 하이퍼파라미터 등의 정보가 제공된다. 이를 통해 모델의 특성과 기능을 자세히 파악할 수 있다.

[Files and versions] 탭에서는 깃허브와 같이 모델의 파일과 버전 내역을 확인할 수 있다. 모델 파일을 직접 다운로드하거나 특정 버전을 선택해 사용할 수 있다. 새로운 버전이 출시되면 변경 사항도 함께 제공된다.

[Community] 탭은 해당 모델에 대한 사용자 간 토론과 피드백을 공유하는 공간이다. 다른 사용자들의 경험과 팁을 공유하고, 모델 활용 시 발생한 이슈를 해결할 수 있다. 개발자와 직접 소통하며 모델 개선에 기여할 수도 있다.

[Train], [Deploy], [Use in Transformers] 버튼은 Amazon SageMaker, Azure ML 등 클라우드 플랫폼에서 모델을 학습하거나 배포하는 방법을 확인할 수 있으며, 트랜스포머 라이브러리로 모델을 학습하거나 배포하는 가이드를 제공한다. 해당 가이드라인을 통해 모델 학습 및 배포 방법을 확인할 수 있다.

우측 탭에서는 모델 다운로드 추세, 간단한 모델 매개변수 정보, 인퍼런스 API 등의 추가 정보를 제공한다.

모델 다운로드 추세 그래프를 통해 해당 모델의 인기도와 사용 빈도를 파악할 수 있다. 최근 다운로드 수가 증가 추세인지, 어느 시기에 가장 활발히 사용되었는지 등을 확인할 수 있다.

모델 매개변수 정보에서는 모델의 전체 매개변수 수, 입력 및 출력 차원 등 핵심 매개변수 통계를 한눈에 볼 수 있다. 이를 통해 모델의 복잡도와 리소스 요구사항을 짐작할 수 있다.

인퍼런스 API 기능을 활용하면 모델을 직접 다운로드하지 않고도 클라우드 API 엔드포인트를 통해 추론을 수행할 수 있다. 그림 1.6과 같이 모델을 직접 다운로드하지 않아도 테스트해 볼 수 있다.

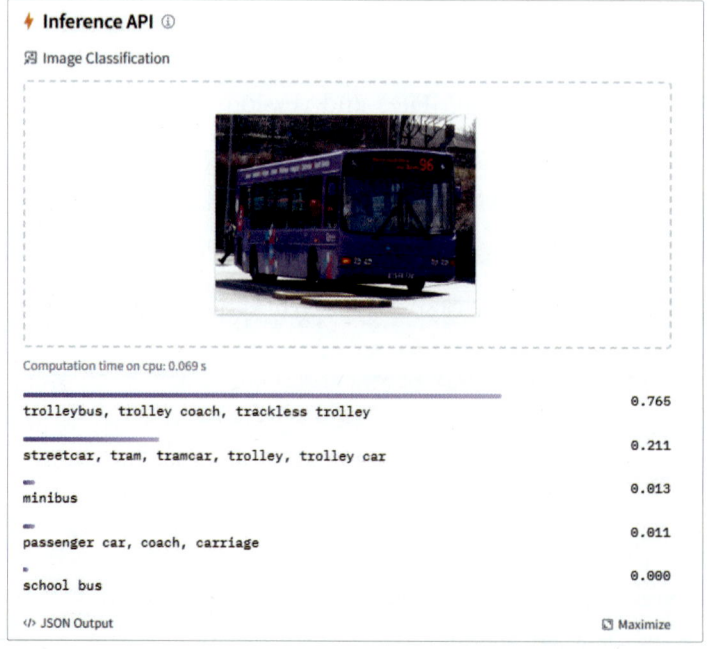

그림 1.6 인퍼런스 API 결과

1.4.3 사전 학습된 모델 다운로드

파이토치를 설치했다면 microsoft/resnet-18 모델을 허브에서 다운로드해 로컬 환경에서 실습해 볼 수 있다. 이 모델은 컴퓨터비전 분야에서 널리 사용되는 이미지 분류 모델로 다양한 이미지를 입력으로 받아 객체 유형을 분류할 수 있다. 모델 카드에 제공된 샘플 코드를 실행하기 위해서는 파이토치 외에도 다음과 같은 라이브러리를 추가로 설치해야 한다.

허깅페이스 라이브러리 설치

```
pip3 install transformers[torch]==4.41.2 datasets==2.20.0
```

microsoft/resnet-18의 샘플 코드는 파이토치, 트랜스포머, 데이터세트 라이브러리에 의존적이다. 따라서 모델을 실행하기 전에 이 라이브러리를 설치해 의존성 문제를 해결해야 한다. 라이브러리를 설치한 후에는 샘플 코드를 실행해 microsoft/resnet-18 모델의 이미지 분류 성능을 직접 확인해 볼 수 있다. 다음 예제 1.4는 microsoft/resnet-18 모델의 샘플 코드를 보여준다.

예제 1.4 resnet-18 샘플 코드

```python
from transformers import AutoImageProcessor, AutoModelForImageClassification
import torch
from datasets import load_dataset

dataset = load_dataset("huggingface/cats-image", trust_remote_code=True)
image = dataset["test"]["image"][0]

image_processor = AutoImageProcessor.from_pretrained("microsoft/resnet-18")
model = AutoModelForImageClassification.from_pretrained("microsoft/resnet-18")

inputs = image_processor(image, return_tensors="pt")

with torch.no_grad():
    logits = model(**inputs).logits

# model predicts one of the 1000 ImageNet classes
predicted_label = logits.argmax(-1).item()
print(model.config.id2label[predicted_label])
```

【 출력 결과 】

```
Downloading builder script: 100% ████████  2.56k/2.56k [00:00<00:00, 35.1kB/s]
Downloading data: 100% ████████  173k/173k [00:00<00:00, 2.62MB/s]
Generating test split: █ 1/0 [00:00<00:00,  8.64 examples/s]
preprocessor_config.json: 100% ████████  266/266 [00:00<00:00, 8.24kB/s]
config.json: 100% ████████  69.5k/69.5k [00:00<00:00, 1.43MB/s]
model.safetensors: 100% ████████  46.8M/46.8M [00:00<00:00, 74.4MB/s]
tabby, tabby cat
```

예제 코드에서는 허깅페이스의 cats-image 데이터세트[16]를 다운로드해 추론에 사용할 이미지
로 활용한다. 또한 microsoft/resnet-18 모델로부터 이미지 전처리를 위한 **이미지 프로세서**
(image_processor)와 **실제 모델**(model)을 다운로드한다.

출력 결과를 살펴보면 cats-image 데이터세트와 microsoft/resnet-18 모델 및 설정 파일을
다운로드하는 과정을 확인할 수 있다. 마지막 출력 결과에서는 모델이 입력 이미지를 tabby와
tabby cat으로 분류한 것을 확인할 수 있다.

허깅페이스 트랜스포머 및 데이터세트 라이브러리를 활용하면 데이터, 모델, 설정 파일 등을
손쉽게 다운로드할 수 있다.(트랜스포머 라이브러리는 다음 장에서 자세히 다룬다.) 이처럼 허
깅페이스 라이브러리는 머신러닝 모델 개발 전체 주기에 걸쳐 다양한 기능과 편의성을 제공해
개발 생산성을 높이고 모델 성능을 향상시킬 수 있다.

1.5 허깅페이스 리포지터리

허깅페이스 리포지터리는 머신러닝 분야에서 매우 중요한 역할을 하는 클라우드 기반 저장소
다. 허깅페이스 리포지터리는 머신러닝 모델, 데이터세트, 전처리기 등을 공유하고 관리할 수
있는 중앙 집중식 플랫폼을 제공한다.

허깅페이스 리포지터리의 가장 큰 강점은 모델과 데이터세트를 쉽게 공유하고 검색할 수 있
다는 점이다. 연구원이나 개발자는 자신의 작업물을 공개 또는 비공개 리포지터리에 업로드
할 수 있으며 태그, 설명, 메타데이터를 통해 해당 리소스를 손쉽게 찾을 수 있다.

---

16 https://huggingface.co/datasets/huggingface/cats-image

허깅페이스 리포지터리는 Git과 유사한 버전 관리 시스템을 제공하므로, 모델이나 데이터세트의 개선 사항을 체계적으로 추적하고 관리할 수 있다. 특정 버전의 리소스를 지정해 불러올 수 있어 재현성도 보장된다.

이 외에도 허깅페이스에서 저장된 모델에 대해 REST API 기반의 추론 서비스도 적용할 수 있다. 이를 통해 개발자는 모델을 직접 서비스에 배포하고 추론을 수행할 수 있다. 또한 시각화 도구가 제공되어 모델의 출력을 다양한 방식으로 확인할 수 있다. 이처럼 허깅페이스 리포지터리는 머신러닝 모델과 데이터세트의 전체 생명주기를 아우르는 포괄적인 기능을 제공하고 있다.

1.5.1 모델 리포지터리 생성

허깅페이스 리포지터리를 효과적으로 활용하려면 모델 리포지터리를 만들어야 한다. 앞서 1.4 '허깅페이스 허브'에서 설명한 바와 같이 허깅페이스 웹사이트에 가입해 계정을 만들었다면, 이제 모델 리포지터리 생성 과정을 진행할 수 있다.

먼저 허깅페이스 웹사이트에 로그인한 후, 상단 메뉴에서 프로필을 클릭한다. 프로필 페이지에 있는 [+ New Model] 버튼을 클릭하면 그림 1.7과 같이 새로운 모델 리포지터리를 만드는 창이 열린다.[17]

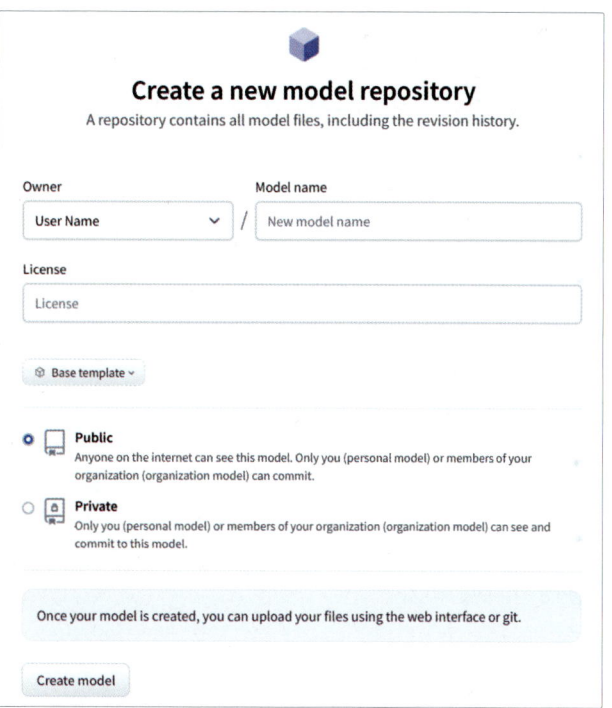

그림 1.7 모델 리포지터리 만들기

소유자(Owner)는 해당 리포지터리를 소유할 주체를 나타낸다. 개인 계정으로 로그인했다면 소유자는 자동으로 본인의 계정명으로 설정된다. 하지만 조직 계정에 소속돼 있다면, 소유자를 개인 계정 또는 조직 계정 중에서 선택할 수 있다. 조직 계정을 소유자로 지정하면 해당 조직의 멤버들과 리포지터리를 공유하고 협업할 수 있다. 개인 계정으로 지정하면 해당 리포지터리는 본인만 사용할 수 있다.

모델 이름(Model name)은 모델 리포지터리의 이름을 설정한다. 모델 이름은 현재 계정이나 조직 내에서 고유해야 한다. 즉, 이미 존재하는 리포지터리 이름과 동일하게 설정할 수 없다. 모델 이름은 특성이나 용도를 잘 나타내는 이름을 선택하는 것이 좋다. 예를 들어 bert-base-uncased, gpt2, resnet50과 같이 모델 아키텍처나 과제를 포함하는 이름을 사용할 수 있다.[18]

라이선스(License)는 해당 모델의 저작권과 배포, 사용 조건 등을 규정하는 중요한 요소다. 허깅페이스에서는 일반적으로 사용되는 오픈소스 라이선스 중 하나를 선택할 수 있다. 가장 널리 사용되는 라이선스로는 Apache License 2.0, MIT, GPL 등이 있다.

비공개(Private)와 공개(Public)는 리포지터리의 공개 여부를 설정한다. 비공개로 설정하면 다른 사용자들은 해당 리포지터리를 볼 수 없으며, 소유자와 초대된 멤버만 접근이 가능하다. 반대로 공개로 설정하면 누구나 리포지터리의 내용을 확인하고 활용할 수 있다.

이번 실습에서는 모델 이름을 resnet-18, 라이선스를 apache-2.0, 공개 여부는 **비공개**로 설정해 생성한다. 모델 리포지터리를 생성하면 그림 1.8과 같이 모델 페이지가 생성되는 것을 확인할 수 있다.

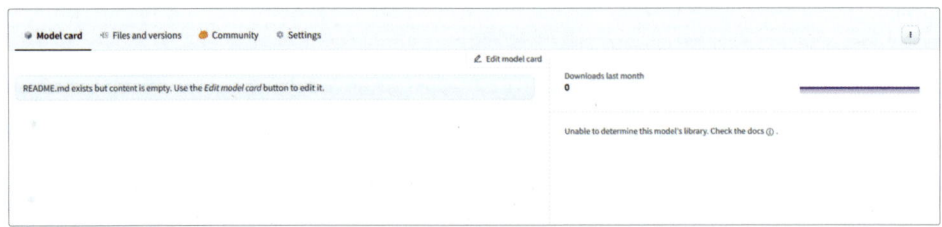

그림 1.8 신규 모델 페이지

---

18 모델의 목적이 변경된다면 모델 설정 페이지에서 모델 이름을 변경할 수 있다.

모델 페이지에서 가장 먼저 확인할 수 있는 섹션은 **모델 카드(Model card)** 섹션이다. 모델 카드는 모델에 대한 상세 정보를 문서화하는 매우 중요한 부분이다. 모델 카드에는 모델의 아키텍처, 학습 데이터, 성능 지표, 제한사항 등 다양한 정보를 기술한다. 모델 카드에는 일반적으로 다음과 같은 정보를 기재한다.

모델 카드 포함 정보

- **모델 설명**: 모델의 목적, 용도, 주요 특징 등을 명시

- **아키텍처 정보**: 모델의 아키텍처(예: BERT, GPT, CNN 등), 계층 구조, 매개변수 수 등

- **학습 데이터**: 모델 학습에 사용된 데이터세트와 전처리 방법

- **성능 지표**: 모델의 정확도, 손실 함수 값, 다른 모델과의 비교 등

- **제한사항과 주의사항**: 모델의 제약, 한계, 고려 사항 등

- **사용 예시**: 모델 사용 방법에 대한 코드 예시와 설명

모델 카드를 작성하기 위해서는 웹 페이지 상단의 [Edit model card] 버튼을 클릭한다. 이 버튼을 클릭하면 마크다운 에디터 화면이 열려 직접 모델 카드의 내용을 작성하고 수정할 수 있다. 모델 카드는 README.md 파일과 연동돼 있으므로 모델 리포지터리의 README.md 파일을 직접 수정한 후 업로드하는 방식으로도 모델 카드를 업데이트할 수 있다. 상세하고 정확한 모델 카드를 작성하면 다른 사용자들이 해당 모델을 쉽게 이해하고 활용할 수 있다.

1.5.2 모델 파일 업로드

허깅페이스에서는 모델 파일을 업로드하는 방법은 매우 다양하다. 가장 널리 사용되는 두 가지 방법은 push_to_hub 메서드와 Git을 통한 업로드다.

허깅페이스 라이브러리에 내장된 push_to_hub 메서드를 사용해 모델 파일을 직접 업로드할 수 있다. 이 방법은 코드 단계에서 모델 업로드를 자동화할 수 있으며, 모델 파일 외에도 관련 메타데이터와 설정 파일들도 함께 업로드할 수 있다.

반면 Git을 통한 업로드는 사용자가 로컬 Git 저장소를 설정하고 변경 사항을 커밋한 후에 해당 변경 사항을 허깅페이스에 푸시해 모델을 업로드한다. 버전 관리 및 협업이 용이하며, Git

의 다양한 기능을 활용할 수 있다. 또한, 대용량 모델 파일의 경우 Git LFS(Large File Storage)를 사용해 효율적으로 관리할 수 있다.

모델을 허깅페이스에 업로드하려면 **토큰(Token)**이 필요하다. 토큰은 사용자 인증을 위한 일종의 비밀번호 역할을 한다. 허깅페이스 토큰을 생성하는 방법은 다음과 같다.

허깅페이스 토큰 생성

1. 허깅페이스 웹사이트(https://huggingface.co/)에 로그인한다.

2. 우측 상단의 프로필 아이콘을 클릭하고 [Settings] 메뉴를 선택한다.

3. 왼쪽 메뉴에서 [Access Tokens]를 클릭한다.[19]

4. [New token]을 클릭해 새 토큰을 생성한다.

5. 토큰 이름을 입력하고, 필요한 권한을 설정한다(Write 권한으로 설정한다).

6. [Generate a token]를 클릭해 토큰을 생성한다.

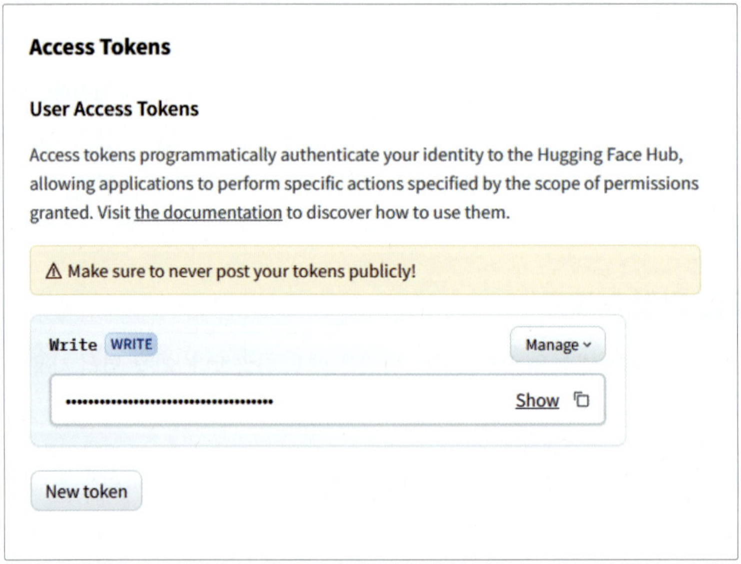

Access Tokens

User Access Tokens

Access tokens programmatically authenticate your identity to the Hugging Face Hub, allowing applications to perform specific actions specified by the scope of permissions granted. Visit the documentation to discover how to use them.

⚠ Make sure to never post your tokens publicly!

Write WRITE   Manage ⌄

•••••••••••••••••••••••••••••••   Show

New token

그림 1.9 허깅페이스 토큰 생성

---

19 https://huggingface.co/settings/tokens

생성된 토큰은 [Show] 버튼을 클릭해 확인하거나 [Copy token to clipboard] 버튼을 클릭해 클립보드에 토큰을 복사할 수 있다. 이 토큰은 매우 중요하므로 노출되지 않게 관리해야 한다. 필요 없을 경우 토큰을 삭제하거나 비활성화한다. 이 토큰은 push_to_hub 메서드나 Git 명령어에서 인증 목적으로 사용된다.

1.5.3 push_to_hub 메서드를 통한 업로드

push_to_hub 메서드는 허깅페이스 라이브러리에 내장된 기능으로 모델, 프로세서, 토크나이저 등 다양한 유형의 파일을 허깅페이스 허브에 업로드할 수 있다. 코드 단계에서 직접 업로드할 수 있어 편리하며, 허깅페이스 토큰을 사용해 인증된 상태에서 업로드가 가능하다. 다음은 push_to_hub 메서드를 설명한다.

push_to_hub 메서드

```
PushToHubMixin.push_to_hub(
    repo_id: str,
    use_temp_dir: Optional[bool] = None,
    token: Optional[Union[bool, str]] = None,
    max_shard_size: Optional[Union[int, str]] = "5GB",
    safe_serialization: bool = True,
    private: Optional[bool] = None,
    revision: str = None,
    commit_message: Optional[str] = None,
    commit_description: str = None,
    create_pr: bool = False,
    tags: Optional[List[str]] = None
)
```

- **push_to_hub** 메서드는 PushToHubMixin 클래스에 포함된 믹스인(Mixin)[20]이다. push_to_hub 메서드는 모델이나 토크나이저를 허브에 업로드하는 기능이 포함돼 있다.

- **repo_id**는 푸시할 저장소의 이름이다. 조직에 푸시하는 경우 조직 이름을 포함해야 한다. 가령 조직의 이름이 "abc"이고 저장소의 이름이 "def"라면 "abc/def"로 설정한다.

---

20 객체 지향 프로그래밍에서 여러 클래스에서 공통으로 사용되는 기능을 포함하는 클래스를 말한다. 코드 재사용성을 높이고 중복을 줄이기 위해 사용된다.

- **use_temp_dir**는 파일을 푸시하기 전에 저장된 파일을 임시 디렉터리에 사용할지 여부다. repo_id와 같은 디렉터리가 없으면 True로 설정된다.

- **token**은 원격 파일에 대한 **HTTP 베어러(HTTP Bearer)** 인증으로 사용할 토큰이다. 앞서 생성한 허깅페이스 토큰을 입력해 계정을 인증할 수 있다.

- **max_shard_size**는 모델에만 사용되는 매개변수로 분할(shard)되기 전의 체크포인트의 최대 크기다. 모델이 저장된 체크포인트의 크기가 지정된 값보다 크면 이를 분할해 처리하는 데 사용된다. 예를 들어, "5GB"로 설정된 경우, 모델의 체크포인트가 5GB보다 크면 이를 여러 개의 작은 체크포인트로 나눠 저장하게 된다. 이렇게 함으로써 큰 모델도 관리 가능한 크기로 분할되어 저장될 수 있다.

- **safe_serialization**는 모델 가중치를 Safetensors 형식으로 변환할지를 설정한다. True로 설정하면 모델 가중치가 Safetensors로 변환되어 메모리 효율성과 보안성이 향상된다. False로 설정하면 기존 파이토치 또는 텐서플로 형식 그대로 모델 가중치를 업로드한다.

- **private**는 저장소를 비공개 저장소로 생성할지 여부다. 해당 메서드는 저장소가 없다면 저장소를 생성하고 푸시한다. 이때 생성될 저장소의 공개 여부를 설정할 수 있다. **revision**은 업로드된 파일을 푸시할 브랜치를 설정한다.

- **commit_message**는 푸시할 때 사용되는 커밋 메시지다. 값을 할당하지 않으면 "Upload {object}"로 설정된다.

- **commit_description**는 생성될 커밋의 설명(본문)을 의미한다.

- **create_pr**는 업로드된 파일로 PR을 만들지 또는 직접 커밋할지를 나타낸다. **tags**는 허브에 푸시할 태그 목록을 설정한다.

이제 예제 1.4에서 사용한 이미지 프로세서와 모델 파일을 개인 저장소에 업로드해 보자. 다음 예제 1.5는 push_to_hub 메서드로 업로드하는 방법을 보여준다.

예제 1.5 push_to_hub 메서드 업로드

```
from transformers import AutoImageProcessor, AutoModelForImageClassification
import torch
from datasets import load_dataset

dataset = load_dataset("huggingface/cats-image", trust_remote_code=True)
image = dataset["test"]["image"][0]
```

```
image_processor = AutoImageProcessor.from_pretrained("microsoft/resnet-18")
model = AutoModelForImageClassification.from_pretrained("microsoft/resnet-18")

inputs = image_processor(image, return_tensors="pt")

with torch.no_grad():
    logits = model(**inputs).logits

# model predicts one of the 1000 ImageNet classes
predicted_label = logits.argmax(-1).item()
print(model.config.id2label[predicted_label])

REPO_ID = "모델 리포지터리 이름 입력" # resnet-18
TOKEN = "토큰 입력" # hf_...

image_processor.push_to_hub(
    repo_id=REPO_ID,
    token=TOKEN
)
model.push_to_hub(
    repo_id=REPO_ID,
    token=TOKEN
)
```

【 출력 결과 】

```
model.safetensors: 100%|■■■■■■■■■■| 46.8M/46.8M [00:08<00:00, 5.30MB/s]
CommitInfo(commit_url='https://huggingface.co/ {생략}
```

push_to_hub 메서드를 사용해 모델을 업로드한 후에는 모델 리포지터리의 [Files and versions] 탭에서 업로드된 파일을 확인할 수 있다. 커밋 히스토리를 통해 커밋 기록을 확인할 수 있으며 커밋마다 어떤 변경 사항을 포함하고 있는지 확인할 수 있다.

preprocessor_config.json 파일은 이미지 프로세서를 통해 업로드된 전처리 설정 파일이며, model.safetensors는 실제 모델 가중치가 Safetensors 형식으로 저장된 파일이다. safe_serialization=True(기본값)로 설정돼 있기 때문에 이 형식으로 업로드된다. 마지막으로 config.json는 모델 구조 및 하이퍼파라미터 설정 값들이 저장된 구성 파일이다.

이렇게 업로드된 파일을 통해 다른 사람들이 해당 모델을 다운로드하고 사용할 수 있게 된다. 또한, 버전 관리 기능을 통해 모델의 변경 내역도 추적할 수 있다.

1.5.4 Git을 통한 업로드

Git을 통한 업로드는 모델 파일과 관련 파일을 Git 저장소에 커밋한 후, 허깅페이스 허브에 푸시하는 방식이다. 이 방식은 버전 관리 및 협업이 용이하며, Git의 다양한 기능을 활용할 수 있다. Git을 사용한 방법은 일반적인 깃허브 사용 방법과 동일하다. 이 책에서는 Git과 Git LFS가 설치돼 있다고 가정한다.[21]

기존 저장소를 내려받을 예정이므로 신규 디렉터리를 생성한다. 신규 디렉터리는 모델 리포지터리 이름과 동일한 resnet-18로 생성한다. resnet-18 디렉터리에서 다음과 같은 명령어를 실행한다.

모델 리포지터리 연결

```
git init
git remote add origin https://huggingface.co/<user_name>/<repo_name>
git remote set-url origin \
https://<user_name>:<token>@huggingface.co/<user_name>/<repo_name>
```

현재 작업 디렉터리는 새로 생성한 폴더이므로 `git init`을 통해 현재 작업 디렉터리를 Git 저장소로 초기화한다. 이 작업은 새로운 Git 저장소를 생성하는 첫 단계다.

`git remote add origin https://huggingface.co/<user_name>/<repo_name>`은 원격 저장소를 추가하는 스크립트다. `origin`은 원격 저장소의 이름(alias)이며, `https://huggingface.co/<user_name>/<repo_name>`은 원격 저장소의 URL이다.

가령 내 유저 이름이 s076923이며, 리포지터리의 이름이 resnet-18이라면 원격 저장소의 URL은 `https://huggingface.co/s076923/resnet-18`이 된다.

---

git remote set-url origin https://<user_name>:<token>@huggingface.co/<user_name>/<repo_name>은 원격 저장소의 URL을 변경한다. <token>에는 앞서 생성한 인증 토큰 값을 입력한다. 이 설정이 완료되면 별도의 인증 과정 없이 원격 저장소에 푸시/풀할 수 있다.

만약 모델이 아닌 데이터세트나 스페이스에 대한 리포지터리를 설정한다면 다음과 같이 경로를 변경해 적용할 수 있다.

원격 저장소 URL 형식

- 모델: <user_name>/<repo_name>

- 데이터세트: datasets/<user_name>/<repo_name>

- 스페이스: spaces/<user_name>/<repo_name>

현재 디렉터리와 원격 저장소가 연결됐다면, 모델 리포지터리의 정보를 가져와 로컬 저장소와 병합한다. 로컬 저장소를 원격 저장소와 동기화하는 방법은 다음과 같다.

로컬 저장소 동기화
```
git pull origin main
```

git pull origin main은 원격 저장소(origin)의 main 브랜치에서 최신 변경 사항을 가져온다. 로컬 저장소의 main 브랜치가 원격 저장소의 main 브랜치와 동기화된다. git pull을 통해 파일을 내려 받았다면 다음과 같은 구조로 디렉터리가 형성된다.

resnet-18 디렉터리 구조
```
resnet-18
 ├ .git
 ├ .gitattributes
 ├ config.json
 ├ model.safetensors
 ├ preprocessor_config.json
 └ README.md
```

저장소와 디렉터리가 연동됐다면 `git branch`를 통해 현재 브랜치를 확인한다. 만약 `master`라는 브랜치에 할당돼 있다면, 다음 명령어를 통해 현재 브랜치를 변경한다.[22]

브랜치 변경

```
git branch main
git checkout main
git branch
```

【 출력 결과 】

```
* main
  master
```

`main` 브랜치로 현재 브랜치를 변경했다면, `REAEME.md`를 변경하고 푸시해 본다. 다음은 `READMD.md`를 보여준다.[23]

READMD.md

```
---
license: apache-2.0
language:
- ko
pipeline_tag: image-classification
---

Hello, Hugging Face!
```

새로 작성된 `README.md` 파일은 언어(language)와 파이프라인 태그(pipeline_tag)를 추가했다. 이 형식은 [Model card] 탭의 [Edit model card] 버튼을 눌러 템플릿을 확인할 수 있다. `READMD.md` 파일을 변경했다면 다음과 같은 Git 명령어를 통해 푸시할 수 있다.

---

22 과거에는 `master`라는 이름이 기본 브랜치로 사용됐지만, 최근에는 `main`으로 바뀌는 추세다.
23 `git branch -D master`를 실행해 master 브랜치를 삭제할 수 있다.

Git 명령어를 통한 푸시

```
git add .
git commit -m "Update README.md"
git push origin main
```

【 출력 결과 】

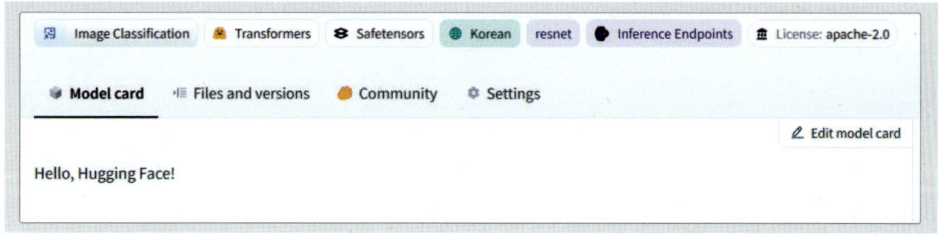

Git 명령어를 통해 변경된 README.md 파일이 원격 저장소에 업로드된 것을 확인할 수 있다. 협업 프로젝트에서는 다른 팀원들과 작업 내용을 공유하기 위해 자주 이런 과정을 거친다. 또한 프로젝트 문서나 설명서 등을 README.md 파일에 작성하고 이를 원격 저장소에 업데이트하는 것도 일반적이다. 협업하는 팀원들도 변경 사항을 확인하고 프로젝트에 대해 이해할 수 있도록 README.md 파일을 잘 관리하는 것이 중요하다.

02

허깅페이스 트랜스포머

인공지능과 자연어 처리 분야에서 혁신적인 발전을 이룬 트랜스포머 모델은 현대 딥러닝의 핵심 기술로 자리 잡았다. 이 장에서는 트랜스포머 모델을 쉽게 사용할 수 있게 해주는 허깅페이스 라이브러리에 대해 깊이 있게 살펴본다.

허깅페이스 트랜스포머는 자연어 처리뿐만 아니라 컴퓨터비전, 음성 처리, 그리고 멀티모달 AI 모델을 위한 통합 플랫폼을 제공한다. BERT, GPT, DALL-E, ViT 등 다양한 사전 학습된 모델을 간단한 코드로 불러와 미세 조정하거나 추론에 활용할 수 있다.

이 장에서는 허깅페이스 트랜스포머 라이브러리의 핵심 구성 요소와 기능을 상세히 살펴본다. 라이브러리 구조부터 시작하여 모델 설정, 토크나이저, 특징 추출, 데이터 처리, 모델 학습 및 평가에 이르기까지 전반적인 워크플로우를 다룬다. 각 절에서는 주요 클래스와 함수들을 소개하고, 실제 사용 예제를 통해 적용 방법을 확인할 수 있다. 특히 이 장에서는 다음과 같은 핵심 주제들을 다룬다.

1. 트랜스포머 모델의 구조와 다양한 응용 분야
2. 텍스트, 이미지, 오디오 데이터의 전처리 방법
3. 다양한 모달리티에 대한 특징 추출 기법
4. 파이프라인을 활용한 간편한 과제 수행

5. 데이터세트를 다루는 방법

6. 사전 학습 모델의 미세 조정 및 평가 기법

이 장의 내용을 통해 독자들은 허깅페이스 트랜스포머 라이브러리를 활용해 자연어 처리, 컴퓨터비전, 음성 인식 등 다양한 인공지능 과제를 수행할 수 있는 기초를 다지게 될 것이다. 여기서 다루는 내용은 핵심적인 개념과 사용법을 제공하지만, 실제 프로젝트에 적용하기 위해서는 추가적인 학습과 실험이 필요할 수 있다.

따라서 공식 문서와 커뮤니티 리소스를 활용하여 최신 기능과 모범 사례를 지속적으로 학습하는 것이 중요하다. 이제 허깅페이스 트랜스포머 라이브러리의 각 구성 요소를 자세히 살펴보며, 실제 AI 프로젝트에 어떻게 활용할 수 있는지 알아보자.

2.1 라이브러리 소개

최근 몇 년 동안 딥러닝 기술은 놀랍게 발전했다. 특히 트랜스포머 기반의 모델이 주목을 받으면서, 대규모 모델을 구축하고 활용하는 과정에서 필요한 리소스와 기술적 요구사항이 상당히 증가했다. 이에 따라 모델의 개발, 학습, 평가, 그리고 배포에 필요한 다양한 도구와 라이브러리의 중요도가 높아졌으며, 허깅페이스는 이러한 요구를 충족시키는 라이브러리로 각광받기 시작했다.

허깅페이스는 사용자들이 모델을 신속하게 구축하고 실험할 수 있도록 사용하기 쉽고 유연한 API를 제공한다. 이를 통해 사용자는 실험을 위해 다양한 모델을 선택하고 활용할 수 있으며, 최신 모델을 다운로드하고 미세 조정하는 등의 작업을 간단한 API를 통해 수행할 수 있다. 허깅페이스는 BERT, GPT, ViT 등 유명한 모델뿐만 아니라 다국어 모델, 멀티모달(Multi-modal) 모델 등 다양한 모델을 탐색하고 비교할 수 있으며, 버전 관리 및 효율적인 모델 관리가 가능해 연구자와 개발자들에게 필수적인 도구로 자리 잡았다.

현재 허깅페이스는 머신러닝 분야에서 널리 사용되는 오픈 소스 라이브러리로 자리를 굳히고 있으며, **자연어 처리(Natural Language Processing, NLP), 컴퓨터비전(Computer Vision, CV), 오디오 처리(Audio Processing)** 등 다양한 분야에서 활용되고 있다. 허깅페이스 라이브러리의 강력한 기능들은 머신러닝 업무를 보다 효율적으로 수행할 수 있도록 다양한 기능을 제공하며, 여러 응용 분야에서의 머신러닝 기술의 발전을 촉진하고 있다. 이제 허깅 페이스에서 제공하는 주요 라이브러리에 대해 알아보자.

2.1.1 트랜스포머

트랜스포머(Transformers) 라이브러리는 허깅페이스의 라이브러리 중 가장 핵심적인 모듈로 트랜스포머 구조 기반의 다양한 모델을 지원한다. 이 라이브러리는 사전 학습된 트랜스포머 모델을 제공하며, API와 도구를 통해 모델을 쉽게 다운로드하고 사용할 수 있게 돼있다.

트랜스포머 라이브러리를 사용하면 모델을 처음부터 학습시킬 필요가 없어 시간과 리소스를 절약할 수 있다. 현재 트랜스포머 라이브러리는 157개의 모델 아키텍처를 지원하며, 파이토치, 텐서플로, JAX 등 다양한 딥러닝 라이브러리 및 프레임워크를 지원한다. 또한, 트랜스포머 라이브러리는 다음과 같은 분야의 과제를 지원한다.

트랜스포머 지원 과제

- **자연어 처리**: 텍스트 분류, 개체명 인식, 질의응답, 언어 모델링, 요약, 번역, 객관식 질의응답, 텍스트 생성
- **컴퓨터비전**: 이미지 분류, 객체 탐지, 객체 분할, 이미지 캡셔닝, 얼굴 인식, 포즈 추정
- **오디오 처리**: 자동 음성 인식, 오디오 분류, 화자 식별, 음성 변환
- **멀티모달**: 표 질의응답, 광학 문자 인식(OCR), 스캔한 문서에서 정보 추출, 비디오 분류, 시각 질의응답

2.1.2 토크나이저

토크나이저(Tokenizer) 라이브러리는 자연어 처리 과정에서 중요한 역할을 한다. 이 라이브러리는 텍스트 데이터를 기계가 처리할 수 있는 형태로 변환하기 위해 **토큰화**(Tokenization) 작업을 수행한다. 토큰화는 텍스트를 의미 있는 단위인 **토큰**(Token)으로 분할하는 과정을 말한다. 이를 통해 머신러닝 모델이 텍스트를 이해하고 처리할 수 있게 된다.

과거에는 단어 기반 토큰화가 주로 사용됐다. 이 방식은 공백이나 구두점을 기준으로 단어를 구분한다. 예를 들어 "자연어 처리는 아름다운 일입니다"라는 문장을 토큰화한다면 ['자연어', '처리는', '아름다운', '일입니다']와 같이 나눌 수 있다.

하지만 최근 딥러닝 기반의 자연어 처리 모델에서는 더 작은 단위인 **하위 단어(Subword)** 단위로 토큰화하는 것이 더 효과적이다. 이 방식은 단어를 더 작은 단위로 나누어 처리하므로 언어의 다양한 형태와 구조를 더 잘 포착할 수 있다. 하위 단어 토큰화 방식은 실제 데이터를 기반으로 최적화되며, 토크나이저 라이브러리는 이러한 토큰화 작업을 간소화 · 가속화한다.

토크나이저 라이브러리는 효율성과 속도가 뛰어난 러스트(Rust) 언어로 작성됐으며, 다양한 토큰화 알고리즘과 전처리 기능을 제공한다. 이를 통해 자연어 처리 모델의 성능을 최적화하고 데이터 전처리 과정을 간소화할 수 있다. 또한, 토크나이저는 토큰화뿐만 아니라 텍스트 정규화, 불용어 제거, 패딩 등 다양한 전처리 기능을 제공해 자연어 처리 파이프라인의 필수 요소로 자리 잡고 있다. 토크나이저의 주요 지원 작업은 다음과 같다.

토크나이저 주요 기능

- **전처리 작업**: 텍스트 정규화, 특수문자 제거 등의 전처리 작업 수행

- **토큰화 수행**: 바이트 페어 인코딩(Byte Pair Encoding, BPE), 워드피스(Wordpiece) 등 다양한 알고리즘 지원

- **패딩(Padding) 및 잘라내기(Truncating)**: 텍스트 길이 통일을 위한 패딩과 모델 최대 길이 조정을 위한 텍스트 잘라내기

- **모델 호환성**: 대부분의 트랜스포머 기반 모델과 통합된 적합한 토크나이저를 제공

- **사전 학습된 토크나이저**: 100여 개 언어 지원 및 사전 학습된 토크나이저를 쉽고 빠르게 활용 가능

2.1.3 데이터세트

데이터세트(Datasets)는 자연어 처리, 컴퓨터비전, 오디오 처리 등 다양한 머신러닝 작업에 사용되는 수많은 데이터세트를 쉽게 다룰 수 있도록 도와주는 라이브러리다. 이 라이브러리는 공개된 수백 개의 데이터세트를 쉽게 접근할 수 있으며, 데이터 불러오기부터 전처리까지 다양한 기능을 제공한다. 또한 파이토치, 텐서플로 등 다양한 머신러닝 라이브러리와 통합돼 있어 사용자 정의 데이터세트도 쉽게 처리할 수 있다.

모델을 개발할 때 데이터의 양과 질은 매우 중요하다. 머신러닝 분야에 큰 변화를 일으킨 여러 알고리즘이 연구됐지만 데이터 준비 과정은 여전히 어렵고 지루한 작업이다. 데이터세트 라이브러리는 이러한 문제를 해결하기 위해 다음과 같은 기능을 제공한다.

데이터세트 주요 기능

- **데이터세트 허브**: 허깅페이스의 데이터세트 라이브러리는 수백 개의 데이터세트를 호스팅하고 있으며, 텍스트, 이미지, 오디오 등 다양한 유형의 데이터세트를 간단한 코드로 불러와 사용할 수 있다.

- **다양한 데이터 형식 지원**: 텍스트 파일, 이미지 파일, 오디오 파일을 비롯해 CSV, JSON, Arrow, Parquet 등 다양한 데이터 형식을 읽어와 머신러닝 학습에 사용할 수 있도록 변환한다.

- **데이터 분할**: 학습, 검증, 테스트 세트로 데이터세트를 쉽게 분할할 수 있다. 데이터 분할 시에는 비율을 직접 지정해 분할하거나, 데이터세트 허브에 분할된 채로 제공되는 데이터를 바로 불러와 사용할 수 있다.

- **데이터 버전 관리**: 데이터세트의 버전을 지정하고 관리할 수 있어, 다양한 환경과 시점에서 학습하더라도 데이터의 재현성(Reproducibility)을 보장한다.

- **전처리 기능**: 데이터 필터링, 토큰화, 패딩, 정규화, 데이터 증강 등 다양한 전처리 기능을 제공한다.

- **병렬 처리**: 데이터를 전처리할 때 병렬 처리 및 배치 처리를 지원해 빠르게 처리할 수 있다.

- **스트리밍 처리**: 데이터세트가 너무 커서 한정된 메모리에서 한 번에 처리할 수 없는 경우, 스트리밍 방식을 통해 메모리를 절약하며 처리할 수 있다.

2.1.4 디퓨저

디퓨저(Diffusers)는 딥러닝 기반의 생성적 AI 모델, 특히 텍스트-이미지 생성과 관련된 작업을 위한 라이브러리다. 스테이블 디퓨전(Stable-Diffusion) 모델을 비롯해 DALL-E, GLIDE[1], LDM[2] 등 다양한 생성 모델을 지원한다.

이 라이브러리는 성능보다는 실제 활용도와 유용성에 중점을 두고 설계됐다. 단순히 사용하기 쉬운 것보다는 사용자가 모델을 자유롭게 수정하고 확장할 수 있도록 단순성을 추구한 라이브러리다. 또한 높은 수준의 추상화보다는 사용자가 모델의 세부 사항에 접근하고 직접 정의할 수 있는 유연성을 제공하는 데 초점이 맞춰져 있다. 이 라이브러리의 주요 기능은 다음과 같다.

---

1 https://arxiv.org/abs/2112.10741
2 https://arxiv.org/abs/2112.10752

디퓨저 주요 기능

- **다양한 디퓨전 알고리즘 지원**: DDPM, DDIM, LDM 등 다양한 디퓨전 기반 알고리즘 제공

- **다양한 유틸리티 제공**: 모델 가중치 관리, 텐서보드 시각화, 콜백 기능 등 모델 학습을 위한 기능 제공

- **배치 추론 및 병렬화**: 대량 이미지 생성 시 배치 추론과 병렬화를 지원하며, 여러 GPU를 활용한 분산 학습, 혼합 정밀도 학습 등의 기능으로 대규모 모델 학습 가속화 지원

- **사용자 인터페이스**: 노트북이나 웹 UI를 통해 쉽게 모델을 조작하고 결과를 확인

2.1.5 가속화

가속화(Accelerate)는 딥러닝 모델의 분산 학습과 하드웨어 가속화를 간소화해주는 라이브러리다. 대규모 모델을 효율적으로 학습하기 위해서는 여러 GPU를 활용한 병렬화가 필수적이다. 하지만 이를 구현하기 위해서는 데이터 병렬화, 모델 병렬화 등 복잡한 과정이 필요하다. 가속화 라이브러리는 이런 분산 전략을 추상화해 간단한 API로 제공한다.

또한 가속화 라이브러는 혼합 정밀도 학습을 자동으로 지원한다. FP16(Half-precision floating-point format)이나 BF16(Brain floating point)과 같은 낮은 정밀도 데이터 형식을 일부 계산에 활용해 메모리 사용량을 줄이고 속도를 높인다. 이 과정에서 정밀도 손실을 최소화하기 위한 기법들이 내재돼 있다. 가속화 라이브러리의 주요 기능은 다음과 같다.

가속화 주요 기능

- **분산 학습(Distributed training) 지원**: 데이터 병렬화 및 모델 병렬화를 통해 여러 GPU를 활용한 대규모 모델 학습 가속화

- **자동 혼합 정밀도(Automatic mixed precision) 지원**: FP16 및 FP32 데이터 형식을 자동으로 혼합해 메모리 사용량을 줄이고 속도 향상

- **기울기 누적(Gradient accumulation)**: 메모리 제약으로 인한 작은 배치 크기 문제를 완화해 대형 모델 학습 가능

- **기울기 체크포인팅(Gradient checkpointing)**: 활성화(Activation) 값을 저장하는 대신 재계산을 통해 메모리 사용량 절감

2.2 모델 설정

모델 설정은 딥러닝 모델의 성능과 작동 방식에 직접적인 영향을 미치는 중요한 부분이다. 딥러닝 모델을 학습시키거나 추론할 때, 모델의 구조와 하이퍼파라미터를 올바르게 설정하는 것은 매우 중요하다. 올바른 설정은 모델의 성능을 향상시키는 데 결정적인 역할을 하지만, 잘못된 설정은 모델의 성능을 크게 저하시킨다. 모델 설정을 통해 다음과 같은 이점을 얻을 수 있다.

모델 설정의 이점

- **성능 향상**: 적절한 학습률, 드롭아웃 비율, 배치 크기 등을 설정해 모델의 일반화 성능을 개선할 수 있다.

- **과대 적합 방지**: 드롭아웃과 같은 정규화 기법을 사용해 모델이 학습 데이터에 과도하게 적합되는 것을 방지할 수 있다.

- **하이퍼파라미터 조정**: 계층 수, 은닉 노드 수, 학습률 등의 하이퍼파라미터를 조정해 모델의 성능을 향상시킬 수 있다.

- **모델 해석**: 일부 모델 설정은 모델 해석을 높일 수 있다. 예를 들어, 어텐션 가중치를 출력하는 설정을 활성화해 모델이 어떻게 예측을 수행하는지 이해할 수 있다.

- **하드웨어 제약 조건**: 모델 설정은 하드웨어 제약 조건을 고려해 최적화할 수 있다. 메모리 요구 사항, 계산 병목 등을 고려해 모델을 설계할 수 있다.

허깅페이스에서는 모델 설정 클래스를 통해 이러한 모델 설정을 체계적으로 관리할 수 있다. 모델 설정 클래스는 모델의 구조와 하이퍼파라미터 값을 딕셔너리 형태로 저장하고 있으며, 이 정보는 JSON 형식으로 저장돼 모델 가중치와 함께 불러와진다. 따라서 사전 학습된 모델을 불러올 때 해당 모델의 설정 정보도 자동으로 함께 불러와진다.

모델 설정 클래스에 저장된 주요 설정값으로는 모델 아키텍처, 계층 수, 히든 유닛 수, 어텐션 헤드 수, 드롭아웃 비율 등이 있다. 이러한 설정값들은 모델의 표현 능력, 학습 속도, 일반화 성능 등에 직접적인 영향을 미친다.

예를 들어 BERT 모델의 경우, `num_hidden_layers`와 `num_attention_heads` 값이 클수록 모델의 표현 능력이 높아지지만 동시에 모델의 크기와 학습 시간이 늘어난다. 반면 `hidden_` dropout_prob 값을 늘리면 과대 적합을 방지할 수 있지만, 지나치게 높은 값은 모델의 성능을 저하시킬 수 있다.

따라서 모델 설정값을 적절히 조정하는 것은 딥러닝 모델의 성능을 최적화하는 데 있어 매우 중요하다. 모델 설정 클래스를 통해 이러한 설정값을 쉽게 확인하고 변경할 수 있다. 이처럼 허깅페이스는 모델 개발 및 실험을 용이하게 해준다.

2.2.1 PretrainedConfig 클래스

PretrainedConfig는 허깅페이스의 사전 학습된 모델들의 구성을 정의하는 기본 클래스다. 이 클래스는 모델의 구조와 하이퍼파라미터를 저장하는 딕셔너리를 포함하며, 각 모델 아키텍처 별로 PretrainedConfig를 상속받은 전용 모델 설정 클래스가 제공된다.[3] 허깅페이스의 사전 학습된 모델들에서 공통으로 사용되는 기본 구성 클래스로, 모델의 구조와 하이퍼파라미터를 간편하게 정의하고 관리할 수 있다. 다음은 PretrainedConfig 클래스의 주요 매개변수를 설명한다.

PretrainedConfig 클래스

```
config = transformers.PretrainedConfig(
    model_type: str,
    vocab_size: int,
    hidden_size: int,
    num_attention_heads: int,
    num_hidden_layers: int,
    output_hidden_states: bool = False,
    output_attentions: bool = False,
    return_dict: bool = True,
    is_encoder_decoder: bool = False,
    is_decoder: bool = False
)
```

- model_type은 모델의 유형을 나타내는 문자열이다. 예를 들어 bert, gpt2 등이 될 수 있다.

---

3 BERT 모델의 경우 BertConfig, GPT-2 모델의 경우 GPT2Config가 된다.

- **vocab_size**는 모델의 어휘 사전 크기다. 모델이 인식할 수 있는 고유 토큰의 수를 결정한다.

- **hidden_size**는 모델의 은닉 계층에 있는 노드의 수다. 이 값이 클수록 모델의 표현 능력이 높아진다.

- **num_attention_heads**는 모델의 멀티 헤드 어텐션에서 사용되는 어텐션 헤드의 수다.

- **num_hidden_layers**는 모델의 트랜스포머 계층 수다. 계층의 수가 많을수록 모델의 표현 능력이 높아진다.

- **output_hidden_states**는 모델이 모든 은닉 상태를 출력할지를 결정한다.

- **output_attentions**는 모델이 모든 어텐션 값을 출력할지를 결정한다.

- **return_dict**는 모델이 일반 튜플 대신 ModelOutput 객체를 반환할지를 결정한다.

- **is_encoder_decoder**는 모델이 인코더-디코더 모델인지를 나타낸다.

- **is_decoder**는 모델이 디코더 모델인지를 나타낸다.

이러한 매개변수를 통해 모델의 구조, 입출력 형태, 작동 방식 등을 정의할 수 있다. 특히 vocab_size, hidden_size, num_attention_heads, num_hidden_layers 등은 모델의 크기와 성능에 직접적인 영향을 미친다.

또한, 각 모델별 모델 설정 클래스는 이러한 공통 속성 외에도 모델 아키텍처에 따른 고유한 속성을 추가로 정의하고 있다. 예를 들어 앞서 설명한 hidden_dropout_prob 매개변수는 BertConfig 클래스에서 추가로 정의된다.

다음 예제 2.1은 PretrainedConfig 클래스를 직접 인스턴스화해 BERT 모델을 설정하는 예를 보인다.

예제 2.1 PretrainedConfig 클래스

```
from transformers import PretrainedConfig

config = PretrainedConfig(
    model_type="bert",
    vocab_size=30522,
    hidden_size=768,
    num_attention_heads=12,
    num_hidden_layers=12,
    intermediate_size=3072,
    hidden_act="gelu",
```

```
    hidden_dropout_prob=0.1,
    initializer_range=0.02
)

print(config)
```

【 출력 결과 】

```
PretrainedConfig {
  "hidden_act": "gelu",
  "hidden_dropout_prob": 0.1,
  "hidden_size": 768,
  "initializer_range": 0.02,
  "intermediate_size": 3072,
  "num_attention_heads": 12,
  "num_hidden_layers": 12,
  "transformers_version": "4.39.3",
  "vocab_size": 30522
}
```

PretrainedConfig 클래스를 직접 인스턴스화한다면 model_type과 원하는 하이퍼파라미터 값을 직접 지정해 사전 학습된 설정값이 아닌 완전히 새로운 설정으로 BERT 모델을 구성할 수 있다. 직접 인스턴스화하는 방식은 주로 새로운 모델 아키텍처를 정의하거나 실험적인 설정을 적용할 때 사용된다.

다만 설정값이 잘못되면 모델의 성능이 크게 저하될 수 있으므로, 일반적으로는 from_pretrained 메서드를 사용해 검증된 사전 학습 설정값을 불러오는 것이 안전하다.

다음 예제 2.2는 PretrainedConfig 클래스의 from_pretrained 메서드를 사용해 BERT 모델을 설정하는 예시다.

예제 2.2 PretrainedConfig 클래스의 from_pretrained 메서드

```
from transformers import PretrainedConfig

config = PretrainedConfig.from_pretrained(
    pretrained_model_name_or_path="google-bert/bert-base-uncased",
    hidden_act="swish"
```

```
)

print(config)
```

【 출력 결과 】

```
PretrainedConfig {
  "architectures": [
    "BertForMaskedLM"
  ],
  "attention_probs_dropout_prob": 0.1,
  "gradient_checkpointing": false,
  "hidden_act": "swish",
  "hidden_dropout_prob": 0.1,
  "hidden_size": 768,
  "initializer_range": 0.02,
  "intermediate_size": 3072,
  "layer_norm_eps": 1e-12,
  "max_position_embeddings": 512,
  "num_attention_heads": 12,
  "num_hidden_layers": 12,
  "pad_token_id": 0,
  "position_embedding_type": "absolute",
  "transformers_version": "4.39.3",
  "type_vocab_size": 2,
  "use_cache": true,
  "vocab_size": 30522
}
```

PretrainedConfig.from_pretrained 메서드를 호출해 사전 학습된 모델의 설정을 불러온다. pretrained_model_name_or_path 매개변수에 "google-bert/bert-base-uncased"라는 사전 학습된 BERT 모델의 설정을 사용한다.

from_pretrained 메서드는 PretrainedConfig 클래스를 인스턴스화할 때처럼 BERT 모델에서 지원하는 하이퍼파라미터를 변경할 수 있다. 가령 hidden_act 매개변수에 swish를 인수로 전달하면 BERT 모델의 은닉 상태(Hidden state)에서 사용되는 활성화 함수를 swish 활성화 함수로 변경할 수 있다.

2.2.2 ModelConfig 클래스

허깅페이스에서는 각 모델 아키텍처별로 전용 모델 설정 클래스를 제공한다. 예를 들어 BERT 모델의 경우 `BertConfig` 클래스가 그 역할을 수행한다. `BertConfig`를 사용하면 명시적으로 BERT 모델의 설정을 생성하는 것을 의미한다.

이는 코드를 읽는 사람에게 모델의 설정을 직접 지정하고 있는 것임을 명확하게 전달할 수 있으며, 코드가 더 구조화되고 명확해진다. 따라서 `ModelConfig`를 사용해 직접 모델 설정을 정의하고 구체화하는 것이 모델 구축 및 실험을 더욱 효과적으로 진행할 수 있다.

다음 예제 2.3은 `BertConfig` 클래스를 사용해 BERT 모델을 설정하는 예시다.

예제 2.3 BertConfig 클래스

```
from transformers import BertConfig

config = BertConfig(
    num_hidden_layers=12,
    num_attention_heads=12
)

print(config)
```

【 출력 결과 】

```
BertConfig {
  "attention_probs_dropout_prob": 0.1,
  "classifier_dropout": null,
  "hidden_act": "gelu",
  "hidden_dropout_prob": 0.1,
  "hidden_size": 768,
  "initializer_range": 0.02,
  "intermediate_size": 3072,
  "layer_norm_eps": 1e-12,
  "max_position_embeddings": 512,
  "model_type": "bert",
  "num_attention_heads": 12,
  "num_hidden_layers": 12,
```

```
  "pad_token_id": 0,
  "position_embedding_type": "absolute",
  "transformers_version": "4.39.3",
  "type_vocab_size": 2,
  "use_cache": true,
  "vocab_size": 30522
}
```

BertConfig는 PretrainedConfig 클래스를 상속받아 구현된다. 이러한 방식은 허깅페이스의 트랜스포머 라이브러리에서 모델의 설정을 관리하는 표준화된 방식이다. PretrainedConfig 클래스를 상속받음으로써 BertConfig는 모든 기본 설정을 가지고 있으면서도 BERT 모델의 특정한 설정을 추가할 수 있다.

이렇게 함으로써 BertConfig는 사전 학습된 BERT 모델의 설정을 정의하는 데 필요한 기본적인 요소를 모두 가지고 있으면서도, 필요한 경우에 특정 모델 아키텍처에 맞게 사용자 정의할 수 있는 유연성을 제공한다. 이는 모델의 구성을 관리하고 조정하는 데 편리한 방법을 제공하며, 모델을 정의하는 코드를 보다 간결하고 이해하기 쉽게 만든다.

2.3 토크나이저

자연어 처리 작업에서 텍스트 데이터를 모델에 입력하기에 앞서 전처리 과정은 필수적이다. 이 과정에서 가장 중요한 단계가 바로 **토큰화**(Tokenize)다. 토큰화란 텍스트를 의미 있는 토큰으로 분할하는 작업을 말한다. 허깅페이스는 이러한 토큰화 작업을 돕기 위해 다양한 토크나이저 클래스를 제공한다.

토크나이저는 단어 기반, 서브워드, 문자 단위 등 여러 가지 토큰화 방식을 사용할 수 있다. 토큰화 방식은 **워드피스**(WordPiece), BPE(Byte Pair Encoding), **센텐스피스**(SentencePiece), **유니그램**(Unigram) 등의 알고리즘을 활용해 토큰화를 효율적이고 유연하게 수행할 수 있다.[4]

---

4 대표적으로 BERT 모델은 워드피스 토크나이저, GPT-2는 BPE, XLNet은 센텐스피스 토크나이저를 활용한다.

토큰화가 완료되면 모델에 입력할 시퀀스의 길이를 동일하게 맞추기 위해 **패딩**(Padding) 작업이 필요하다. 이때 무의미한 패딩 토큰이 발생하는데, 이를 적절히 **마스킹**(Masking)하지 않으면 모델 학습에 영향을 줄 수 있다.

토크나이저의 성능을 평가할 때는 속도, OOV(Out-Of-Vocabulary)[5] 처리 능력, 토큰의 품질 수준 등 다양한 측면을 고려해야 한다. 과제 유형과 목적에 따라 가장 적절한 토크나이저를 선택하는 것이 중요하다. 가령 다국어 토크나이저의 경우 여러 언어에 대응할 수 있게 설계됐으며, 언어 간 토큰 공유를 통해 전반적인 성능과 효율성을 높일 수 있다.

대부분의 자연어 처리 모델은 단어 또는 서브워드 단위의 토큰 시퀀스를 입력으로 받는다. 토크나이저는 원시 텍스트를 모델에 적합한 형식으로 변환해 주며, 텍스트 정규화, 대소문자 변환, 구두점 제거 등 다양한 전처리 기능을 제공한다. 이를 통해 별도의 전처리 코드 작성 없이도 전처리 단계를 단순화할 수 있다. 다음은 토크나이저의 이점을 정리했다.

토크나이저의 이점

- **효율성**: 토크나이저는 빠르고 병렬화된 방식으로 텍스트를 처리할 수 있다. 대규모 데이터세트에 대한 전처리 시간을 단축시킬 수 있다.

- **유연성**: 허깅페이스는 다양한 토크나이저 클래스를 제공해 사용자의 요구사항에 맞게 선택할 수 있다.

- **일관성**: 동일한 토크나이저를 사용하면 모델 학습과 추론 간의 일관성을 유지할 수 있다.

2.3.1 PreTrainedTokenizer 클래스

PreTrainedTokenizer는 허깅페이스에서 제공하는 토크나이저의 기본 클래스다. 이 클래스는 다양한 사전 학습된 모델과 호환되도록 설계됐으며 모델 설정 클래스와 마찬가지로 PreTrainedTokenizer를 상속받은 서브 클래스들은 각 모델에 맞는 고유한 토크나이저 기능을 제공한다.

---

5 언어 모델이 학습 중에 보지 못한 단어

PreTrainedTokenizer 클래스

```
tokenizer = transformers.PreTrainedTokenizer(
    vocab_files_names: Dict[str, str] = {},
    pretrained_vocab_files_map: Dict[str, Dict[str, str]] = {},
    pretrained_init_configuration: Dict[str, Dict[str, Any]] = {},
    max_model_input_sizes: Dict[str, Optional[int]] = {},
    model_max_length: int
    padding_side: str
    truncation_side: str
    model_input_names: List[str]
    bos_token: str,
    eos_token: str,
    unk_token: str,
    sep_token: str,
    pad_token: str,
    cls_token: str,
    mask_token: str,
    additional_special_tokens: List[str]
)
```

- **vocab_files_names**은 단어 집합 파일의 이름과 경로를 포함하는 딕셔너리다. 가령 {"vocab_file": "path/to/vocab.txt"}과 같은 형식으로 경로를 지정한다.

- **pretrained_vocab_files_map**은 사전 학습된 단어 집합 파일의 매핑을 포함하는 딕셔너리다. 키는 모델의 이름이나 버전을, 값은 각 파일의 이름과 경로를 포함한다. 가령 {"bert-base-uncased": {"vocab_file": "path/to/bert_vocab.txt"}}과 같은 형식으로 설정한다.

- **pretrained_init_configuration**은 사전 학습된 토크나이저 구성을 포함하는 딕셔너리다. 키는 모델의 이름이나 버전을, 값은 해당 모델의 토크나이저 구성을 나타낸다.

- **max_model_input_sizes**는 모델의 최대 입력 길이를 지정하는 딕셔너리다. 키는 모델의 이름이나 버전을, 값은 해당 모델의 최대 입력 길이를 나타내는 정숫값을 입력한다. 만약 None 값이라면 입력 길이에 제한이 없음을 의미한다.

- **model_max_length**는 토크나이저가 사용하는 모델의 최대 입력 길이를 지정한다. 이 값을 기준으로 입력 시퀀스를 자르거나 패딩한다.

- **padding_side**는 입력 시퀀스에 패딩을 적용할 위치를 지정한다. "left"인 경우 왼쪽에 패딩을 추가하고, "right"인 경우 오른쪽에 패딩을 추가한다.

- **truncation_side**는 입력 시퀀스가 model_max_length를 초과할 때, 어느 쪽에서 자를지 결정한다. "left"인 경우 왼쪽에서 자르고, "right"인 경우 오른쪽에서 자른다.

- **model_input_names**는 순전파(Forward pass)에 입력되는 텐서들의 이름 목록을 설정한다. 예를 들어, BERT 모델의 경우 ["input_ids", "attention_mask", "token_type_ids"]와 같이 지정된다.

- **bos_token**는 시퀀스의 시작을 나타내는 BOS(Beginning Of Sequence) 토큰을 설정한다.

- **eos_token**는 시퀀스의 끝을 나타내는 EOS(End Of Sequence) 토큰을 설정한다.

- **unk_token**는 단어 집합에 없는 토큰을 대체하는 UNK(Unknown) 토큰을 설정한다.

- **sep_token**는 두 개의 시퀀스를 구분하는 SEP(Separator) 토큰을 설정한다.

- **pad_token**는 시퀀스를 패딩할 때 사용하는 PAD(Padding) 토큰을 설정한다.

- **cls_token**는 시퀀스 전체를 분류하는 CLS(Classification) 토큰을 설정한다.

- **mask_token**는 마스크된 언어 모델링 작업에서 마스킹된 토큰을 나타내는 Mask(Masked) 토큰을 설정한다.

- **additional_special_tokens**는 위에 나열된 특수 토큰 외에 추가로 필요한 특수 토큰 목록을 설정한다.

PreTrainedTokenizer는 원시 텍스트 데이터를 모델이 이해할 수 있는 형태로 변환하는 역할을 수행하며, 토큰화, 패딩, 잘라내기 등의 작업을 수행해 모델의 입력 데이터 준비를 수행한다. 또한 시작/종료 토큰, 분리 토큰, 패딩 토큰 등의 특수 토큰을 관리하므로 토크나이저의 구조와 작동 방식에 대한 이해가 필요하다.

따라서 PreTrainedTokenizer 클래스에 대한 이해는 자연어 처리 모델을 효과적으로 활용하고, 필요에 따라 커스터마이징하는 데 필수적이다. 데이터 전처리 단계를 제대로 수행하지 않으면 모델 성능이 저하될 수 있기 때문에 토크나이저에 대한 지식이 매우 중요하다.

2.3.2 ModelTokenizer 클래스

모델 설정과 마찬가지로 모델 아키텍처마다 사전 학습된 토크나이저를 제공한다. 예를 들어 BERT, RoBERTa, GPT-2 등의 모델은 각각 BertTokenizer, RobertaTokenizer, GPT2Tokenizer 등의 전문화된 토크나이저 클래스를 가지고 있다. 이러한 토크나이저들은 모델의 사전 학습 과정에서 사용된 전처리 방식을 그대로 따르므로, 모델과 토크나이저를 일치시켜 사용하는 것이 중요하다.

다음 예제 2.4는 **BertTokenizer** 클래스를 사용해 문장을 토큰화하는 예시다.

예제 2.4 BertTokenizer 클래스

```python
from transformers import BertTokenizer

tokenizer = BertTokenizer.from_pretrained("bert-base-uncased")
text = "I am learning about tokenizers."
encoded = tokenizer.encode(text, add_special_tokens=True)

print(encoded)
print(tokenizer.decode(encoded))
```

【 출력 결과 】

```
[101, 1045, 2572, 4083, 2055, 19204, 17629, 2015, 1012, 102]
[CLS] i am learning about tokenizers. [SEP]
```

from_pretrained 메서드를 사용해 **BertTokenizer** 인스턴스를 생성한다. 여기서 "bert-base-uncased"는 사전 학습된 BERT 모델의 이름이다. 이 메서드는 해당 모델의 토크나이저 구성과 단어 집합을 자동으로 다운로드해 불러온다. 토크나이저를 초기화할 때 from_pretrained 메서드를 사용하면 자동으로 적절한 토크나이저가 불러와지므로 별도의 설정을 하지 않아도 된다.

이후 encode 메서드를 사용해 텍스트를 토큰 ID 시퀀스로 변환한다. add_special_tokens=True를 지정하면 BERT의 특수 토큰([CLS], [SEP])이 시퀀스에 추가된다. 인코딩된 토큰 ID 시퀀스의 출력 결과를 보면 101은 [CLS] 토큰, 102는 [SEP] 토큰에 해당하는 것을 확인할 수 있다.

decode 메서드를 사용해 토큰 ID 시퀀스를 원래 문장으로 복원한다. 특수 토큰을 시퀀스에 추가했으므로 특수 토큰도 함께 출력된다.

모델에 텍스트를 입력하기 전에 반드시 이러한 전처리 과정을 거쳐야 한다. 또한, encode와 decode 메서드는 서로 반대 작동을 수행하므로, 토큰화와 디토큰화(De-tokenize) 과정을 간편하게 처리할 수 있다.

2.4 모델

사전 학습된 모델은 대규모 데이터세트에서 일반적인 패턴과 표현을 사전에 학습한 모델이다. 이러한 모델은 이후 특정 목적에 맞게 미세 조정하여 활용된다. 사전 학습을 통해 모델이 풍부한 지식을 습득함으로써, 상대적으로 적은 양의 데이터로도 우수한 성능을 달성할 수 있게 된다.

텍스트 분야에서는 BERT, RoBERTa, GPT 등의 모델이 대표적이다. 이 모델은 트랜스포머 아키텍처를 기반으로 셀프 어텐션 메커니즘을 통해 입력 시퀀스의 의존성을 효과적으로 모델 링한다. 이러한 모델들은 텍스트 분류, 질의응답, 번역, 요약, 생성 등 다양한 과제에서 활용 된다.

이미지 분야에서는 합성곱 신경망(CNN) 기반의 모델인 ResNet, EfficientNet 등을 활용한 다. ImageNet과 같은 대규모 데이터세트에서 사전 학습된 후 다양한 컴퓨터비전 작업에 사용 된다. 최근에는 비전 트랜스포머(Vision Transformer, ViT)와 같이 트랜스포머 기반 모델도 주목받고 있다. 사전 학습된 이미지 모델은 물체 인식, 세그먼테이션, 이미지 캡셔닝 등의 과제 에 활용된다.

텍스트와 이미지를 동시에 처리하는 멀티모달 분야에서도 사전 학습된 모델이 등장하고 있다. CLIP, ALIGN, Flamingo 등이 대표적이다. 이러한 모델들은 대규모 이미지-텍스트 페어 데 이터에서 사전 학습되어 이미지와 텍스트의 상호 관계를 효과적으로 학습한다.

사전 학습된 모델들은 주로 트랜스포머나 합성곱(Convolution)과 같은 딥러닝 아키텍처를 기반으로 구성된다. 사전 학습 후에는 목적에 맞게 전이 학습되어 해당 분야에 특화된 모델로 사용된다. 이를 통해 부족한 데이터로도 높은 성능을 낼 수 있게 된다.

대규모 모델을 학습하기 위해서는 많은 데이터가 필요하지만, 데이터가 부족한 경우가 일반적이 다. 이러한 문제를 해결하기 위해 등장한 것이 **사전 학습**과 **전이 학습(Transfer learning)**[6] 기법이다. 사전 학습된 모델은 대규모 데이터에서 일반적인 지식을 습득하므로, 작은 데이터로 도 미세 조정을 통해 높은 성능을 낼 수 있다. 이를 통해 데이터 부족 문제를 극복하고 모델 성 능을 높이는 데 큰 역할을 할 수 있다.

---

6 한 도메인에서 학습한 지식을 다른 관련 도메인으로 옮겨 적용하는 기술

2.4.1 PreTrainedModel 클래스

PreTrainedModel 클래스는 사전 학습된 모델을 효율적으로 불러오고 사용할 수 있다. PreTrainedModel 클래스는 다양한 사전 학습된 모델을 위한 기반 클래스로, 모델 불러오기, 전이 학습, 모델 저장 등의 기능을 제공한다. 대표적인 하위 클래스로는 BertModel, RobertaModel, GPT2Model 등이 있으며, 각각 BERT, RoBERTa, GPT-2 모델을 다룬다. PreTrainedModel 클래스의 주요 기능은 다음과 같다.

PreTrainedModel 클래스 주요 기능

- **모델 불러오기**: from_pretrained 메서드를 통해 사전 학습된 모델 가중치를 손쉽게 불러올 수 있다. 이를 통해 대규모 모델을 직접 학습하지 않아도 활용할 수 있다.

- **전이 학습**: 모델 가중치를 기반으로 추가 학습을 진행해 특정 과제에 특화된 모델로 미세 조정할 수 있다. 이를 통해 작은 데이터세트로도 높은 성능을 달성할 수 있다.

- **모델 저장**: save_pretrained 메서드로 학습된 모델 가중치를 저장할 수 있다. 이렇게 저장된 모델은 나중에 다시 불러와 사용할 수 있다.

- **순전파**: 전처리된 입력 데이터를 모델에 전달해 출력을 생성한다. 이 과정에서 모델의 계산 그래프가 실행된다.

- **출력 처리**: 모델의 출력을 후처리해 실제 과제에 사용할 수 있는 형태로 변환한다. 예를 들어 텍스트 생성 과제에서는 토큰 시퀀스를 실제 텍스트로 디코딩할 수 있다.

이처럼 PreTrainedModel 클래스는 사전 학습된 모델의 라이프사이클 전반을 다루며, 연구자와 개발자가 이러한 모델을 쉽게 활용할 수 있게 한다. 앞선 모델 설정이나 토크나이저처럼 트랜스포머 라이브러리는 일관된 API를 제공하므로 다양한 모델 아키텍처를 효율적으로 사용할 수 있다.

2.4.2 ModelModel 클래스

사전 학습된 언어 모델을 효과적으로 활용하려면 적절한 전처리와 모델이 필요하다. 자연어 처리에서는 앞서 다룬 토크나이저와 사전 학습된 모델이 필요하다. 토크나이저를 통해 원시 텍스트 데이터를 모델이 이해할 수 있는 형태로 전처리하고, 사전 학습된 모델에서 순전파를 수행해 출력을 생성한다.

다음 예제 2.5는 BertModel을 통해 출력을 생성하는 예제다.

예제 2.5 BertModel 클래스

```
from transformers import BertTokenizer, BertModel

tokenizer = BertTokenizer.from_pretrained("bert-base-uncased")
text = "I am learning about tokenizers."
input = tokenizer(text, return_tensors="pt")
print(input)

model = BertModel.from_pretrained("bert-base-uncased")
output = model(**input)
print(output.last_hidden_state.shape)
```

【 출력 결과 】

```
{'input_ids': tensor([[ 101, 1045, 2572, 4083, 2055, 19204, 17629, 2015, 1012, 102]]),
 'token_type_ids': tensor([[0, 0, 0, 0, 0, 0, 0, 0, 0, 0]]), 'attention_mask': tensor([[1,
1, 1, 1, 1, 1, 1, 1, 1, 1]])}
torch.Size([1, 10, 768])
```

이번 예제에서는 BertTokenizer와 BertModel을 함께 사용해 텍스트를 BERT 모델의 입력으로 전처리하고, 모델의 출력을 생성하는 전체 과정을 보여준다. 예제 2.4와 유사하게 BertTokenizer를 불러오고 텍스트를 토큰화한다. 하지만 tokenizer 메서드의 return_tensors="pt" 인자를 통해 출력이 파이토치 텐서 형태로 반환되도록 지정한다. 출력된 input은 모델에 입력될 텐서들의 딕셔너리다.

이후, BertModel 모델을 불러오고 인스턴스화한다. 그런 다음 model의 forward 메서드를 호출해 순전파를 수행한다. 여기서 **input은 토큰화된 입력 딕셔너리를 모델에 전달하는 방식이다. 최종적으로 모델의 출력인 last_hidden_state의 형상을 확인할 수 있다.

이번 예제는 BERT 모델의 입력 형식으로 전처리하고, 이를 모델에 전달해 출력을 생성하는 전체 과정을 보여준다. 이는 사전 학습된 모델을 실제 과제에 활용하기 위한 기본적인 단계다. 사전 학습된 언어 모델은 일반적인 언어 표현을 학습하기 때문에, 추가 학습을 통해 다양한 자연어 처리 과제에 특화된 모델로 전이 학습해야 한다.[7]

---

7 전이 학습을 수행하기 위해 사전 학습된 모델을 **업스트림**(Upstream) 모델이라고 하며, 미세 조정된 모델은 **다운스트림**(Downstream) 모델이라고 한다.

사전 학습된 모델에 소수의 추가 계층을 더해 새로운 모델을 구성하고, 이를 특정 목적에 맞게 미세 조정하면 높은 성능을 발휘할 수 있다. 예를 들어, 텍스트 분류 과제에서는 다음과 같이 BERT 모델 기반의 분류기를 구축할 수 있다.

BertModel 다운스트림 예시

```python
import torch.nn as nn
from transformers import BertModel


class BertClassifier(nn.Module):
    def __init__(self, num_classes):
        super().__init__()
        self.bert = BertModel.from_pretrained("bert-base-uncased")
        self.dropout = nn.Dropout(0.3)
        self.classifier = nn.Linear(self.bert.config.hidden_size, num_classes)

    def forward(self, input_ids, attention_mask):
        output = self.bert(input_ids=input_ids, attention_mask=attention_mask)
        pooled_output = output.pooler_output
        dropout_output = self.dropout(pooled_output)
        logits = self.classifier(dropout_output)
        return logits
```

이 예시에서는 BERT 모델에 드롭아웃(Dropout) 계층과 선형(Linear) 계층을 추가해 텍스트 분류기를 구성한다. 이렇게 구축된 모델은 특정 텍스트 분류 데이터세트에 대해 미세 조정될 수 있다. 미세 조정 과정에서 BERT의 가중치도 함께 업데이트되어 해당 과제에 특화된다.

이처럼 트랜스포머 라이브러리는 사전 학습된 모델을 활용해 다운스트림 작업에 적합한 모델을 손쉽게 구성하고 학습할 수 있는 환경을 제공한다. 이를 통해 AI 모델 개발 프로세스를 대폭 간소화할 수 있게 된다.

허깅페이스는 이러한 특정 과제를 위한 특화 모델 클래스도 제공한다. 이러한 클래스들은 해당 과제에 적합한 헤드(Head)와 손실 함수(Loss function)를 포함하고 있어, **마스킹된 언어 모델링(Masked language modeling)**과 같은 특정 과제에 특화된 모델을 활용할 수 있다.

다음 예제 2.6은 BertForMaskedLM 클래스를 활용해 마스크된 단어를 예측하는 예제다.

예제 2.6 BertForMaskedLM 클래스

```python
import torch
from torch.nn import functional as F
from transformers import BertTokenizer, BertForMaskedLM

tokenizer = BertTokenizer.from_pretrained("bert-base-uncased")
model = BertForMaskedLM.from_pretrained("bert-base-uncased", return_dict=True)

text = f"I {tokenizer.mask_token} learning about tokenizers."
input = tokenizer(text, return_tensors="pt")
output = model(**input)

mask_index = torch.where(input["input_ids"][0] == tokenizer.mask_token_id)
softmax = F.softmax(output.logits, dim=-1)
mask_word = softmax[0, mask_index, :]
top10 = torch.topk(mask_word, 10, dim=1)[1][0]

for token in top10:
    word = tokenizer.decode([token])
    sentence = text.replace(tokenizer.mask_token, word)
    print(sentence)
```

【 출력 결과 】

```
I was learning about tokenizers.
I am learning about tokenizers.
I remember learning about tokenizers.
I started learning about tokenizers.
I keep learning about tokenizers.
I kept learning about tokenizers.
I like learning about tokenizers.
I liked learning about tokenizers.
I loved learning about tokenizers.
I love learning about tokenizers.
```

이 예제에서는 BertForMaskedLM 클래스를 사용해 문장에서 마스크된 단어를 예측한다. 먼저 BERT 토크나이저와 BertForMaskedLM 모델을 불러온 후, 마스크 토큰이 포함된 문장을 생성

한다. 그런 다음 모델의 출력에서 마스크 위치에 해당하는 로그 확률을 가져와 소프트맥스를 적용하고, 상위 10개 예측 단어를 출력한다.

이처럼 트랜스포머 라이브러리의 다양한 특화 모델 클래스를 활용하면 별도의 모델 구성 없이 특정 과제를 쉽게 수행할 수 있다. 이러한 클래스들은 내부적으로 사전 학습된 모델과 과제 관련 헤드, 손실 함수 등을 포함하고 있기 때문이다.

이 외에도 텍스트 분류를 위한 `BertForSequenceClassification`, 질의응답을 위한 `BertForQuestionAnswering`, 토큰 분류를 위한 `BertForTokenClassification`, 연속된 두 문장의 관계를 예측하는 `BertForNextSentencePrediction`, 다중 선택 문제를 위한 `BertForMultipleChoice` 등이 있다. 이처럼 다양한 과제 유형별로 미리 구성된 모델 클래스를 제공하고 있어, 사용자가 쉽게 해당 모델을 활용할 수 있다.

2.5 특징 추출

특징 추출은 이미지나 오디오와 같은 원시 데이터에서 딥러닝 모델의 입력으로 사용될 수 있는 **특징(Feature)**을 추출하는 역할을 한다. 특징이란 데이터에서 유용한 정보를 나타내는 부분이나 속성을 의미한다. 즉, 이미지나 오디오에서 유용한 패턴이나 특성을 식별하는 과정이다.

예를 들어, 이미지에서는 가장자리(Edge), 질감(Texture), 색상(Color) 등의 특징을 추출할 수 있으며, 오디오에서는 주파수(Frequency), 진폭(Magnitude), 주파수 영역의 에너지 등이 특징으로 사용될 수 있다. 이러한 추출된 특징은 딥러닝 모델의 입력으로 사용되어 해당 데이터를 분석하고 판별하는 데 사용된다.

이미지 분야에서는 이미지를 픽셀 값으로 표현하는 대신 CNN 등의 딥러닝 모델을 활용해 고수준의 의미 있는 특징을 추출할 수 있다. 예를 들어 ResNet과 같은 사전 학습된 모델의 중간 계층 출력이나 마지막 계층의 출력을 활용하면 이미지의 시각적 특징을 효과적으로 추출할 수 있다.[8]

---

8 CNN 모델은 이미지의 낮은 수준 특징(edge, color 등)에서 점차 높은 수준의 의미 있는 특징을 학습하기 때문에 효과적으로 특징을 추출할 수 있다.

오디오 분야에서는 원시 **오디오 파형(Waveform)**에서 직접 특징을 추출하기 어려우므로 **멜 스펙트로그램(Mel spectrogram)**[9]과 같은 **중간 표현(Intermediate representation)**을 사용한다. 이는 오디오 신호를 시간–주파수 도메인으로 변환해 오디오의 주요 특징을 포착한다.

허깅페이스에서는 FeatureExtractor 클래스를 통해 이러한 특징 추출 작업을 수행하며, 다음 과 같은 주요 기능을 제공한다.

특징 추출 주요 기능

- **이미지/오디오 전처리**: 입력 데이터에 대한 전처리 기능을 제공한다. 이미지의 경우 크기 조절, 정규화 등 의 작업을, 오디오의 경우 리샘플링, 패딩 등의 작업을 수행한다.

- **특징 추출**: 전처리된 데이터에서 CNN, 오디오 모델 등을 활용해 특징을 추출한다. 이미지의 경우 CNN 출력, 오디오의 경우 멜 스펙트로그램 등이 특징 벡터로 사용된다.

- **특징 후처리**: 추출된 특징에 대한 후처리 기능을 제공한다. 이를 통해 모델 입력에 적합한 형태로 특징 벡 터를 변환할 수 있다.

- **일관된 인터페이스**: 이미지, 오디오 등 다양한 모달리티에 대해 일관된 API를 제공해 코드 재사용성을 높 인다.

이처럼 FeatureExtractor 클래스는 이미지, 오디오 등 다양한 모달리티의 원시 데이터로부터 유용한 특징을 추출하는 데 활용된다. 이를 통해 이미지 분류, 오디오 인식 등 다양한 과제에 대한 딥러닝 모델의 입력으로 사용할 수 있다.

2.5.1 ImageFeatureExtractor 클래스

ImageFeatureExtractor는 허깅페이스에서 이미지 데이터를 전처리하고 시각적 특징을 추출 하는 데 사용되는 클래스다. 이 클래스는 이미지를 딥러닝 모델의 입력으로 사용하기 위해 필 요한 전처리 작업과 특징 추출 작업을 수행한다.

이미지 크기 조절, 정규화, 데이터 증강 등의 전처리 작업을 수행하며, 합성곱 신경망, 비전 트 랜스포머 등의 모델을 활용해 이미지의 시각적 특징을 추출한다. 추출된 특징 벡터에 대한 후

---

9 오디오 신호를 시간–주파수 도메인으로 변환하여 주파수 정보를 시각화한 것

처리 작업을 수행해 모델 입력에 적합한 형태로 변환한다. `ImageFeatureExtractor`는 다양한 이미지 모델과 호환되며, 각 모델의 아키텍처와 전처리 요구사항에 맞춰 최적화돼 있다.

다음 예제 2.7은 CLIP 모델에 적합한 이미지 전처리와 특징 추출을 수행하는 예제다.

예제 2.7 CLIPFeatureExtractor 클래스

```python
from datasets import load_dataset
from transformers import CLIPFeatureExtractor

dataset = load_dataset("huggingface/cats-image")
image = dataset["test"]["image"][0]

feature_extractor = CLIPFeatureExtractor.from_pretrained("openai/clip-vit-base-patch32")
inputs = feature_extractor(
    images=image,
    do_resize=True,
    size=512,
    do_center_crop=True,
    crop_size=512,
    return_tensors="pt"
)

print(inputs["pixel_values"].shape)
print(inputs)
```

【 출력 결과 】

```
torch.Size([1, 3, 512, 512])
{'pixel_values': tensor([[[[ 0.5143,  0.5727,  0.6603,  ..., -0.0259, -0.1280, -0.0696],
         [ 0.5435,  0.6165,  0.6603,  ...,  0.0325,  0.0179, -0.0113],
         [ 0.5435,  0.5873,  0.6019,  ...,  0.0179,  0.0179,  0.1347],
         ...,
         {중략}
         ...,
         [ 1.6340,  1.5771,  1.6482,  ...,  0.8803,  0.6528,  0.7523],
         [ 1.6340,  1.5913,  1.7193,  ...,  0.9656,  0.5248,  0.7808],
         [ 1.7193,  1.6340,  1.6055,  ...,  0.8661,  0.8661,  0.9941]]]])}
```

CLIPFeatureExtractor.from_pretrained를 통해 "openai/clip-vit-base-patch32" 모델의 특징 추출기를 불러온다. feature_extractor에 이미지를 전달하면서 전처리 옵션을 지정한다. 여기서는 이미지를 512×512 크기로 변경하고 중심 자르기를 적용한다. 이때, return_tensors="pt"를 지정해 파이토치 텐서 형태로 출력한다.

출력된 inputs는 딕셔너리 형태이며, pixel_values에는 전처리된 이미지 텐서가 포함된다. 이렇게 추출된 특징 벡터(pixel_values)는 CLIP 모델의 입력으로 사용될 수 있다. 예를 들어, 이미지와 텍스트의 유사도를 계산하거나, 이미지 캡셔닝 등의 과제에 활용할 수 있다. 추출된 이미지 특징 벡터는 다양한 컴퓨터비전 및 멀티모달 과제에 활용될 수 있다. 활용 예시는 다음과 같다.

이미지 특징 벡터 활용 예시

- **이미지 분류**: 특징 벡터를 분류 모델의 입력으로 사용해 이미지 분류를 수행한다.

- **이미지 검색**: 이미지 특징 벡터 간의 유사도를 계산해 유사한 이미지를 검색한다.

- **이미지 캡셔닝**: 이미지 특징 벡터와 텍스트 인코더를 결합해 이미지에 대한 설명(캡션)을 생성한다.

- **멀티모달 과제**: 이미지와 텍스트의 특징 벡터를 결합해 멀티모달 과제(예: 시각 질의응답, 이미지-텍스트 검색 등)를 수행한다.

이처럼 ImageFeatureExtractor는 이미지 데이터를 딥러닝 모델에 적합한 형태로 변환하고 의미 있는 특징을 추출하는 데 유용하다. 추출된 특징 벡터는 다양한 컴퓨터비전 및 멀티모달 과제에 활용될 수 있다.

2.5.2 AudioFeatureExtractor 클래스

AudioFeatureExtractor는 허깅페이스에서 오디오 데이터를 전처리하고 오디오 특징을 추출하는 데 사용되는 클래스다. 이 클래스는 오디오 파형을 딥러닝 모델의 입력으로 사용하기 위해 필요한 전처리 작업과 특징 추출 작업을 수행한다.

오디오 파형에 대한 리샘플링, 패딩, 정규화 등의 전처리 작업을 수행하며, 오디오 모델(예: Wav2Vec2)을 활용해 오디오 파형으로부터 특징 벡터를 추출한다. 이미지 특징 추출과 동일하게 추출된 특징 벡터에 대한 후처리 작업을 수행해 모델 입력에 적합한 형태로 변환한다. AudioFeatureExtractor는 다양한 오디오 모델과 호환되며, 각 모델의 아키텍처와 전처리 요구사항에 맞춰 최적화돼 있다.

다음 예제 2.8은 Wav2Vec2 모델에 적합한 오디오 전처리와 특징 추출을 수행하는 예제다.

예제 2.8 Wav2Vec2FeatureExtractor 클래스

```python
from datasets import load_dataset
from transformers import Wav2Vec2FeatureExtractor

dataset = load_dataset("PolyAI/minds14", "ko-KR", split="train", trust_remote_code=True)
audios = [audio["array"] for audio in dataset["audio"][:2]]

feature_extractor = Wav2Vec2FeatureExtractor.from_pretrained("facebook/wav2vec2-base-960h")
inputs = feature_extractor(
    raw_speech=audios,
    padding=True,
    return_attention_mask=True,
    return_tensors="pt"
)

print(inputs["input_values"][0].shape)
print(inputs["input_values"][1].shape)
print(inputs)
```

【 출력 결과 】

```
torch.Size([70315])
torch.Size([70315])
{'input_values': tensor([[2.3359e-03, 2.8042e-05, 2.8042e-05,  ..., 0.0000e+00, 0.0000e+00,
         0.0000e+00],
        [3.4663e-03, 1.6907e-04, 1.6907e-04,  ..., 1.3358e-02, 1.3358e-02,
         1.0061e-02]]), 'attention_mask': tensor([[1, 1, 1,  ..., 0, 0, 0],
        [1, 1, 1,  ..., 1, 1, 1]], dtype=torch.int32)}
```

load_dataset을 사용해 "PolyAI/minds14" 데이터세트의 한국어 부분을 불러오고, 첫 두 개의 오디오 파일을 선택한다. 이후 Wav2Vec2FeatureExtractor.from_pretrained 메서드를 통해 "facebook/wav2vec2-base-960h" 모델의 특징 추출기를 불러온다.[10]

feature_extractor에 오디오 파형 리스트를 전달하면서 전처리 옵션을 지정한다. 여기서는 패딩과 어텐션 마스크 생성 옵션을 활성화한다. 출력된 inputs는 딕셔너리 형태이며, input_values에는 전처리된 오디오 특징 벡터가 포함된다.

이렇게 추출된 특징 벡터(input_values)는 Wav2Vec2 모델의 입력으로 사용될 수 있다. 활용 예시는 다음과 같다.

오디오 특징 벡터 활용 예시

- **음성 인식**: 특징 벡터를 음성-텍스트 변환 모델의 입력으로 사용해 음성 인식을 수행한다.
- **오디오 분류**: 특징 벡터를 분류 모델의 입력으로 사용해 오디오를 분류한다(예: 음악 장르 분류, 환경 소리 분류 등).
- **스피커 인식**: 특징 벡터를 활용해 스피커의 음성을 인식하고 구별한다.
- **오디오 이벤트 검출**: 특징 벡터를 분석해 오디오 내에서 특정 이벤트(예: 박수, 웃음소리 등)를 검출한다.

오디오 데이터는 이미지 데이터와 몇 가지 차이점이 있으므로 주의해야 한다. 오디오 데이터는 일련의 시퀀스 데이터로 구성돼 있다. 이에 비해 이미지는 일반적으로 고정된 크기의 2차원 데이터다. 또한, 오디오 데이터는 다양한 **샘플링 레이트(Sampling rate)**[11]를 가질 수 있다. 이로 인해 전처리 과정에서 리샘플링이 필요할 수 있다.

이 외에도 오디오 데이터의 길이는 가변적이므로 특징 벡터의 길이도 변할 수 있다. 패딩이나 잘라내기 등의 처리가 필요하며, 시간 의존성을 갖고 있어 적절한 전처리와 후처리를 수행해야 한다.

---

10 Wav2Vec2 모델을 사용하려면 soundfile, librosa 라이브러리를 설치해야 한다.

11 1초 동안 신호를 몇 번 표본 추출할지를 결정하는 값이다. 샘플링 레이트가 16,000Hz라면 1초 동안 16,000번의 표본 추출이 이루어진다는 의미다.

2.6 이미지 프로세서

이미지 프로세서는 이미지 데이터를 딥러닝 모델에 입력하기 전에 필요한 전처리 작업을 수행하는 클래스다. 이 클래스는 이미지 데이터를 모델이 이해할 수 있는 형태로 변환하고, 모델 추론에 적합한 크기와 형식으로 조정한다.

이미지 프로세서는 텍스트 데이터를 전처리하는 토크나이저와 유사한 역할을 한다. 토크나이저가 텍스트를 토큰 시퀀스로 변환하는 것처럼, 이미지 프로세서는 이미지를 모델 입력에 적합한 형태로 전처리한다. 또한, 토크나이저가 특정 언어 모델에 맞게 최적화된 것처럼, 이미지 프로세서도 특정 이미지 모델에 맞게 최적화돼 있다.

이처럼 이미지 프로세서는 이미지 데이터를 딥러닝 모델에 적합한 형태로 전처리하고 모델 호환성을 보장하는 중요한 역할을 한다. 또한 토크나이저와 마찬가지로 사용자 편의성과 코드 일관성을 높여주는 장점이 있다.

2.6.1 ImageProcessor 클래스

ImageProcessor는 이미지 데이터를 전처리하고 딥러닝 모델의 입력으로 변환하는 역할을 하는 허깅페이스의 핵심 클래스다. 앞서 다룬 특징 추출 클래스와 마찬가지로, 이 클래스는 이미지 전처리(크기 조절, 중심 자르기, 패딩, 정규화)를 수행하며, 추가로 회전, 반전 등의 데이터 증강 기법도 적용할 수 있다.

ImageProcessor와 ImageFeatureExtractor 클래스는 모두 이미지 데이터를 딥러닝 모델에 사용하기 위해 전처리하는 역할을 하지만, 몇 가지 중요한 차이점이 있다. ImageProcessor는 이미지 전처리와 모델 입력 준비를 주 목적으로 수행되지만, ImageFeatureExtractor는 이미지로부터 의미 있는 특징 벡터를 추출하는 것이 주 목적이다.

그러므로 ImageProcessor는 전처리된 이미지 텐서를 출력하며, 모델의 직접적인 입력으로 사용된다. 반면에 ImageFeatureExtractor는 이미지의 특징 벡터를 출력하므로 다운스트림 작업을 위한 중간 표현으로 사용된다.

ImageProcessor는 특정 이미지 모델에 최적화되어 해당 모델의 전처리 요구사항을 반영한다. 반면에 ImageFeatureExtractor는 특정 이미지 모델과 독립적으로 작동할 수 있어 다양한 모델에서 추출된 특징 벡터를 활용할 수 있다.

ImageProcessor는 다양한 이미지 모델에 대해 최적화된 서브클래스를 제공한다. 예를 들어 CLIP 모델은 CLIPImageProcessor를, ViLT 모델은 ViltImageProcessor를, YOLOS 모델은 YolosImageProcessor를 사용한다.

다음 예제 2.9는 CLIP 모델에 적합한 이미지 전처리를 수행하는 예제다.

예제 2.9 CLIPImageProcessor 클래스

```python
from datasets import load_dataset
from transformers import CLIPImageProcessor

dataset = load_dataset("huggingface/cats-image")
image = dataset["test"]["image"][0]

image_processor = CLIPImageProcessor.from_pretrained("openai/clip-vit-base-patch32")
pixel_values = image_processor(
    images=image,
    image_mean=[0.48145466, 0.4578275, 0.40821073],
    image_std=[0.26862954, 0.26130258, 0.27577711],
    do_convert_rgb=True,
    return_tensors="pt"
)

print(pixel_values["pixel_values"].shape)
print(pixel_values)
```

【 출력 결과 】

```
torch.Size([1, 3, 224, 224])
{'pixel_values': tensor([[[[ 0.5873,  0.5873,  0.6165,  ...,  0.0617,  0.0471, -0.0259],
          [ 0.5727,  0.5727,  0.6603,  ...,  0.1201,  0.0763,  0.0909],
          [ 0.5873,  0.5435,  0.6165,  ...,  0.0325,  0.1201,  0.0617],
          ...,
          {중략}
          ...,
          [ 1.5771,  1.6482,  1.6340,  ...,  0.9088,  0.9514,  0.8945],
          [ 1.6198,  1.6055,  1.6055,  ...,  0.8661,  0.8092,  0.7950],
          [ 1.6624,  1.6766,  1.5487,  ...,  0.7950,  0.8661,  0.8519]]]])}
```

`CLIPImageProcessor.from_pretrained` 메서드를 통해 "openai/clip-vit-base-patch32" 모델의 이미지 프로세서를 불러온다. `image_processor`에 이미지와 전처리 옵션을 전달한다. 이예제에서는 이미지 정규화를 위한 평균(`image_mean`)과 표준편차(`image_std`) 값을 지정하고, RGB 변환 옵션(`do_convert_rgb`) 변환 옵션을 활성화한다. 출력된 `pixel_values`는 딕셔너리 형태이며, `pixel_values` 키에 전처리된 이미지 텐서가 포함된다.

이렇게 전처리된 이미지 텐서는 CLIP 모델의 입력으로 사용될 수 있다. `ImageProcessor`는 이미지 데이터를 딥러닝 모델에 적합한 형태로 변환하고 전처리하는 핵심 역할을 수행한다. 이를 통해 다양한 컴퓨터비전 및 멀티모달 과제에서 높은 성능을 얻을 수 있다.

2.7 오토 클래스

머신러닝과 딥러닝 분야에서 사전 학습된 모델의 활용은 점차 필수적인 요소로 자리매김하고 있다. 사전 학습된 모델들은 대규모 데이터세트에서 일반적인 패턴과 지식을 학습함으로써 높은 성능을 내는 경우가 많다. 이러한 모델을 활용해 추가 학습이나 미세 조정을 통해 특정한 과제에 맞게 조정할 수 있다.

그러나 머신러닝 및 딥러닝 모델을 실제 프로젝트에 적용하는 과정이 까다로울 때도 있다. 모델을 불러오고 토크나이저와 설정을 준비하는 등 여러 전처리 단계가 필요하다. 특히 새로운 모델을 사용할 때마다 관련 정보를 찾아 코드를 수정해야 하는 번거로움이 있다.

허깅페이스의 오토(Auto) 클래스는 이러한 불편함을 해소하기 위해 등장했다. 이 클래스를 활용하면 모델의 아키텍처를 모델 이름만으로 자동으로 인식할 수 있다. 이를 통해 해당 모델에 적합한 설정, 토크나이저, 모델, 특징 추출기, 이미지 프로세서 등을 쉽게 불러올 수 있어, 모델 활용 과정을 크게 단순화할 수 있다. 다음은 오토 클래스의 주요 장점이다.

오토 클래스의 장점

- **자동화된 모델 불러오기**: 모델 이름만으로 해당 모델의 아키텍처를 자동으로 인식해 적절한 클래스를 불러온다. 사용자는 모델 아키텍처의 세부 사항을 몰라도 된다.

- **간편한 API**: 오토 클래스는 모델, 토크나이저, 이미지 프로세서 설정을 위한 간단하고 일관된 API를 제공해 코드를 간소화하고 재사용성을 높인다.

- **모델 교체 용이성**: 동일한 API를 사용하기 때문에 다양한 모델을 쉽게 실험하고 교체할 수 있다. 이는 모델 선택 및 성능 비교를 용이하게 한다.

- **추론 및 미세 조정 간소화**: 모델 설정, 전처리, 후처리 등의 과정이 자동화되어 추론과 미세 조정 프로세스가 간소화된다. 이는 모델을 실제 환경에 배포하거나 특정 과제에 맞게 조정할 때 유용하다.

2.7.1 주요 Auto 클래스

오토 클래스는 모델 설정, 토크나이저, 모델, 설정, 특징 추출기, 이미지 프로세서 등을 불러오기 위한 간편한 인터페이스를 제공한다. 이를 통해 다양한 모델과 모달리티를 손쉽게 활용할 수 있다. 오토 클래스는 주로 다음과 같은 클래스들로 구성된다.

주요 오토 클래스

- `AutoConfig`: 모델 아키텍처에 맞는 `PretrainedConfig` 클래스 설정

- `AutoModel`: 모델 아키텍처에 맞는 `PretrainedModel` 클래스 설정

- `AutoTokenizer`: 모델 아키텍처에 맞는 `PreTrainedTokenizer` 클래스 설정

- `AutoFeatureExtractor`: 이미지, 오디오 등의 데이터로부터 특징 벡터를 추출하는 클래스 설정

- `AutoImageProcessor`: 이미지 전처리를 수행하는 클래스 설정

오토 클래스는 모두 `AutoConfig`, `AutoTokenizer`, `AutoModel`, `AutoFeatureExtractor`, `AutoImageProcessor` 등의 기본 클래스를 상속받는다. 이러한 오토 클래스는 `from_pretrained` 메서드를 통해 지정된 모델 이름이나 경로에서 적절한 클래스를 불러온다. 오토 클래스를 활용해 다양한 모델과 모달리티를 쉽게 다룰 수 있다. 이를 통해 다음과 같이 간단한 코드로 모델과 관련 클래스를 불러올 수 있다.

오토 클래스 예시

```
from transformers import AutoConfig, AutoTokenizer, AutoModel, AutoFeatureExtractor,
AutoImageProcessor


nlp_model_name = "bert-base-uncased"
config = AutoConfig.from_pretrained(nlp_model_name)
```

```
tokenizer = AutoTokenizer.from_pretrained(nlp_model_name)
model = AutoModel.from_pretrained(nlp_model_name)


vision_model_name = "microsoft/resnet-18"
feature_extractor = AutoFeatureExtractor.from_pretrained(vision_model_name)
image_processor = AutoImageProcessor.from_pretrained(vision_model_name)
```

오토 클래스는 허깅페이스에서 가장 기본이 되는 핵심 기능이다. 이를 통해 다양한 모델과 모 달리티를 일관된 방식으로 다룰 수 있어, 모델 개발 및 배포 프로세스가 크게 간소화된다. 다음 예제 2.10, 2.11, 2.12는 오토 클래스를 사용한 몇 가지 예시를 보여준다.

예제 2.10 오토 클래스로 자연어 처리 모델 불러오기

```
from transformers import AutoModel, AutoTokenizer


model_name = "bert-base-uncased"
tokenizer = AutoTokenizer.from_pretrained(model_name)
model = AutoModel.from_pretrained(model_name)


text = "I am learning about tokenizers."
input = tokenizer(text, return_tensors="pt")
output = model(**input)


print(output.last_hidden_state.shape)
```

【 출력 결과 】

```
torch.Size([1, 10, 768])
```

예제 2.11 오토 클래스로 컴퓨터비전 모델 불러오기

```
from PIL import Image
from datasets import load_dataset
from transformers import AutoImageProcessor, AutoModel


model_name = "microsoft/resnet-18" # "google/vit-base-patch16-224-in21k"
image_processor = AutoImageProcessor.from_pretrained(model_name)
model = AutoModel.from_pretrained(model_name)
```

```
dataset = load_dataset("huggingface/cats-image")
image = dataset["test"]["image"][0]

inputs = image_processor(images=image, return_tensors="pt")
outputs = model(**inputs)

print(outputs.last_hidden_state.shape)
```

【 출력 결과 】
```
torch.Size([1, 512, 7, 7])
```

예제 2.12 오토 클래스로 오디오 모델 불러오기

```
from datasets import load_dataset
from transformers import AutoFeatureExtractor

model_name = "facebook/wav2vec2-base-960h" # "openai/whisper-tiny"
feature_extractor = AutoFeatureExtractor.from_pretrained(model_name)

dataset = load_dataset("PolyAI/minds14", "ko-KR", split="train")
audios = [audio["array"] for audio in dataset["audio"][:2]]

inputs = feature_extractor(raw_speech=audios, padding=True, return_tensors="pt")
print(inputs.keys())
```

【 출력 결과 】
```
dict_keys(['input_values'])
```

오토 클래스를 이용하면 텍스트, 이미지, 오디오 등 다양한 모달리티에 대한 모델을 일관된 방식으로 불러오고 활용할 수 있다. 모델 아키텍처나 전처리 요구사항을 알 필요 없이 간단한 API만으로 모델을 사용할 수 있다.

예제 2.10에서 bert-base-uncased를 xlnet-base-cased로, 예제 2.11에서 microsoft/resnet-18을 google/vit-base-patch16-224-in21k로, 예제 2.12에서 facebook/wav2vec2-base-960h를 openai/whisper-tiny로 변경해도 코드 구조는 동일하게 유지된다.

이를 통해 모델 개발 및 배포 프로세스가 크게 간소화되고, 생산성이 향상된다. 따라서 모델 개발자와 연구자들이 좀 더 쉽게 최신 기술을 적용하고 혁신적인 솔루션을 개발할 수 있다.

2.8 파이프라인

머신러닝 작업은 데이터 전처리, 모델 불러오기, 예측, 후처리 등 여러 단계로 이뤄진다. 이러한 각 단계를 개별적으로 처리하면 코드가 길고 복잡해지며, 유지보수가 어려워진다. 허깅페이스의 파이프라인은 이러한 문제를 해결하기 위해 고안된 솔루션이다.

파이프라인은 복잡한 머신러닝 작업을 단순화하고 사용자 경험을 개선하며, 다양한 구성 요소를 하나의 인터페이스로 통합해 코드를 간결하게 만들 수 있다. 이를 통해 개발 생산성이 높아지고, 코드 가독성과 유지보수성이 좋아진다.

앞 절에서 살펴본 오토 클래스도 모델, 토크나이저, 프로세서 등의 개별 구성 요소를 불러오고 사용하기 위한 인터페이스다. `AutoModel`, `AutoTokenizer` 등을 통해 특정 모델과 전처리기를 불러오고 커스터마이징 할 수 있다.

한편 파이프라인은 여러 구성 요소를 결합해 특정 과제를 수행하기 위한 고수준 인터페이스다. 파이프라인은 모델, 토크나이저, 프로세서 등을 내부적으로 불러오고 연결해 작업을 자동화한다. 즉, 파이프라인 객체를 생성하고 입력 데이터를 전달하기만 하면 된다.

파이프라인을 사용한다면 여러 단계를 하나의 인터페이스로 통합해 코드를 간결하게 만들며, 개발 시간을 크게 단축할 수 있다. 또한, 작업 수행 방식이 표준화돼 있어 일관성 있는 결과를 보장해 코드 품질과 안정성이 향상된다. 오토 클래스와 함께 사용하면 유연하고 강력한 개발 환경을 구축할 수 있게 된다.

2.8.1 파이프라인 종류와 예시

허깅페이스에는 텍스트, 비전, 오디오 등 다양한 분야에 대한 파이프라인이 제공된다. 각 파이프라인은 해당 과제를 위한 최적의 구조로 설계돼 있다. 다음은 허깅페이스의 파이프라인을 정리했다.

허깅페이스 파이프라인

- **자연어 처리 파이프라인**: 토크나이저, 모델, 후처리(또는 토크나이저 디코더)로 구성되며, 텍스트 생성, 요약, 번역, 질문 답변 등의 과제에 사용된다.

- **컴퓨터비전 파이프라인**: 이미지 프로세서, 모델, 후처리(또는 이미지 포매터)로 이루어져 있으며, 이미지 분류, 객체 탐지, 세그멘테이션 등의 과제를 수행한다.

- **오디오 파이프라인**: 오디오 프로세서, 모델, 후처리(또는 오디오 디코더)로 구성돼 있으며, 오디오 분류, 음성 인식 등의 과제를 지원한다.

- **멀티모달 파이프라인**: 텍스트, 이미지, 오디오 등 다양한 모달리티를 결합한 과제를 수행한다.

각 파이프라인은 구성 요소를 자동으로 불러오고 결합해 과제를 수행한다. 자연어 처리 파이프라인을 그림 2.1에 나타냈다.

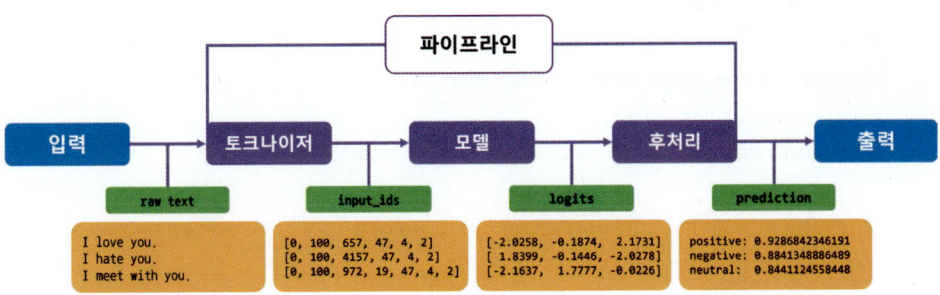

그림 2.1 자연어 처리 파이프라인

그림의 토크나이저, 모델, 후처리 영역이 자연어 처리 파이프라인을 의미한다. 파이프라인의 작동 방식을 자세히 살펴보면, 먼저 입력된 텍스트를 토크나이저를 통해 토큰화한다. 그리고 토큰화된 입력을 모델에 전달해 로짓을 추출한다. 이후 후처리 단계에서 추출된 로짓을 변환하거나 디코딩해 사람이 읽을 수 있는 형식으로 변환한다. 이러한 구조를 예제 2.13과 같은 코드로 나타낼 수 있다.

예제 2.13 자연어 처리 파이프라인 예시 (1)

```
import torch
import torch.nn.functional as F
from transformers import pipeline
```

```python
pipe = pipeline(
    task="text-classification",
    model="cardiffnlp/twitter-roberta-base-sentiment-latest"
)
raw_text = [
    "I love you.",
    "I hate you.",
    "I meet with you."
]

inputs = pipe.tokenizer(raw_text, padding=True, return_tensors="pt")
outputs = pipe.model(inputs["input_ids"])
probabilities = F.softmax(outputs.logits, dim=1)
prediction = []
for prob in probabilities:
    max_idx = torch.argmax(prob).item()
    class_name = pipe.model.config.id2label[max_idx]
    score = prob[max_idx].item()
    prediction.append({"label": class_name, "score": score})

print("- raw text:")
print(raw_text)

print("- input_ids:")
print(inputs["input_ids"])

print("- logits:")
print(outputs["logits"])

print("- prediction:")
print(prediction)
```

【 출력 결과 】

```
- raw text:
['I love you.', 'I hate you.', 'I meet with you.']
- input_ids:
```

```
tensor([[   0, 100,  657,  47,   4,   2,   1],
        [   0, 100, 4157,  47,   4,   2,   1],
        [   0, 100,  972,  19,  47,   4,   2]])
- logits:
tensor([[-2.0258, -0.1874,  2.1731],
        [ 1.8399, -0.1446, -2.0278],
        [-2.1637,  1.7777, -0.0226]], grad_fn=<AddmmBackward0>)
- prediction:
[{'label': 'positive', 'score': 0.9014018774032593}, {'label': 'negative', 'score':
0.8632902503013611}, {'label': 'neutral', 'score': 0.8441126942634583}]
```

이 예제에서는 그림 2.1과 같이 중간 결과를 출력해 파이프라인의 내부 작동 방식을 살펴본다. 파이프라인에 상속돼 있는 토크나이저, 모델, 후처리 단계를 직접 구현해 텍스트 분류 과제를 수행한다.

먼저 입력 텍스트를 토크나이저(pipe.tokenizer)를 사용해 토큰화한다. 그리고 토큰화된 입력을 모델(pipe.model)에 전달해 로짓(logits)을 추출한다. 로짓은 소프트맥스(F.softmax) 함수를 적용해 확률값으로 변환되고, 가장 높은 확률을 가진 클래스를 예측 결과로 선택한다.

예제 2.13은 파이프라인의 내부 작동 방식을 이해하기 위해 파이프라인의 구성 요소들(tokenizer, model 등)을 개별적으로 호출하여 과정을 단계별로 수행했다. 반면에 예제 2.14는 실제 개발에서 주로 사용하는 방식으로 파이프라인 객체를 생성한 후 이를 직접 호출하여 간편하게 결과를 얻는 방법이다. 이 두 예제의 비교를 통해 파이프라인의 내부 동작과 실제 사용 방식의 차이를 명확히 이해할 수 있다.

예제 2.14 자연어 처리 파이프라인 예시 (2)

```
from transformers import pipeline

pipe = pipeline(
    task="text-classification",
    model="cardiffnlp/twitter-roberta-base-sentiment-latest"
)
raw_text = [
    "I love you.",
    "I hate you.",
```

```
    "I meet with you."
]
prediction = pipe(raw_text)
print(prediction)
```

【 출력 결과 】

```
[{'label': 'positive', 'score': 0.9286842346191406}, {'label': 'negative', 'score':
0.8841348886489868}, {'label': 'neutral', 'score': 0.8441124558448792}]
```

예제 2.14는 허깅페이스 파이프라인을 사용해 동일한 텍스트 분류 과제를 수행한다. 파이프라
인은 토크나이저, 모델, 후처리 단계를 내부적으로 처리하므로, 사용자는 입력 텍스트만 전달
하면 최종 예측 결과를 얻을 수 있다.

이 예제에서는 파이프라인을 간단히 초기화하고 입력 텍스트를 전달하기만 하면 된다. 파이프
라인이 내부적으로 필요한 전처리와 후처리를 자동으로 수행해 최종 예측 결과를 반환한다.

이제 파이프라인 함수에 관해 자세히 알아본다.

2.8.2 pipeline 함수

파이프라인은 허깅페이스에서 가장 중요한 기능 중 하나다. 복잡한 머신러닝 작업을 단순화하
고 생산성을 높일 수 있다. 파이프라인 함수는 파이프라인을 생성하고 사용하기 위한 핵심 인
터페이스다. 파이프라인 함수를 호출하면 원하는 과제에 맞는 파이프라인 객체를 손쉽게 생성
할 수 있다. 이 함수는 내부적으로 필요한 모델, 토크나이저, 프로세서 등의 구성 요소를 자동
으로 불러오고 연결한다.

pipeline 함수

```
pipe = transformers.pipeline(
    task: str = None,
    model: Optional[Union[str, PreTrainedModel, TFPreTrainedModel]] = None,
    config: Optional[Union[str, PretrainedConfig]] = None,
    tokenizer: Optional[Union[str, PreTrainedTokenizer, PreTrainedTokenizerFast]] = None,
    feature_extractor: Optional[Union[str, PreTrainedFeatureExtractor]] = None,
    image_processor: Optional[Union[str, BaseImageProcessor]] = None,
```

```
    framework: Optional[str] = None,
    revision: Optional[str] = None,
    use_fast: bool = True,
    token: Optional[Union[str, bool]] = None,
    device: Optional[Union[int, str, torch.device]] = None,
    device_map=None,
    torch_dtype=None,
    trust_remote_code: Optional[bool] = None,
    model_kwargs: Dict[str, Any] = None,
    pipeline_class: Optional[Any] = None
)
```

- **task**는 수행하려는 과제를 설정한다. 예를 들어 text-generation이나 image-classification 등이 있다.

- **model**은 파이프라인에서 사용할 모델을 지정한다. 모델의 이름이나 경로 또는 직접 PreTrainedModel(파이토치) 또는 TFPreTrainedModel(텐서플로) 객체를 전달할 수 있다. 지정하지 않으면 task에 대한 기본 모델을 사용한다.

- **config**는 모델 구성 파일의 이름이나 경로 또는 PretrainedConfig 객체를 지정한다. 지정하지 않으면 task에 대한 기본 모델 설정을 사용한다.

- **tokenizer**는 파이프라인에 사용할 토크나이저를 지정한다. 토크나이저의 이름이나 경로 또는 PreTrainedTokenizer나 PreTrainedTokenizerFast 객체를 전달한다. 지정하지 않으면 task에 대한 기본 토크나이저를 사용한다.

- **feature_extractor**는 파이프라인에 사용할 특징 추출기를 지정한다. 특징 추출기의 이름이나 경로 또는 PreTrainedFeatureExtractor 객체를 전달한다. 지정하지 않으면 task에 대한 기본 특징 추출기를 사용한다.

- **image_processor**는 파이프라인에 사용할 이미지 프로세서를 지정한다. 이미지 프로세서의 이름이나 경로 또는 BaseImageProcessor 객체를 전달한다.

- **framework**는 파이프라인에 사용할 딥러닝 프레임워크를 지정한다. pt(파이토치) 또는 tf(텐서플로)를 입력할 수 있다. 지정하지 않으면 설치된 프레임워크나 모델에 따라 자동으로 결정된다.

- **revision**는 모델 허브에서 모델을 다운로드할 때 사용할 특정 버전을 지정한다. 브랜치 이름, 태그 이름, 커밋 ID를 입력할 수 있다.

- **use_fast**는 빠른 토크나이저(PreTrainedTokenizerFast)[12]를 사용할지 여부를 지정한다.

- **token**은 모델 허브에서 모델을 다운로드할 때 사용할 액세스 토큰을 지정한다.

- **device**는 파이프라인에 할당될 장치를 설정한다. cpu, cuda:1, mps, GPU 번호 및 파이토치 장치 인스턴스를 입력할 수 있다.

- **device_map**은 모델의 각 모듈을 어떤 장치에 불러올지 지정한다. auto로 설정하면 가장 최적화된 device_map이 자동으로 계산된다. device와 device_map를 동시에 사용하면 충돌이 발생할 수 있으므로 사용에 주의한다.

- **torch_dtype**은 모델의 가중치를 불러올때 때 사용할 정밀도(torch.float16, torch.bfloat16 등)을 지정한다.

- **trust_remote_code**는 사용자 정의 모델링, 구성, 토크나이저 또는 파이프라인 파일의 코드를 신뢰할지 여부를 지정한다. 코드를 읽고 신뢰할 수 있는 저장소에서만 True로 설정해야 한다.

- **model_kwargs**는 모델을 생성할 때 추가로 전달할 매개변수를 딕셔너리 형태로 지정한다.

- **pipeline_class**는 사용자 정의 파이프라인 클래스를 지정한다.

대부분의 경우에는 task와 model 매개변수만 지정하면 되지만, 필요에 따라 다른 매개변수를 설정한다. 예를 들어 device를 지정해 모델을 GPU로 불러오거나, model_kwargs를 사용해 모델 생성 시 추가 매개변수를 전달한다. 이 외에도 torch_dtype으로 모델의 가중치 정밀도를 지정해 메모리 사용량과 연산 속도를 최적화할 수도 있다.

다음 표 2.1은 파이프라인의 task와 의미를 정리했다.

표 2.1 파이프라인 함수의 task 종류

task	pipeline_class	파이프라인 종류	의미
conversational	ConversationalPipeline	자연어 처리	대화
feature-extraction	FeatureExtractionPipeline	자연어 처리	텍스트 특징 추출
fill-mask	FillMaskPipeline	자연어 처리	마스크 채우기

---

12 토크나이저의 핵심 기능을 러스트(Rust) 언어로 구현한 버전이다. 파이썬 래퍼를 통해 호출되며, 속도가 더 빠른 것이 특징이다. 단, 일부 토크나이저는 지원되지 않는다.

task	pipeline_class	파이프라인 종류	의미
question-answering	QuestionAnsweringPipeline	자연어 처리	질의응답
summarization	SummarizationPipeline	자연어 처리	요약
table-question-answering	TableQuestionAnsweringPipeline	자연어 처리	표 질의응답
text2text-generation	Text2TextGenerationPipeline	자연어 처리	텍스트에서 텍스트 생성
text-classification[13]	TextClassificationPipeline	자연어 처리	텍스트 분류(감성 분석)
text-generation	TextGenerationPipeline	자연어 처리	텍스트 생성
token-classification[14]	TokenClassificationPipeline	자연어 처리	토큰 분류(개체명 인식)
translation	TranslationPipeline	자연어 처리	번역
translation_xx_to_yy	TranslationPipeline	자연어 처리	XX에서 YY로 번역
zero-shot-classification	ZeroShotClassificationPipeline	자연어 처리	제로샷 분류
depth-estimation	DepthEstimationPipeline	컴퓨터비전	깊이 추정
image-classification	ImageClassificationPipeline	컴퓨터비전	이미지 분류
image-feature-extraction	ImageFeatureExtractionPipeline	컴퓨터비전	이미지 특징 추출
image-segmentation	ImageSegmentationPipeline	컴퓨터비전	이미지 세그멘테이션
image-to-image	ImageToImagePipeline	컴퓨터비전	이미지 생성
image-to-text	ImageToTextPipeline	컴퓨터비전	이미지에서 텍스트 생성
mask-generation	MaskGenerationPipeline	컴퓨터비전	마스크 생성
object-detection	ObjectDetectionPipeline	컴퓨터비전	객체 탐지
video-classification	VideoClassificationPipeline	컴퓨터비전	비디오 분류
zero-shot-image-classification	ZeroShotImageClassificationPipeline	컴퓨터비전	제로샷 이미지 분류
zero-shot-object-detection	ZeroShotObjectDetectionPipeline	컴퓨터비전	제로샷 객체 탐지
audio-classification	AudioClassificationPipeline	오디오	오디오 분류
automatic-speech-recognition	AutomaticSpeechRecognitionPipeline	오디오	음성인식

---

13 sentiment-analysis라고도 한다.
14 ner이라고도 한다.

task	pipeline_class	파이프라인 종류	의미
text-to-audio[15]	TextToAudioPipeline	오디오	텍스트에서 오디오 생성
zero-shot-audio-classification	ZeroShotAudioClassificationPipeline	오디오	제로샷 오디오 분류
document-question-answering	DocumentQuestionAnsweringPipeline	멀티모달	문서 질의응답
visual-question-answering	VisualQuestionAnsweringPipeline	멀티모달	시각 질의응답

표 2.1은 허깅페이스에서 제공하는 다양한 파이프라인의 종류, 과제, 파이프라인 클래스를 정리했다. 각 task에 대한 적합한 모델은 허깅페이스 모델 허브(https://huggingface.co/models)에서 확인할 수 있다. 모델 허브에 접속하면 각 과제별로 사전 학습된 모델과 관련 정보를 찾아볼 수 있다.

예를 들어 모델 허브에서 [text-generation] 메뉴를 선택하면 텍스트 생성을 위한 다양한 모델과 사용 예시, 벤치마크 결과 등을 볼 수 있다. 모델 페이지에 대한 자세한 내용은 1.4 '허깅페이스 허브'를 참고한다.

예제 2.15 자연어 처리 파이프라인

```python
import torch
from transformers import pipeline

pipe = pipeline(
    task="text-generation",
    model="openai-community/gpt2", # google-bert/bert-base-uncased
    device=torch.device("cuda" if torch.cuda.is_available() else "cpu"),
    torch_dtype=torch.bfloat16
)
inputs = "I am learning about tokenizers."
```

---

15 text-to-speech라고도 한다.

```
outputs = pipe(inputs)
print(outputs)
```

【 출력 결과: openai-community/gpt2 】

```
[{'generated_text': 'I am learning about tokenizers. I grew up on the internet. Today is
my biggest challenge, not to be an expert, but to be able to contribute by contributing.
I used to work with crypto trading platforms. My first post was "Token'}]
```

【 출력 결과: google-bert/bert-base-uncased 】

```
[{'generated_text': 'I am learning about tokenizers.....................'}]
```

텍스트 생성 과제를 수행하기 위해 GPT-2 모델을 불러온다. device 인자는 모델 연산에 사용할 장치를 지정한다. 예제에서는 CUDA 가용 여부에 따라 GPU 또는 CPU를 자동으로 선택하도록 했다. torch_dtype은 모델 연산의 데이터 타입을 지정한다. 일반적으로 float32가 사용되지만, 여기서는 bfloat16을 사용해 연산 속도와 메모리 효율성을 높였다.

다음으로 inputs 변수에 모델에 입력할 시작 문장을 정의한다. 그리고 파이프라인 함수에 이 문장을 전달하면 모델이 해당 문장을 기반으로 텍스트를 생성하게 된다. 생성된 텍스트는 outputs에 저장된다.

과제(task)와 모델(model)의 선택은 매우 중요하다. 여기서는 텍스트 생성 과제에 적합한 GPT-2 모델을 사용했다. 가령 BERT 모델로 텍스트 생성 과제를 수행한다면 제대로 된 결과를 얻기 힘들다. BERT는 본래 텍스트 생성을 목적으로 설계된 모델이 아니기 때문이다.

BERT는 트랜스포머 기반의 양방향 인코더 모델로, 주어진 텍스트의 의미를 효과적으로 인코딩하고 이해하는 데 탁월한 성능을 보인다. 하지만 BERT는 **자기회귀적(Fundamentally autoregressive)** 구조가 아니므로 순차적으로 텍스트를 생성하는 데에는 적합하지 않다.

텍스트 생성을 위해서는 이전에 생성된 단어들을 고려해 다음 단어를 예측할 수 있는 자기회귀 디코더 구조가 필요하다. 이런 구조를 갖춘 모델이 GPT, BART, T5 등의 언어 모델이다. 이러한 모델의 디코더 부분에서 이전 단어를 고려해 다음 단어를 예측할 수 있다.

반면 BERT와 같은 인코더 모델은 주로 텍스트 분류, 자연어 추론, 질의응답, 개체명 인식 등의 과제에 활용된다. 따라서 과제의 특성과 모델의 구조를 잘 파악해 적절한 모델을 선택하는 것이 중요하다.

torch_dtype은 모델 연산의 데이터 형식을 지정한다. 일반적으로 float32가 사용되지만 일부 하드웨어에서는 bfloat16을 사용하면 속도와 메모리 효율성을 높일 수 있다. 다만 정밀도가 낮아져 성능이 약간 저하될 수 있다. 그러므로 하드웨어 환경과 성능 요구사항에 따라 적절한 데이터 타입을 선택해야 한다.

bfloat16은 GPU 연산에 특화된 데이터 형식으로 최신 GPU에서는 float32와 동일한 속도로 연산이 가능하면서도 메모리 사용량은 절반 수준이다. 따라서 GPU 메모리가 부족할 때는 bfloat16을 사용해 메모리 문제를 해결할 수 있다.

예제 2.16 컴퓨터비전 파이프라인

```python
from datasets import load_dataset
from transformers import pipeline

pipe = pipeline(
    task="image-classification",
    model="google/vit-base-patch16-224",
    model_kwargs={
        "hidden_act": "gelu" # relu
    }
)

dataset = load_dataset("huggingface/cats-image")
inputs = dataset["test"]["image"][0]
outputs = pipe(inputs)
print(outputs)
```

【 출력 결과: hidden_act를 gelu로 설정한 경우 】

```
[{'label': 'Egyptian cat', 'score': 0.9374417066574097}, {'label': 'tabby, tabby cat',
'score': 0.03844262287020683}, {'label': 'tiger cat', 'score': 0.014411404728889465},
{'label': 'lynx, catamount', 'score': 0.0032743196934461594}, {'label': 'Siamese cat,
Siamese', 'score': 0.0006795925437472761}]
```

【 출력 결과: hidden_act를 relu로 설정한 경우 】

```
[{'label': 'velvet', 'score': 0.3447084426879883}, {'label': 'quilt, comforter, comfort,
puff', 'score': 0.10684747993946075}, {'label': 'prayer rug, prayer mat', 'score':
0.05140237510204315}, {'label': 'pillow', 'score': 0.043767206370830536}, {'label': 'wool,
woolen, woollen', 'score': 0.03123478591442108}]
```

이 예제에서는 model_kwargs를 사용해 ViT 모델의 hidden_act 인자를 gelu로 설정했다. 이
인자는 모델의 활성화 함수를 지정하는 역할을 하며, 기본값은 gelu다. relu를 사용하면 일부
모델에서 성능이 향상될 수 있지만, 이 예제의 출력 결과를 보면 모델 성능이 저하된 것을 확인
할 수 있다.[16]

모델의 하이퍼파라미터나 구조를 변경하는 model_kwargs는 모델의 작동 방식과 성능에 영향
을 미칠 수 있으므로 신중하게 설정해야 한다. 각 모델마다 지원하는 model_kwargs가 다르므
로, 사용하려는 모델의 허깅페이스 문서[17]를 참고하자.

2.9 데이터세트

머신러닝과 딥러닝 모델을 학습시키기 위해서는 양질의 데이터가 필수적이다. 모델은 주어진
데이터로부터 패턴을 학습하고 이를 기반으로 새로운 데이터에 대한 예측을 수행한다. 따라서
데이터의 질과 양이 모델 성능에 직접적인 영향을 미친다. 높은 품질의 대규모 데이터세트를
확보하는 것은 모델 학습에 있어 매우 중요한 요소다.

데이터세트는 다양한 유형으로 존재한다. 텍스트 데이터세트는 뉴스 기사, 책, 대화 등의 텍스
트 데이터로 구성되며, 자연어 처리 모델을 학습시키는 데 사용된다. 이미지 데이터세트는 사
물 인식, 의료 영상 분석 등의 컴퓨터비전 모델을 학습시키는 데 사용된다. 오디오/음성 데이
터세트는 음성 인식, 음악 장르 분류 등의 모델을 학습시키는 데 사용되며, 시계열 데이터세트
는 주가 예측, 센서 데이터 분석 등에 활용된다.

---

16 모델을 미세 조정한다면 경우에 따라 성능이 향상될 수도 있다.
17 https://huggingface.co/docs/transformers/model_doc/vit

허깅페이스의 데이터세트 라이브러리는 다양한 유형의 데이터세트를 효율적으로 다루기 위한
도구를 제공한다. 이 라이브러리는 데이터 불러오기, 전처리, 분할(train/test/validation), 배
치 생성 등의 기능을 제공한다. 데이터세트는 CSV, JSON, 텍스트 파일, 파이토치/텐서플로우
데이터세트 등 다양한 형식으로 불러올 수 있다. 다음은 load_dataset 함수의 주요 매개변수
를 설명한다.

load_dataset 함수

```
dataset = datasets.load_dataset(
    path: str,
    name: Optional[str] = None,
    data_dir: Optional[str] = None,
    data_files: Optional[Union[str, Sequence[str], Mapping[str, Union[str,
Sequence[str]]]]] = None,
    split: Optional[Union[str, Split]] = None,
    cache_dir: Optional[str] = None,
    revision: Optional[Union[str, Version]] = None,
    token: Optional[Union[bool, str]] = None,
    streaming: bool = False,
    num_proc: Optional[int] = None
)
```

- **path**는 데이터세트의 경로 또는 이름을 설정한다. 이 매개변수의 값에 따라 load_dataset 함수가 사용
  하는 데이터세트 빌더가 결정된다. 로컬 데이터세트(예: ./dataset)인 경우, 해당 디렉터리의 경로를 지
  정한다. path가 로컬 데이터세트 스크립트(예: ./dataset/data.py) 파일이거나 동일한 이름의 디렉터리
  인 경우 스크립트에서 데이터를 불러온다. 마지막으로 허깅페이스 허브에서 호스팅되는 공개 데이터세트
  (squad, glue, username/dataset_name)인 경우 데이터세트의 이름이나 저장소 경로를 지정한다.

- **name**은 데이터세트 구성의 이름을 설정한다. 공개 데이터세트에 여러 종류(디렉터리)가 있다면 특정 구성
  을 선택해 불러올 수 있다. 예를 들어, glue 데이터세트에는 cola, sst2 등의 여러 구성들이 있으며, name
  인수를 통해 원하는 구성을 지정할 수 있다.

- **data_dir**는 데이터세트의 디렉터리를 설정한다. 예를 들어 path의 값이 text라면 data_dir에 위치한
  파일을 텍스트 형식으로 불러온다.

- **data_files**는 데이터세트의 파일 경로를 지정한다. 앞선 data_dir는 디렉터리를 지정하고, data_files
  는 실제 데이터파일의 경로를 지정한다. 이를 통해 특정 경로의 특정 파일만 불러올 수 있다.

- **split**는 불러오려는 데이터세트의 분할을 지정한다. train, test 등을 할당할 수 있으며, train+test나 train[:10%]+train[-80%:]와 같이 여러 분할을 결합해 지정할 수도 있다.

- **cache_dir**는 데이터세트 캐시를 저장할 디렉터리 경로다. 기본값은 ~/.cache/huggingface/datasets 로 해당 경로에 저장된다.

- **revision**은 데이터세트의 버전을 설정한다. 공개 저장소는 자체 깃허브 저장소를 가지므로 태그 이름, 브랜치 이름 또는 커밋 해시를 할당해 데이터세트의 버전을 설정할 수 있다.

- **token**은 데이터세트 다운로드에 사용할 토큰을 지정한다. 특정 데이터세트에 접근하려면 해당 데이터세트 저장소의 접근 권한이 필요하다. 이 경우, 동의 버튼을 눌러야 하는데, 이를 통해 사용자 정보(이메일과 사용자 이름)를 데이터세트 저장소의 저자와 공유하게 된다. 권한이 승인되면, 데이터세트를 다운로드할 때 토큰을 사용해 인증한다.

- **streaming**은 데이터 파일을 다운로드하지 않고, 점진적으로 데이터를 가져올지 여부를 결정한다. 이 모드로 설정하면 반복자(Iterator) 형식으로 데이터를 반환해 점진적으로 다운로드할 수 있다.

- **num_proc**은 로컬에서 데이터세트를 다운로드하고 생성할 때 사용할 프로세스 수를 설정한다.

허깅페이스의 데이터세트의 load_dataset 함수는 직관적인 인터페이스를 제공해 데이터 처리 작업을 크게 간소화한다. 이를 통해 손쉽게 데이터세트를 가져오고 전처리할 수 있다. 결과적으로 데이터 준비 단계에서 소요되는 시간과 노력을 줄일 수 있어, 모델 개발 및 실험에 더 많은 자원을 투입할 수 있게 된다. 다음 예제 2.17, 2.18은 데이터세트를 불러오는 방법을 보여준다.

예제 2.17 데이터세트 불러오기 (1)

```
from datasets import load_dataset

dataset1 = load_dataset(path="squad")
dataset2 = load_dataset(path="squad", split="train[:10]+validation[:10]")

print(dataset1)
print(dataset2)
```

【 출력 결과 】

```
DatasetDict({
    train: Dataset({
```

```
        features: ['id', 'title', 'context', 'question', 'answers'],
        num_rows: 87599
    })
    validation: Dataset({
        features: ['id', 'title', 'context', 'question', 'answers'],
        num_rows: 10570
    })
})
Dataset({
    features: ['id', 'title', 'context', 'question', 'answers'],
    num_rows: 20
})
```

예제 2.17은 허깅페이스 데이터세트 공개 저장소에서 SQuAD(Span-based Question Answering Dataset) 데이터세트를 불러오는 예제다. 이 데이터세트에는 학습(train)과 검증(validation) 부분이 포함돼 있으며, 각각의 부분은 'id', 'title', 'context', 'question', 'answers'의 특성(feature)을 가지고 있다.

첫 번째 load_dataset 함수는 SQuAD 저장소에 등록된 데이터세트를 변경없이 그대로 가져온다. 두 번째 load_dataset 함수는 SQuAD 데이터세트에서 처음 10개의 학습 데이터와 처음 10개의 검증 데이터를 결합해 새로운 데이터세트를 생성한다. 출력 결과를 보면 새로운 데이터세트는 동일한 특성을 가지고 있지만 행의 수가 20으로 줄어든 것을 확인할 수 있다.

예제 2.18 데이터세트 불러오기 (2)

```python
from datasets import load_dataset

dataset1 = load_dataset(path="../datasets")
dataset2 = load_dataset(path="json", data_dir="../datasets")
dataset3 = load_dataset(path="json", data_files={"train": "../datasets/train.jsonl",
"validation": "../datasets/val.jsonl"})

print(dataset1["train"][0])
print(dataset2["train"][0])
print(dataset3["train"][0])
```

【 출력 결과 】

```
{'id': 1, 'text': 'A', 'label': 0}
{'id': 1, 'text': 'A', 'label': 0}
{'id': 1, 'text': 'A', 'label': 0}
```

예제 2.18은 로컬 경로에 포함된 데이터세트를 다양한 방법으로 불러오는 예제다. 첫 번째 방법은 path 매개변수를 사용해 로컬 경로의 ../datasets 디렉터리에 포함된 데이터 파일을 읽는다.

두 번째 방법은 JSON 형식으로 데이터를 불러오며, data_dir 매개변수를 사용해 데이터가 저장된 디렉터리를 설정한다. 이 예제에서는 ../datasets 디렉터리에 JSON 파일이 저장돼 있다고 가정한다.

세 번째 방법은 data_files 매개변수를 사용해 데이터세트를 불러온다. 이때 train과 validation의 데이터 파일 경로를 명시적으로 지정한다.

세 가지 방법 모두 동일한 데이터세트를 불러오며, path나 data_dir, data_files 매개변수를 조절해 데이터세트의 구조를 쉽게 변경할 수 있다. 가령 두 번째 방법에서 path 매개변수의 인수를 text로 변경하면 텍스트 파일 형태로 불러오게 된다. 따라서 이러한 유연성은 데이터세트를 다양한 형식으로 쉽게 불러오고 변경할 수 있다.

2.9.1 선택, 분리, 병합

머신러닝 모델 개발 시 데이터세트를 효율적으로 다루는 것은 매우 중요하다. 전체 데이터세트를 사용하지 않고 일부만 선택해야 하거나, 여러 데이터세트를 결합해야 하는 경우가 있기 때문이다. 허깅페이스의 데이터세트 라이브러리는 이러한 작업을 용이하게 해주는 기능을 제공한다. 데이터세트 선택, 분리, 병합 기능을 통해 다음과 같은 작업이 가능하다.

데이터세트 관리

- **데이터세트 선택(select)**: 인덱스나 조건을 지정해 원하는 데이터 샘플만 선택할 수 있다. 특정 범위의 데이터나 랜덤 샘플링 등에 활용할 수 있다.

- **데이터세트 분할(shard)**: 대규모 데이터세트를 여러 조각으로 분할할 수 있다. 이를 통해 병렬 처리나 분산 학습 등에 활용할 수 있다.

- **데이터세트 결합(concatenate):** 여러 개의 데이터세트를 하나로 결합할 수 있다. 다양한 소스의 데이터를 통합하거나 데이터 증강 등에 활용할 수 있다.

이러한 기능을 적절히 활용하면 데이터세트 처리 작업의 효율성과 유연성을 크게 높일 수 있다. 다음 예제 2.19는 데이터세트를 선택, 분리, 병합하는 방법을 보여준다.

예제 2.19 데이터세트 선택, 분리, 병합

```python
from datasets import load_dataset
from datasets import concatenate_datasets

dataset = load_dataset("squad", split="train[:10]")

chunk1 = dataset.select([0, 1])
chunk2 = dataset.shard(num_shards=2, index=0)
chunk3 = dataset.shard(num_shards=2, index=1)
concat_dataset = concatenate_datasets([chunk1, chunk2, chunk3])

print(len(chunk1))
print(len(chunk2))
print(len(chunk3))
print(len(concat_dataset))
```

【 출력 결과 】

```
2
5
5
12
```

select 메서드는 인덱스를 지정해 원하는 데이터를 선택한다. 이를 통해 특정 범위의 데이터나 랜덤 샘플링 등을 수행할 수 있다. 모델 개발 초기 단계에서 소규모 데이터로 실험할 때 유용하다.

shard 메서드는 데이터세트를 여러 데이터세트로 분할한다. num_shards는 분할하려는 데이터세트의 개수를 의미하며, index는 분할된 데이터세트의 색인을 의미한다. 이를 통해 병렬 처리나 분산 학습 등에 활용할 수 있다. 주로 대규모 데이터세트를 다룰 때, 컴퓨터 리소스의 제약으로 전체 데이터세트를 한 번에 처리하기 어려운 경우에 사용한다.

concatenate_datasets 함수는 여러 개의 데이터세트를 하나로 결합한다. 예제에서는 chunk1, chunk2, chunk3을 결합해 concat_dataset에 할당한다. 이처럼 다양한 소스의 데이터를 통합하거나 데이터 증강 등에 활용할 수 있다. 여러 개의 데이터세트를 하나로 합치고 싶을 때, 또는 분할된 데이터세트를 다시 병합하고 싶을 때 활용한다.

2.9.2 필터 및 맵

머신러닝 모델을 학습시키기 전에 데이터세트를 전처리하는 과정이 필수적이다. 텍스트 데이터를 토큰화하고, 이미지 데이터를 정규화하며, 누락된 값을 처리하는 등의 작업이 필요하다. 이러한 전처리 작업은 데이터세트의 모든 예제에 대해 반복적으로 수행돼야 한다. filter와 map 메서드는 이러한 반복 작업을 쉽고 효율적으로 수행할 수 있게 한다. 다음은 filter와 map 메서드의 장점을 정리했다.

filter와 map 메서드의 장점

- **효율성**: 병렬 처리를 지원해 대규모 데이터세트에 대한 전처리 작업 속도를 크게 향상시킨다. 배치 옵션을 사용하면 여러 데이터를 병렬로 처리할 수 있다.

- **간결성**: 단일 함수 호출로 데이터세트의 모든 예제에 대해 원하는 전처리 작업을 수행할 수 있다. 이를 통해 코드를 간결하게 유지할 수 있다.

- **유연성**: 다양한 전처리 함수를 허용하므로, 전처리 파이프라인을 구축할 수 있다. 여러 개의 전처리 함수를 연결하거나 lambda 함수를 사용할 수 있다.

- **메모리 효율성**: 전처리된 데이터를 바로 반환하므로, 중간 데이터 구조를 저장할 필요가 없다. 이를 통해 메모리 사용량을 최소화할 수 있다.

이처럼 데이터세트의 filter와 map 메서드는 데이터 전처리 작업을 효율적이고 간결하게 수행할 수 있게 한다. 다음 예제 2.20은 BertTokenizer를 사용해 SQuAD 데이터세트 전처리 방법을 보여준다.

예제 2.20 데이터세트 filter와 map 메서드

```python
from datasets import load_dataset
from transformers import BertTokenizer

def filter_short_context(data):
    return len(data["context"]) <= 1024

def tokenize_function(tokenizer, data):
    inputs = [
        f"{question} [SEP] {context}"
        for question, context in zip(data["question"], data["context"])
    ]
    model_inputs = tokenizer(
        inputs,
        max_length=512,
        padding="max_length",
        truncation=True,
        return_tensors="pt"
    )
    return model_inputs

dataset = load_dataset("squad", split="train[:10]")
tokenizer = BertTokenizer.from_pretrained("bert-base-uncased")

filtered_dataset = dataset.filter(filter_short_context)
tokenized_dataset = filtered_dataset.map(
    lambda x: tokenize_function(tokenizer, x),
    batched=True,
    remove_columns=dataset.column_names
)
tokenized_dataset.set_format(
    type="torch",
    columns=["input_ids", "token_type_ids", "attention_mask"]
)
print(tokenized_dataset)
print(tokenized_dataset[0])
```

【 출력 결과 】

```
Dataset({
    features: ['input_ids', 'token_type_ids', 'attention_mask'],
    num_rows: 5
})
{'input_ids': tensor([  101,  2000,  3183,  2106,  1996,  6261,  2984,  9382, ... # 생략
```

filter_short_context 함수는 컨텍스트(context)의 길이가 1,024 이하인 데이터만 필터링하며, tokenize_function 함수는 질문(question)과 컨텍스트를 연결하고 토크나이저를 사용해 토큰화 및 정수 인코딩을 수행한다. 또한 [SEP]을 사용해 질문과 컨텍스트 문장을 구별한다.

filter 메서드를 호출해 filter_short_context를 모든 데이터에 적용한다. 이를 통해 길이가 1,024 이하인 데이터를 필터링할 수 있다. 이후 map 메서드를 호출해 tokenize_function을 필터링된 데이터에 적용한다. batched=True 옵션을 사용하면 병렬 처리가 가능해져 속도가 빨라진다. 또한, remove_columns 매개변수로 원본 텍스트 열을 제거해 메모리를 절약한다.

마지막으로 포맷 변경 메서드를 통해 토큰화된 데이터세트를 파이토치 형식으로 변환한다. 이렇게 전처리된 tokenized_dataset은 BertTokenizer로 토큰화된 입력과 레이블을 포함하고 있으며, 바로 모델 학습에 사용할 수 있게 된다.

filter와 map 메서드는 병렬 처리를 수행하므로, 반환되는 데이터의 순서가 보장되지 않는다. 순서가 중요한 경우에는 주의해야 한다. 대규모 데이터세트를 처리하는 경우 전처리된 데이터를 한꺼번에 메모리에 불러오면 메모리 부족 문제가 발생할 수 있다.

데이터세트 filter와 map 메서드는 데이터 전처리 작업을 효율적이고 간결하게 수행할 수 있게 해주지만, 부작용과 순서 보장, 메모리 사용량 등의 주의사항을 염두에 두어야 한다. 적절하게 사용한다면 머신러닝 파이프라인의 생산성을 크게 높일 수 있다.

2.9.3 기타 메서드

앞서 다룬 `select`, `shard`, `filter`, `map` 메서드 외에도 허깅페이스 데이터세트 라이브러리는 데이터세트 가공하고 전처리하는 데 유용한 다양한 메서드를 제공한다. 이러한 메서드들을 적절히 활용하면 데이터세트 가공 및 정제 작업을 보다 유연하고 효율적으로 수행할 수 있다.

열 조작 메서드

- **`add_column`**: 기존 데이터세트에 새로운 열을 추가한다. 파생 특징이나 부가 정보를 열 형태로 포함시킬 수 있다.

- **`rename_column`**: 데이터세트의 특정 열 이름을 변경한다. 더 직관적이고 명확한 이름으로 바꿀 수 있어 코드 가독성이 향상된다.

- **`remove_columns`**: 데이터세트에서 불필요한 열을 선택적으로 제거한다. 이를 통해 메모리 효율성을 높일 수 있다.

데이터 정렬 및 섞기 메서드

- **`shuffle`**: 데이터세트의 행 순서를 무작위로 섞는다. 모델 학습 시 데이터 순서에 대한 편향을 방지할 수 있다. 시드 값 지정으로 재현성을 보장할 수 있다.

- **`sort`**: 데이터세트를 특정 규칙에 따라 정렬한다. 키 함수를 통해 정렬 기준을 사용자 정의할 수 있다. 순차 처리나 데이터 분석 목적으로 활용이 가능하다.

데이터 형식 변환 메서드

- **`class_encode_column`**: 지정한 열의 문자열 값을 정수로 인코딩한다. 범주형 데이터를 숫자 형태로 변환해야 할 때 사용한다.

- **`set_format`**: 데이터세트의 열들을 텐서, 넘파이 배열 등 특정 데이터 형식으로 변환한다. 모델 입력에 필요한 형식으로 데이터를 가공할 수 있다.

데이터세트 정보 및 특성 확인 메서드

- **`info`**: 데이터세트의 기본 정보(열 이름, 데이터 타입, 메모리 사용량 등)를 출력한다. 데이터세트의 구조를 파악하는 데 사용된다.

- **`unique`**: 데이터세트의 각 열에 존재하는 유일한 값들을 확인한다. 범주형 데이터의 클래스 분포 등을 파악하는 데 활용된다.

데이터세트 라이브러리는 다양한 메서드를 제공함으로써 데이터 과학 및 머신러닝 작업 시 데이터세트 처리의 유연성과 효율성을 크게 향상시킨다. 필요에 따라 적절한 메서드를 선택하고 조합해 사용하면 데이터 전처리부터 모델 입력 형식 변환까지 일련의 작업을 간소화할 수 있다. 다음 표 2.2는 이번 절에서 다룬 데이터세트 관련 기능을 정리했다.

표 2.2 데이터세트 주요 메서드

메서드	매개변수
select(indices)	• indices: range, list, iterable, ndarray(넘파이), Series(판다스)와 같은 반복 가능한 객체

shard(
    num_shards: int,
    index: int
)
	• num_shards: 분할하려는 데이터세트의 개수
	• index: 분할된 데이터세트의 인덱스 번호

filter(
    function: Optional[Callable] = None,
    input_columns: Optional[Union[str,
List[str]]] = None,
    batched: bool = False,
    batch_size: Optional[int] = 1000,
    num_proc: Optional[int] = None
)
	• function: 데이터세트의 샘플에 대해 실행될 함수(True 또는 False를 반환해야 한다)
	• input_columns: filter 메서드에 전달될 열의 이름 목록
	• batched: 배치 단위 호출 여부
	• batch_size: 배치 크기
	• num_proc: 병렬 처리를 위해 사용할 프로세스의 수

map(
    function: Optional[Callable] = None,
    input_columns: Optional[Union[str,
List[str]]] = None,
    batched: bool = False,
    batch_size: Optional[int] = 1000,
    num_proc: Optional[int] = None
)
	• function: 데이터세트의 샘플에 대해 실행될 함수
	• input_columns: map 메서드에 전달될 열의 이름 목록
	• batched: 배치 단위 호출 여부
	• batch_size: 배치 크기
	• num_proc: 병렬 처리를 위해 사용할 프로세스의 수

add_column(
    name: str,
    column: Union[list, np.array]
)
	• name: 추가할 열의 이름
	• column: 새 열의 데이터

메서드	매개변수

rename_column(
    original_column_name: str,
    new_column_name: str
)
	• original_column_name: 원본 열의 이름
	• new_column_name: 새로운 열의 이름

remove_columns(column_names: Union[str, List[str]])	• column_names: 제거할 열의 이름
shuffle(Optional[int] = None)	• seed: 재현성을 위한 시드 값

sort(
    column_names: Union[str, Sequence_[str]],
    reverse=Union[bool, Sequence_[bool]] = False
)
	• column_names: 정렬하려는 열의 이름
	• reverse: 내림차순 정렬 여부

class_encode_column(column=None)	• column: 인코딩할 열의 이름

set_format(
    type: Optional[str] = None,
    columns: Optional[List] = None,
    output_all_columns: bool = False,
)
	• type: 변환할 데이터 형식
	• columns: 변환할 열 이름 리스트
	• output_all_columns: 모든 열을 출력할지
	  여부

Info	없음(속성)
unique(column: str)	• column: 확인할 열의 이름

2.9.4 데이터 업로드

허깅페이스 데이터세트 저장소는 머신러닝 프로젝트를 위한 실용적이고 효과적인 도구다. 데이터세트 저장소에 데이터를 업로드 함으로써 프로젝트의 핵심 자원을 체계적으로 관리하고 공유할 수 있다. 이는 단순한 데이터 저장 이상의 의미를 가지며, 프로젝트의 전반적인 품질과 효율성을 높이는 데 기여한다. 허깅페이스의 강력한 인프라를 통해 개인이나 소규모 팀도 대용량 데이터를 안정적으로 호스팅할 수 있다. 이는 리소스가 제한된 상황에서도 대규모 데이터세트를 다루는 프로젝트를 수행할 수 있게 해준다.

데이터 업로드 과정은 웹 인터페이스나 허깅페이스 데이터세트 API를 통해 간편하게 수행할 수 있다. 이 과정에서 사용자는 데이터의 구조와 특성을 명확히 이해하고 활용할 수 있다. 또한, 메타데이터 작성을 통해 데이터에 대한 상세한 설명을 추가할 수 있어, 향후 데이터 재사용성을 크게 향상시킬 수 있다.

업로드된 데이터세트는 코드 저장소인 깃허브와 유사하게 버전 관리 기능을 제공한다. 이를 통해 변경 이력을 추적하고, 프로젝트 진행 과정을 명확히 기록하며, 필요시 이전 버전으로 롤백할 수 있는 안전장치를 제공한다. 또한, 공개 설정을 통해 커뮤니티와 지식을 공유하고 피드백을 받을 수 있으며, 비공개 설정으로 민감한 데이터나 진행 중인 연구를 보호할 수 있다.

데이터세트 업로드 시 주의할 점으로는 개인정보 보호와 저작권 문제가 있다. 민감한 개인정보가 포함된 데이터는 적절히 익명화하거나 동의를 얻어야 하며, 저작권이 있는 데이터의 경우 적절한 권한이 있는지 확인해야 한다. 또한, 대용량 데이터세트의 경우 업로드에 상당한 시간이 소요될 수 있으므로 안정적인 인터넷 연결이 필요하다.

허깅페이스 데이터세트 리포지터리를 활용하기 위해서는 데이터세트 리포지터리를 생성해야 한다. 앞서 1.4 '허깅페이스 허브'에서 설명한 바와 같이 허깅페이스 웹사이트에 가입해 계정을 만들었다면, 데이터세트 리포지터리 생성 과정을 진행할 수 있다. 허깅페이스 웹사이트에 로그인한 후, 상단 메뉴에서 프로필을 클릭한다. 프로필 페이지에서는 [+ New Dataset] 버튼을 클릭해 데이터세트 저장소를 생성한다.

소유자(Owner), 데이터세트 이름(Dataset name), 라이선스(License)를 설정하고 데이터세트 공개 여부를 설정한다. 데이터세트를 공개하려면 공개(Public) 옵션을 선택하고, 비공개로 유지하려면 비공개(Private) 옵션을 선택한다. 공개로 설정하면 누구나 해당 데이터세트에 접근하고 사용할 수 있게 되며, 비공개로 설정하면 지정된 사용자만 접근할 수 있다. 허깅페이스는 공개 여부에 따라 데이터세트 뷰어를 제공한다. 만약 비공개 데이터세트로 설정한 경우, 데이터세트 뷰어는 프로 사용자 및 엔터프라이즈 허브 조직만 사용할 수 있다.

데이터세트 저장소를 생성했다면, 웹 인터페이스를 통해 직접 파일을 업로드하거나, 깃 또는 허깅페이스 CLI 등을 활용해 로컬 머신에서 데이터를 업로드할 수 있다. 이번 절에서는 데이터세트 라이브러리를 사용해 이미지 데이터세트를 업로드하는 방법을 알아본다. 다음은 책에서 제공하는 이미지 파일의 디렉터리 구조를 보여준다.

images 디렉터리 구조

```
images
└ airplane.jpg
└ baseball.jpg
...
└ train.jpg
└ zebra.jpg
```

허깅페이스 데이터세트 저장소에 이미지 파일을 업로드하려면 실제 이미지 파일이 저장된 로컬 디렉터리의 경로를 알아야 한다. 이미지 파일들이 위치한 폴더를 확인했다면 이미지 데이터세트를 업로드해 본다. 다음 예제 2.21 데이터세트 업로드 방법을 보여준다.

예제 2.21 데이터세트 업로드

```python
import os
from collections import defaultdict
from datasets import Dataset, Image, DatasetDict

data = defaultdict(list)
folder_name = "../images"
for file_name in os.listdir(folder_name):
    name = os.path.splitext(file_name)[0]
    path = os.path.join(folder_name, file_name)

    data["name"].append(name)
    data["image"].append(path)

dataset = Dataset.from_dict(data).cast_column("image", Image())
print(data)
print(dataset[0])
```

```
datasetdict = DatasetDict(
    {
        "train": dataset.select(range(5)),
        "valid": dataset.select(range(5, 10)),
        "test": dataset.select(range(10, len(dataset)))
    }
)

hub_name = "<user_name>/<repo_name>" # 데이터세트 저장소 경로 입력
token = "hf_###..." # 토큰 입력
datasetdict.push_to_hub(hub_name, token=token)
```

【 출력 결과 】

```
defaultdict(list,
            {'name': ['airplane',
              'baseball',
             # 생략
              'train',
              'zebra'],
             'image': ['./images\\airplane.jpg',
              './images\\baseball.jpg',
             # 생략
              './images\\train.jpg',
              './images\\zebra.jpg']})
{'name': 'airplane', 'image': <PIL.JpegImagePlugin.JpegImageFile image mode=RGB
size=640x495 at 0x266042B2920>}
Map: 100%|███████| 5/5 [00:00<00:00, 828.42 examples/s]?, ?it/s]
Creating parquet from Arrow format: 100%|███████| 1/1 [00:00<00:00, 199.88ba/s]
Uploading the dataset shards: 100%|███████| 1/1 [00:00<00:00, 2.27it/s]
Map: 100%|███████| 5/5 [00:00<00:00, 833.56 examples/s]?, ?it/s]
Creating parquet from Arrow format: 100%|███████| 1/1 [00:00<00:00, 501.11ba/s]
Uploading the dataset shards: 100%|███████| 1/1 [00:00<00:00, 2.34it/s]
Map: 100%|███████| 7/7 [00:00<00:00, 875.19 examples/s]?, ?it/s]
Creating parquet from Arrow format: 100%|███████| 1/1 [00:00<00:00, 250.14ba/s]
Uploading the dataset shards: 100%|███████| 1/1 [00:00<00:00, 2.39it/s]
CommitInfo(commit_url='https://huggingface.co/datasets/...', commit_message='Upload
dataset', commit_description='', oid='d46...', pr_url=None, pr_revision=None,
pr_num=None)
```

먼저 images 디렉터리에서 이미지 파일들을 읽어 이름과 경로 정보를 수집한다. 이 정보를 바탕으로 Dataset 객체를 생성하며, 이미지 열은 Image 형식으로 캐스팅된다. 이때 주의사항으로는 PIL 라이브러리의 Image 클래스와 클래스 이름이 동일하므로 혼동하지 않도록 해야 한다.

데이터세트를 train, valid, test 세트로 분할해 DatasetDict 객체를 생성한다. 이는 데이터세트 구조(train, valid, test)를 설정한다. 마지막으로 push_to_hub 메서드를 사용해 생성된 DatasetDict 인스턴스를 허깅페이스 허브에 업로드한다. 이때 사용자의 허브 저장소 경로와 인증 토큰이 필요하다. 만약, Dataset 객체를 업로드한다면 데이터세트 구조가 train으로 설정되어 업로드된다.

출력 결과를 보면 train, valid, test 세 개의 데이터세트가 각각 성공적으로 업로드됐음을 확인할 수 있다. 앞서 생성한 허깅페이스 데이터세트 저장소 경로로 접근하면, 다음 그림 2.2와 같이 데이터세트 뷰어를 통해 확인할 수 있다.

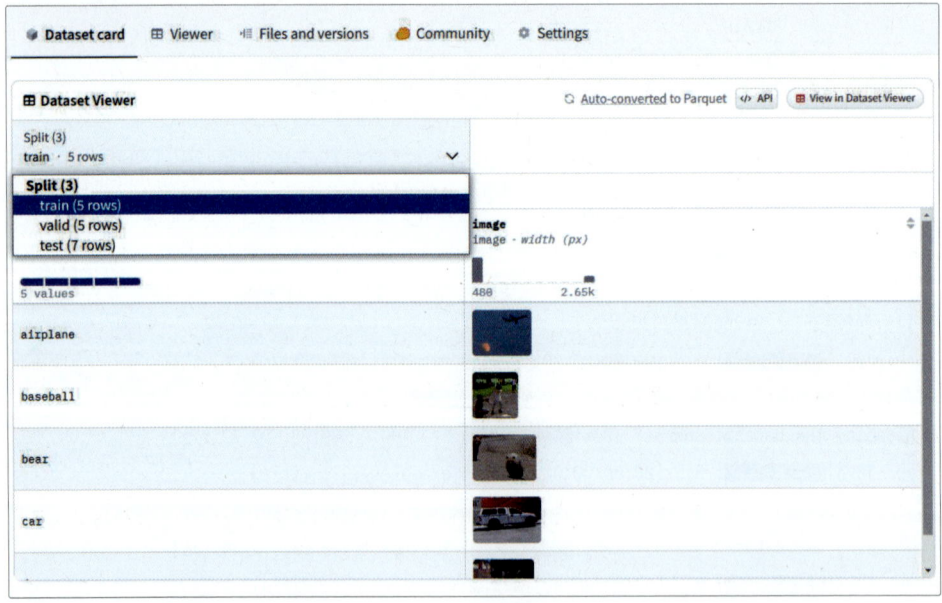

그림 2.2 허깅페이스 데이터세트 반영 결과

2.10 트레이너

머신러닝 모델을 학습시키는 작업은 복잡하고 번거로울 수 있다. 모델의 가중치를 업데이트하고, 평가 지표를 계산하고, 체크포인트를 저장하는 등 많은 부분을 직접 처리해야 한다. 이러한 과정을 직접 구현하면 시간이 많이 소요되고 오류가 발생할 가능성이 높아진다.

허깅페이스의 **트레이너(Trainer)**는 이러한 문제를 해결하기 위해 고안됐다. 트레이너는 모델 학습 프로세스 전반을 추상화해 간소화된 인터페이스를 제공한다. 이를 통해 몇 줄의 코드만으로도 복잡한 머신러닝 모델을 효율적으로 학습시킬 수 있다.

또한, 트레이너는 머신러닝 모델 학습에 필요한 다양한 기능과 옵션을 제공한다. 분산 학습, 체크포인트 관리, 텐서보드 통합 등 고급 기능을 지원해 보다 유연하고 강력한 학습 환경을 구축할 수 있다. 트레이너를 사용하면 다음과 같은 장점이 있다.

트레이너의 장점

- **코드 재사용성 및 유지보수성 향상**: 트레이너는 잘 테스트되고 검증된 코드를 사용하므로, 직접 구현하는 것보다 안정적이고 재사용 가능한 코드를 작성할 수 있다. 이를 통해 코드의 품질과 일관성을 높일 수 있다.

- **범용성**: 트레이너는 다양한 유형의 모델과 작업에 범용적으로 사용할 수 있다. 텍스트, 이미지, 오디오 등 다양한 데이터 유형을 지원하며, 분류, 회귀, 생성 등 다양한 작업에 적용할 수 있다.

- **모니터링 및 제어**: 콜백 함수를 사용해 학습 프로세스를 모니터링하고 제어할 수 있다. 특정 이벤트가 발생했을 때 원하는 작동 방식을 정의할 수 있어 학습 과정을 보다 세밀하게 제어할 수 있다.

허깅페이스의 트레이너는 머신러닝 모델 학습 프로세스를 간소화하고 강력한 기능을 제공한다. 트레이너는 모델, 데이터세트, 최적화 기법, 학습률 스케줄러 등을 통합적으로 관리해 학습 프로세스 전반에 걸친 설정을 손쉽게 조정할 수 있다. 또한 모델의 중간 상태를 체크포인트로 저장하고 불러올 수 있어, 학습을 중단했다가 나중에 이어서 진행하거나 최적의 모델을 선택해 사용할 수 있다.

트레이너는 학습 과정의 로그를 기록하고, 텐서보드를 통해 손실 함수 값, 평가 지표, 가중치 분포 등을 시각화할 수 있어 학습 프로세스를 보다 쉽게 모니터링하고 분석할 수 있다. 정확도,

손실 함수 값, F1 스코어, BLEU 점수 등 다양한 평가 지표를 계산할 수 있으며, 사용자 정의 평가 함수를 제공해 원하는 지표를 계산할 수도 있다.

이 외에도 트레이너는 학습 프로세스에서 특정 이벤트가 발생할 때 실행될 콜백 함수를 정의할 수 있다. 예를 들어, 매 에폭 후에 모델을 평가하거나, 최적의 모델을 저장하는 등의 작동 방식을 정의할 수 있다. 다중 GPU 또는 다중 노드 환경에서 분산 학습을 수행할 수 있어 대규모 모델을 효율적으로 학습시킬 수 있다.

혼합 정밀도 학습을 지원해 메모리 사용량과 계산 비용을 줄일 수 있어 대규모 모델을 보다 효율적으로 학습시킬 수 있다. 마지막으로 레이 튠(Ray Tune)[18], 옵튜나(Optuna)[19] 등의 하이퍼파라미터 최적화 라이브러리와 통합돼 있어 하이퍼파라미터 탐색을 쉽게 수행할 수 있다.

2.10.1 트레이너 클래스

허깅페이스의 트레이너 클래스는 머신러닝 모델 학습 작업을 단순화하고 체계화했다. 이 클래스는 모델 학습 프로세스의 모든 측면을 캡슐화해 통합된 인터페이스를 제공한다. 트레이너 클래스를 사용하면 학습 루프, 평가, 하이퍼파라미터 튜닝 등의 작업을 쉽고 효율적으로 수행할 수 있다. 다음은 트레이너 클래스의 주요 매개변수를 설명한다.

Trainer 클래스

```
trainer = transformers.Trainer(
    model: Union[PreTrainedModel, nn.Module] = None,
    args: TrainingArguments = None,
    data_collator: Optional[DataCollator] = None,
    train_dataset: Optional[Dataset] = None,
    eval_dataset: Optional[Union[Dataset, Dict[str, Dataset]]] = None,
    tokenizer: Optional[PreTrainedTokenizerBase] = None,
    model_init: Optional[Callable[[], PreTrainedModel]] = None,
    compute_metrics: Optional[Callable[[EvalPrediction], Dict]] = None,
    callbacks: Optional[List[TrainerCallback]] = None,
    optimizers: Tuple[torch.optim.Optimizer, torch.optim.lr_scheduler.LambdaLR] = (None, None),
```

---

18 분산 환경에서 하이퍼파라미터 튜닝, 모델 선택 및 초기 설계 공간 탐색을 수행하는 오픈소스 라이브러리
19 블랙박스 최적화 문제를 효율적으로 해결하기 위한 파이썬 라이브러리

```
    preprocess_logits_for_metrics: Optional[Callable[[torch.Tensor, torch.Tensor],
torch.Tensor]] = None
)
```

- **model**은 학습, 평가 또는 예측에 사용할 모델 인스턴스다. PreTrainedModel 또는 torch.nn.Module의 인스턴스여야 하며, 모델을 제공하지 않는 경우 model_init을 전달해야 한다.

- **args**는 학습 관련 설정을 조정하기 위한 트레이닝 아규먼트(TrainingArguments) 인스턴스다. 입력하지 않으면 기본 트레이닝 아규먼트 인스턴스가 사용되며, 출력 디렉터리는 현재 디렉터리에 tmp_trainer라는 이름의 디렉터리로 설정된다.

- **data_collator**는 학습 또는 평가 데이터세트에서 추출된 배치를 모델에 입력하기 전에 패딩, 마스킹 등의 작업을 수행하기 위한 함수를 입력한다.

- **train_dataset**는 학습에 사용할 데이터세트다. 모델의 순방향 메서드에서 허용하지 않는 열은 자동으로 제거된다. 분산 환경에서 학습할 경우, 데이터세트는 모든 프로세스에서 동일한 시드를 사용하거나 set_epoch 메서드를 구현해야 한다.

- **eval_dataset**는 평가에 사용할 데이터세트다. 딕셔너리인 경우 각 데이터세트에 대해 키를 지표 이름 앞에 추가해 평가한다.

- **tokenizer**는 데이터 전처리에 사용할 PreTrainedTokenizer 인스턴스다. 배치 생성 시 자동으로 입력을 최대 길이로 패딩하고 한다. 토크나이저는 모델과 함께 저장되어 학습이 중단돼도 재사용할 수 있다.

- **model_init**은 모델 인스턴스를 생성하는 함수를 설정한다. train 메서드가 호출될 때마다 새로운 모델 인스턴스가 생성된다.

- **compute_metrics**은 평가 시 지표를 계산하는 함수를 입력한다. 정확도나 F1 점수 등을 이용해 모델을 평가한다.

- **callbacks**는 학습 프로세스 중에 특정 이벤트가 발생했을 때 실행될 사용자 정의 함수를 등록한다. 에폭이 끝날 때마다 모델 성능을 평가하고 싶을 때나 학습 중 특정 조건에 따라 조기 종료하고 싶을 때 사용한다.

- **optimizers**는 모델을 학습하는 데 사용되는 최적화 함수를 의미한다. 아무것도 입력하지 않으면 AdamW 최적화 함수를 사용한다.

- **preprocess_logits_for_metrics**는 모델의 로짓(logits) 출력을 평가 지표 계산에 사용되기 전에 전처리하는 함수를 지정한다.

트레이너 클래스는 실제 모델 학습 및 평가 프로세스를 관리하기 위한 클래스다. 모델, 데이터 세트, 토크나이저, 최적화 단계 수행 등 학습을 위한 핵심 로직을 구현한다. 학습률, 배치 크기, 에폭 수, 평가 전략 등 광범위한 학습 관련 설정은 트레이닝 아규먼트 클래스로 설정한다.

2.10.2 트레이닝 아규먼트

트레이닝 아규먼트는 학습 하이퍼파라미터와 설정을 캡슐화한 클래스다. 트레이너 클래스에 전달되어 학습 프로세스를 제어하는 데 사용된다. 이렇게 목적을 분리해 특정 모델이나 과제에 구애받지 않고 재사용 가능한 인터페이스로 구축할 수 있다. 또한, 트레이닝 아규먼트 클래스는 명령줄 인수나 구성 파일에서 인수를 파싱할 수 있어 편리하게 제어할 수 있다. 다음은 트레이너 아규먼트 클래스의 주요 매개변수를 설명한다.

TrainingArguments 클래스

```
training_args = transformers.TrainingArguments(
    output_dir: str
    overwrite_output_dir: bool = False,
    do_train: bool = False,
    do_eval: bool = False,
    do_predict: bool = False,
    eval_strategy: Union = 'no',
    per_device_train_batch_size: int = 8,
    per_device_eval_batch_size: int = 8,
    gradient_accumulation_steps: int = 1,
    eval_delay: float = 0,
    learning_rate: float = 5e-05,
    weight_decay: float = 0.0,
    adam_beta1: float = 0.9,
    adam_beta2: float = 0.999,
    adam_epsilon: float = 1e-08,
    max_grad_norm: float = 1.0,
    num_train_epochs: float = 3.0,
    max_steps: int = -1,
    warmup_steps: int = 0,
    logging_dir: Optional = None,
    logging_strategy: Union = 'steps',
```

```
        logging_steps: float = 500,
        save_strategy: Union = 'steps',
        save_steps: float = 500,
        save_total_limit: Optional = None,
        seed: int = 42,
        fp16: bool = False,
        fp16_opt_level: str = '01',
        run_name: Optional = None,
        load_best_model_at_end: Optional = False,
        metric_for_best_model: Optional = None,
        greater_is_better: Optional = None,
        optim: Union = 'adamw_torch',
        optim_args: Optional = None,
        report_to: Union = None,
        push_to_hub: bool = False,
        resume_from_checkpoint: Optional = None
)
```

- **output_dir**는 모델 예측 결과와 체크포인트가 저장될 출력 디렉터리 경로를 설정한다.

- **overwrite_output_dir**는 출력 디렉터리의 내용을 덮어쓸지 여부를 결정한다. True로 설정하면 output_dir에 지정된 디렉터리의 기존 내용을 덮어쓴다. 이전에 학습을 중단했던 체크포인트 디렉터리에서 학습을 재개하고 싶은 경우에 주로 사용된다.

- **do_train**는 모델 학습 수행 여부를 설정한다. 모델을 학습하는 경우 True로 설정한다.

- **do_eval**은 모델 학습 중 검증 데이터세트에 대한 평가 수행 여부를 설정한다. eval_strategy가 no가 아닌 경우 True로 설정된다.

- **do_predict**는 테스트 데이터세트에 대한 예측을 수행할지 여부를 지정한다. 일반적으로 모델 평가에서 사용된다.

- **eval_strategy**는 모델 학습 중 평가 전략을 설정한다. no로 설정하는 경우, 평가를 수행하지 않으며, steps로 설정한 경우 eval_steps 간격마다 평가를 수행하고 로그를 기록한다. epoch으로 설정하는 경우, 각 에폭 종료 후 평가를 수행한다.

- **per_device_train_batch_size**는 모델 학습에 사용하는 장치(CPU/GPU/TPU)당 배치 크기를 의미한다. 예를 들어 2개의 GPU가 있을 때, per_device_train_batch_size를 16으로 설정하면 전체 배치 크기는 32가 된다.

- `per_device_eval_batch_size`는 모델 평가 시 장치당 배치 크기를 의미한다. `per_device_train_batch_size`와 동일한 방식으로 작동한다.

- `eval_delay`는 첫 평가를 수행하기 전에 기다려야 하는 에폭 또는 스텝 수를 설정한다.

- `learning_rate`는 AdamW 최적화 함수의 초기 학습률을 의미한다.

- `weight_decay`는 AdamW 최적화 함수의 가중치 감쇠 값을 의미한다.

- `adam_beta1, adam_beta2, adam_epsilon`은 AdamW 최적화 함수의 베타1, 베타2, 엡실론 값을 의미한다.

- `max_grad_norm`는 그레이디언트 클리핑을 위한 최대 그레이디언트 노름 값을 의미한다.

- `num_train_epochs`는 수행할 총 학습 에폭 수를 설정한다.

- `max_steps`은 최대 학습 스텝 수다. 양의 정수로 지정하면 `num_train_epochs`를 무시하고 해당 스텝까지만 학습한다.

- `warmup_steps`은 웜업(warmup) 단계의 스텝 수를 지정한다. 학습 초기에 학습률을 점진적으로 증가시키는 기법으로 웜업 단계 동안 학습률은 일정 스케줄(예: 선형, 코사인 등)에 따라 점진적으로 증가한다.

- `logging_dir`는 텐서보드 로그를 저장할 디렉터리 경로를 설정한다.

- `logging_strategy`는 모델 학습에 사용할 로깅 전략으로 no, epoch, steps를 지정할 수 있다.

- `logging_steps`은 `logging_strategy`가 steps일 때, 로그를 출력할 업데이트 스텝 간격을 의미한다.

- `save_strategy`는 체크포인트 저장 전략으로 no, epoch, steps를 지정할 수 있다.

- `save_steps`는 `save_strategy`이 steps일 때, 체크포인트를 저장할 업데이트 스텝 간격을 의미한다. 0과 1 사이의 실수를 지정하면 총 학습 스텝의 비율로 간주된다.

- `save_total_limit`는 최대 체크포인트 수다. 지정된 수를 초과하면 가장 오래된 체크포인트를 삭제한다. 만약 `load_best_model_at_end`가 True이면 최적 체크포인트는 항상 보존된다.

- `seed`는 학습 시작 시 설정될 무작위 시드를 의미한다. 재현성을 위해서 `model_init` 함수로 모델을 생성해야 한다.

- `fp16`는 16비트 혼합 정밀도 학습 수행 여부를 설정한다. True로 설정하면 32비트 대신 16비트 혼합 정밀도로 학습을 수행한다.

- `fp16_opt_level`는 fp16 학습 시 Apex AMP[20] 최적화 수준을 설정한다. 01, 02 등을 지정할 수 있다.

---

20 NVIDIA에서 제공하는 자동 혼합 정밀도(Automatic Mixed Precision) 라이브러리다.

- **run_name**은 WandB, MLflow 등의 로깅 도구에서 사용할 레이블을 설정한다. 설정하지 않으면 output_dir과 동일하게 할당된다.

- **load_best_model_at_end**는 학습 종료 후 가장 성능이 좋았던 모델을 불러올지 여부다. True로 설정하면 최적 체크포인트가 항상 보존된다.

- **metric_for_best_model**는 평가 지표에서 큰 값이 더 좋은 모델인지 여부를 지정한다. 예를 들어 metric_for_best_model="eval_accuracy"로 지정했다면 greater_is_better=True로 해야 정확도가 높은 모델이 최적 모델로 선택되며, 반대로 metric_for_best_model="eval_loss"라면 greater_is_better=False여야 손실이 작은 모델을 최적 모델로 인식한다.

- **optim**는 모델 학습에 사용할 최적화 함수를 지정한다. adamw_torch나 adafactor 등을 선택할 수 있다.

- **optim_args**는 최적화 함수에 전달할 추가 인수를 할당한다.

- **report_to**는 실험 결과와 로그를 전달할 플랫폼을 설정한다. wandb, tensorboard, mlflow 등을 지정할 수 있다.

- **push_to_hub**는 모델이 저장될 때마다 허깅페이스 허브에 모델을 업로드할지 설정한다.

- **resume_from_checkpoint**는 유효한 체크포인트가 포함된 폴더 경로를 지정한다. resume_from_checkpoint를 지정하면 해당 경로의 체크포인트를 불러와 중단된 지점부터 학습을 재개할 수 있다.

2.10.3 토큰 분류 - 개체명 인식

토큰 분류(Token classification) 모델은 자연어 처리 분야에서 문장을 구성하는 각 토큰(단어 또는 토큰화된 단위)에 레이블(label)을 할당하는 모델을 의미한다. 이는 **개체명 인식**(Named Entity Recognition, NER)과 같은 과제에 활용된다. 이번 절에서는 트레이너 클래스와 트레이닝 아규먼트 클래스를 사용해 개체명 인식 모델 학습 프로세스를 쉽게 구성하는 방법을 알아보자.

개체명 인식 모델은 문장에서 사람, 조직, 위치 등의 개체명을 인식하고 해당 개체명에 대한 범주를 레이블로 할당된다. 예를 들어, "윤 대희는 위키북스의 저자입니다."라는 문장에 대해 개체명 인식 모델은 다음과 같이 토큰을 분류할 수 있다.

개체명 인식 모델 예시

```
<윤:B-PS> <대희:I-PS><는:O> <위키북스:B-OG><의:O> <저자:O><입니다:O><.:O>
```

여기서 'B-PS'는 사람 개체명의 시작을, 'I-PS'는 사람 개체명의 연속을, 'B-OG'는 조직 개체명의 시작을 나타낸다. 'O'는 개체명이 아님을 의미한다. 띄어쓰기가 있는 경우 개체명이 여러 토큰으로 나뉘어 'I-PS'와 같은 레이블이 추가로 할당된다.

이러한 표현 방식을 BIO 표기법이라 한다. BIO 표기법은 개체명 경계를 명확히 하기 위해 사용되는 표현 방식으로 B는 개체명의 **시작(Begin)**을, I는 개체명의 **연속(Inside)**을, O는 개체명이 **아닌(Outside)** 경우를 나타낸다. 따라서 이 문장에서 NER 모델은 '윤 대희'를 사람 개체명으로, '위키북스'를 조직 개체명으로 인식하고 적절한 레이블을 부여한 것이다.

개체명은 사람, 조직 이외에도 물건이나 시간, 날짜, 숫자 등에도 부여할 수 있다. **한국정보통신기술협회**(Telecommunications Technology Association, TTA)에서 표준으로 제시한 개체명 인식 레이블은 표 2.3과 같다.

표 2.3 개체명 인식 토큰 종류

레이블	의미	정의
AF	ARTIFACTS	인공적으로 만들어진 물건, 제품
AM	ANIMAL	동물(사람 제외)
CV	CIVILIZATION	특정 문명, 문화권
DT	DATE	특정 날짜, 기간
EV	EVENT	행사, 대회, 사건
FD	STUDY_FIELD	학문 분야, 학파, 유파
LC	LOCATION	국가, 도시, 지역 지명
MT	MATERIAL	원소, 금속, 암석, 보석, 화학물질, 재료
OG	ORGANIZATION	회사, 단체, 기관
PS	PERSON	사람 이름, 별명, 별칭
PT	PLANT	식물
QT	QUANTITY	수량, 순서, 숫자, 단위
TI	TIME	시각, 시간
TM	TERM	전문 용어
TR	THEORY	이론, 법칙, 원리

이제 개체명 인식 과제를 수행하기 위해 KLUE 데이터세트로 모델을 학습시켜 본다. 다음 예제 2.22는 데이터세트 및 모델 초기화 방법을 보여준다.

예제 2.22 KLUE 데이터세트 및 개체명 인식 모델 초기화

```python
from datasets import load_dataset
from transformers import AutoModelForTokenClassification, AutoTokenizer

dataset = load_dataset("klue", "ner")
labels = dataset["train"].features["ner_tags"].feature.names

model_name = "Leo97/KoELECTRA-small-v3-modu-ner"
tokenizer = AutoTokenizer.from_pretrained(model_name)
model = AutoModelForTokenClassification.from_pretrained(
    model_name,
    num_labels=len(labels),
    ignore_mismatched_sizes=True
)

print(dataset["train"])
print(dataset["train"][0])
print(labels)
```

【 출력 결과 】

```
Dataset({
    features: ['sentence', 'tokens', 'ner_tags'],
    num_rows: 21008
})
{'sentence': '특히 <영동고속도로:LC> <강릉:LC> 방향 <문막휴게소:LC>에서
<만종분기점:LC>까지 <5km:QT> 구간에는 승용차 전용 임시 갓길차로제를 운영하기로 했다.',
'tokens': ['특', '히', ' ', '영', '동', '고', '속', '도', '로', ' ', '강', '릉', ' ',
'방', '향', ' ', '문', '막', '휴', '게', '소', '에', '서', ' ', '만', '종', '분', '기',
'점', '까', '지', ' ', '5', 'km', ' ', '구', '간', '에', '는', ' ', '승', '용', '차', '
', '전', '용', ' ', '임', '시', ' ', '갓', '길', '차', '로', '제', '를', ' ', '운', '영',
'하', '기', '로', ' ', '했', '다', '.'], 'ner_tags': [12, 12, 12, 2, 3, 3, 3, 3, 3, 12,
2, 3, 12, 12, 12, 12, 2, 3, 3, 3, 3, 12, 12, 12, 2, 3, 3, 3, 3, 12, 12, 12, 8, 9, 12, 12,
12, 12, 12, 12, 12, 12, 12, 12, 12, 12, 12, 12, 12, 12, 12, 12, 12, 12, 12, 12, 12, 12,
12, 12, 12, 12, 12, 12, 12, 12]}
['B-DT', 'I-DT', 'B-LC', 'I-LC', 'B-OG', 'I-OG', 'B-PS', 'I-PS', 'B-QT', 'I-QT', 'B-TI',
'I-TI', 'O']
```

KLUE(Korean Language Understanding Evaluation) 데이터세트는 한국어 자연어 처리 과제를 위한 대규모 데이터세트다. 이 데이터세트를 활용해 개체명 인식 모델을 학습시킬 수 있다. load_dataset 함수를 사용해 KLUE 데이터세트의 NER 데이터를 불러온다.

데이터세트를 불러온 후에는 레이블(개체 유형)의 리스트를 가져와야 한다. 이를 위해 dataset["train"].features["ner_tags"].feature.names를 사용한다. 그다음, 사용할 사전 학습된 모델의 이름을 지정한다. 예제에서는 Leo97/KoELECTRA-small-v3-modu-ner을 사용했다.

지정된 모델의 토크나이저를 AutoTokenizer.from_pretrained 메서드를 통해 불러오고, AutoModelForTokenClassification.from_pretrained 메서드로 지정된 모델을 불러온다. 이때 num_labels 인자에 레이블 수를 전달하고, ignore_mismatched_sizes=True 옵션을 설정해 입력 시퀀스의 길이가 일치하지 않는 경우를 처리할 수 있도록 한다.

마지막으로 print 함수를 통해 데이터세트, 데이터세트의 첫 번째 샘플, 레이블 리스트를 출력해 불러온 데이터와 레이블을 확인할 수 있다. 다음 예제 2.23은 개체명 인식 모델 학습을 위한 데이터 전처리 방식을 보여준다.

예제 2.23 개체명 인식 데이터 전처리

```python
def preprocess_data(example, tokenizer):
    sentence = "".join(example["tokens"]).replace("\xa0", " ")
    encoded = tokenizer(
        sentence,
        return_offsets_mapping=True,
        add_special_tokens=False,
        padding=False,
        truncation=False
    )

    labels = []
    for offset in encoded.offset_mapping:
        if offset[0] == offset[1]:
            labels.append(-100)
        else:
```

```
            labels.append(example["ner_tags"][offset[0]])
    encoded["labels"] = labels
    return encoded


processed_dataset = dataset.map(
    lambda example: preprocess_data(example, tokenizer),
    batched=False,
    remove_columns=dataset["train"].column_names,
)
print(processed_dataset)
print(dataset["train"][0]["ner_tags"])
print(processed_dataset["train"][0]["offset_mapping"])
print(processed_dataset["train"][0]["labels"])
```

【 출력 결과 】

```
DatasetDict({
    train: Dataset({
        features: ['input_ids', 'token_type_ids', 'attention_mask', 'offset_mapping',
'labels'],
        num_rows: 21008
    })
    validation: Dataset({
        features: ['input_ids', 'token_type_ids', 'attention_mask', 'offset_mapping',
'labels'],
        num_rows: 5000
    })
})
[12, 12, 12, 2, 3, 3, 3, 3, 3, 12, 2, 3, 12, 12, 12, 12, 2, 3, 3, 3, 3, 12, 12, 12, 2, 3,
3, 3, 3, 12, 12, 12, 8, 9, 12, 12, 12, 12, 12, 12, 12, 12, 12, 12, 12, 12, 12, 12, 12,
12, 12, 12, 12, 12, 12, 12, 12, 12, 12, 12, 12, 12, 12, 12, 12, 12]
[[0, 2], [3, 9], [10, 12], [13, 15], [16, 17], [17, 18], [18, 19], [19, 20], [20, 21],
[21, 22], [22, 23], [24, 25], [25, 26], [26, 27], [27, 28], [28, 29], [29, 30], [30, 31],
[32, 33], [33, 34], [35, 37], [37, 38], [38, 39], [40, 43], [44, 46], [47, 49], [50, 51],
[51, 52], [52, 53], [53, 54], [54, 55], [55, 56], [57, 59], [59, 60], [60, 61], [61, 62],
[63, 64], [64, 65], [65, 66]]
[12, 2, 2, 12, 2, 3, 3, 3, 3, 12, 12, 2, 3, 3, 3, 3, 12, 12, 8, 9, 12, 12, 12, 12, 12,
12, 12, 12, 12, 12, 12, 12, 12, 12, 12, 12, 12, 12, 12]
```

```
[('특히', 12), ('영동고속도로', 2), ('강릉', 2), ('방향', 12), ('문', 2), ('##막', 3),
('##휴', 3), ('##게', 3), ('##소', 3), ('##에', 12), ('##서', 12), ('만', 2), ('##종',
3), ('##분', 3), ('##기', 3), ('##점', 3), ('##까', 12), ('##지', 12), ('5', 8), ('##km',
9), ('구간', 12), ('##에', 12), ('##는', 12), ('승용차', 12), ('전용', 12), ('임시',
12), ('갓', 12), ('##길', 12), ('##차', 12), ('##로', 12), ('##제', 12), ('##를', 12),
('운영', 12), ('##하', 12), ('##기', 12), ('##로', 12), ('했', 12), ('##다', 12), ('.',
12)]
```

`preprocess_data` 함수는 입력 데이터를 토크나이저에 적합한 형태로 변환한다.
example["tokens"]에서 "".join을 통해 문자열을 이어 붙이고 \xa0 문자를 공백 문자로 변경
한다. \xa0는 줄 바꿈 없는 공백(Non-breaking space)으로 일반적인 공백 문자와 다르게
텍스트가 줄 바꿈될 때 분리되지 않도록 보장하는 역할을 한다. 현재 개체명 인식에서는 불필
요한 데이터이므로 공백 문자로 치환한다.

그리고 tokenizer 함수를 사용해 해당 문자열을 토큰화하고, 각 토큰의 시작/끝 위치 정보를
offset_mapping으로 받는다. 토큰화된 결과에 대해 labels를 생성한다. 각 토큰의 offset 값
을 확인해, 시작과 끝 위치가 같다면 -100(패딩 토큰)을 할당하고, 그렇지 않다면 해당 위치의
원본 레이블 값을 할당한다.

개체명 인식 문제는 **시퀀스 레이블링**(Sequence labeling) 과제의 일종이다. 이는 입력 문
장의 각 토큰(단어)에 대해 개체명 태그를 할당하는 것을 목표로 한다. 예를 들어, "한국대학교
에 재학 중입니다."라는 문장이 있다고 가정해 보자. 여기서 "한국대학교"는 OG(단체명) 개체
에 해당한다. 이 문장을 토큰화하면 ["한국대학교", "에", "재학", "중입니다."]가 된다.
각 토큰에 대해 개체명 태그를 지정하면 ["B-OG", "I-OG", "O", "O", "O"]가 된다.

따라서 모델 학습 시 각 토큰에 대한 레이블이 필요하다. 그러므로 tokenizer에서 반환된
offset_mapping을 활용해 각 토큰이 원본 문장의 어느 위치에 해당하는지 파악하고, 그 위치
의 원본 레이블 값을 할당하는 작업을 수행한다. 예를 들어 offset_mapping이 [(0, 4), (4,
5), (5, 7), (7, 10)]라면, 첫 번째 토큰 "한국대학교"의 offset은 (0, 4)이고 이 위치의
원본 레이블은 B-OG이므로 첫 번째 레이블은 B-OG가 된다. 이렇게 하여 각 토큰에 적절한 레이
블을 할당할 수 있다.

dataset.map 메서드를 사용해 preprocess_data 함수를 데이터세트의 모든 샘플에 적용한다. batched=False 옵션을 사용해 한 번에 하나의 샘플만 처리하고, remove_columns를 통해 원본 데이터세트의 열들을 제거한다.

이 과정을 통해 토크나이저에 적합한 형태로 데이터를 변환하고, 각 토큰에 대응하는 레이블을 할당한다. 출력 결과를 보면 토큰화된 문자열과 그에 대응하는 레이블을 쌍으로 묶어지는 것을 확인할 수 있다. 이렇게 전처리된 데이터를 사용해 개체명 인식 모델의 학습을 진행할 수 있다.

예제 2.24 개체명 인식 모델 학습

```python
from transformers import Trainer, TrainingArguments
from transformers.data.data_collator import DataCollatorForTokenClassification

training_args = TrainingArguments(
    output_dir="token-classification",
    evaluation_strategy="epoch",
    per_device_train_batch_size=32,
    per_device_eval_batch_size=32,
    learning_rate=1e-4,
    weight_decay=0.01,
    num_train_epochs=5,
    seed=42
)

trainer = Trainer(
    model=model,
    args=training_args,
    train_dataset=processed_dataset["train"],
    eval_dataset=processed_dataset["validation"],
    data_collator=DataCollatorForTokenClassification(tokenizer=tokenizer, padding=True)
)

trainer.train()
```

【 출력 결과 】

Epoch	Training Loss	Validation Loss
1	0.291900	0.115407
2	0.097000	0.099698
3	0.074300	0.096188
4	0.050400	0.096160
5	0.044400	0.098424

```
TrainOutput(global_step=3285, training_loss=0.09799944414577165, metrics={'train_runtime':
262.4947, 'train_samples_per_second': 400.161, 'train_steps_per_second': 12.515,
'total_flos': 383656142821248.0, 'train_loss': 0.09799944414577165, 'epoch': 5.0})
```

먼저 트레이닝 아규먼트 객체를 생성해 모델 학습에 필요한 하이퍼파라미터를 설정한다. 여기에는 출력 디렉터리, 평가 전략, 배치 크기, 학습률, 가중치 감소, 에폭 수, 시드 값 등의 옵션이 포함된다.

그다음 트레이너 객체를 생성한다. 트레이너 객체 생성 시에는 학습시킬 모델, 설정한 트레이닝 아규먼트, 학습 데이터세트, 평가 데이터세트, 데이터 콜렉터를 전달해야 한다. 데이터 콜렉터로는 토큰 분류 과제에 특화된 `DataCollatorForTokenClassification`을 사용하며, 토크나이저와 패딩 옵션을 설정한다.

이렇게 트레이너 객체가 생성되면 `trainer.train` 메서드를 호출해 실제 모델 학습을 시작한다. 학습 과정에서 트레이너는 설정된 하이퍼파라미터와 데이터세트를 사용해 모델 가중치를 갱신한다. 각 에폭마다 평가 데이터세트에 대한 성능 평가를 수행하고, 최적의 모델 가중치를 저장한다.

모델 학습이 완료되면 최종 모델이 트레이닝 아규먼트에서 지정한 출력 디렉터리에 저장된다. 이후 저장된 모델을 불러와 추론 또는 평가 작업에 사용할 수 있다. 이제 임의의 데이터를 입력해 개체명 인식 예측을 수행해 본다. 다음 예제 2.25는 개체명 인식 모델 예측 수행 방법을 보여준다.

예제 2.25 개체명 인식 모델 테스트

```
import torch

model.eval()
text = "위키북스의 윤대희, 김동화, 송종민 그리고 진현두는 2025년 서울에서 2시간 동안 신간
1권에 관한 논의를 진행했다."

with torch.no_grad():
    tokenized = tokenizer(
        text,
        return_tensors="pt",
        padding=True,
        truncation=True,
        max_length=512,
        add_special_tokens=False,
    )
    logits = model(**tokenized.to("cuda")).logits.cpu()

predictions = logits.argmax(dim=-1)[0].tolist()
tokens = tokenizer.tokenize(text)

print(list(zip(tokens, [labels[i] for i in predictions])))
```

【 출력 결과 】

```
[('위키', 'O'), ('##북', 'O'), ('##스', 'O'), ('##의', 'O'), ('윤', 'B-PS'), ('##대',
'I-PS'), ('##희', 'I-PS'), (',', 'O'), ('김동', 'B-PS'), ('##화', 'I-PS'), (',', 'O'),
('송', 'B-PS'), ('##종', 'I-PS'), ('##민', 'I-PS'), ('그리고', 'O'), ('진', 'B-PS'),
('##현', 'I-PS'), ('##두', 'I-PS'), ('##는', 'O'), ('2025', 'B-DT'), ('##년', 'I-DT'),
('서울', 'B-LC'), ('##에', 'O'), ('##서', 'O'), ('2', 'B-TI'), ('##시간', 'I-TI'),
('동안', 'I-TI'), ('신간', 'O'), ('1', 'B-QT'), ('##권', 'I-QT'), ('##에', 'O'), ('관한',
'O'), ('논의', 'O'), ('##를', 'O'), ('진행', 'O'), ('##했', 'O'), ('##다', 'O'), ('.',
'O')]
```

model.eval을 호출해 모델을 평가 모드로 전환한다. 이는 모델의 가중치가 고정되고 드롭아
웃과 같은 정규화 기법이 비활성화되도록 한다. 이후 예측할 텍스트인 **"위키북스의 윤대희,
..."**를 지정한다.

torch.no_grad 컨텍스트 안에서 예측을 수행한다. 이는 메모리 사용량을 줄이고 속도를 높이기 위함이다. 텍스트를 tokenizer를 사용해 토큰화하고, 모델 입력에 맞게 전처리한다. 전처리된 입력을 모델에 전달해 logits(모델 출력)를 얻는다.

logits의 최댓값을 취해 예측된 레이블 인덱스를 predictions에 저장하고, 원본 텍스트를 토큰화해 predictions와 labels 리스트로 각 토큰과 예측된 레이블을 매핑해 본다. 출력 결과를 보면 각 토큰에 대해 올바른 레이블(개체 유형)이 예측됐는지 확인할 수 있다. 인물, 시간, 장소 등은 매우 우수하게 개체명을 인식했지만, 위키북스라는 조직 개체명은 인식하지 못했다.

위키북스가 조직임에도 불구하고 개체명 인식 모델이 이를 0으로 예측한 이유는 여러 가지가 있을 수 있다. 주된 이유들을 다음과 같이 정리할 수 있다.

개체명 인식 한계

- **데이터 부족**: 학습 데이터에 '위키북스'가 조직으로 레이블링된 예시가 충분하지 않거나 전혀 없을 경우 모델이 이를 학습하지 못했을 가능성이 있다.

- **컨텍스트 부족**: 문장에서 '위키북스'가 조직임을 명확히 알 수 있는 맥락이 부족할 수 있다. 예를 들어, '위키북스'가 다른 단어들과 함께 조직임을 명확히 나타내는 문맥에 자주 등장해야 한다.

- **모델의 한계**: 모델의 성능이 완벽하지 않아서 일반적인 패턴을 잘 잡아내지 못하는 경우가 있다. 특히 새로운 단어이거나 학습 데이터에서 많이 등장하지 않은 단어일 경우, 모델이 잘못된 예측을 할 수 있다.

- **서브토큰 처리 문제**: 예시에서 "위키북스"는 '위키', '##북', '##스'로 분리돼 있는데, 모델이 이러한 서브토큰을 잘 처리하지 못해서 전체 단어의 의미를 제대로 이해하지 못했을 가능성이 있다.

가령, '위키북스'가 조직임을 인지할 수 있도록 입력 문장을 "위키북스의 사원인 윤대희, …"로 수정한다면, [('위키', 'B-OG'), ('##북', 'I-OG'), ('##스', 'O'), ('##의', 'O'), ('사원', 'O'), …]로 출력되는 것을 확인할 수 있다.

이는 모델이 조직을 인식하는 데 문맥이 중요하다는 것을 보여준다. 모델이 '위키북스'를 조직으로 정확하게 태깅할 수 있도록 하기 위해서는 문장에서 조직임을 나타내는 명확한 단서가 필요하다. 문맥이 적절하게 제공되면, 모델은 '위키북스'를 조직으로 올바르게 분류할 수 있다.

그러므로 개체명 인식 모델의 성능을 개선하기 위해서는 학습 데이터의 품질과 다양성을 높이고, 문맥을 고려한 문장을 제공하며, 필요 시 후처리 규칙을 적용하는 것이 필요하다. 이번 절에서 수행한 개체명 인식 모델 학습 및 평가 코드를 예제 2.26에 정리했다.

예제 2.26 개체명 인식 모델 학습 및 평가

```python
import torch
from datasets import load_dataset
from transformers import Trainer, TrainingArguments
from transformers import AutoModelForTokenClassification, AutoTokenizer
from transformers.data.data_collator import DataCollatorForTokenClassification

def preprocess_data(example, tokenizer):
    sentence = "".join(example ["tokens"]).replace("\xa0", " ")
    encoded = tokenizer(
        sentence,
        return_offsets_mapping=True,
        add_special_tokens=False,
        padding=False,
        truncation=False
    )

    labels = []
    for offset in encoded.offset_mapping:
        if offset[0] == offset[1]:
            labels.append(-100)
        else:
            labels.append(example["ner_tags"][offset[0]])
    encoded["labels"] = labels
    return encoded

dataset = load_dataset("klue", "ner")
labels = dataset["train"].features["ner_tags"].feature.names

model_name = "Leo97/KoELECTRA-small-v3-modu-ner"
tokenizer = AutoTokenizer.from_pretrained(model_name)
model = AutoModelForTokenClassification.from_pretrained(
    model_name,
    num_labels=len(labels),
    ignore_mismatched_sizes=True
)

processed_dataset = dataset.map(
    lambda example: preprocess_data(example, tokenizer),
```

```
    batched=False,
    remove_columns=dataset["train"].column_names
)

training_args = TrainingArguments(
    output_dir="token-classification",
    evaluation_strategy="epoch",
    per_device_train_batch_size=32,
    per_device_eval_batch_size=32,
    learning_rate=1e-4,
    weight_decay=0.01,
    num_train_epochs=5,
    seed=42
)

trainer = Trainer(
    model=model,
    args=training_args,
    train_dataset=processed_dataset["train"],
    eval_dataset=processed_dataset["validation"],
    data_collator=DataCollatorForTokenClassification(tokenizer=tokenizer, padding=True)
)

trainer.train()

model.eval()
text = "위키북스의 윤대희, 김동화, 송종민 그리고 진현두는 2025년 서울에서 2시간 동안 신간 1권에 관한 논의를 진행했다."

with torch.no_grad():
    tokenized = tokenizer(
        text,
        return_tensors="pt",
        padding=True,
        truncation=True,
        max_length=512,
        add_special_tokens=False
    )
```

```
    logits = model(**tokenized.to("cuda")).logits.cpu()

predictions = logits.argmax(dim=-1)[0].tolist()
tokens = tokenizer.tokenize(text)

print(list(zip(tokens, [labels[i] for i in predictions])))
```

2.11 모델 평가

모델 평가는 기계 학습 모델의 성능을 측정하고 개선하는 데 필수적인 단계다. 평가 과정에서
는 모델의 예측 결과를 실제 데이터와 비교해 다양한 평가 지표를 계산한다. 이를 통해 모델의
강점과 약점을 파악하고, 다른 모델과 비교할 수 있다.

모델 평가를 수행하는 이유는 모델의 실제 성능을 정확하게 측정할 수 있기 때문이다. 또한 모
델의 강점과 약점을 파악해 개선이 필요한 영역을 식별할 수 있으며, 서로 다른 모델의 성능을
비교해 가장 적합한 모델을 선택할 수 있다. 그러므로 평가 결과를 바탕으로 모델을 지속적으
로 개선할 수 있다.

만약 모델 평가를 수행하지 않으면 모델의 실제 성능을 알 수 없게 되며, 모델의 문제점을 발견
하기 어려워진다. 그 결과 최적의 모델을 선택하거나 모델을 개선하기가 어려워진다.

평가 결과는 모델 선택, 하이퍼파라미터 튜닝, 아키텍처 조정 등 모델 개선에 활용된다. 평
가 방법론으로는 **홀드아웃(Hold-out)**, **교차 검증(Cross-validation)**, **부트스트랩
(Bootstrap)** 등이 있다.

대표적인 평가 방법론

- **홀드아웃**: 데이터를 학습용과 테스트용으로 나누어 모델을 평가하는 방법

- **교차 검증**: 데이터를 여러 개의 폴드(Fold)[21]로 나누어 각 폴드마다 학습과 검증을 반복해 모델을 평가하
  는 방법

- **부트스트랩**: 데이터를 여러 번 샘플링해 각 샘플마다 모델을 학습하고 평가하는 방법

---

21 데이터를 나누는 하나의 부분을 의미한다. 예를 들어, 데이터를 5개 폴드로 나누면, 각 폴드는 데이터의 1/5에 해당한다.

모델 평가에는 정량적 평가 지표와 정성적 평가 지표가 있다. 정량적 평가 지표는 숫자로 모델 성능을 측정하며 정확도, F1 점수, RMSE 등이 있다. 정성적 평가 지표는 모델의 예측 결과를 직접 관찰해 평가하는 방식이다. 예를 들어, 문장 생성 모델의 경우 생성된 문장의 자연스러움과 의미 전달 능력을 직접 평가한다. 평가 지표는 모델의 성능을 정량화해 측정하는 데 사용되므로 과제 유형에 따라 다양한 평가 지표가 사용된다.

분류 지표

- **정확도(Accuracy)**: 전체 예측 중 올바른 예측의 비율

- **정밀도(Precision)**: 긍정 예측 중 실제 긍정인 비율

- **재현율(Recall)**: 실제 긍정 중 긍정으로 예측한 비율

- **F1 점수(F1 Score)**: 정밀도와 재현율의 조화 평균

- **ROC-AUC**: 수신자 조작 특성 곡선 아래 면적

회귀 지표

- **평균 제곱근 오차(RMSE)**: 실제 값과 예측 값의 차이 제곱합의 평균 제곱근

- **평균 절대 오차(MAE)**: 실제 값과 예측 값의 절대 차이 평균

순위 지표

- **평균 역순위 (MRR)**: 첫 번째로 맞힌 정답의 역순위의 평균

- **K번째 정밀도 (P@K)**: 상위 K개의 예측 결과 중 정답의 비율

- **감쇠 누적 이득 (DCG)**: 순위가 높은 결과에 가중치를 부여해 순위 목록의 품질을 평가

자연어 처리 지표

- **BLEU**: 기계 번역 시스템 평가를 위한 지표

- **ROUGE**: 요약 시스템 평가를 위한 지표

- **METEOR**: 기계 번역 및 요약 시스템 평가를 위한 지표

컴퓨터비전 처리 지표

- **교차/합 비율(IoU)**: 객체 검출 모델의 예측 박스와 실제 박스 간의 겹침 정도

- **평균 정밀도(mAP)**: 객체 검출 및 이미지 분류 모델의 평균 정밀도

평가 지표는 과제의 특성과 목적에 맞게 선정해야 한다. 예를 들어, 불균형한 데이터에서는 정확도보다는 F1 점수나 ROC–AUC 곡선과 같은 지표가 더 적절할 수 있다. 잘못된 평가 지표를 선택하면 모델의 실제 성능을 제대로 파악하기 어렵다. 또한 단일 평가 지표만으로는 모델의 성능을 제대로 평가하기 어려운 경우가 있다. 이런 경우에는 여러 평가 지표를 조합해 복합적으로 모델을 평가해야 한다. 예를 들어, 정밀도와 재현율을 모두 고려해 F1 점수를 계산할 수 있다.

모델 성능을 절대적인 수치로만 평가하는 것은 한계가 있다. 베이스라인 모델과 비교해 상대적인 성능 향상 정도를 파악하는 것이 중요하다. 베이스라인 모델은 특정 과제에 대한 기본적인 성능 수준을 제공하므로, 개발한 모델이 베이스라인 모델보다 얼마나 나은 성능을 보이는지 비교함으로써 모델의 실제 성능 수준을 더 잘 파악할 수 있다.

또한, 실제 과제 환경에서 모델의 성능을 제대로 반영하지 못할 수 있다. 따라서 정성적 평가, 실제 사용 사례 기반 평가 등을 통해 평가 지표의 한계를 보완해야 한다. 평가 지표를 통해 모델의 약점을 파악하고, 이를 개선하기 위한 전략을 수립한다. 낮은 재현율을 개선하기 위해서는 모델의 임곗값을 조정하거나 데이터를 보완할 수 있다.

2.11.1 평가 라이브러리

허깅페이스의 평가(Evaluate) 라이브러리는 머신러닝 및 딥러닝 모델의 성능을 평가하기 위해 사용되는 도구다. 이 라이브러리는 다양한 분류, 회귀, 자연어 처리 지표를 간편하게 사용할 수 있는 인터페이스를 제공하며, 텍스트, 컴퓨터비전, 오디오 등 다양한 모달리티와 모델 또는 데이터세트 평가 도구를 포함하고 있다. 기본적인 사용법은 몇 줄의 코드만으로도 모델 평가를 수행할 수 있다. 평가 라이브러리는 다음과 같이 설치할 수 있다.

평가 라이브러리 설치

```
pip3 install evaluate==0.4.2
```

평가 라이브러리는 간단한 API 호출로 평가 지표를 계산할 수 있는 편리한 인터페이스를 제공한다. 예를 들어, `evaluate.load` 함수를 사용해 원하는 지표를 쉽게 불러올 수 있다. 다음은 평가 불러오기 함수의 주요 매개변수를 설명한다.

load 함수

```
metric = evaluate.load(
    path: str,
    config_name: Optional[str] = None,
    module_type: Optional[str] = 'metric'
)
```

- **path**는 평가 모듈의 경로다. 로컬 경로 또는 허깅페이스 평가 리포지터리의 모듈 식별자를 입력한다.

- **config_name**은 평가 지표의 구성을 선택한다. 예를 들어 GLUE 벤치마크의 경우 MNLI, QQP, QNLI 등 여러 하위 작업이 있다. 이 매개변수를 사용하면 특정 구성을 선택할 수 있다.

- **module_type**은 평가 모듈 유형으로 metric, comparison, measurement 중 하나를 할당한다. 모듈 형식은 모델의 성능을 평가하는 방식에 따라 다음과 같이 구분된다.

  - 평가 지표(**metric**): 모델 성능을 평가한다. 모델 예측과 실제 레이블이 필요하며 정확도(Accuracy), 정밀도(Precision), 재현율(Recall), F1 점수(F1 Score) 등을 계산할 수 있다. 통합된 모든 메트릭은 evaluate–metric[22]에서 확인할 수 있다.

  - 비교 도구(**comparison**): 두 개 이상의 모델 또는 예측 결과를 비교해 상대적인 성능을 평가한다. 예를 들어, A 모델 예측과 B 모델 예측을 비교해 일치 여부를 계산할 수 있다. A/B 테스트, 통계적 검정에 사용되며 모든 비교 도구는 evaluate–comparison[23]에서 확인할 수 있다.

  - 측정 도구(**measurement**): 데이터세트의 속성이나 특성을 조사한다. 글자 수나 레이블의 분포 등을 확인할 수 있다. 모든 측정 도구는 evaluate–measurement[24]에서 확인할 수 있다.

이제 사전 학습된 이미지 분류 모델을 활용해 평가, 비교, 측정을 수행해 보자. 다음 예제 2.27은 평가 라이브러리 사용 방법을 보여준다.

---

22 https://huggingface.co/evaluate-metric
23 https://huggingface.co/evaluate-comparison
24 https://huggingface.co/evaluate-measurement

예제 2.27 이미지 모델 평가 수행

```python
import torch
import evaluate
import numpy as np
from datasets import load_dataset
from transformers import AutoImageProcessor, AutoModelForImageClassification

dataset = load_dataset("cifar10", split="test[:1000]")
model_name = "nateraw/vit-base-patch16-224-cifar10"
model = AutoModelForImageClassification.from_pretrained(model_name)
image_processor = AutoImageProcessor.from_pretrained(model_name)

model.eval()
batch_size = 32
logits, labels = [], []

for i in range(0, len(dataset), batch_size):
    batch = dataset[i : i + batch_size]

    with torch.no_grad():
        inputs = image_processor(batch["img"], return_tensors="pt")
        outputs = model(inputs["pixel_values"])

    logits.extend(outputs.logits.cpu().numpy())
    labels.extend(batch["label"])

preds = np.argmax(logits, axis=-1)

metric = evaluate.load("accuracy")
accuracy = metric.compute(predictions=preds, references=labels)
print(accuracy)

metric = evaluate.load("f1")
f1 = metric.compute(predictions=preds, references=labels, average="macro")
print(f1)

comparison = evaluate.load("exact_match", module_type="comparison")
exact_match = comparison.compute(predictions1=preds, predictions2=labels)
```

```
print(exact_match)

measurement = evaluate.load("label_distribution", module_type="measurement")
distribution = measurement.compute(data=labels)
print(distribution)
```

【 출력 결과 】

```
{'accuracy': 0.989}
{'f1': 0.988618514637758}
{'exact_match': 0.989}
{'label_distribution': {'labels': [3, 8, 0, 6, 1, 9, 5, 7, 4, 2], 'fractions':
[0.103, 0.106, 0.103, 0.112, 0.089, 0.109, 0.086, 0.102, 0.09, 0.1]}, 'label_skew':
-0.051961083856493485}
```

이 예제에서는 CIFAR-10 데이터세트의 테스트 세트 중 1,000개 샘플을 사용해 사전 학습된 ViT 모델을 평가한다. 모델을 평가 모드로 설정한 후, 32개의 배치 크기로 데이터세트를 순회한다. 각 배치에 대해 이미지를 전처리하고 모델에 입력해 로짓(logits)을 계산한다. 로짓과 실제 레이블을 별도의 리스트에 저장한다. 모든 배치에 대한 로짓과 레이블이 수집되면 넘파이를 사용해 로짓에서 예측 클래스를 계산한다.

먼저 모델 평가는 정확도와 F1 점수로 예측과 실제 레이블을 입력으로 해서 정확도를 계산한다. F1 점수 평가에서는 average 매개변수를 macro로 설정해 모든 클래스에 대한 F1 점수의 평균을 계산한다. 이렇게 계산된 정확도와 F1 점수를 계산할 수 있다.

두 번째로 모델 비교는 두 개의 예측(predictions1과 predictions2)을 입력으로 받아 정확히 일치하는 비율을 계산한다. 예제에서는 하나의 모델만을 불러왔으므로 모델 예측과 실제 레이블의 완전 일치 비율을 계산한다.

세 번째로 데이터세트 측정은 실제 레이블을 입력으로 사용해 레이블 분포를 계산한다. 출력 결과의 labels은 데이터세트에 존재하는 레이블의 목록이며, fractions는 각 레이블의 비율을 나타낸다. 예를 들어, 레이블 3의 비율은 0.103(10.3%), 레이블 8의 비율은 0.106(10.6%)이 된다. label_skew는 레이블 분포의 편향(Skewness)을 나타내는 값이다. 이 값이 0이면 완전히 균등한 분포이고, 양숫값은 오른쪽 꼬리 분포(Right-tailed distribution), 음숫값은 왼쪽 꼬리 분포(Left-tailed distribution)를 의미한다. 주어진 결과에서 −0.051961083856493485는 약간의 왼쪽 꼬리 분포를 나타낸다.

허깅페이스의 평가 라이브러리를 사용하면 머신러닝 모델의 성능을 쉽게 평가할 수 있다. 이 라이브러리는 다양한 평가 지표를 계산할 수 있어 모델의 전반적인 성능을 종합적으로 분석할 수 있다. 또한, 여러 모델을 비교하거나 데이터세트의 분포를 간단하게 확인할 수 있어 모델 평가와 선택 과정에서 유용하게 활용할 수 있다.

평가 라이브러리는 모델 평가 이외에도 평가 결과를 시각화하는 기능도 제공한다. 다음 예제 2.28은 모델 결과를 레이더 차트로 시각화하는 방법을 보여준다.

예제 2.28 레이더 차트 시각화

```python
from evaluate.visualization import radar_plot

data = [
    {"accuracy": 0.49, "precision": 0.50, "f1": 0.49, "latency_in_seconds": 0.15},
    {"accuracy": 0.92, "precision": 0.93, "f1": 0.92, "latency_in_seconds": 0.10},
    {"accuracy": 0.68, "precision": 0.70, "f1": 0.68, "latency_in_seconds": 0.12},
    {"accuracy": 0.78, "precision": 0.80, "f1": 0.78, "latency_in_seconds": 0.11}
]

model_names = ["Model 1", "Model 2", "Model 3", "Model 4"]
plot = radar_plot(data=data, model_names=model_names)
plot.show()
```

【 출력 결과 】

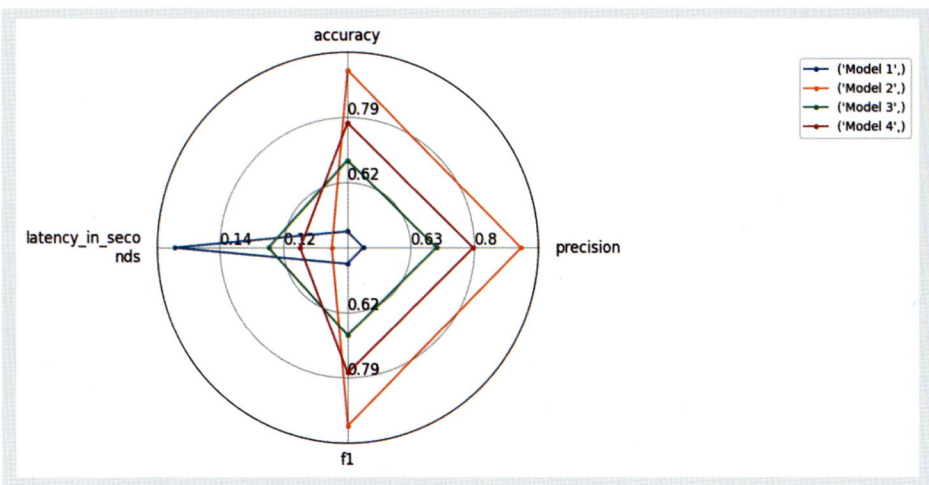

radar_plot 함수는 모델 평가 데이터와 모델 이름만으로도 레이더 차트(Radar chart)를 생성해 여러 모델의 다양한 평가 지표를 한눈에 비교할 수 있게 해준다. 이 예제에서는 4개의 모델에 대해 정확도, 정밀도, F1 점수, 지연 시간 등의 평가 지표 값을 비교했다. 레이더 차트를 통해 각 모델의 강점과 약점을 한눈에 파악할 수 있다. 이렇게 시각화된 평가 지표는 모델 선택이나 개선 방향 설정 등에 유용한 정보를 제공한다.

03

자연어 처리

자연어(Natural Language)는 인공적으로 만들어진 프로그래밍 언어와 달리 인간의 의사소통을 위해 자연스럽게 발달한 언어를 의미한다. **자연어 처리(Natural Language Processing, NLP)**는 컴퓨터가 인간의 언어를 이해하고 해석 및 처리하기 위한 기술을 의미한다. 이는 인공지능의 주요 분야로서, 인간 언어의 구조, 의미, 맥락을 분석하고 이해할 수 있는 알고리즘과 모델을 개발한다. 자연어 처리 모델을 개발하기 위해서는 다음과 같은 주요 과제들이 해결돼야 한다.

- **모호성(Ambiguity)**: 단어나 문장이 맥락에 따라 여러 의미를 가질 수 있는 문제

- **가변성(Variability)**: 방언, 억양, 신조어, 문체 등으로 인한 언어 표현의 다양성 문제

- **구조(Structure)**: 문법, 구문, 의미론적 복잡성을 다루는 문제

- **맥락(Context)**: 언어 사용의 사회문화적, 상황적 맥락을 이해하는 문제

- **다국어(Multilingualism)**: 여러 언어 간의 차이와 번역 문제

이러한 문제를 해결하기 위해 데이터로부터 패턴을 학습하는 통계적 기법과 머신러닝 알고리즘이 도입됐다. 특히 **순환 신경망(Recurrent Neural Networks, RNN)**과 **장단기 기억(Long Short-Term Memory, LSTM)** 모델은 시퀀스 데이터를 처리하는 데 효과적이었다.

그러나 이러한 모델들도 한계가 있었다. RNN과 LSTM은 순차적 처리 방식으로 인해 병렬 연산이 제한되어 대규모 데이터 처리 시 계산 효율성이 떨어졌다. 또한, 입력 시퀀스가 길어질수록 초기 정보가 희석되는 장기 의존성 문제와 **기울기 소실(Vanishing gradient)** 현상으로 인해 성능 저하가 발생했다.

이러한 한계를 극복하기 위해 어텐션 메커니즘이 제안되었고, 이는 트랜스포머 아키텍처의 핵심 요소가 되어 자연어 처리 분야에 혁신을 가져왔다. 트랜스포머는 입력 전체를 병렬로 처리해 데이터 처리 속도를 크게 향상시켰으며, 모든 입력 토큰 간의 관계를 직접 모델링하는 셀프 어텐션 메커니즘을 통해 기울기 소실 문제를 완화했다. 이로 인해 대규모 데이터를 활용한 효율적인 사전 학습이 가능해졌고, 언어의 문법과 어휘를 깊이 이해하는 고성능 언어 모델을 구축할 수 있게 됐다.

허깅페이스의 트랜스포머 라이브러리는 다양한 자연어 처리 과제에 적합한 여러 모델 구조를 제공한다. 이번 장에서는 이 라이브러리를 활용해 텍스트 분류, 요약, 질의응답, 기계 번역, 텍스트 생성 등의 과제를 위한 모델 미세조정 방법을 살펴본다.

이 장에서는 각 모델의 기본 개념과 함께, 허깅페이스 트랜스포머 라이브러리를 사용해 모델을 구축하고 학습시키는 과정을 상세히 다룬다. 또한, 각 모델의 장단점과 적용 가능한 실제 사례들을 소개하여 독자들이 자신의 프로젝트에 적합한 모델을 선택할 수 있도록 안내한다. 이를 통해 다양한 자연어 처리 응용 분야에서 트랜스포머 모델을 효과적으로 활용하는 방법을 익힐 수 있을 것이다.

3장 요약

- **텍스트 분류**: BERT 모델을 사용하여 텍스트를 여러 카테고리로 분류하는 방법을 학습한다. BERT는 양방향 인코딩을 통해 문맥을 효과적으로 파악할 수 있어 다양한 분류 작업에 적합하다.

- **요약문 생성**: BART 모델을 활용하여 긴 문서의 핵심 내용을 추출하고 간결한 요약문을 생성하는 기법을 배운다. BART는 인코더-디코더 구조를 가져 텍스트 생성에 강점을 보인다.

- **질의응답**: RoBERTa 모델을 이용해 주어진 문서에서 질문에 대한 정확한 답변을 추출하는 시스템을 구축한다. RoBERTa는 BERT의 개선된 버전으로, 더 큰 데이터셋과 최적화된 학습 방식을 통해 성능을 향상시켰다.

- **기계 번역**: T5 모델을 사용하여 한 언어에서 다른 언어로 텍스트를 번역하는 방법을 학습한다. T5는 "Text-to-Text Transfer Transformer"의 약자로, 다양한 NLP 작업을 텍스트-텍스트 변환 문제로 통일하여 처리할 수 있는 범용 모델이다.

- **텍스트 생성**: 최신 대규모 언어 모델인 LLaMA-3.1을 활용해 텍스트 생성 방법을 학습한다. 이 모델은 광범위한 사전 학습으로 다양한 주제의 고품질 텍스트를 생성할 수 있으며, 프롬프트 엔지니어링을 통해 특정 작업에 맞춰 출력을 조정할 수 있다.

3.1 텍스트 분류: BERT

텍스트 분류(Text classification)는 입력 텍스트를 미리 정의된 범주나 레이블로 할당하는 과제를 의미한다. 예를 들어 이메일 필터링 시스템에서는 텍스트 분류 기술을 활용해 수신된 이메일을 스팸과 정상 메일로 구분한다. 또한 뉴스 기사나 문서를 주제별로 자동 분류하거나, 고객 문의 메일을 유형별로 분류하는 등 다양한 방면에서 텍스트 분류 기술이 활용된다.

텍스트 분류 과제를 수행하기 위해서는 먼저 입력 텍스트를 전처리하고, 특징 벡터로 변환하는 과정이 필요하다. 이후 머신러닝 알고리즘을 활용해 분류 모델을 학습시키고, 새로운 텍스트에 대해 예측을 수행한다. 이처럼 전통적인 머신러닝 알고리즘부터 최신 딥러닝 기법까지 다양한 모델이 텍스트 분류에 사용되고 있다. 최근에는 대규모 데이터로 학습한 트랜스포머 기반 모델들이 뛰어난 성능을 보인다.

텍스트 분류 모델의 성능은 데이터의 질과 양, 전처리 방법, 모델 아키텍처 등 다양한 요인에 의해 결정된다. 따라서 실제 응용 분야에 맞는 적절한 전략을 수립하는 것이 중요하다. 또한 텍스트 분류 모델은 편향성과 공정성 문제에 주의해야 하며, 모델의 예측 결과를 적절히 해석하고 활용할 수 있어야 한다.

3.1.1 BERT

BERT(Bidirectional Encoder Representations from Transformers)는 2018년 구글에서 개발한 대표적인 대규모 사전 학습 언어 모델이다. 트랜스포머 아키텍처를 기반으로 대량의 말뭉치에서 사전 학습된 BERT는 자연어 처리 분야에서 큰 주목을 받았다.

BERT의 아키텍처는 여러 개의 트랜스포머 인코더 계층이 쌓여있는 구조다. 각 인코더 계층은 양방향 멀티 헤드 셀프 어텐션 메커니즘과 잔차 연결(Residual connection), 정규화 계층, 순방향 신경망으로 구성돼 있다. 이러한 구조 덕분에 BERT는 입력 문장의 좌우 문맥을 모두 활용해 문맥 의존적인 표현을 학습할 수 있다. 다음 그림 3.1은 BERT 모델의 구조를 보여 준다.

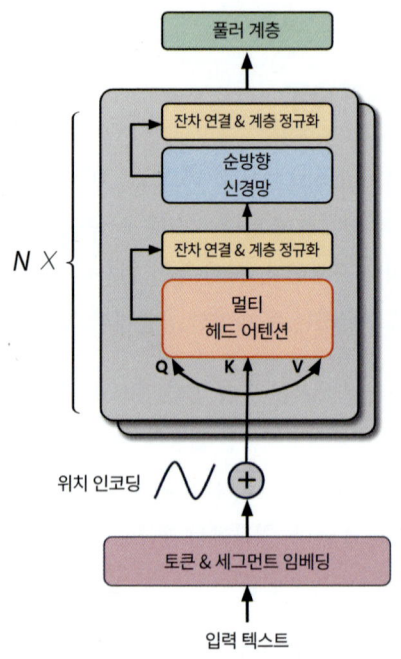

그림 3.1 BERT 모델 구조

BERT의 사전 학습 과정에서는 **마스크된 언어 모델**(Masked Language Model, MLM)과 **다음 문장 예측**(Next Sentence Prediction, NSP) 두 가지 작업을 병행한다. 마스크된 언어 모델에서는 입력 문장의 일부 토큰을 마스크 처리한 후, 모델이 마스크된 토큰을 예측하도록 한다. 이를 통해 언어의 문법, 어휘 등을 효과적으로 학습할 수 있다. 다음 문장 예측은 문서에서 추출한 두 문장이 연속된 문장인지 예측하는 작업이다. 이 과정에서 [CLS] 토큰이 문장 간 관계를 이해하는 데 활용된다.

사전 학습이 완료된 BERT 모델은 다운스트림 작업별로 전이 학습을 통해 성능을 개선할 수 있다. 예를 들어 텍스트 분류 과제에서는 [CLS] 토큰의 출력값을 분류기의 입력으로 사용하고 레이블 데이터에 대해 추가 학습을 수행한다. 또한 BERT는 워드피스 임베딩을 사용해 단어를 서브워드 단위로 분리함으로써 OOV 문제를 해결한다.

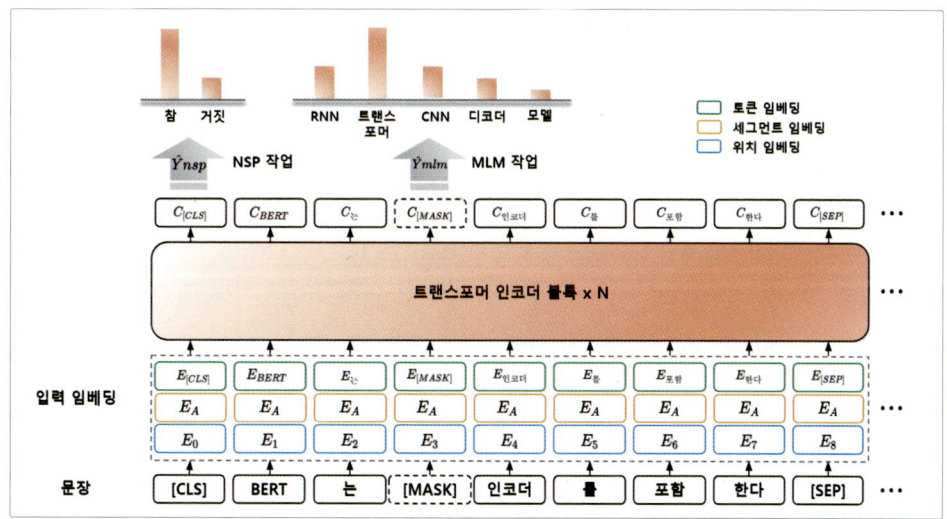

그림 3.2 BERT 사전 학습

사전 학습된 BERT 모델의 마지막 트랜스포머 인코더 계층에서 출력된 [CLS] 토큰의 벡터는 전체 입력 텍스트를 요약하는 데 사용된다. 이 벡터는 풀러(Pooler) 계층을 거치는데, 풀러 계층은 입력 크기와 출력 크기가 동일한 선형 변환 계층과 하이퍼볼릭 탄젠트 활성화 함수로 구성된다. 풀러 계층의 출력 벡터가 최종적으로 입력 텍스트를 요약하는 벡터가 된다.

이 요약 벡터는 텍스트 분류 과제에서 추가 학습을 위한 입력으로 쓰인다. 레이블된 데이터에 대해 요약 벡터를 분류기에 입력하고 가중치 갱신을 반복하면서 BERT 모델의 가중치를 전이 학습시킨다. 이렇게 미세 조정된 BERT 모델은 해당 텍스트 분류 과제에서 좋은 성능을 내게 된다. 다음 그림 3.3은 문장 분류를 위한 BERT의 모델 구조를 보여준다.

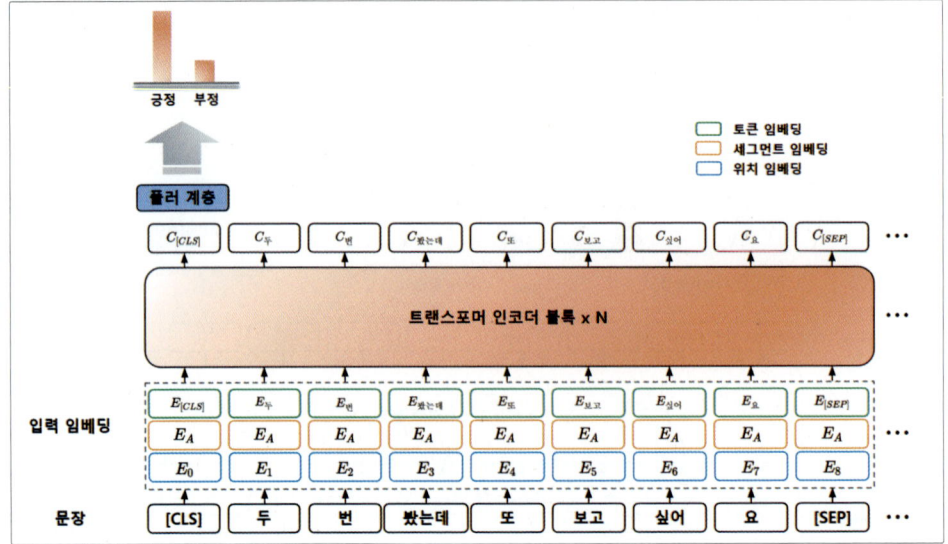

그림 3.3 BERT 문장 분류

3.1.2 BertTokenizer

BERT는 워드피스 토크나이저를 사용한다. 워드피스는 단어를 더 작은 서브워드 단위로 나누는 방식을 취한다. 예를 들어 'unaffable'이라는 단어는 'un##aff##able'과 같이 분할된다. 이렇게 서브워드 단위로 토큰화하면 OOV 문제를 완화할 수 있다.

또한 워드피스는 데이터 기반으로 토큰 집합을 생성한다. 사전에 정의된 어휘 집합이 없으며, 데이터에서 자주 등장하는 서브워드 단위를 토큰으로 추출한다. 이를 통해 도메인 적응성이 높아진다. 그리고 최대 토큰 수를 지정해 어휘 크기를 제한할 수 있어 모델 크기와 복잡도를 관리하기 용이해진다. 다음 예제 3.1은 BertTokenizer를 이용해 입력 텍스트를 토큰화하는 방식을 보여준다.

예제 3.1 BERT 토크나이저를 이용한 토큰화

```
from transformers import BertTokenizer

tokenizer = BertTokenizer.from_pretrained("google-bert/bert-base-multilingual-uncased")

text = "Transformers Is so COOL"
```

```
encoded = tokenizer(text)
print(encoded)

input_ids = encoded["input_ids"]
decoded = tokenizer.decode(input_ids)
print(decoded)
```

【 출력 결과 】

```
{'input_ids': [101, 58263, 10127, 10297, 26462, 102], 'token_type_ids': [0, 0, 0, 0, 0,
0], 'attention_mask': [1, 1, 1, 1, 1, 1]}
[CLS] transformers is so cool [SEP]
```

google-bert/bert-base-multilingual-uncased는 구글에서 102개 언어를 이용해 사전 학습한 다중 언어(Multilingual) 모델로, 다양한 언어의 자연어 처리 과제에서 뛰어난 성능을 보인다. 이 모델은 영어, 한국어, 일본어, 중국어를 포함한 여러 언어의 텍스트를 효과적으로 이해하고 처리할 수 있도록 설계됐다.

먼저, 입력 ID(input_ids)는 입력 텍스트를 정수 인코딩으로 변환한 값을 의미한다. 이는 텍스트의 각 토큰을 고유한 정수로 변환해 모델에 입력으로 사용될 수 있도록 한다. 다음으로, 세그먼트 ID(token_type_ids)는 입력이 여러 세그먼트로 구성된 경우 각 세그먼트를 구분하는 값을 제공한다. 마지막으로, 어텐션 마스크(attention_mask)는 트랜스포머 인코더의 셀프 어텐션에 사용되는 마스크 값을 의미하며, 이는 모델이 어떤 토큰을 무시해야 하는지를 지정하는 역할을 한다.

토크나이저의 decode 메서드를 통해 변환된 토큰 시퀀스를 다시 텍스트로 변환할 수 있다. 이 때 변환된 텍스트를 살펴보면, 대문자가 모두 소문자로 바뀐 것을 볼 수 있다. 이는 토크나이저의 전처리 단계에서 모든 문자를 소문자로 변환하기 때문이다.

모든 문자를 소문자로 변환하면 동일한 단어가 대소문자로 인해 다르게 표기되는 문제를 해결하므로 데이터의 일관성을 확보할 수 있으며, 대문자와 소문자를 구분하지 않으므로 어휘 사전(Vocabulary)의 크기가 줄어들어 계산 효율성이 높아진다. 또한, 대소문자가 혼용되는 텍스트를 정규화할 수 있다.

이러한 이점으로 인해 대부분의 자연어 처리 과제에서 일반화 능력이 향상된다. 그러나 개체명 인식 등 대소문자 구분이 중요한 과제에서는 오히려 성능이 떨어질 수 있다. 소문자로 변환하지 않는 모델을 사용하고 싶다면 google-bert/bert-base-multilingual-cased 모델을 고려하자.

3.1.3 BertModel

BertModel 클래스를 이용해 사전 학습된 BERT 모델을 불러온다. 불러온 BERT 모델은 사전 학습을 통해 임베딩 계층, 인코더 계층, 풀러 계층이 최적화돼 있다. 이를 통해 다양한 자연어 처리 과제에서 높은 성능을 발휘할 수 있다. BERT 모델의 구조는 크게 세 부분으로 나뉜다.

첫째, 임베딩 계층은 입력 텍스트를 벡터 형태로 변환하는 역할을 한다. 이 계층은 단어 임베딩 계층, 위치 임베딩 계층, 그리고 토큰 종류 임베딩 계층으로 구성된다. 단어 임베딩 계층은 입력 토큰을 고유한 임베딩 벡터로 변환하고, 위치 임베딩 계층은 각 토큰의 위치 정보를 임베딩해 토큰 간의 순서와 위치 정보를 보존한다. 토큰 종류 임베딩 계층은 두 개의 문장이 입력됐을 때 두 문장을 구분하기 위한 세그먼트 정보를 임베딩한다.

둘째, 인코더 계층은 12개의 트랜스포머 인코더 계층으로 구성돼 있다. 각 인코더 계층은 어텐션 계층, 중간 계층, 그리고 출력 계층으로 이루어져 있다. 어텐션 계층은 멀티 헤드 셀프 어텐션 메커니즘을 사용해 입력 토큰 간의 의존성을 모델링한다. 이를 통해 문맥적 정보를 강화한다. 중간 계층은 차원 축소와 비선형성을 추가해 입력 텍스트의 특징 표현을 학습하고, 출력 계층은 인코더의 출력을 다음 계층으로 전달하거나 최종 출력으로 반환한다.

셋째, 풀러 계층은 인코더 계층의 최종 출력을 받아 [CLS] 토큰의 벡터를 추출하고 이를 요약 벡터로 변환한다. 풀러 계층은 밀집 계층과 활성화 함수로 구성된다. 밀집 계층은 텍스트 표현을 생성하는 완전 연결 계층으로, 입력 벡터를 압축하고 변환한다. 활성화 함수는 하이퍼볼릭 탄젠트 함수(Tanh) 등의 활성화 함수가 적용돼 비선형성을 추가한다.

다음 예제 3.2에서는 BERT 모델의 구조를 자세히 살펴보고, 각 구성 요소가 어떻게 상호작용하는지 확인할 수 있다.

예제 3.2 BERT 모델 구조

```
from transformers import BertModel


model = BertModel.from_pretrained("google-bert/bert-base-multilingual-uncased")


for main_name, main_module in model.named_children():
    print(main_name)
    for sub_name, sub_module in main_module.named_children():
        print("└", sub_name)
        for ssub_name, ssub_module in sub_module.named_children():
            print("|  └", ssub_name)
            for sssub_name, sssub_module in ssub_module.named_children():
                print("|  |  └", sssub_name)
```

【 출력 결과 】

```
embeddings
└ word_embeddings
└ position_embeddings
└ token_type_embeddings
└ LayerNorm
└ dropout
encoder
└ layer
|  └ 0
|  |  └ attention
|  |  └ intermediate
|  |  └ output
...
|  └ 11
|  |  └ attention
|  |  └ intermediate
|  |  └ output
pooler
└ dense
└ activation
```

그러나 이 모델로는 텍스트 분류 과제를 수행할 수 없다. 텍스트 분류에 사용되는 **분류 헤드** (Classification head)가 있어야 텍스트 분류 과제를 수행할 수 있다. 분류 헤드란 모델의 출력을 기반으로 입력 텍스트를 다양한 클래스 또는 범주로 분류하는 부분을 의미한다. 이 헤드는 일반적으로 신경망의 마지막 계층에 추가되며, 모델의 출력을 클래스에 대한 확률 분포로 변환하고, 각 클래스에 대한 예측을 수행한다.

이러한 분류 헤드를 추가함으로써, 사전 학습된 모델을 텍스트 분류 과제에 쉽게 적용할 수 있으며, 추가 학습 없이도 새로운 텍스트 분류 과제에 빠르게 적용할 수 있다. 트랜스포머 라이브러리에서는 BertForSequenceClassification 모델을 이용해 분류 헤드가 포함된 BERT 모델을 불러올 수 있다.

BertForSequenceClassification은 BertModel과 달리 텍스트 분류에 필요한 분류 헤드를 가지고 있다. 분류 헤드는 BERT의 출력값 크기를 입력 크기로, 분류할 클래스 수를 출력 크기로 하는 선형 계층이다. 분류 헤드는 사전 학습 시 사용되지 않았으므로 모델을 불러올 때 무작위로 초기화된다.

classifier 계층을 통과하면 정답 레이블과 클래스 수에 따라 다른 손실 함수를 사용해 손실값을 계산한다. 손실 함수는 분류 문제의 유형에 따라 적절히 선택해야 한다. 먼저, 분류할 클래스 수가 1개일 때는 회귀 분석을 위한 **평균 제곱 오차 손실 함수(MSELoss)**를 사용한다. 반면 클래스 수가 2개 이상이고 정답 레이블이 정수 형태라면 **다중 분류(Multi-class classification)** 문제로 간주해 **교차 엔트로피 손실 함수(CrossEntropyLoss)**를 적용한다. 마지막으로 클래스 수가 2개 이상이지만 정답 레이블이 정수가 아닌 경우에는 **다중 레이블 분류(Multi-label classification)** 문제로 판단하며, 이때는 시그모이드 함수와 결합된 **이진 교차 엔트로피 손실 함수(BCEWithLogitsLoss)**를 사용한다.

3.1.4 텍스트 분류 모델 학습

예제 3.2에서 불러온 모델의 분류 헤드는 초기화된 계층이므로 이 모델을 바로 텍스트 분류에 이용할 수 없다. 이번 절에서는 네이버 영화 리뷰 감성 분석 데이터세트로 분류 모델을 학습해본다. 다음 예제 3.3은 네이버 영화 리뷰 감성 분석 데이터세트를 불러오고 토큰화하는 방법을 보여준다.

예제 3.3 네이버 영화 리뷰 감성 분석 데이터세트 토큰화

```python
from datasets import load_dataset
from transformers import BertTokenizer, BertForSequenceClassification

def preprocess_data(example, tokenizer):
    return tokenizer(example["document"], truncation=True)


model_name = "google-bert/bert-base-multilingual-uncased"
tokenizer = BertTokenizer.from_pretrained(model_name)
model = BertForSequenceClassification.from_pretrained(model_name, num_labels=2)


dataset = load_dataset("nsmc", trust_remote_code=True)
processed_dataset = dataset.map(
    lambda example: preprocess_data(example, tokenizer),
    batched=True,
    remove_columns=["id", "document"]
).rename_column("label", "labels")


print(dataset)
print(processed_dataset)
print(dataset["train"][0])
print(processed_dataset["train"][0])
```

【 출력 결과 】

```
DatasetDict({
    train: Dataset({
        features: ['id', 'document', 'label'],
        num_rows: 150000
    })
    test: Dataset({
        features: ['id', 'document', 'label'],
        num_rows: 50000
    })
})
DatasetDict({
    train: Dataset({
        features: ['labels', 'input_ids', 'token_type_ids', 'attention_mask'],
```

```
        num_rows: 150000
    })
    test: Dataset({
        features: ['labels', 'input_ids', 'token_type_ids', 'attention_mask'],
        num_rows: 50000
    })
})
{'id': '9976970', 'document': '아 더빙.. 진짜 짜증나네요 목소리', 'label': 0}
{'labels': 0, 'input_ids': [101, 1174, 25539, 23236, 29234, 13045, 119, 119, 87550,
97082, 25539, 1176, 25539, 24937, 13045, 16801, 72197, 47024, 1169, 70724, 22585, 13926,
102], 'token_type_ids': [0, 0, 0, 0, 0, 0, 0, 0, 0, 0, 0, 0, 0, 0, 0, 0, 0, 0, 0, 0, 0,
0, 0], 'attention_mask': [1, 1, 1, 1, 1, 1, 1, 1, 1, 1, 1, 1, 1, 1, 1, 1, 1, 1, 1, 1, 1,
1, 1]}
```

네이버 영화 리뷰 감성 분석 데이터세트는 15만 개의 학습 데이터와 5만 개의 테스트 데이터로 이뤄져 있다. 각 데이터는 리뷰를 식별하는 id, 리뷰 내용 텍스트인 document, 그리고 긍정 또는 부정을 나타내는 label 필드를 포함한다. 이 데이터세트를 map 메서드로 전처리한다. 토큰화된 텍스트의 길이가 모델의 최대 길이를 초과할 경우, 이를 자르기 위해 truncation을 True로 설정한다.

모델 학습에 사용되지 않는 필드인 id와 document는 제거한다. 그리고 BertForSequence Classification 모델은 학습에 사용할 레이블을 label이 아닌 labels라는 이름으로 입력받으므로 label 필드의 이름을 labels로 변경해야 한다.

이렇게 전처리된 데이터는 BERT 모델에 입력되기 전에 추가적인 전처리 과정을 거쳐야 한다. 데이터세트의 각 리뷰 텍스트는 길이가 모두 다르기 때문에, 배치 처리를 위해 정수 인코딩과 어텐션 마스크를 동일한 길이로 맞춰야 한다. 이를 위한 방법으로는 크게 두 가지가 있다.

첫 번째는 모든 데이터를 모델의 최대 길이나 다른 정해진 길이로 패딩하는 방법이다. 이 방식은 데이터 입력 크기를 고정할 수 있어 모델의 병렬화가 용이하다는 장점이 있다. 하지만 불필요한 패딩이 많아져 비효율적일 수 있다는 단점이 있다.

두 번째 방법은 배치 내에서 가장 긴 데이터의 길이로 패딩하는 것이다. 이 방식은 배치를 불러올 때마다 패딩 연산을 수행해야 하므로 계산 비용이 추가되지만, 불필요한 패딩이 적어 전반적으로 효율적이라는 장점이 있다.

트랜스포머 라이브러리에서는 예제 3.4와 같이 DataCollatorWithPadding 클래스를 이용해
배치 단위 패딩을 수행할 수 있다.

예제 3.4 DataCollatorWithPadding을 활용한 배치 단위 패딩

```python
from torch.utils.data import DataLoader
from transformers import DataCollatorWithPadding

max_length_collator = DataCollatorWithPadding(
    tokenizer=tokenizer,
    padding="max_length"
)
max_length_dataloader = DataLoader(
    processed_dataset["train"],
    collate_fn=max_length_collator,
    batch_size=4,
    shuffle=False
)
max_length_iterator = iter(max_length_dataloader)
max_lnegth_batch = next(max_length_iterator)
print("max_length 패딩 입력 id shape :", max_lnegth_batch["input_ids"].shape)

longest_collator = DataCollatorWithPadding(
    tokenizer=tokenizer,
    padding="longest"
)
longest_dataloader = DataLoader(
    processed_dataset["train"],
    collate_fn=longest_collator,
    batch_size=4,
    shuffle=False
)
longest_iterator = iter(longest_dataloader)
longest_batch = next(longest_iterator)
print("longest 패딩 입력 id shape :", longest_batch["input_ids"].shape)
```

【 출력 결과 】

```
max_length 패딩 입력 id shape : torch.Size([4, 512])
longest 패딩 입력 id shape : torch.Size([4, 42])
```

텍스트 데이터를 BERT 모델에 입력하기 위해서는 패딩 작업이 필수적이다. 각 텍스트의 길이가 모두 다르기 때문에 배치 처리를 위해서는 데이터의 길이를 동일하게 맞춰주어야 한다. `DataCollatorWithPadding` 클래스의 `padding` 인자를 통해 패딩 전략을 선택할 수 있다.

첫 번째는 `max_length`로 모델의 최대 입력 길이로 모든 데이터를 패딩한다. 예를 들어 `google/bert-base-multilingual-cased` 모델은 최대 512개의 토큰을 입력받을 수 있으므로, 이 전략에서는 512의 길이로 패딩이 수행된다. 이렇게 하면 입력 데이터의 크기가 고정되어 모델의 병렬화가 용이해지지만 불필요한 패딩이 많아져 비효율적일 수 있다.

두 번째 전략은 `longest`로 현재 배치에서 가장 긴 텍스트의 길이로 패딩한다. 따라서 배치마다 패딩 길이가 달라질 수 있다. 이 전략은 불필요한 패딩을 최소화해 효율적이지만, 배치를 불러올 때마다 패딩 연산을 수행해야 하므로 계산 비용이 추가된다.

이제 텍스트 분류 모델을 학습하기 위한 모든 준비가 완료됐다. 이제 트레이너를 활용해 분류 모델을 학습해 본다. 다음 예제 3.5는 트레이너 클래스의 설정을 보여준다.

예제 3.5 텍스트 분류 모델 학습

```python
from transformers import TrainingArguments, Trainer

training_args = TrainingArguments(
    output_dir="text-classification",
    per_device_train_batch_size=8,
    per_device_eval_batch_size=16,
    learning_rate=5e-5,
    num_train_epochs=1,
    eval_steps=200,
    logging_steps=200,
    seed=42
)

trainer = Trainer(
    model=model,
    args=training_args,
    data_collator=longest_collator,
    train_dataset=processed_dataset["train"].select(range(10000)),
```

```
    eval_dataset=processed_dataset["test"].select(range(100))
)

trainer.train()
```

【 출력 결과 】

Step	Training Loss
200	0.669800
400	0.614700
600	0.571600
800	0.540600
1000	0.482100
1200	0.476200

```
TrainOutput(global_step=1250, training_loss=0.5528686813354492, metrics={'train_runtime':
258.0535, 'train_samples_per_second': 38.752, 'train_steps_per_second': 4.844,
'total_flos': 416739133918560.0, 'train_loss': 0.5528686813354492, 'epoch': 1.0})
```

학습 결과는 text-classification 디렉터리에 저장되며, 학습 배치 크기는 8, 검증 배치 크기는 16, 학습률은 0.00005로 설정해 1 에폭 동안 학습한다. 또한, 200 스텝마다 모델을 평가하고 로깅한다. 빠른 학습을 위해 현재 배치에서 가장 긴 텍스트의 길이로 패딩하며, 학습 데이터는 10,000개, 검증 데이터는 100개만 사용한다.

출력 결과를 보면 모델이 학습되면서 손실이 점차 감소하고 있음을 확인할 수 있다. 일반적으로 모델 학습이 진행될수록 손실 값은 점차 감소하는 경향을 보인다. 그러므로 전체적으로 모델이 제대로 학습되고 있으며, 점진적인 성능 향상이 이루어지고 있음을 확인할 수 있다.

이제 모델과 토크나이저를 이용해 입력 문장을 분류해 보자. 다음 예제 3.6은 텍스트 분류 수행 방법을 보여준다.

예제 3.6 텍스트 분류 수행

```python
import torch

model.eval()
device = torch.device("cuda" if torch.cuda.is_available() else "cpu")
model.to(device)

text = "진짜 재밌었어요. 또 보러 갈거에요"
inputs = tokenizer(text, return_tensors="pt")

with torch.no_grad():
    outputs = model(**inputs.to(device))
    print(outputs.logits)
    print(outputs.logits.argmax())
```

【 출력 결과 】

```
tensor([[-1.8822,  2.0895]], device='cuda:0')
tensor(1, device='cuda:0')
```

입력 텍스트를 모델에 입력하기 위해서는 토크나이저를 이용해 인코딩해야 한다. 이때 return_tensors 인자를 "pt"로 설정하면 인코딩된 결과가 파이토치 텐서 형태로 반환되므로, 모델에 바로 입력할 수 있다.

인코딩된 텍스트 정보를 모델에 입력하면, 모델의 분류 헤드를 통과하며 로짓(logits) 값이 계산된다. 로짓 값 중 가장 큰 값의 인덱스를 추출하면 입력 텍스트에 대한 모델의 분류 결과를 얻을 수 있다.

일반적으로 이진 분류 과제에서는 인덱스 0이 부정(Negative), 1이 긍정(Positive)을 나타낸다. 출력 결과를 보면 텐서 값이 1로 나왔으므로, 이는 입력 문장이 긍정적인 리뷰로 분류되었음을 의미한다.

이제 텍스트 분류 모델에 대한 평가를 수행해 보자. 다음 예제 3.7은 텍스트 분류 모델 평가 방법을 보여준다.

예제 3.7 텍스트 분류 모델 평가

```python
import evaluate


yhat = trainer.predict(processed_dataset["test"])
predictions = yhat.predictions.argmax(axis=1)
references = yhat.label_ids


metric = evaluate.load("accuracy")
accuracy = metric.compute(predictions=predictions, references=references)
print(accuracy)


metric = evaluate.load("f1")
f1 = metric.compute(predictions=predictions, references=references)
print(f1)
```

【 출력 결과 】
```
{'accuracy': 0.78556}
{'f1': 0.7873547261116178}
```

학습된 모델을 평가하기 위해 테스트 데이터세트와 트레이너 클래스의 predict 메서드로 감정 분석을 수행한다. 예측 결과로는 분류 헤드를 통과한 predictions와 실제 정답인 references 가 반환된다.

허깅페이스의 평가 라이브러리를 활용해 정확도와 F1 점수로 모델의 성능을 평가한다. 정확도 는 전체 예측 중 올바른 예측의 비율을 나타내며, F1 점수는 정밀도와 재현율의 조화 평균으로 모델의 전반적인 성능을 반영한다. 이러한 지표들을 통해 모델의 예측 능력과 균형성을 종합적 으로 평가할 수 있다.

3.2 요약문 생성: BART

요약문 생성(Summary generation)은 방대한 양의 텍스트 정보를 간결하고 명료하게 압 축해 전달하는 과제다. 이 과제는 원문의 의미를 정확히 파악하고, 중요한 정보를 선별하며, 선 별된 내용을 압축해 자연스러운 문장으로 재구성하는 과정으로 구성된다. 효과적인 텍스트 요약을 위해서는 원문 텍스트의 의미와 맥락을 정확히 파악하고, 문서 전체에서 중요하고 관련성 높은 정보를 선별할 수 있어야 한다. 또한 선별된 정보를 압축하고 재구성해 자연스러운 문장으로 생성할 수 있는 능력과 문서의 주제, 목적, 대상 독자 등 다양한 요소를 고려할 수 있는 능력이 필요하다.

텍스트 요약에는 크게 두 가지 방식이 있다. 첫 번째는 **추상적 요약(Abstractive summarization)**으로 원문 텍스트의 의미를 완전히 이해하고 새로운 문장을 생성해 요약하는 방식이다. 이 방식은 원문의 내용을 심층적으로 분석하고 재구성해야 하는 매우 어려운 과제이므로 자연어 이해(Natural language understanding) 능력과 자연어 생성(Natural language generation) 능력이 모두 필요하다.

두 번째는 **추출적 요약(Extractive summarization)**으로 원문에서 가장 중요하고 관련성 높은 문장들을 선택해 그대로 추출하는 방식이다. 이 방식은 원문의 문장을 그대로 사용하므로 상대적으로 쉽지만, 요약문이 부자연스러울 수 있다. 추출적 요약을 위해서는 문장 중요도 판별 능력과 중복 제거 능력이 필요하다.

추상적 요약과 추출적 요약 각각의 장단점이 있기 때문에, 실제 응용 분야에 따라 적절한 방식을 선택하는 것이 중요하다. 가령 추상적 요약은 뉴스 요약, 과학 논문 요약 등 높은 수준의 자연어 이해와 생성 능력이 요구되는 분야에 적합하다. 원문의 의미를 완벽히 파악하고 재구성해야 하므로 전문적인 지식이 필요한 경우가 많다.

반면 추출적 요약은 특허 문서, 법률 문서, 회의록 등 길고 반복적인 텍스트에서 중요 문장을 추출하는 데 유용하다. 중요 정보를 놓치지 않고 효율적으로 요약할 수 있지만, 생성된 요약문이 부자연스러울 수 있다. 따라서 요약 대상과 목적에 따라 적절한 방식을 선택하는 것이 중요하다. 높은 수준의 이해와 생성이 필요하다면 추상적 요약을, 중요 정보 추출에 초점을 둔다면 추출적 요약을 사용한다.

3.2.1 BART

BART(Bidirectional and Auto-Regressive Transformers)는 메타의 FAIR(Facebook AI Research)에서 개발한 언어 모델로 트랜스포머 기반의 인코더-디코더

아키텍처를 갖춘 **시퀀스-투-시퀀스(Sequence-to-sequence)** 모델이다. 기존의 순차적인 언어 모델과 달리 BART는 양방향 컨텍스트를 활용해 언어 이해 및 생성 능력이 뛰어나다.

BART의 핵심 구조는 인코더와 디코더로 이뤄져 있다. 인코더는 입력 텍스트를 인코딩해 문맥 정보를 숫자 벡터로 표현하는 역할을 한다. BART는 양방향 인코더를 사용하므로 각 단어가 문장 전체의 좌우 컨텍스트를 모두 참조할 수 있어, 높은 수준의 언어 이해가 가능해진다.

디코더는 인코더에서 생성된 벡터를 입력받아 순차적으로 출력 텍스트를 생성한다. 디코더는 자기회귀(Auto-regressive) 방식을 사용해 이전에 생성된 단어를 참조하며 다음 단어를 예측한다. 이 과정에서 자연스러운 문장 구조와 의미 전달이 가능해진다. 디코더는 기계 번역, 요약, 질의응답 등 다양한 자연어 생성 과제에 활용된다. 다음 그림 3.4는 BART의 모델 구조를 보여준다.

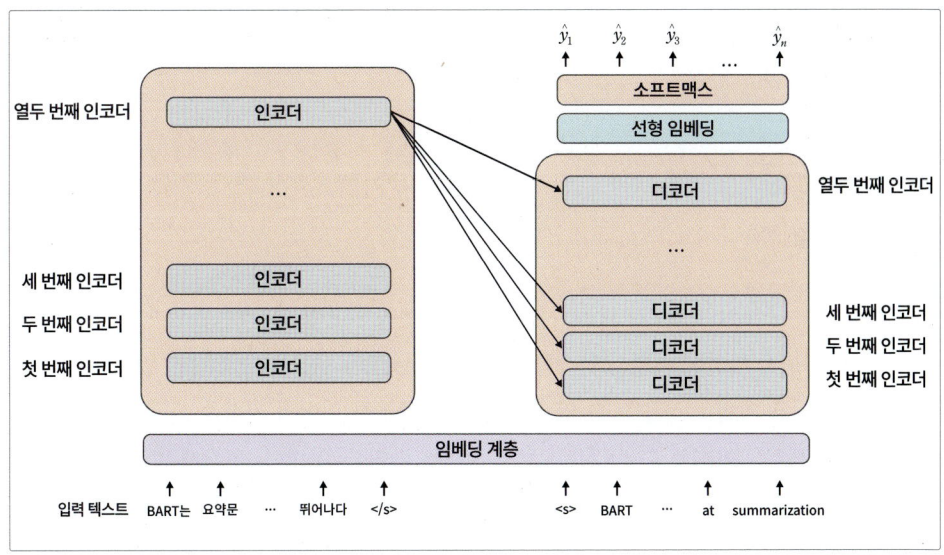

그림 3.4 BART 모델 구조

BART의 인코더와 디코더는 상호작용을 통해 입력 텍스트에 대한 깊이 있는 이해와 출력 텍스트의 자연스러운 생성을 동시에 수행할 수 있다. 인코더는 양방향성을 활용해 언어 이해 능력을 높이고, 디코더는 자기회귀 방식으로 자연스러운 텍스트를 생성한다. 이러한 구조적 특성 덕분에 BART는 자연스러운 문장 구조와 의미 전달이 가능하다.

BART는 사전 학습 과정에서 **노이즈 제거 오토인코더(Denoising autoencoder)** 방식으로 학습한다. 이러한 방식은 입력 문장에 임의로 노이즈를 추가한 후 원래 문장을 복원하도록 학습하는 것이다. 노이즈가 추가된 텍스트를 인코더에 입력하고, 원본 텍스트를 디코더의 출력으로 생성하도록 한다. 다음 그림 3.5는 BART의 사전 학습 방식을 보여준다.

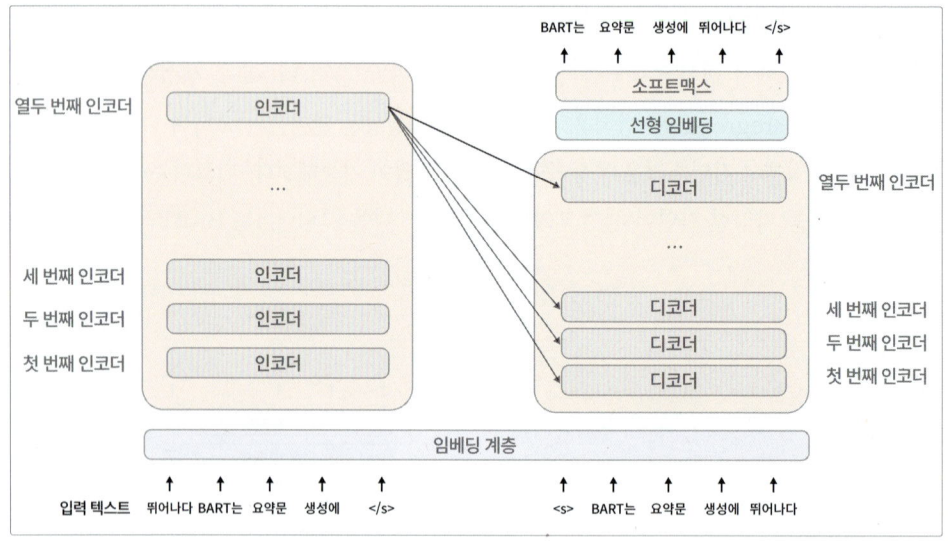

그림 3.5 BART 사전 학습

BART의 학습 방식은 BERT가 마스킹을 활용하는 것과 유사한 측면이 있으며, 문장 구조와 의미를 보존하면서 다양한 변형을 학습할 수 있다. BART의 사전 학습 전략은 입력 문장에 큰 제약 없이 노이즈 기법을 적용할 수 있으므로, 더욱 풍부한 언어적 지식을 습득할 수 있게 한다. 또한 인코더를 사용함으로써 양방향 문맥 정보를 반영할 수 있다. 동시에 디코더를 사용함으로써 BERT보다 문장 생성 능력이 뛰어나다. BART의 사전 학습에 활용되는 대표적인 노이즈 기법은 다음과 같다.

BART 사전 학습 노이즈 기법

- **텍스트 채우기(Text infilling):** 입력 텍스트에서 일부 토큰을 [MASK] 토큰으로 대체하고, 모델이 문맥을 참조해 마스크된 부분을 복원하게 한다. 이를 통해 문맥 이해 및 생성 능력을 기를 수 있다.

- **문장 순열(Sentence permutation):** 입력 문서 내 문장 순서를 무작위로 섞어서 원래 문장 순서대로 복원하도록 한다. 이렇게 함으로써 전체 문맥을 파악하는 능력을 기를 수 있다.

- **문서 회전(Document rotation)**: 문장 순서는 유지한 채 문서의 시작과 끝 지점을 무작위로 변경해, 모델이 원래 문서 순서로 복원하도록 한다. 이를 통해 문서 구조 이해 능력을 향상시킬 수 있다.

- **토큰 삭제(Token deletion)**: 입력 텍스트에서 랜덤한 위치의 토큰을 삭제하고, 모델이 삭제된 토큰의 위치와 내용을 유추하도록 한다.

- **토큰 마스킹(Token masking)**: BERT의 MLM(Masked Language Model)과 유사하게, 입력 텍스트에서 랜덤하게 토큰을 [MASK]로 대체하고 이를 예측하게 한다.

이렇게 다양한 노이즈를 적용한 사전 학습을 통해 BART는 강력한 언어 이해와 생성 능력을 동시에 갖추게 된다. 또한 모델 구조의 변화 없이 질의응답, 문장 생성, 요약 등 다양한 자연어 처리 과제에 전이 학습이 가능하다는 장점이 있다.

3.2.2 BartTokenizer

BART는 BPE 토크나이저를 사용한다. BPE는 가장 빈번한 바이트 페어를 병합해 새로운 토큰을 만드는 방식으로, 낮은 계산 복잡도와 높은 처리 속도를 제공한다. 예를 들어 "unaffable"이라는 단어는 하나의 토큰으로 간주하여, ['u', 'n', 'a', 'f', 'f', 'a', 'b', 'l', 'e']와 같이 분할한다. 그런 다음 가장 빈번한 바이트 페어를 찾아 하나의 토큰으로 병합하는 과정을 반복한다.

첫 번째 단계에서는 'a'와 'f'가 가장 빈번하므로 'af' 토큰을 만들어 ['u', 'n', 'af', 'f', 'a', 'b', 'l', 'e']가 된다. 이어서 'af'와 'f'가 가장 빈번하므로 'aff' 토큰으로 병합하여 ['u', 'n', 'aff', 'a', 'b', 'l', 'e']가 되고, 다음으로 'un'이 가장 빈번하여 'un' 토큰을 만들어 ['un', 'aff', 'a', 'b', 'l', 'e']가 된다.

이런 방식으로 점차 긴 서브워드 토큰을 만들어 나가며 최종적으로 "unaffable"은 ['un', 'aff', 'able']과 같이 토큰화될 수 있다. BPE는 이렇게 데이터 기반으로 가장 빈번한 문자 시퀀스를 하나의 토큰으로 인코딩함으로써 단어 분절의 한계를 극복하고 미리 들어본 적 없는 단어도 효과적으로 다룰 수 있다. 이를 통해 BART와 같은 시퀀스-투-시퀀스 모델의 성능을 높일 수 있다. 다음 예제 3.8은 BartTokenizerFast를 이용해 입력 텍스트를 토큰화하는 방식을 보여준다.

예제 3.8 BART 토크나이저를 이용한 토큰화

```python
from transformers import BartTokenizerFast

tokenizer = BartTokenizerFast.from_pretrained("gogamza/kobart-base-v2")

text = "BART는 요약 모델을 학습하기에 적합하다."
encoded = tokenizer(text)
print(encoded)
```

【 출력 결과 】

```
{'input_ids': [265, 264, 281, 283, 9698, 26200, 24224, 16935, 21763, 19061, 22564],
 'attention_mask': [1, 1, 1, 1, 1, 1, 1, 1, 1, 1, 1]}
```

BartTokenizerFast는 러스트로 구현된 빠른 토크나이저로 파이썬 기반의 BartTokenizer에 비해 훨씬 빠른 속도로 작동하며, 정밀한 토큰화와 높은 효율성을 제공한다. 빠른 토크나이저 는 또한 보다 정교한 에러 처리가 가능하며, 다중 스레딩을 지원해 성능을 향상시킨다. 따라서, 대규모 데이터세트를 다루거나 실시간 처리가 필요한 경우 BartTokenizerFast를 사용하는 것 이 더 적합하다.

3.2.3 BartModel

BART는 텍스트 요약과 같은 **조건부 생성**(Conditional generation) 과제를 수행하기 위해 디코더의 출력 계층에 **언어 모델 헤드**(Language model head)를 추가한 BartFor ConditionalGeneration 모델을 사용한다. 이 모델은 BartModel에서 디코더의 출력 계층에 언 어 모델 헤드가 추가된 구조다. 임베딩 계층, 인코더 계층, 디코더 계층은 사전 학습된 가중치 를 그대로 사용하지만, 언어모델 헤드는 무작위로 초기화된 가중치를 사용한다. 다음 예제 3.9 는 조건부 생성 BART 모델의 구조를 출력한다.

예제 3.9 BART 모델 구조

```python
from transformers import BartForConditionalGeneration

model = BartForConditionalGeneration.from_pretrained("gogamza/kobart-base-v2")
for main_name, main_module in model.named_children():
    print(main_name)
```

```
    for sub_name, sub_module in main_module.named_children():
        print("└", sub_name)
        for ssub_name, ssub_module in sub_module.named_children():
            print("|    └", ssub_name)
            for sssub_name, sssub_module in ssub_module.named_children():
                print("|    |    └", sssub_name)
```

【 출력 결과 】

```
model
 └ shared
 └ encoder
 |    └ embed_tokens
 |    └ embed_positions
 |    └ layers
 |    |    └ 0
 |    |    └ 1
 |    |    └ 2
 |    |    └ 3
 |    |    └ 4
 |    |    └ 5
 |    └ layernorm_embedding
 └ decoder
 |    └ embed_tokens
 |    └ embed_positions
 |    └ layers
 |    |    └ 0
 |    |    └ 1
 |    |    └ 2
 |    |    └ 3
 |    |    └ 4
 |    |    └ 5
 |    └ layernorm_embedding
 lm_head
```

BART는 인코더와 디코더가 동일한 **임베딩 계층을 공유(shared)**하는 구조를 가지고 있다. 공유된 임베딩 계층은 인코더와 디코더 간의 연결을 강화시킨다. 이 공유된 임베딩 계층은 모델이 입력 데이터의 의미를 더 잘 학습할 수 있도록 해주며, 모델의 성능 향상에도 기여한다.

인코더(encoder)는 양방향 트랜스포머 구조로 입력 텍스트를 받아 멀티 헤드 셀프 어텐션과 순방향 신경망을 거쳐 문맥 정보를 인코딩한다. `gogamza/kobart-base-v2` 모델의 경우 총 6개의 인코더 계층으로 구성돼 있다.

양방향 트랜스포머 구조를 사용하는 인코더는 입력 시퀀스의 모든 위치에 대한 **표현 (Representation)**을 생성할 수 있다. 이를 통해 전체 문맥을 효과적으로 캡처할 수 있다. 또한 멀티 헤드 셀프 어텐션 메커니즘은 입력의 다양한 위치 간 의존성을 모델링해 의미 있는 특징을 추출할 수 있다. 순방향 신경망 계층은 이렇게 추출된 특징을 더 높은 수준의 표현으로 매핑하는 역할을 한다.

한편, **디코더(decoder)**는 자기회귀 트랜스포머 구조를 가지고 있다. 디코더는 셀프 어텐션, 인코더-디코더 교차 어텐션, 그리고 순방향 신경망으로 이루어져 있다. 디코더는 이전 출력과 인코더의 출력을 참조해 차례대로 출력값을 생성한다.

자기회귀 구조를 사용하는 디코더는 현재 시점의 출력을 생성할 때 이전 시점의 출력들만 참조할 수 있다. 이를 통해 순차적으로 토큰을 생성할 수 있다. 셀프 어텐션 메커니즘은 이전에 생성된 출력들 간의 의존성을 모델링한다. 인코더-디코더 교차 어텐션은 인코더의 출력과 디코더의 현재 출력 간의 관계를 캡처한다. 순방향 신경망 계층은 이렇게 통합된 정보를 바탕으로 최종 출력을 생성한다.

언어 모델 헤드(lm_head)는 디코더의 최종 출력을 받아 단어 임베딩 벡터와 선형 변환을 거쳐 단어 사전의 크기에 해당하는 로짓 값들을 출력한다. 이 로짓 값들은 각 단어가 다음 토큰으로 예측될 확률의 로그 값을 의미한다. 모델은 이 로짓 값들에 활성화 함수를 적용해 각 단어의 확률 분포를 얻는다. 그리고 정답 토큰과의 교차 엔트로피 손실을 계산해 모델을 학습시킨다.

BART 모델은 [BOS] 토큰으로 시작해 문장 생성을 진행한다. 각 시점에서 언어 모델 헤드가 출력한 확률 분포에서 가장 높은 확률을 가진 토큰을 선택해 출력한다. 이 과정을 [EOS] 토큰이 출력될 때까지 반복한다. [EOS] 토큰이 출력되면 문장 생성이 종료된다. 하지만 이렇게 매 시점 가장 높은 확률의 토큰을 탐욕적(Greedy)으로 선택하는 방식은 부적절한 문장을 생성할 수 있다. 따라서 BART는 빔 서치(Beam search)[1]나 top-k 샘플링, 등의 디코딩 전략을 사용해 더 적절한 문장을 생성한다.

---

1 모든 가능한 시퀀스를 탐색하는 대신, 매 단계에서 확률이 가장 높은 k개의 시퀀스만 추적하여 계산 효율성을 높이는 방식

3.2.4 요약문 생성 모델 학습

이번 절에서는 네이버 뉴스 요약 데이터세트를 불러와 요약 모델을 학습하는 방법을 설명한다. 예제 3.10에서는 데이터세트 라이브러리를 사용해 데이터를 불러오고 토큰화하는 과정을 보여준다.

예제 3.10 네이버 영화 뉴스 요약 데이터세트 토큰화

```python
from datasets import load_dataset
from transformers import BartTokenizerFast, BartForConditionalGeneration

def preprocess_data(example, tokenizer):
    return tokenizer(
        example["document"],
        text_target=example["summary"],
        truncation=True
    )

model_name = "gogamza/kobart-base-v2"
tokenizer = BartTokenizerFast.from_pretrained(model_name)
model = BartForConditionalGeneration.from_pretrained(model_name)

dataset = load_dataset("daekeun-ml/naver-news-summarization-ko")
print(dataset)

tokenizer.model_max_length = model.config.max_position_embeddings
processed_dataset = dataset.map(
    lambda example: preprocess_data(example, tokenizer),
    batched=True,
    remove_columns=dataset["train"].column_names
)

sample = processed_dataset["train"]["labels"][0]
print(sample)
print(tokenizer.decode(sample))
```

【 출력 결과 】

```
DatasetDict({
    train: Dataset({
        features: ['date', 'category', 'press', 'title', 'document', 'link', 'summary'],
        num_rows: 22194
    })
    validation: Dataset({
        features: ['date', 'category', 'press', 'title', 'document', 'link', 'summary'],
        num_rows: 2466
    })
    test: Dataset({
        features: ['date', 'category', 'press', 'title', 'document', 'link', 'summary'],
        num_rows: 2740
    })
})
[19973, 18115, 15736, 17856, 11372, 14336, 18156, 14099, 11697, 12037, 14239, 250, 11764,
16186, 14184, 14631, 19115, 22935, 15530, 28440, 14424, 14199, 22814, 14536, 13363,
10608, 12037, 15363, 23656, 14185, 14281, 14428, 17212, 12034, 14681, 26219, 22935,
14445, 15363, 27689, 21671, 9499, 14088, 15383, 14185, 17856, 15186, 23066, 15634, 12178,
14145, 14333, 26795, 21671, 11028, 14423, 9120, 17711, 11268, 10770, 16490, 14382, 14634,
15272, 19754]
올해 상반기 우리나라 무역수지는 역대 최악인 103억 달러 적자를 기록한 가운데, 정부가
하반기에 우리 경제의 버팀목인 수출 확대를 위해 총력을 기울이기로 결정한 가운데, 특히
수출 중소기업의 물류난 해소를 위해 무역금융 규모를 40조 원 이상 확대하고 물류비 지원과
임시선박 투입 등을 추진하기로 했다.
```

네이버 영화 뉴스 요약 데이터세트는 약 22,000개의 학습 데이터, 약 2,500개의 검증 데이터, 약 2,700개의 테스트 데이터로 구성돼 있다. 각 데이터는 뉴스 기사가 작성된 날짜(date), 뉴스 분야(category), 언론사 이름(press), 기사 제목(title), 기사 본문(document), 기사 URL(link), 본문을 요약한 요약문(summary)으로 이루어져 있다.

트랜스포머 라이브러리의 토크나이저는 text_target 인자를 사용해 정답 텍스트를 인코딩할 수 있으며, 이 인코딩된 정답 텍스트는 레이블(labels)로 반환되어 학습에 사용된다. gogamza/kobart-base-v2 모델의 토크나이저는 기본적으로 최대 길이가 설정돼 있지 않으므로, 모델의 입력 최대 길이를 설정해 토큰화 과정에서 이 길이를 초과하지 않도록 해야 한다.

반환된 입력 ID와 레이블은 길이가 서로 다르므로, 배치 처리를 위해 동일한 길이로 맞춰줘야 한다. 레이블도 정수 인코딩되므로, 예제 3.4와는 다르게 레이블도 패딩 처리해야 한다. 트랜스포머 라이브러리에서는 **DataCollatorForSeq2Seq** 클래스를 이용해 입력 ID와 레이블을 모두 배치 단위로 패딩할 수 있다. 다음 예제 3.11은 **DataCollatorForSeq2Seq** 클래스를 이용해 배치 단위로 패딩하는 방법을 보여준다.

예제 3.11 DataCollatorForSeq2Seq를 이용한 배치 단위 패딩

```python
from torch.utils.data import DataLoader
from transformers import DataCollatorForSeq2Seq

seq2seq_collator = DataCollatorForSeq2Seq(
    tokenizer=tokenizer,
    padding="longest",
    return_tensors="pt"
)

seq2seq_dataloader = DataLoader(
    processed_dataset["train"],
    collate_fn=seq2seq_collator,
    batch_size=4,
    shuffle=False
)

seq2seq_iterator = iter(seq2seq_dataloader)
seq2seq_batch = next(seq2seq_iterator)
for key, value in seq2seq_batch.items():
    print(f"{key} : {value.shape}")
```

【 출력 결과 】

```
input_ids : torch.Size([4, 720])
attention_mask : torch.Size([4, 720])
labels : torch.Size([4, 105])
```

패딩의 결과를 살펴보면 인코더에 입력되는 입력 ID(**input_ids**)와 어텐션 마스크(**attention_mask**)가 동일한 최대 길이인 **720**으로 패딩됐다. 이는 인코더가 입력 시퀀스의 모든 위치에 대

한 표현을 생성하기 위해 필요한 전처리 과정으로 패딩된 입력을 받아 셀프 어텐션 등의 메커니즘을 통해 문맥 정보를 효과적으로 인코딩할 수 있다.

한편, 디코더가 예측해야 하는 labels도 배치 내에서 가장 긴 길이인 105로 패딩됐다. 이는 자기회귀 디코더가 각 시점에서 다음 토큰을 예측할 때, 그 이전까지의 정답 토큰 시퀀스를 참조해야 하기 때문이다. 따라서 labels도 패딩돼야 한다.

이제 요약문 생성 모델을 학습하기 위한 모든 준비가 완료됐다. 이제 트레이너를 활용해 요약문 생성 모델을 학습해 본다. 다음 예제 3.12는 트레이너 클래스의 설정을 보여준다.

예제 3.12 요약문 생성 모델 학습

```python
from transformers import Seq2SeqTrainingArguments, Seq2SeqTrainer

training_args = Seq2SeqTrainingArguments(
    output_dir="text-summarization",
    per_device_train_batch_size=8,
    per_device_eval_batch_size=16,
    learning_rate=5e-5,
    num_train_epochs=1,
    eval_steps=200,
    logging_steps=200,
    seed=42
)

trainer = Seq2SeqTrainer(
    model=model,
    args=training_args,
    data_collator=seq2seq_collator,
    train_dataset=processed_dataset["train"].select(range(10000)),
    eval_dataset=processed_dataset["validation"].select(range(100))
)

trainer.train()
```

【 출력 결과 】

Step	Training Loss
200	0.881000
400	0.641600
600	0.601400
800	0.578500
1000	0.534800
1200	0.522200

```
TrainOutput(global_step=1250, training_loss=0.6216945281982422, metrics={'train_runtime':
1223.5263, 'train_samples_per_second': 8.173, 'train_steps_per_second': 1.022,
'total_flos': 4837634768977920.0, 'train_loss': 0.6216945281982422, 'epoch': 1.0})
```

일반적인 TrainingArguments와 Trainer는 주로 텍스트 분류, 토큰 분류 등의 과제에 사용되며, Seq2SeqTrainingArguments와 Seq2SeqTrainer는 입력 시퀀스에 대해 다른 출력 시퀀스를 생성하는 과제(번역, 요약, 질의응답 등)에 특화돼 있다. 입력값과 출력값이 모두 텍스트인 시퀀스-투-시퀀스 모델을 학습할 때 사용되며, 시퀀스 생성 과제의 특성을 반영한 하이퍼파라미터와 전략들이 추가로 제공된다.

Seq2SeqTrainingArguments 클래스는 시퀀스 생성 관련 하이퍼파라미터를 지정할 수 있게 된다. 예를 들어 최대 생성 길이(max_length), 최소 생성 길이(min_length)와 같은 생성 길이 관련 파라미터나 빔 서치(beam_search) 전략, 디코딩(sampling, top-k/top-p) 전략 등을 설정할 수 있다.

Seq2SeqTrainer 클래스는 시퀀스 생성 과제에 특화된 다양한 기능을 제공한다. 빔 서치, 샘플링, 길이 페널티와 같은 여러 디코딩 전략을 지원하며, 교사 강요(Teacher forcing)[2] 등의 전략도 활용할 수 있다. 또한 ROUGE, BLEU, METEOR 등 시퀀스 생성 평가 지표를 계산할 수 있어 모델 성능을 평가하기 용이하다.

---

2 디코더가 자신의 예측 결과가 아닌 실제 정답 출력을 다음 단계 입력으로 사용하게 함으로써, 오류가 누적되지 않도록 하는 전략

학습이 완료되면 뉴스 원문을 이용해 요약문을 생성할 수 있다. 다음 예제 3.13은 요약문 생성 방법을 보여준다.

예제 3.13 요약문 생성 수행

```python
import torch

model.eval()
device = torch.device("cuda" if torch.cuda.is_available() else "cpu")
model.to(device)

sample = dataset["test"][0]
document = sample["document"]
inputs = tokenizer(document, return_tensors="pt").to(device)

with torch.no_grad():
    outputs = model.generate(
        **inputs,
        max_length=256,
        num_beams=4,
        no_repeat_ngram_size=2,
        early_stopping=True
    )
print("원문 :", document)
print("정답 요약문 :", sample["summary"])
print("생성 요약문 :", tokenizer.decode(outputs[0], skip_special_tokens=True))
```

【 출력 결과 】

원문 : 아이엘사이언스의 자회사 아이트로닉스는 차량용 복합기능형 졸음 방지 단말기 특허를 출원했다고 4일 밝혔다. # { 생략 }
정답 요약문 : 아이일, 아이트로닉스는 차량용 복합기능형 졸음 방지 단말기 특허를 출원했다고 4일 밝혔으며 신규 특허는 자동차 주행 중 운전자의 졸음운전을 방지하는 ... # { 생략 }
생성 요약문 : 아이엘사이언스의 자회사 아이트로닉스는 차량용 복합기능형 졸음 방지 단말기 특허를 출원했다고 4일 밝혔으며 ... # { 생략 }

이 예제에서는 요약 모델을 활용해 새로운 텍스트에 대한 요약문 생성 과정을 보여준다. 먼저 모델을 평가 모드로 전환하고, 사용 가능한 장치에 모델을 불러온다. 그리고 테스트 데이터세트에서 한 샘플을 가져와 기사 본문(document)을 추출한다.

model.generate 메서드를 사용해 입력 텍스트에 대한 요약문을 생성한다. 이때 다양한 하이퍼파라미터를 설정할 수 있다. 예제에서는 max_length=256으로 최대 생성 길이를 설정하고, num_beams=4로 빔 서치 전략을 사용하며, no_repeat_ngram_size=2로 같은 N−gram이 반복되지 않도록 한다.[3] 또한, early_stopping=True로 설정해 모델이 [EOS] 토큰을 생성하면 즉시 디코딩을 중지하게 된다.

출력 결과를 살펴보면 출원 날짜, 특허 내용 등 원문 기사의 주요 내용을 잘 포함하고 있음을 확인할 수 있다. 이제 요약문 모델을 평가해 보자. 요약문 평가를 위해서는 ROUGE 점수 라이브러리를 추가로 설치해야 한다. ROUGE 점수 라이브러리는 다음 명령어로 설치할 수 있다.

ROUGE 점수 라이브러리 설치

```
pip3 install rouge_score
```

ROUGE 점수 라이브러리를 설치했다면, 요약문 모델을 평가해 보자. 다음 예제 3.14는 요약문 모델 평가 방법을 보여준다.

예제 3.14 요약문 모델 평가

```
import evaluate

test_loader = DataLoader(
    processed_dataset["test"].select(range(100)),
    collate_fn=seq2seq_collator,
    batch_size=4,
    shuffle=False
)

generated_summaries = []
true_summaries = dataset["test"].select(range(100))["summary"]

with torch.no_grad():
    for batch in test_loader:
        batch = batch.to(device)
```

---

3 비교적 적은 양의 데이터로 학습된 모델이기 때문에 동일한 문장을 반복 생성할 가능성이 있다. 따라서 no_repeat_ngram_size를 2로 설정해 "복합 복합"과 같은 바이그램 반복이 일어나지 않도록 한다.

```
        output = model.generate(
            **batch,
            max_length=1026,
            num_beams=4,
            no_repeat_ngram_size=2,
            early_stopping=True
        )
        batch_summaries = tokenizer.batch_decode(output, skip_special_tokens=True)
        generated_summaries.extend(batch_summaries)

metric = evaluate.load("rouge")
rouge_scores = metric.compute(predictions=generated_summaries, references=true_summaries)
print(rouge_scores)
```

【 출력 결과 】

```
{'rouge1': 0.490584501449285,
 'rouge2': 0.28579957337394024,
 'rougeL': 0.4594068947329392,
 'rougeLsum': 0.4596174766925215}
```

ROUGE 점수는 텍스트 생성 모델의 성능을 평가하는 데 널리 사용되는 지표다. 이 점수는 생성된 텍스트와 참조 텍스트 간의 중복을 N-gram, Skip-bigram 등을 이용해 측정하며, 1에 가까울수록 더 나은 성능을 나타낸다.

ROUGE 점수는 생성된 문장으로 점수를 계산하므로 평가를 위해 모델의 generate 메서드로 요약문을 생성하고, 토크나이저의 batch_decode 메서드로 이를 디코딩한다. 테스트 데이터의 처음 100개 샘플만을 사용해 빠르게 모델 평가를 수행해 본다.

ROUGE 점수 계산 시 생성된 요약문은 predictions로, 정답 요약문은 references로 입력된다. rouge1은 유니그램, rouge2는 바이그램 기반으로 비교하며, rougeL은 최장 공통 부분 수열을, rougeLsum은 문장 단위로 비교한다.

주어진 결과를 보면, rouge1 점수가 약 0.49로 가장 높다. 이는 생성된 요약문이 참조 요약문과 단어 수준에서 약 49% 일치함을 의미한다. rouge2 점수는 약 0.29로, 두 단어 연속 일치도가 상대적으로 낮다. rougeL과 rougeLsum 점수는 약 0.46으로, 문장 구조의 유사성이 양호함을 나타낸다.

전반적으로 이 모델은 원문의 핵심 내용을 적절히 포착하고 있다. 평가 결과에 따르면 단어 수준의 일치도가 비교적 높고, 문장 구조의 유사성도 양호한 편이다. 그러나 두 단어 연속 일치도가 상대적으로 낮은 점을 고려하면, 모델이 정확한 구문 재현보다는 의미 전달에 더 초점을 맞추고 있음을 알 수 있다.

3.3 질의 응답: RoBERTa

질의 응답(Question answering)은 주어진 지식이나 맥락을 바탕으로 사용자가 제시한 질문에 대해 적절한 답변을 제공하는 과제로, 답변 생성 방식에 따라 **추출 질의 응답(Extractive question answering)**과 **생성 질의 응답(Generative question answering)**으로 나눌 수 있다. 추출 질의 응답은 주어진 지문 내에서 답변이 되는 연속된 문자열을 추출하는 반면, 생성 질의 응답은 질문과 지문을 입력받아 새로운 답변을 생성한다.

추출 질의 응답과 생성 질의 응답은 데이터세트, 모델 구조, 성능 평가 방식 등에서 차이가 있다. 추출 질의 응답은 일반적으로 **질문-지문-지문 내 답변**으로 구성된 데이터세트(예: SQuAD)을 사용하며, RoBERTa, BERT 등의 언어 모델을 기반으로 지문 내 답변의 시작 위치와 끝 위치를 예측한다. 생성 질의 응답은 **질문-지문-답변**으로 구성된 데이터세트(예: NarrativeQA)을 사용하며, BART, T5 등의 시퀀스-투-시퀀스 모델을 활용해 답변 문장을 생성한다. 다음은 추출 질의 응답 데이터세트와 생성 질의 응답 데이터세트의 예시를 보여준다.

추출 질의 응답

- **질문**: 파이토치를 사용하여 BERT 기반 질의 응답 모델을 학습시키는 방법은 무엇인가요?
- **지문**: 파이토치에서는 허깅페이스의 트랜스포머 라이브러리를 사용하여 BERT 등의 사전 학습된 언어 모델을 쉽게 불러올 수 있습니다. 이를 기반으로 질의 응답 과제에 특화된 모델을 빠르게 학습시킬 수 있습니다.
- **지문 내 답변**: 허깅페이스의 트랜스포머 라이브러리를 사용

생성 질의 응답

- **질문**: 허깅페이스의 BART 모델을 사용해 한국어 요약문 생성을 수행하려면 어떻게 해야 하나요?
- **지문**: 허깅페이스의 트랜스포머 라이브러리에는 다국어 지원을 위한 KoBart 모델이 포함되어 있습니다. 이 모델을 기반으로 한국어 데이터세트로 추가 학습시키면 한국어 요약문 생성 모델을 만들 수 있습니다.

- **답변**: KoBart 모델을 한국어 데이터세트로 추가 학습시키면 한국어 요약문 생성 모델을 구축할 수 있습니다.

추출 질의 응답은 지문 내에 정답이 존재하므로 비교적 간단하고 정확한 답변을 제공할 수 있다. 하지만 지문에 명시적으로 드러나지 않은 정보에 대해서는 대답하기 어렵다. 반면에 생성 질의 응답은 지문 외의 외부 지식을 활용해 답변할 수 있지만, 생성된 답변의 정확성과 일관성을 보장하기가 쉽지 않다. 또한 생성 질의 응답은 외부 지식과 추론 능력을 필요로 하기 때문에 더욱 어려운 과제가 된다.

질의 응답은 맥락 이해, 추론 등 고차원적인 언어 이해 능력이 필요하며, 같은 질문이라도 주어진 지문에 따라 다른 답변이 요구될 수 있다. 이러한 특징들로 인해 질의 응답은 매우 도전적인 분야다. 최근에는 대규모 언어 모델을 활용한 생성 질의 응답이 매우 활발히 연구되고 있다. 이번 절에서는 RoBERTa 모델을 사용해 추출 질의 응답 모델을 구현해 본다.

3.3.1 RoBERTa

RoBERTa(A Robustly Optimized BERT Pretraining Approach)는 BERT 모델의 성능을 개선하기 위해 메타의 FAIR에서 제안한 변형 모델이다. BERT는 혁신적인 사전 학습 방법론을 제시했지만, 일부 학습 전략의 한계로 인해 성능 향상에 제약이 있었다. RoBERTa는 이러한 한계를 극복하고자 다음과 같은 전략을 도입했다.

RoBERTa 학습 전략

- BERT가 13GB의 비교적 작은 데이터세트로 학습한 것과 달리, RoBERTa는 160GB의 웹 크롤링 데이터와 같은 거대한 규모의 데이터세트로 사전 학습됐다. 데이터 규모가 크면 클수록 모델이 더 많은 지식을 습득할 수 있기 때문에 성능이 향상된다.

- BERT는 입력 시퀀스 길이가 512 토큰으로 제한돼 있었지만, RoBERTa는 2,048 토큰까지 처리할 수 있게 확장됐다. 이를 통해 더 긴 문맥 정보를 활용할 수 있다.

- BERT는 사전 학습 시 고정된 마스킹 패턴을 사용했지만, RoBERTa는 동적 마스킹(Dynamic masking)[4] 기법을 도입해 각 에폭마다 다른 마스킹 패턴을 생성함으로써 모델이 더 다양한 정보를 학습할 수 있도록 했다.

---

4 학습 과정에서 매번 다른 토큰을 무작위로 마스킹해 모델을 다양한 패턴에 적응시키는 기법

- BERT는 워드피스 토큰화를 사용한 반면, RoBERTa는 BPE 토큰화를 채택해 하위 토큰 표현력을 높였다.

- RoBERTa는 BERT의 다음 문장 예측(NSP) 작업을 제거하고 마스크 언어 모델링(MLM) 작업에만 집중해 학습 효율성을 높였다.

이러한 다각적인 개선 전략을 통해 RoBERTa는 BERT 대비 자연어 이해, 텍스트 생성, 문제 해결 등 다양한 벤치마크에서 뛰어난 성능을 보였다. 특히 다운스트림 작업으로 전이 학습 시 성능이 크게 향상되는 것으로 나타났다. RoBERTa는 BERT의 한계를 넘어선 강력한 언어 모델로 평가받고 있다.

RoBERTa는 BERT와 동일한 구조를 갖는다. 두 모델 모두 트랜스포머 기반의 인코더 구조를 가지며, 멀티 헤드 셀프 어텐션 계층과 순방향 신경망 계층으로 구성된다. 따라서 RoBERTa와 BERT는 근본적인 모델 아키텍처 측면에서는 동일하며, 차이점은 사전 학습 데이터세트, 사전 학습 전략, 하이퍼파라미터 설정 등에 있다. 다음 그림 3.6은 RoBERTa 사전 학습 방법을 보여준다.

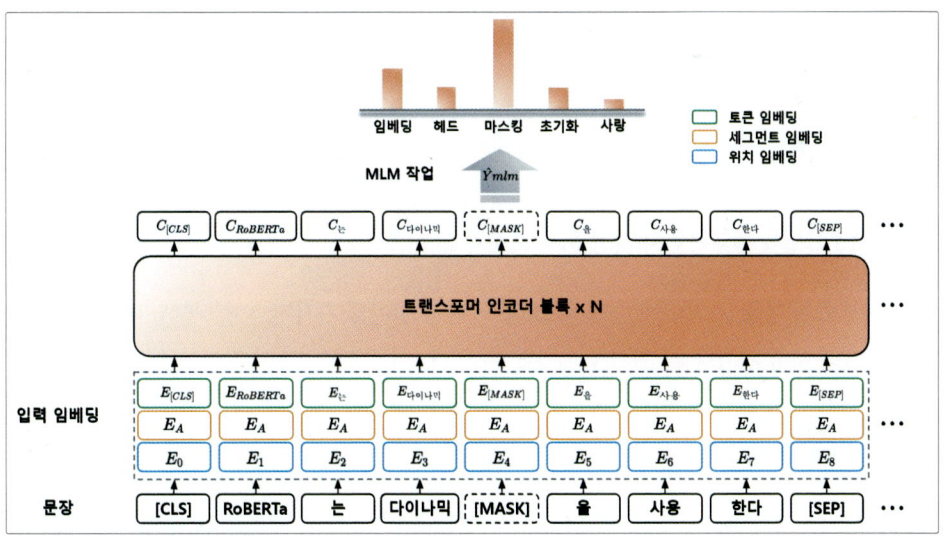

그림 3.6 RoBERTa 사전 학습

BERT는 사전 학습 시 입력 텍스트의 일부 토큰을 [MASK] 토큰으로 치환해 은닉한 후, 주변 컨텍스트를 활용해 은닉된 토큰을 예측하는 방식으로 학습한다. 이때 매 에폭마다 무작위로 다른 토큰들을 은닉하는 동적 마스킹 기법을 사용해, 각 에폭마다 서로 다른 입력 데이터로 학습할 수 있다. 반면, RoBERTa는 BERT와 마찬가지로 동적 마스킹 기법을 사용하지만, 마스킹 비율과 문장 시작 토큰 등의 하이퍼파라미터 설정을 달리해 성능을 개선했다.

BERT는 다음 문장 예측 작업(NSP)을 통해 문장 간 관계를 학습하도록 설계됐지만, 후속 연구에서 NSP가 실제 다운스트림 성능 향상에 미치는 영향이 미미하다는 결과가 있었다. 따라서 RoBERTa에서는 NSP를 제외하고 마스크된 언어 모델링(MLM)만으로 사전 학습을 진행했다. 또한, 연속된 두 문장 쌍이 아닌 긴 문서 전체를 입력으로 사용해 MLM 작업을 수행함으로써, 더 넓은 컨텍스트 정보를 활용할 수 있었다. 이러한 변화로 RoBERTa는 BERT 대비 다양한 다운스트림 작업에서 향상된 성능을 보였다.

3.3.2 추출 질의 응답 모델 학습

RoBERTa의 모델 구조는 BERT와 동일하게 임베딩 계층과 12개의 트랜스포머 인코더로 이루어져 있으며, 마지막 인코더 계층의 출력값은 질의 응답 헤드를 통과해 답변 텍스트의 시작 위치와 끝 위치를 예측하는 데 사용된다. 그러므로 토크나이저에 질문과 답변에 참고할 지식 정보를 입력한다.

질의 응답 모델의 학습을 위해서는 질문과 관련 지식 정보를 토크나이저에 입력해야 한다. 토크나이저는 [SEP] 토큰을 사용해 두 텍스트를 연결하고 인코딩한다. 인코딩된 입력 텍스트는 RoBERTa 모델을 통과하면서 시작 위치 로짓과 끝 위치 로짓으로 변환된다.

시작 위치 로짓과 끝 위치 로짓은 입력 ID와 동일한 길이를 가지며, 이를 통해 입력 ID 중 정답 텍스트의 시작 위치와 끝 위치를 예측할 수 있다. 이는 입력 ID의 길이만큼의 클래스를 가진 분류 문제로 정의할 수 있다. 모델은 이러한 분류 문제를 풀면서 정답 텍스트의 시작과 끝 위치를 학습하게 된다.

이번 절에서는 KLUE의 기계 독해(Machine Reading Comprehension, MRC) 데이터세트를 활용해, 추출 질의 응답 모델을 학습하는 방법에 대해 알아본다. 다음 예제 3.15는 데이터세트를 불러오고 토큰화하는 방법을 보여준다.

예제 3.15 기계 독해 데이터세트 토큰화

```python
from datasets import load_dataset
from transformers import RobertaTokenizerFast, RobertaForQuestionAnswering

def preprocess_data(example, tokenizer):
    tokenized = tokenizer(
        example["question"],
        example["context"],
        truncation="only_second",
        return_offsets_mapping=True
    )
    start_index = example["answers"]["answer_start"][0]
    answer_text = example["answers"]["text"][0]
    answer_tokens = tokenizer.encode(answer_text, add_special_tokens=False)
    answer_tokens_length = len(answer_tokens)

    start_context_tokens_index = tokenized["input_ids"].index(tokenizer.sep_token_id)
    context_offset_mapping = tokenized["offset_mapping"][start_context_tokens_index:]
    tokenized["start_positions"] = len(tokenized["input_ids"])
    tokenized["end_positions"] = len(tokenized["input_ids"])

    for i, (start_offset, end_offset) in enumerate(context_offset_mapping):
        if start_offset >= start_index:
            tokenized["start_positions"] = start_context_tokens_index + i
                tokenized["end_positions"] = tokenized["start_positions"] +
answer_tokens_length
            break

    return tokenized

model_name = "klue/roberta-base"
tokenizer = RobertaTokenizerFast.from_pretrained(model_name)
model = RobertaForQuestionAnswering.from_pretrained(model_name)

dataset = load_dataset("klue", "mrc")
processed_dataset = dataset.filter(lambda x: not x["is_impossible"])
processed_dataset = processed_dataset.map(
```

```
    lambda example: preprocess_data(example, tokenizer), batched=False
)
processed_dataset = processed_dataset.filter(
    lambda x: x["start_positions"] < tokenizer.model_max_length
)
processed_dataset = processed_dataset.filter(
    lambda x: x["end_positions"] < tokenizer.model_max_length
)
print(dataset)
print(processed_dataset)
```

【 출력 결과 】

```
DatasetDict({
    train: Dataset({
        features: ['title', 'context', 'news_category', 'source', 'guid', 'is_impossible',
'question_type', 'question', 'answers'],
        num_rows: 17554
    })
    validation: Dataset({
        features: ['title', 'context', 'news_category', 'source', 'guid', 'is_impossible',
'question_type', 'question', 'answers'],
        num_rows: 5841
    })
})
DatasetDict({
    train: Dataset({
        features: ['title', 'context', 'news_category', 'source', 'guid', 'is_impossible',
'question_type', 'question', 'answers', 'input_ids', 'attention_mask', 'offset_mapping',
'start_positions', 'end_positions'],
        num_rows: 11083
    })
    validation: Dataset({
        features: ['title', 'context', 'news_category', 'source', 'guid', 'is_impossible',
'question_type', 'question', 'answers', 'input_ids', 'attention_mask', 'offset_mapping',
'start_positions', 'end_positions'],
        num_rows: 3696
    })
})
```

KLUE의 MRC 데이터세트는 뉴스 기사와 관련된 질문에 대한 답변을 제공하는 데이터로 구성된다. 이 데이터세트는 뉴스 제목(title), 뉴스 본문(context), 뉴스 분야(news_category), 언론사 출처(source), 고유 번호(guid), 답변 가능 여부(is_impossible), 질문 유형(question_type), 질문(question), 답변(answers)으로 구성된다.

이 데이터세트에는 답변이 불가능한 질문도 포함돼 있다. 이러한 경우는 답변 가능 여부 필드를 통해 확인할 수 있다. 그러므로 답변 가능한 질문만을 사용하기 위해 filter 메서드를 활용해 is_impossible 값이 False인 데이터만 추출해 데이터세트를 필터링한다.

RoBERTa 모델을 이용한 추출형 질의 응답 모델 학습을 위해서는 뉴스 본문 내에서 답변의 위치를 찾아야 한다. 이때 주의해야 할 점은 원본 텍스트가 아닌 토큰화된 입력에서 답변의 위치를 찾아야 한다는 것이다. 그러므로 전처리 함수를 통해 답변의 위치를 반환한다.

preprocess_data 함수를 살펴보면 토크나이저에 질문과 뉴스 본문을 입력해, 두 텍스트를 하나의 입력 시퀀스로 연결한다. 이렇게 연결된 입력 시퀀스의 전체 길이가 토크나이저의 최대 허용 길이를 초과하는 경우가 발생한다. 이때 truncation에 only_second로 설정하면, 질문 부분은 그대로 유지하고 뉴스 본문 부분에서만 잘리게 된다. 즉, 전체 길이 제한 내에서 질문 정보는 유지하면서, 관련 컨텍스트를 최대한 확보할 수 있게 된다.

또한 return_offsets_mapping 인자를 True로 설정하면 각 토큰의 원본 텍스트에서의 시작 위치와 끝 위치가 offset_mapping 키로 반환된다. 예를 들어 "안녕하세요"를 ["안녕", "하", "세요"]로 토큰화했다면, offset_mapping은 [(0, 2), (2, 3), (3, 5)]가 된다. 이는 토큰의 위치를 원본 텍스트에 매핑하는 데 사용된다.

MRC 데이터세트의 answers 필드는 기사 본문에서 추출한 정답 정보를 담고 있다. answer_start에는 정답 텍스트의 위치 정보가 리스트 형태로 저장돼 있는데, 이는 본문 내에 여러 개의 정답으로 사용 가능한 텍스트가 존재할 수 있기 때문이다. 그러나 모델 학습 시에는 이 중 첫 번째 위치 정보만을 활용한다. 또한 answers 필드의 text에 있는 정답 텍스트 역시 여러 개일 수 있지만, 첫 번째 텍스트만 사용된다. 이는 대부분의 질문에 단일 정답만 존재하기 때문이며, 모델 학습 과정을 단순화하기 위한 전략이다.

토큰화된 입력 ID(tokenized["input_ids"])는 [질문 입력 ID, [SEP], 뉴스 원문 입력 ID] 형태로 구성된다. 따라서 [SEP] 토큰의 위치를 찾으면 그 이후부터가 뉴스 원문의 입력 ID

임을 알 수 있다. 마찬가지로 [SEP] 토큰 위치를 활용해 뉴스 원문에 대한 offset_mapping 정보를 얻을 수 있다.

반복문을 통해 뉴스 본문의 offset_mapping 정보를 순회하며, 각 토큰의 시작 위치가 answers 필드의 answer_start와 동일하거나 그보다 큰 최초의 위치를 찾는다. 뉴스 원문 입력 ID는 질문 입력 ID와 [SEP] 토큰 다음에 위치하므로, 찾아낸 위치에 [SEP] 토큰의 위치를 더하면 전체 입력 ID상에서 정답 텍스트의 시작 위치를 구할 수 있다. 마지막으로 정답 텍스트의 토큰 개수를 시작 위치에 더해 끝 위치 정보를 생성한다. 이를 통해 모델이 정답 텍스트의 시작과 끝 위치를 예측할 수 있게 된다.

preprocess_data 함수는 토크나이저의 offset_mapping 출력값을 순회하므로 배치 처리가 불가능하다. 그러므로 map 메서드의 batched 인자를 False로 설정해야 한다. 또한, 정답 텍스트의 위치가 모델의 최대 입력 길이를 초과할 경우 모델이 해당 정답을 입력받을 수 없으므로 filter 메서드로 해당 데이터를 제외한다.

추출 질의 응답 모델 학습을 위해 패딩 데이터 컬레이터과 트레이너 클래스를 활용한다. 다음 예제 3.16은 트레이너 클래스의 설정을 보여준다.

예제 3.16 추출 질의 응답 모델 학습

```python
from transformers import DataCollatorWithPadding, TrainingArguments, Trainer

collator = DataCollatorWithPadding(tokenizer, padding="longest")

training_arguments = TrainingArguments(
    output_dir="question-answering",
    per_device_train_batch_size=8,
    per_device_eval_batch_size=16,
    learning_rate=5e-5,
    num_train_epochs=1,
    eval_steps=250,
    logging_steps=250,
    seed=42
)

trainer = Trainer(
    model=model,
```

```
    args=training_arguments,
    data_collator=collator,
    train_dataset=processed_dataset["train"].select(range(10000)),
    eval_dataset=processed_dataset["validation"].select(range(100))
)

trainer.train()
```

【 출력 결과 】

Step	Training Loss
250	2.363200
500	1.499300
750	1.352100
1000	1.193400
1250	1.161100

```
TrainOutput(global_step=1250, training_loss=1.513814697265625, metrics={'train_runtime':
995.0265, 'train_samples_per_second': 10.05, 'train_steps_per_second': 1.256,
'total_flos': 2611440614437824.0, 'train_loss': 1.513814697265625, 'epoch': 1.0})
```

DataCollatorWithPadding 클래스의 padding 인자를 longest로 설정해, 컬레이터가 배치 내
가장 긴 문장에 맞춰 패딩할 수 있도록 한다. 빠른 학습을 위해 1 에폭만 진행하며, 학습 데이
터 10,000개와 검증 데이터 100개만 사용한다. 단, 컴퓨팅 리소스가 충분하다면 전체 데이터
세트를 활용해 다수의 에폭으로 학습하는 것이 바람직하다. 학습이 완료되면 예제 3.17과 같
이 질문과 지문을 입력해 답변을 추출할 수 있다.

예제 3.17 추출 질의 응답 수행

```
import torch

model.eval()
device = torch.device("cuda" if torch.cuda.is_available() else "cpu")
model.to(device)

question = "대한민국의 수도는 어디인가요?"
context = "서울은 대한민국의 수도다."
```

```
inputs = tokenizer(question, context, return_tensors="pt").to(device)

with torch.no_grad():
    outputs = model(**inputs)

start_index = outputs["start_logits"].argmax(dim=-1).item()
end_index = outputs["end_logits"].argmax(dim=-1).item()
predicted_ids = inputs["input_ids"][0][start_index : end_index]
predicted_text = tokenizer.decode(predicted_ids)
print(predicted_text)
```

【 출력 결과 】

서울

질문과 문맥을 토크나이저로 전처리해 모델에 입력할 수 있는 형태로 변환한다. 그런 다음, 모델에 입력을 전달하고 출력을 생성한다. 출력값에는 정답 시작 위치와 끝 위치에 대한 로짓이 포함돼 있다. 이 로짓에서 가장 큰 값의 인덱스를 추출하면 예측된 정답 텍스트의 시작과 끝 위치를 알 수 있다. 예측된 시작/끝 인덱스 범위의 토큰 시퀀스를 디코딩해 실제 텍스트를 복원하고 출력한다면 '서울'이라는 정답 텍스트를 확인할 수 있다. 이제 모델 평가를 수행해 보자. 다음 예제 3.18은 추출 질의 응답 모델 평가 방식을 보여준다.

예제 3.18 추출 질의 응답 모델 평가

```
from evaluate import evaluator

metric = evaluator("question-answering")
results = metric.compute(
    model,
    tokenizer=tokenizer,
    data=processed_dataset["validation"].select(range(100)),
    id_column="guid",
    question_column="question",
    context_column="context",
    label_column="answers"
)
print(results)
```

【 출력 결과 】

```
{'exact_match': 2.0,
 'f1': 25.216666666666676,
 'total_time_in_seconds': 5.00405833700006,
 'samples_per_second': 19.983779817393202,
 'latency_in_seconds': 0.050040583370000606}
```

허깅페이스의 평가 라이브러리는 과제별로 적절한 평가 지표를 계산하는 evaluator 함수를 제공한다. 이 함수는 과제 이름을 입력해 평가 지표를 불러올 수 있으며, 질의 응답 과제는 question-answering으로 지정한다. 불러온 평가 지표는 compute 메서드로 계산할 수 있다. 질의 응답 compute 메서드의 주요 매개변수는 다음과 같다.

- model: 평가할 질의 응답 모델 객체

- tokenizer: 모델 평가에 사용할 토크나이저 객체

- data: 모델 평가에 사용할 데이터세트

- id_column: 각 데이터 인스턴스의 고유 식별자 열 이름

- question_column: 질문 텍스트 열 이름

- context_column: 문맥 텍스트 열 이름

- label_column: 정답 텍스트 열 이름

질의 응답의 평가 지표로는 완전 일치(Exact Match, EM)와 F1 점수의 두 가지가 사용된다. 완전 일치는 모델의 예측과 정답이 정확히 일치하는 비율을 나타낸다. 엄격한 평가 방식으로, 100% 정확한 답변만을 인정한다. F1 점수는 예측과 정답 간의 단어 중복을 기반으로 계산한다. 부분적으로 정확한 답변도 인정받을 수 있어 완전 일치보다 유연한 평가 방식이다.

evaluator 함수는 모델 예측 속도도 평가한다. total_time_in_seconds는 전체 평가에 소요된 시간(초), samples_per_second는 초당 처리된 샘플 수, latency_in_seconds는 샘플당 평균 처리 시간(초)를 의미한다. 이 평가 방법을 통해 모델의 정확성과 효율성을 종합적으로 분석할 수 있다. 완전 일치와 F1 점수는 모델의 정확도를, 성능 관련 지표는 모델의 실용성과 확장성을 평가하는 데 활용된다.

평가 결과를 해석하보면 모델이 평가된 질문 중 2%에 대해 정확히 일치하는 답변을 제공했음을 의미한다. 이 점수는 상당히 낮은 편으로, 모델이 정확한 답변을 제공하는 데 어려움을 겪고 있음을 나타낸다. F1 점수는 0에서 100 사이의 값을 가지며, 예제의 경우 약 25.22다. 모델이 부분적으로 정확한 답변을 제공하고 있지만, 여전히 개선이 필요하다는 것을 확인할 수 있다.

3.4 기계 번역: T5

기계 번역(Machine translation)은 컴퓨터 프로그램을 활용해 한 언어의 텍스트를 다른 언어의 텍스트로 자동 변환하는 기술이다. 이 기술의 가장 큰 장점은 번역 속도가 빠르고 비용이 저렴하며, 지속적인 학습을 통해 성능을 향상시킬 수 있다는 점이다. 그러나 은유, 관용구 등의 맥락을 제대로 이해하지 못하거나 전문 용어, 신조어 등을 처리하는 데 어려움이 있다는 단점도 존재한다.

기계 번역 기술은 크게 **통계적 기계 번역(Statistical Machine Translation, SMT)**과 **신경망 기계 번역(Neural Machine Translation, NMT)**으로 나뉜다. 통계적 기계 번역은 원문과 번역문 쌍을 기반으로 단어 순서와 언어 패턴을 인식해 학습한다. 반면, 신경망 기계 번역은 심층 신경망 모델을 사용해 번역문과 단어 시퀀스 간의 관계를 학습한다. 또한, 통계적 기계 번역에서는 단어 시퀀스를 불연속적인 기호로 취급하지만, 신경망 기계 번역은 단어를 밀도 벡터로 표현해 연속적인 공간에 매핑한다.

두 기술의 가장 큰 차이점은 학습 방법에 있다. 통계적 기계 번역은 대규모 병렬 말뭉치를 필요로 하며, 번역 품질은 이 말뭉치의 언어 분포에 크게 의존한다. 이는 특정 언어 쌍이나 도메인에서 충분한 양의 데이터를 확보하지 못할 경우 번역 품질이 떨어질 수 있다는 것을 의미한다. 이에 반해 신경망 기계 번역은 상대적으로 적은 양의 말뭉치에서도 높은 성능을 발휘할 수 있다. 신경망 모델은 데이터의 연속적인 패턴을 인식하고 이를 통해 보다 자연스러운 번역을 생성하는 데 뛰어나다. 특히, 문맥을 고려한 번역이 가능해 문장 전체의 일관성과 유창성이 크게 향상된다.

신경망 기계 번역의 또 다른 중요한 장점은 모델이 학습을 통해 스스로 개선할 수 있다는 점이다. 심층 신경망의 구조는 복잡한 언어 패턴과 의미를 학습하는 데 유리하며, 이를 통해 번역 정확도와 자연스러움이 지속적으로 향상될 수 있다. 이러한 자기 개선 능력은 신경망 기계 번역이 빠르게 발전할 수 있는 원동력이 된다. 또한, 최신 연구는 신경망 모델이 인간의 피드백을 반영해 번역 성능을 더욱 개선할 수 있음을 보여준다.

신경망 기계 번역은 2013년 최초로 연구된 이후 많은 진보를 이뤘다. 특히 트랜스포머의 탄생 이후 이 기술은 비약적으로 발전했다. 트랜스포머 모델은 대규모 병렬 데이터 학습을 용이하게 함으로써 신경망 기계 번역의 성능을 크게 향상시켰다. 이러한 발전 덕분에 최근의 번역 서비스는 대부분 신경망 기계 번역 모델을 기반으로 운영된다.

트랜스포머 모델은 고유한 구조와 메커니즘 덕분에 다른 신경망 모델들보다 더 효율적이고 효과적으로 작동한다. 이 모델은 어텐션 메커니즘을 통해 입력 시퀀스의 중요한 부분에 집중할 수 있으며, 이는 문맥 이해와 자연스러운 번역 생성에 매우 유리하다. 또한, 트랜스포머는 병렬 처리가 가능해 대량의 데이터를 빠르게 학습할 수 있다는 장점이 있다. 이번 절에서는 T5 모델을 이용해 영어-한국어 기계 번역 모델을 학습해 본다.

3.4.1 T5

T5(Text-To-Text Transfer Transformer)는 구글에서 개발한 언어 모델로, 인코더와 디코더로 이루어진 **시퀀스-투-시퀀스(Sequence-to-sequence)** 모델이다. 이 모델은 모든 자연어 처리 과제를 **텍스트-투-텍스트(Text-to-text)** 형태의 데이터로 변환하고, 이를 시퀀스-투-시퀀스 문제로 인식해 해결한다. 즉, 입력과 출력이 모두 텍스트 형태이며, 입력 텍스트를 입력 시퀀스로, 출력 텍스트를 출력 시퀀스로 취급한다. 기존에는 과제별로 각기 다른 모델이 필요했지만, T5는 단일 모델로 여러 과제를 해결할 수 있다. 기계 번역 과제의 경우 다음과 같이 수행된다.

기계 번역 과제

- **입력 텍스트**: "오늘 날씨가 정말 좋네요."

- **입력 시퀀스**: [오늘, 날씨가, 정말, 좋네요]

- **출력 시퀀스**: [The, weather, is, really, nice, today]

- **출력 텍스트**: "The weather is really nice today."

이처럼 T5는 다양한 자연어 처리 과제의 입력과 출력을 모두 텍스트 형태로 변환하고, 이를 시퀀스-투-시퀀스 문제로 해결한다. 입력 텍스트는 입력 시퀀스로, 출력 텍스트는 출력 시퀀스로 인코딩된다. 그리고 T5 모델이 적절한 출력 시퀀스를 생성하는 방식으로 과제를 수행하게 된다.

또한, T5는 과제별로 특정한 **프롬프트(Prompt)** 형식을 사용해 모델에 입력한다. 이를 통해 모델이 각 과제의 성격을 이해하고 적절한 출력을 생성할 수 있다. 기계번역 과제에서는 "원문 언어 → 번역 언어: 원문 텍스트"와 같은 프롬프트 형식을 사용한다. 예를 들면 "영어 → 한국어: This is a book."이라는 프롬프트를 입력하면, 모델은 "이것은 책입니다."라는 한국어 번역문을 출력한다.

이렇게 과제별로 특정 프롬프트 형식을 사용함으로써, 모델은 각 과제의 성격을 파악하고 적절한 출력을 생성할 수 있다. 프롬프트가 모델에 과제에 대한 맥락과 지시 사항을 제공하는 방식을 통해, 단일 모델로 다양한 자연어 처리 과제를 유연하게 수행할 수 있다. 다음 그림 3.7은 T5의 모델 구조를 보여준다.

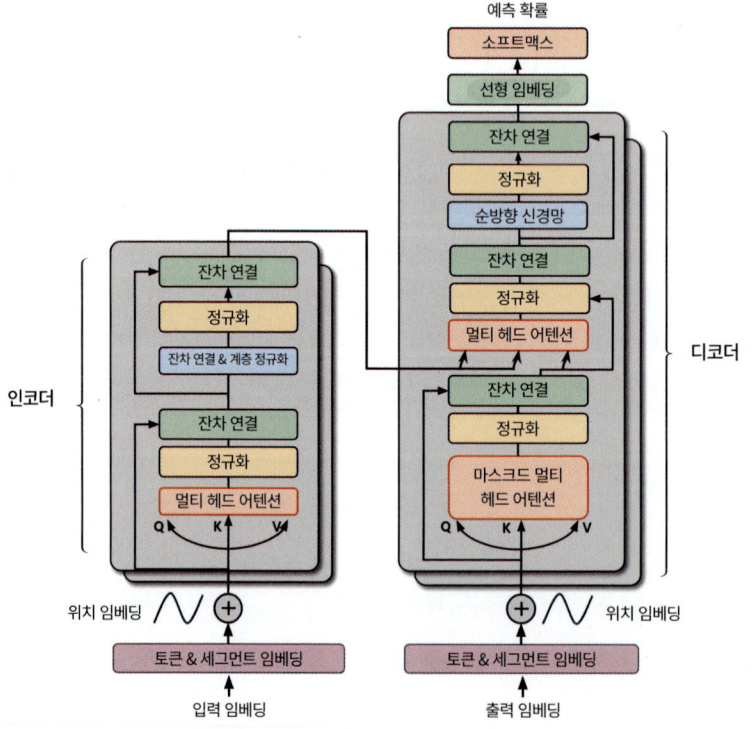

그림 3.7 T5 모델 구조

T5의 모델 구조는 트랜스포머의 인코더-디코더 구조를 기반으로 한다. 트랜스포머의 인코더-디코더 구조는 입력 시퀀스를 인코더에서 처리하고, 그 결과를 디코더에 전달해 출력 시퀀스를 생성하는 방식이다. 인코더는 입력 시퀀스를 전체적으로 이해하고 중요한 특징을 포착하며, 디코더는 이를 바탕으로 출력 시퀀스를 단계적으로 생성한다.

T5 연구팀은 이 인코더-디코더 구조 외에도 디코더만 사용하는 구조, Prefix-LM[5] 구조 등 다양한 모델 구조를 실험했다. 여러 실험 끝에 T5 연구 팀은 기존 트랜스포머의 인코더-디코더 구조가 다양한 자연어 처리 과제에서 가장 좋은 성능을 보인다는 사실을 발견했다. 따라서 T5는 기본적으로 이 인코더-디코더 구조로 구성된다.

그러나 T5의 독특한 점은 모델 구조 자체가 아닌, 입력과 출력을 모두 텍스트 형태로 취급하고 시퀀스-투-시퀀스 문제로 접근한다는 점이며, 사전 학습 과정에서 대규모의 말뭉치를 활용했다는 점이다. 이를 통해 언어의 일반적인 패턴과 지식을 효과적으로 습득할 수 있었다.

이러한 T5의 사전 학습 과정은 그림 3.8과 같이 비지도 학습 방식으로 대량의 텍스트 데이터를 활용해 사전 학습이 이뤄진다. 입력 시퀀스와 출력 시퀀스 모두 동일한 말뭉치에서 추출되어 모델이 이들 간의 관계를 학습해 다양한 자연어 처리 과제에 전이 학습될 수 있다.

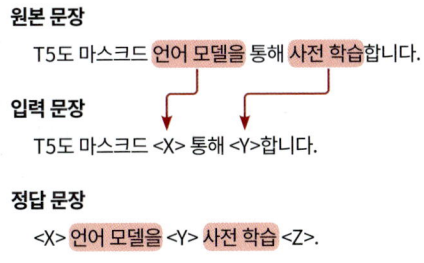

그림 3.8 T5 비지도 사전 학습

T5의 사전 학습 방법은 BERT의 MLM 방식과 유사한 방법으로 사전 학습이 진행된다. BERT는 입력 텍스트에서 개별 토큰을 [MASK] 토큰으로 치환하고 모델이 이를 예측하도록 학습했다. 반면 T5는 연속된 여러 개의 토큰을 하나의 [MASK] 토큰으로 치환한다. 이를 통해 모델이 더 넓은 문맥을 고려해 예측할 수 있게 된다.

---

5 디코더만 사용하되, 프롬프트의 일부는 인코더와 마찬가지로 양방향 어텐션(Bidirectional attention)을 수행하는 구조

또한, T5는 기계 번역, 질의응답, 텍스트 분류 등 다양한 자연어 처리 과제를 사전 학습 단계에서 함께 수행한다. 이것이 가능한 이유는 T5가 모든 과제를 텍스트-투-텍스트 형태의 시퀀스-투-시퀀스 문제로 통일해 다루기 때문이다. 예를 들어 기계 번역 과제에서는 입력 시퀀스가 원문 텍스트, 출력 시퀀스가 번역문이 된다. 질의 응답에서는 입력이 "질문: 질문 텍스트, 문맥: 문맥 텍스트"의 형태가 되고, 출력은 "답변 텍스트"가 된다. 이처럼 다양한 과제를 통일된 형식으로 변환해 동시에 학습할 수 있다.

이러한 방식을 통해 T5는 단일 모델로 여러 과제를 수행할 수 있는 강력한 성능을 갖추게 된다. 사전 학습 과정에서 다양한 과제의 특성을 종합적으로 학습함으로써 일반적인 언어 이해 및 생성 능력을 고도로 발전시킬 수 있었다. 다음 그림 3.9는 T5가 하위 작업으로 변환하는 방법을 보여준다.

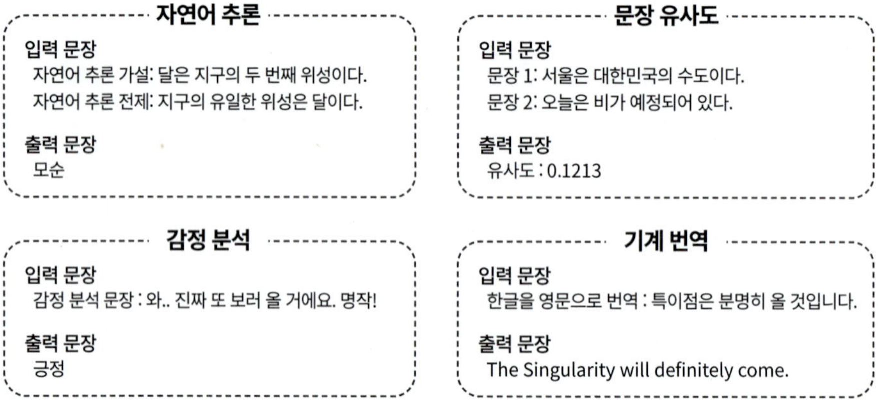

자연어 추론
입력 문장
자연어 추론 가설: 달은 지구의 두 번째 위성이다.
자연어 추론 전제: 지구의 유일한 위성은 달이다.
출력 문장
모순

문장 유사도
입력 문장
문장 1: 서울은 대한민국의 수도이다.
문장 2: 오늘은 비가 예정되어 있다.
출력 문장
유사도 : 0.1213

감정 분석
입력 문장
감정 분석 문장 : 와.. 진짜 또 보러 올 거예요. 명작!
출력 문장
긍정

기계 번역
입력 문장
한글을 영문으로 번역 : 특이점은 분명히 올 것입니다.
출력 문장
The Singularity will definitely come.

그림 3.9 T5 하위 작업 변환

T5 모델은 대규모의 학습 데이터와 거대한 모델 구조를 통해 강력한 언어 이해 및 생성 능력을 갖췄다. T5는 약 750GB가 넘는 데이터세트로 사전 학습됐으며, 이를 처리하기 위해 최대 24개의 인코더와 디코더 계층을 활용한다. 이로 인해 T5 모델의 가중치 수는 약 11억 개에 달한다.

이는 종전의 대표적인 언어 모델인 BERT의 약 3억 4천만 개, BART의 약 4억 개에 비해 월등히 많은 수치다. 방대한 규모의 모델 구조는 T5가 다양한 하위 작업을 통해 언어 지식을 효과적으로 습득할 수 있게 해주었다. 그 결과, T5는 다수의 벤치마크에서 탁월한 성능을 보이며, 단일 모델로 여러 과제를 해결할 수 있는 새로운 패러다임을 제시했다. 그러나 방대한 모델 규모와 학습 데이터로 인해 T5를 실제 구현하고 활용하기 위해서는 막대한 계산 자원과 메모리 자원이 필요하다는 단점이 있다.

3.4.2 기계 번역 모델 학습

기계 번역도 3.2 '요약문 생성 : BART'에서 사용한 조건부 생성(ConditionalGeneration) 기능으로 번역을 수행한다. 조건부 생성은 주어진 조건(입력 텍스트)을 바탕으로 출력 텍스트를 생성하는 것을 의미한다. 이는 기계 번역, 요약, 질의응답 등 다양한 자연어 처리 작업에서 사용된다. 그러므로 T5 기계 번역은 T5ForConditionalGeneration 클래스를 통해 모델을 불러온다.

이번 절에서 사용되는 모델은 한국어와 영어 말뭉치를 이용해 사전 학습된 KETI-AIR/long-ke-t5-small을 사용한다. 이 모델은 과학기술정보통신부의 지원을 받아 한국전자기술연구원(Korea Electronics Technology Institute, KETI)에서 개발하고 공개한 모델로 한국어에 대해 약 3,600만 개의 문서를, 영어에 대해서는 약 3,800만 개의 문서를 학습했다.

이번 절에서는 HelsinkiNLP에서 공개한 OPUS−100 데이터세트를 사용해 영어−한국어 번역 모델을 학습해 본다. OUS−100 데이터세트는 전 세계 100개 언어와 영어의 쌍으로 이루어진 데이터세트로, 약 5천 5백만 개의 문장으로 구성된다. 다음 예제 3.19는 데이터세트를 불러오고 토큰화하는 방법을 보여준다.

예제 3.19 OPUS−100 데이터세트 토큰화

```
from datasets import load_dataset
from transformers import T5TokenizerFast, T5ForConditionalGeneration

def preprocess_data(example, tokenizer):
    translation = example["translation"]
    translation_source = ["en: " + instance["en"] for instance in translation]
    translation_target = ["ko: " + instance["ko"] for instance in translation]
    tokenized = tokenizer(
        translation_source, text_target=translation_target, truncation=True
    )
    return tokenized
```

```
model_name = "KETI-AIR/long-ke-t5-small"
tokenizer = T5TokenizerFast.from_pretrained(model_name)
model = T5ForConditionalGeneration.from_pretrained("KETI-AIR/long-ke-t5-small")

dataset = load_dataset("Helsinki-NLP/opus-100", "en-ko")
processed_dataset = dataset.map(
    lambda example: preprocess_data(example, tokenizer),
    batched=True,
    remove_columns=dataset["train"].column_names
)

sample = processed_dataset["test"][0]
print(sample)
print("변환된 출발 언어 :", tokenizer.decode(sample["input_ids"]))
print("변환된 도착 언어 :", tokenizer.decode(sample["labels"]))
```

【 출력 결과 】

```
{'input_ids': [20004, 20525, 20048, 20298, 20480, 20025, 20263, 20027, 20187, 20050,
43305, 20009, 21015, 20047, 1], 'attention_mask': [1, 1, 1, 1, 1, 1, 1, 1, 1, 1, 1, 1, 1, 1,
1, 1], 'labels': [20004, 23477, 20048, 92, 14, 4256, 11, 1363, 71, 1133, 2951, 20371, 33,
16, 75, 242, 10, 513, 20047, 1]}
변환된 출발 언어 : en: What makes you think I want an intro to anyone?</s>
변환된 도착 언어 : ko: 내가 너를 누구에게 소개하고 싶어한다고 생각하니?</s>
```

OPUS-100 데이터세트는 다양한 언어 간 기계 번역 작업을 위해 구축된 대규모 **병렬 말뭉치 (Parallel corpus)**[6]다. 이 중 en-ko는 영어와 한국어 간의 번역 쌍을 나타낸다. 이 데이터세트의 영어-한국어 부분은 100만 개의 학습 데이터와 각각 2,000개의 검증 및 테스트 데이터로 구성된다.

데이터세트는 translation 열로만 이뤄져 있으며, 이 열에는 영어 문장과 한국어 문장이 en과 ko 키를 갖는 딕셔너리 형태로 저장돼 있다. 예를 들어 데이터의 한 행이 {"translation": {"en": "English sentence", "ko": "한국어 문장"}}과 같은 형태가 된다.

T5ForConditionalGeneration을 사용할 때는 수행할 하위 작업을 프롬프트 형식으로 정의해야 한다. 이번 실습에서는 영어 문장을 한국어로 번역하는 작업을 다루므로, 번역할 영어 문

---

6 2개 국어 이상의 번역된 문서를 모은 말뭉치

장을 "en: **프롬프트**"를 이용해 모델에 전달한다. 모델은 이 프롬프트를 입력받아 처리한 후, "ko: **프롬프트**"와 함께 번역된 한국어 문장을 출력한다. 예를 들어 입력 프롬프트가 "en: This is an apple."이라면, 모델은 "ko: **이것은 사과입니다.**"와 같은 출력을 생성한다.

이처럼 T5ForConditionalGeneration은 프롬프트 기반 접근법을 사용해 다양한 자연어 처리 작업을 수행할 수 있다. 번역 작업뿐만 아니라 요약, 질의응답 등의 작업도 프롬프트 형식을 적절히 정의하면 동일한 방식으로 수행할 수 있다.

예제 3.20 기계 번역 모델 학습

```python
from transformers import DataCollatorForSeq2Seq
from transformers import Seq2SeqTrainingArguments, Seq2SeqTrainer

seq2seq_collator = DataCollatorForSeq2Seq(
    tokenizer=tokenizer,
    padding="longest",
    return_tensors="pt"
)

training_arguments = Seq2SeqTrainingArguments(
    output_dir="t5-translation",
    per_device_train_batch_size=8,
    per_device_eval_batch_size=16,
    learning_rate=5e-5,
    num_train_epochs=1,
    eval_steps=2500,
    logging_steps=2500,
    seed=42
)

trainer = Seq2SeqTrainer(
    model=model,
    args=training_arguments,
    data_collator=seq2seq_collator,
    train_dataset=processed_dataset["train"].select(range(100000)),
    eval_dataset=processed_dataset["validation"].select(range(1000))
)

trainer.train()
```

【 출력 결과 】

Step	Training Loss
2500	3.130700
5000	2.872100
7500	2.820500
10000	2.774000
12500	2.744600

```
TrainOutput(global_step=12500, training_loss=2.8683827734375, metrics={'train_runtime':
2840.5348, 'train_samples_per_second': 35.205, 'train_steps_per_second': 4.401,
'total_flos': 1434328128700416.0, 'train_loss': 2.8683827734375, 'epoch': 1.0})
```

T5ForConditionalGeneration을 활용한 번역 모델 학습에서는 DataCollatorForSeq2Seq 클래스를 이용해 배치 단위로 입력 시퀀스와 출력 시퀀스에 대한 패딩 처리를 수행한다. T5와 BART 등의 시퀀스-투-시퀀스 모델에서는 입력 데이터와 출력 데이터가 모두 텍스트 형태의 시퀀스로 구성돼 있다. 따라서 입력 ID와 레이블을 동일한 길이로 맞추기 위해 DataCollatorForSeq2Seq 클래스로 패딩 작업을 수행한다.

기계 번역은 출발어와 목적어 모두를 깊이 이해해야 하는 복잡한 자연어 처리 과제다. 그러므로 기존 예제들보다 훨씬 더 많은 10만 개의 데이터세트로 학습을 수행한다. 충분한 컴퓨팅 자원과 시간이 주어진다면, 전체 100만 개 데이터를 활용하고 여러 에폭에 걸쳐 학습을 진행한다면 보다 높은 수준의 번역 성능을 가진 모델을 학습시킬 수 있다. 학습이 완료되면 다음 예제 3.21과 같이 영어 문장을 한국어로 번역할 수 있다.

예제 3.21 기계 번역 수행

```python
import torch

model.eval()
device = torch.device("cuda" if torch.cuda.is_available() else "cpu")
model.to(device)

data = "en: It's always great to acquire new knowledge."
inputs = tokenizer(data, return_tensors="pt").to(device)
```

```
with torch.no_grad():
    outputs = model.generate(
        **inputs,
        max_length=512,
        num_beams=4,
        no_repeat_ngram_size=2,
        early_stopping=True
    )
print(tokenizer.decode(outputs[0], skip_special_tokens=True))
```

【 출력 결과 】

ko: 새로운 지식을 얻을 수 있어요

앞선 요약문 생성 예제와 동일한 방식으로 예측을 수행한다. 모델에 "en: "으로 시작하는 텍스트를 전달한다면 한국어로 번역을 수행하게 된다. 이와 같이 프롬프트에 특정 과제를 수행할 수 있도록 모델을 학습할 수 있다.

만약, 모델 학습 시 "summarization: " 등 다른 형식의 구문을 사용할 경우, 모델은 요약과 같은 다른 과제를 수행할 수 있게 된다. 이러한 학습 방식은 모델이 다양한 과제를 수행할 수 있다는 장점이 있으며, 사용자는 적절한 프롬프트를 선택함으로써 번역, 요약, 질문 답변 등의 과제를 유연하게 수행하거나 학습할 수 있게 된다. 다음 예제 3.22는 기계 번역 모델 평가 방식을 보여준다.

예제 3.22 기계 번역 모델 평가

```
import evaluate
from torch.utils.data import DataLoader

dataloader = DataLoader(
    processed_dataset["test"].select(range(100)),
    collate_fn=seq2seq_collator,
    batch_size=4,
    shuffle=False
)

generated_translated = []
true_translated_ids = processed_dataset["test"].select(range(100))["labels"]
```

```
true_translated = tokenizer.batch_decode(true_translated_ids, skip_special_tokens=True)

with torch.no_grad():
    for batch in dataloader:
        batch = batch.to(device)
        output = model.generate(
            **batch,
            max_length=1026,
            num_beams=4,
            no_repeat_ngram_size=2,
            early_stopping=True
        )
        batch_translated = tokenizer.batch_decode(output, skip_special_tokens=True)
        generated_translated.extend(batch_translated)

metric = evaluate.load("bleu")
bleu_scores = metric.compute(
    predictions=generated_translated,
    references=true_translated
)
print(bleu_scores)
```

【 출력 결과 】

```
{'bleu': 0.05533788022638576,
 'precisions': [0.424483306836248,
  0.22306238185255198,
  0.03263403263403263,
  0.00911854103343465],
 'brevity_penalty': 0.7595419341538798,
 'length_ratio': 0.78428927680798,
 'translation_length': 629,
 'reference_length': 802}
```

BLEU(Bilingual Evaluation Understudy) 점수는 기계 번역의 품질을 평가하는 데 널리 사용되는 지표다. 이 점수는 0에서 1 사이의 값을 가지며, 1에 가까울수록 더 높은 품질의 번역을 의미한다. BLEU 점수 계산은 주로 두 가지 요소를 고려한다.

- **N-gram 정밀도**: 이는 생성된 번역문의 N-gram(연속된 N개의 단어)이 정답 번역문에 얼마나 포함되는 지를 측정한다. 일반적으로 1-gram부터 4-gram까지를 고려한다. 각 N-gram의 정밀도를 계산한 후, 이 들의 기하평균을 구한다.

- **브레버티 페널티(Brevity penalty)**: 이는 생성된 번역문이 정답보다 지나치게 짧은 경우에 대한 페널티 를 부과한다. 이를 통해 짧은 번역문이 부적절하게 높은 점수를 받는 것을 방지한다.

출력 결과를 보면 BLEU 점수, 각 N-gram에 대한 정밀도, 브레버티 페널티, 생성된 번역문 과 정답 번역문의 길이 비율 등 다양한 정보를 확인할 수 있다. 이 예제에서 얻은 BLEU 점수 는 약 0.055로, 개선이 필요하다는 것을 보여준다.

BLEU 점수 해석 시 주의할 점은 이 지표가 번역의 유창성이나 문맥적 적절성을 완벽히 반영 하지 못한다는 것이다. 또한 특정 도메인이나 언어 쌍에 따라 점수의 의미가 달라질 수 있으며, 인간의 주관적 평가와 항상 일치하지는 않는다.

따라서 BLEU 점수만으로 번역 품질을 판단하는 것은 한계가 있다. 이를 보완하기 위해 METEOR, TER, ROUGE 등의 다른 자동 평가 지표를 함께 사용하거나, 인간 평가자의 주관 적 평가를 병행하는 것이 좋다. 또한 특정 도메인이나 응용 분야에 특화된 평가 방법을 개발해 사용하는 것도 고려할 수 있다.

3.5 텍스트 생성: LLaMA-3.1

텍스트 생성(Text generation)은 주어진 입력 텍스트를 기반으로 새로운 텍스트를 만들어 내는 기술이다. 이 기술은 단순히 주어진 입력을 바탕으로 텍스트를 만들어내는 것을 넘어서, 맥락을 이해하고 적절한 응답을 생성하는 복잡한 과정을 포함한다. 앞서 다뤘던 요약, 기계 번 역 이외에도 생성형 질의 응답, 챗봇과 같은 다양한 분야에서 텍스트 생성 기술이 활용된다.

허깅페이스 트랜스포머 라이브러리에서는 크게 **시퀀스-투-시퀀스(Sequence-to-sequence) 기반 모델**과 **인과적 언어 모델(Causal language model)**을 제공한다. 다음은 허깅페이스에서 제공하는 텍스트 생성 모델 유형을 간략히 정리했다.

시퀀스-투-시퀀스 모델

- **대표적인 모델**: Transformer, MASS, BART, T5,

- **구조**: 인코더와 디코더로 구성

- **특징**: 양방향 모델로, 입력 텍스트 전체를 고려해 출력을 생성

- **주요 응용 분야**: 기계 번역, 텍스트 요약, 질의응답 시스템

인과적 언어 모델

- **대표적인 모델**: GPT, LLaMA, ChatGPT, Gemma, PaLM

- **구조**: 단일 디코더로 구성

- **특징**: 단방향 모델로, 이전 토큰들을 기반으로 다음 토큰을 예측

- **주요 응용 분야**: 대화 시스템, 텍스트 생성, 다음 단어 예측

최근 주목받고 있는 대형 언어 모델들은 대부분 인과적 언어 모델 구조를 채택하고 있다. 이 모델은 입력이 들어오는 대로 순차적으로 처리할 수 있어 실시간 대화 처리에 매우 적합하며, 이로 인해 대화형 시스템에서 효과적으로 활용된다. 또한, 문맥을 고려해 연속적이고 일관된 텍스트를 생성할 수 있어 자연스러운 텍스트 생성이 가능하다. 이러한 특성은 더욱 사실적이고 맥락에 맞는 응답을 만들어내는 데 효과적이다.

텍스트 생성 기술은 다양한 분야에서 혁신적인 응용을 가능케 하고 있다. 창작 분야에서는 소설, 시나리오, 광고 문구 등 다양한 형태의 창작물 생성을 보조해 작가와 창작자들의 작업을 지원하며, 교육 분야에서는 개별 학습자의 수준에 맞춘 학습 자료를 생성하고 맞춤형 피드백을 제공해 개인화된 학습 경험을 가능케 한다. 법률 분야에서는 법률 문서 초안 작성과 판례 분석 및 요약 작업을 보조해 법률 전문가들의 업무를 지원한다. 이번 절에서는 인과적 언어 모델인 LLaMA-3.1를 활용해 텍스트를 생성하는 방법을 알아본다.

3.5.1 LLaMA-3 시리즈

LLaMA(Large Language Model Meta AI)는 메타에서 개발 및 공개한 대규모 언어 모델 시리즈로, LLaMA-3는 2024년 4월에 공개된 버전이다. LLaMA-3는 이전 버전들에 비해 큰 폭으로 성능이 향상됐으며, 현재 8B(80억)와 70B(700억) 매개변수를 갖는 모델이 출시됐다.

LLaMA-3는 15조 개 이상의 토큰으로 학습됐는데, 이는 LLaMA-2의 학습 데이터보다 7배 이상 많은 양이다. 이 방대한 데이터세트에는 30개 이상의 언어로 된 고품질 데이터가 포함돼 있어, 모델의 다국어 처리 능력이 크게 향상됐다.

LLaMA-3는 8,192 토큰 길이의 시퀀스로 학습됐으며, 128K 토큰의 더 효율적인 토크나이저를 사용해 언어 인코딩 효율성을 크게 높였다. 이로 인해 이전 모델보다 토큰 사용이 최대 15% 감소했다. 또한, **그룹 쿼리 어텐션(Grouped Query Attention, GQA)**[7]을 도입해 8B 모델을 포함한 모든 크기의 모델에서 추론 효율성을 개선했다.

2024년 7월에는 기능을 더욱 강화한 LLaMA-3.1이 공개됐다. 기존의 8B와 70B 모델 외에 405B(4,050억) 매개변수 모델이 추가로 선보였다. LLaMA-3는 다국어를 지원하도록 사전 학습됐지만 주로 영어 사용에 초점을 맞췄다.

LLaMA-3.1에서는 8개의 다국어[8] 지원이 개선되었으며, 다른 언어에서도 더 높은 성능을 제공한다. 또한, **컨텍스트 길이(Context length)**[9]가 8K에서 128K 토큰으로 확장되어 더 많은 작업을 이해하고 수행할 수 있게 됐다. 도구 사용 기능도 추가되어 검색 엔진(Brave Search), 수학 계산 엔진(Wolfram Alpha), 코드 인터프리터 등 다양한 외부 도구를 활용할 수 있어 더욱 복잡하고 정확한 작업 수행이 가능해졌다.

이외에도 LLaMA-3.1은 AI 안전성 및 보안 관련 도구가 추가되어 AI 시스템의 출력을 모니터링하고 잠재적으로 유해하거나 부적절한 콘텐츠를 식별하는 데 사용되는 Llama Guard 3와 **프롬프트 주입(Prompt injection)**[10]을 방지하는 **프롬프트 가드(Prompt guard)**로 시스템의 전반적인 안전성과 신뢰성을 향상시켰다.

---

7 쿼리들을 그룹화해 어텐션 메커니즘의 계산 효율성을 높이는 기법
8 영어, 독일어, 프랑스어, 이탈리아어, 포르투갈어, 힌디어, 스페인어, 태국어
9 모델이 한 번에 처리할 수 있는 입력 토큰의 길이
10 악의적인 사용자가 AI 시스템에 의도하지 않은 작동을 유발하기 위해 교묘한 프롬프트를 입력하는 것

이러한 개선을 통해 추론, 코드 생성, 지시 수행 등에서 큰 발전을 이뤘다. 또한, 거짓 거부율
(False refusal rates)[11] 감소, 정렬 개선(Improved alignment)[12], 응답 다양성 증가 등 다
양한 측면에서 개선이 이뤄졌다. 이러한 개선으로 LLaMA-3는 실제 사용 환경에서 더욱 유용
하고 신뢰할 수 있는 언어 모델로 자리매김했으며, 다양한 산업 분야와 연구 영역에서의 활용
가능성이 크게 확대됐다.

LLaMA-3 시리즈의 학습 데이터에는 일반 지식에 해당하는 토큰이 약 50%, 수학 및 추론 토
큰이 25%, 코드 토큰이 17%, 다국어 토큰이 8% 포함된다. LaMA-3 시리즈의 학습 데이터는
모두 공개된 소스에서 수집됐으며, 코드 관련 데이터양도 LLaMA-2에 비해 4배 이상 증가했
다. 그 덕분에 코드 생성 및 이해 능력이 크게 개선됐다.

이를 통해 LLaMA-3 시리즈는 향상된 다국어 처리 능력 및 한국어 처리 능력이 강화됐다.
LLaMA-3 시리즈의 한국어 강화 모델들의 성능은 Open Ko-LLM Leaderboard[13] 스페이
스에서 확인할 수 있다. 이 리더보드는 한국어 이해력, 추론 능력, 지식 등 다양한 측면에서 모
델들을 평가한다.

LLaMA-3를 비롯한 여러 다국어 모델들도 이 리더보드에 포함되어 있어, 한국어 처리 능력
에 대한 비교 평가가 가능하다. LLaMA-3 시리즈의 한국어 강화 모델들은 Open Ko-LLM
Leaderboard 스페이스에서 상위권을 차지하고 있으며, 한국어 과제에서 우수한 성능을 보이
고 있다. 다음 그림 3.10은 LLaMA-3 시리즈의 모델 구조를 보여준다.[14]

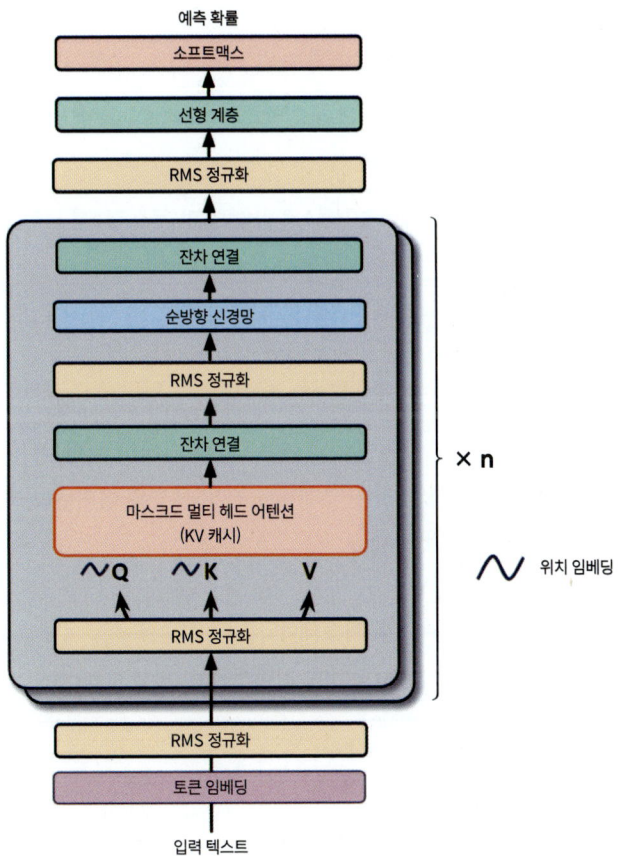

그림 3.10 LLaMA-3 시리즈 모델 구조

LLaMA-3는 기본적으로 트랜스포머 디코더 아키텍처를 기반으로 하지만, 몇 가지 중요한 차이점이 있다. 다음은 LLaMa-3의 중요한 구조적 특징과 기술의 차이점을 정리했다.

LLaMa-3 개선 사항

- **토크나이저**: 128K 토큰의 확장된 어휘 사전을 가진 토크나이저를 사용한다. 이는 언어를 더욱 효율적으로 인코딩해 모델 성능을 크게 향상시킨다. 실제로 이 새로운 토크나이저는 LLaMA-2에 비해 토큰 사용을 최대 15% 감소시켰다.

- **그룹 쿼리 어텐션**: 8B 모델을 포함한 모든 크기의 모델에 도입했다. 그룹 쿼리 어텐션은 키와 값을 여러 그룹으로 묶어 어텐션 연산을 수행함으로써, 기존의 다중 헤드 어텐션보다 더 효율적인 추론을 가능하게 한다.

- **위치 정보 인코딩**: 회전 위치 임베딩(Rotary Position Embedding, RoPE)을 사용한다. 이 방식은 코사인과 사인 함수를 이용한 기존의 위치 인코딩보다 더 효과적으로 상대적 위치 정보를 모델에 제공한다.

- **활성화 함수**: SwiGLU(Swish–Gated Linear Unit)를 사용한다. 이는 GLU(Gated Linear Unit)의 변형으로, ReLU나 GeLU보다 더 복잡한 패턴을 학습할 수 있게 해준다.

- **정규화 기법**: 배치 정규화 대신 RMS(Root Mean Square) 정규화를 사용한다. 이 방식은 학습을 더 안정적으로 만들고 계산 효율성도 향상시킨다.

- **시퀀스 길이 및 마스킹**: 8,192 토큰 길이의 시퀀스로 학습됐으며, 문서 경계를 넘지 않도록 하는 마스크를 사용했다. 이는 모델이 긴 컨텍스트를 더 잘 이해하고 처리할 수 있게 한다.

- **KV 캐시 기법**: 추론 시에는 어텐션 연산에 사용되는 키와 값을 캐시에 저장하는 KV 캐시 기법을 사용해 연산 효율성을 크게 개선했다.

이러한 구조적 혁신들을 통해 LLaMA-3는 성능과 효율성 면에서 이전 버전들을 크게 앞서게 됐다. 또한 LLaMA-3는 사전 학습 개선을 통해서도 성능 향상을 이뤄냈다. 다음 그림 3.11은 LLaMA-3의 사전 학습 방법을 시각화했다.

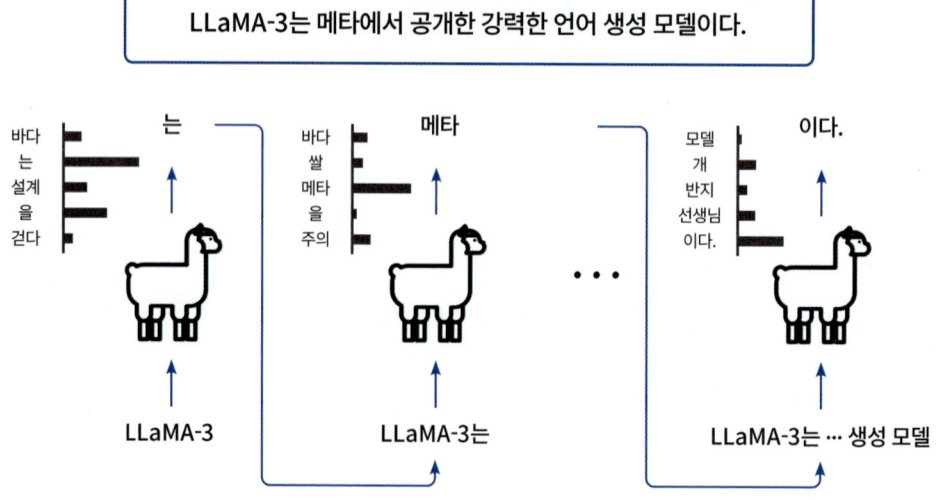

그림 3.11 LLaMA-3의 사전 학습

먼저 LLaMA-3는 학습 데이터의 품질을 보장하기 위해, 데이터 필터링 파이프라인을 개발했다. 이 파이프라인에는 휴리스틱 필터, 선정성(Not Safe For Work, NSFW) 필터, 의미론적 중복 제거 방법, 텍스트 품질 예측을 위한 분류기 등이 포함된다.

특히 주목할 만한 점은 LLaMA-2를 활용해 LLaMA-3의 텍스트 품질 분류기를 학습시켰다는 것이다. LLaMa-2로 텍스트 품질 분류기를 위한 학습 데이터를 생성해, LLaMA-3에 활용됐다. 이러한 데이터 필터링 파이프라인을 통해 높은 품질의 데이터를 사용해 학습되고, 이를 통해 더욱 정교하고 효율적인 성능을 발휘할 수 있게 됐다.

사전 학습 과정은 자기 지도 학습 방식을 따른다. LLaMA-3는 이 과정을 통해 단어 간의 관계, 문법 구조, 문맥적 의미 등을 파악하며, 이는 궁극적으로 자연스럽고 일관성 있는 텍스트 생성 능력으로 이어진다. 또한, 사전 학습 과정을 최적화하기 위해, 모델 크기, 데이터세트 크기, 계산 자원 등의 요소에 따라 대규모 언어 모델의 성능이 어떻게 변화하는지를 수학적으로 설명하는 상세한 스케일링 법칙을 개발했다.

이를 통해 데이터 혼합을 최적화하고 학습 컴퓨팅 자원을 효율적으로 사용할 수 있게 됐다. 8B 매개변수 모델의 경우 친칠라(Chinchilla)[15] 모델의 학습량인 2,000억 토큰을 훨씬 넘어서도 성능이 지속적으로 향상됐다. LLaMA-3의 8B와 70B 모델 모두 15조 토큰까지 학습했을 때 로그 선형적으로 성능이 개선됐다.

사전 학습을 통해 LLaMA-3는 방대한 지식과 강력한 텍스트 생성 능력을 갖추게 됐다. 그러나 이 모델을 실제 응용 프로그램에서 효과적으로 사용하기 위해서는 추가적인 **지시 미세 조정(Instruction fine-tuning)** 과정이 필요하다. 이 과정을 통해 모델은 사용자의 지시 사항이나 명령에 따라 적절하게 응답하는 능력을 갖추게 된다. 다음 3.12는 지시 학습이 된 LLaMA-3와 지시 학습되지 않은 LLaMA-3의 응답을 비교했다.

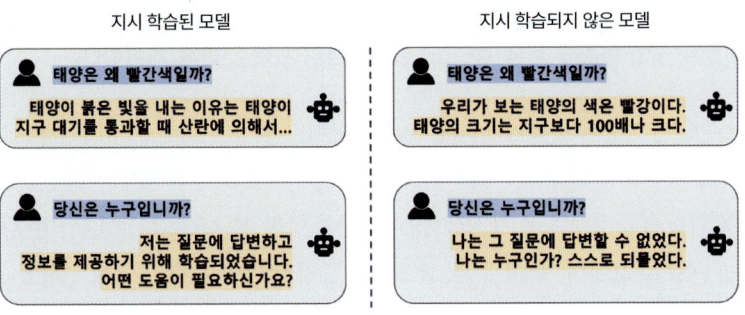

그림 3.12 지시 학습된 모델과 그렇지 않은 모델

---

15 구글의 DeepMind 연구팀이 개발한 대규모 언어 모델

LLaMA-3의 지시 학습은 지도 미세 조정(SFT), 인간 피드백 기반 강화학습(RLHF), 직접 선호 최적화(DPO)를 활용해 모델의 성능을 최적화한다.

지도 미세 조정(Supervised Fine-Tuning, SFT)은 사람이 작성한 고품질의 질의-응답 쌍을 사용해 모델을 직접 학습시키는 방법이다. 이 방법은 모델이 특정 지시에 정확하게 응답하도록 학습시키는 데 효과적이다. 메타는 SFT 데이터의 품질이 최종 모델 성능에 큰 영향을 미친다는 점을 인식하고, 데이터 큐레이션과 품질 보증에 많은 노력을 기울였다.

인간 피드백 기반 강화학습(Reiforcement Learning from Human Feedbac, RLHF)은 근위 정책 최적화(Proximal Policy Optimization, PPO)[16] 알고리즘을 사용한다. 이 방법에서는 모델이 생성한 여러 응답에 대해 사람이 순위를 매기고, 이 데이터를 바탕으로 보상 모델을 학습시킨다. 그 후 이 보상 모델을 사용해 주 모델을 강화학습 한다. RLHF는 모델이 인간의 선호도를 더 잘 반영하도록 만드는 데 효과적이지만, 보상 모델 설계의 복잡성과 학습의 불안정성이 단점으로 지적된다.

직접 선호 최적화(Direct Preference Optimization, DPO)는 RLHF의 복잡성을 줄이면서도 효과적인 학습을 가능하게 하는 방법이다. 이 방법은 사람이 매긴 응답 순위를 직접 학습해 강화학습의 불안정성을 피하면서도 모델의 성능을 향상시킨다. DPO는 학습이 더 안정적이지만, 높은 품질의 선호도 데이터가 필요하다는 점이 중요하다.

Meta는 세 가지 방법을 조합해 LLaMA-3의 성능을 최적화했다. 선호도 랭킹을 통한 학습(PPO, DPO)으로 모델의 추론 및 코딩 능력을 크게 향상시켰으며, 복잡한 추론 문제에서 모델이 올바른 과정을 도출하지만 최종 답변 선택에 어려움을 겪는 경우가 많다는 점을 발견했다. 이에 선호도 랭킹 학습을 통해 모델의 정확한 답변 선택 능력을 개선했다.

또한, 지시 학습에 사용되는 프롬프트와 선호도 랭킹의 품질이 정렬된(aligned) 모델 성능에 결정적 영향을 미침을 확인했다. 이를 바탕으로 데이터를 신중히 큐레이션하고, 인간 주석자의 입력에 대해 다단계 품질 검증을 실시했다. 이러한 종합적 접근으로 LLaMA-3는 다양한 작업에서 우수한 성능을 보이며, 특히 추론, 코드 생성, 지시 이행 능력이 크게 향상됐다. 다음 표 3.1에 LLaMa 시리즈의 특징을 정리했다.

---

16 강화학습에서 사용되는 방법으로, 에이전트의 정책을 점진적으로 개선하면서도 급격한 변화를 방지하여 안정적인 학습을 가능하게 하는 기법

표 3.1 LLaMa 시리즈 특징

모델	출시일	컨텍스트 길이	토큰 수	그룹 쿼리 어텐션 (GQA)	토크나이저	지식 기준일 (Knowledge cutoff)
Llama 2 7B	2023년 7월 18일	4k	2T	X	Sentencepiece	2022년 9월
Llama 2 13B	2023년 7월 18일	4k	2T	X	Sentencepiece	2022년 9월
Llama 2 70B	2023년 7월 18일	4k	2T	O	Sentencepiece	2022년 9월
Llama 3 8B	2024년 4월 18일	8k	15T+	O	TikToken[17]	2023년 3월
Llama 3 70B	2024년 4월 18일	8k	15T+	O	TikToken	2023년 12월
Llama 3.1 8B	2024년 7월 23일	128k	15T+	O	TikToken	2023년 12월
Llama 3.1 70B	2024년 7월 23일	128k	15T+	O	TikToken	2023년 12월
Llama 3.1 405B	2024년 7월 23일	128k	15T+	O	TikToken	2023년 12월

3.5.2 텍스트 생성 모델 실습

LLaMA-3 시리즈는 BART나 T5와 달리 트랜스포머 디코더만으로 구성된 모델이다. BART와 T5 같은 인코더-디코더 구조의 시퀀스-투-시퀀스 모델은 입력 텍스트를 처리해 완전히 새로운 텍스트를 생성한다. 반면, LLaMA-3 시리즈와 같은 디코더 전용 모델은 주어진 입력 텍스트에 이어 가장 자연스러운 텍스트를 생성하는 데 특화돼 있다.

시퀀스-투-시퀀스 모델의 장점은 인코더가 입력 텍스트의 정보를 효율적으로 압축하고 재구성한다는 점이다. 이러한 특성으로 인해 번역, 요약 등 의미 정보를 변환하는 작업에서 뛰어난 성능을 보인다. 그러나 이 모델들은 전체 입력 텍스트를 인코더로 처리한 후에야 텍스트 생성을 시작하므로, 실시간 생성 속도 면에서는 상대적으로 느리다.

17 OpenAI에서 개발한 BPE 토크나이저

반면, LLaMA-3 시리즈와 같은 인과적 언어 모델은 인코더 과정이 없어 실시간 텍스트 생성에 더 적합하다. 또한, 대량의 데이터를 원문 그대로 학습할 수 있어 대규모 데이터세트를 효율적으로 처리할 수 있다. 이러한 모델은 번역이나 요약처럼 전체 입력 텍스트에 대한 종합적 이해가 필요한 작업에 적용하기 어렵다는 단점이 있었다. 그러나 최근 대규모 언어 모델의 발전으로 이러한 작업에서도 충분히 좋은 성능을 보인다.

더불어, LLaMA-3 시리즈와 같은 모델은 **퓨샷 러닝(Few-shot learning)**[18]이나 **맥락 내 학습(In-context learning)**[19] 능력이 뛰어나, 적은 예시만으로도 다양한 작업을 수행할 수 있다. 이는 모델의 유연성과 적용 범위를 크게 확장시켰다. 이처럼 디코더 전용 모델은 텍스트 생성의 효율성, 실시간성, 그리고 대규모 데이터 학습 능력에서 강점을 보이며, 최근에는 전통적인 시퀀스-투-시퀀스 모델의 장점까지 상당 부분 흡수하고 있다.

LLaMA-3 시리즈 모델은 규모와 성능으로 인해 상당한 컴퓨팅 자원을 요구한다. 가장 작은 모델조차도 80억 개의 매개변수를 보유하고 있으며, 이를 운용하기 위해서는 최소 20GB의 GPU 메모리가 필요하다. 이러한 높은 요구사항으로 인해 일반적인 실습 환경에서는 모델을 완전히 학습시키기 어렵다.

예를 들어, 구글 코랩에서 이 모델을 실행하려면 L4 GPU 이상의 고성능 하드웨어 가속기가 필요하다. 더욱이 학습 과정에서는 기울기 계산에 추가적인 메모리가 소요되어 실제 학습은 매우 제한적이다.

이러한 제약을 고려해, 실습에서는 모델을 직접 학습시키는 대신 이미 **지시 학습(Instruction tuning)**된 LLaMA-3.1 모델을 불러와 텍스트를 생성하는 방법으로 실습해 본다. 이 접근 방식은 고성능 모델의 능력을 활용하면서도 컴퓨팅 리소스 환경의 한계를 극복할 수 있는 효과적인 방법이다.

또한, 모델의 학습 및 추론을 최적화하기 위해 사용하는 BitsAndBytesConfig 객체를 사용해 모델의 메모리 사용량을 줄이고 계산 속도를 높여본다. 다음은 BitsAndBytesConfig 클래스 사용을 위한 bitsandbytes 라이브러리 설치 방법을 보여준다.

---

18 모델이 적은 수의 학습 데이터로 새로운 작업을 수행하도록 하는 학습 방법
19 모델이 입력된 텍스트의 맥락을 기반으로 새로운 작업을 즉석에서 수행하는 능력

bitsandbytes 라이브러리

```
pip3 install bitsandbytes
```

BitsAndBytesConfig는 bitsandbytes 라이브러리를 사용해 모델의 모든 가능한 속성과 기능을 포괄하는 래퍼 클래스다. BitsAndBytesConfig는 주로 대규모 언어 모델을 효율적으로 불러오고 실행하고자 할 때 사용된다.

큰 모델을 상대적으로 작은 메모리를 가진 하드웨어에서 실행해야 할 때 사용하며, 8비트나 4비트 **양자화(Quantization)**[20]를 통해 모델의 메모리 사용량을 크게 줄일 수 있다. 또한, 이렇게 양자화된 모델은 일반적으로 더 빠른 추론 속도를 제공한다. 특히 실시간 응답이 필요한 애플리케이션에서 유용할 수 있다. 다음은 BitsAndBytesConfig 클래스의 주요한 매개변수를 설명한다.

BitsAndBytesConfig 클래스

```
quantization_config = BitsAndBytesConfig(
    load_in_8bit=False,
    load_in_4bit=False,
    llm_int8_threshold=6.0,
    bnb_4bit_compute_dtype=None,
    bnb_4bit_quant_type="fp4",
    bnb_4bit_use_double_quant=False
)
```

- **load_in_8bit, load_in_4bit**: 각각 8비트와 4비트 양자화를 활성화하는 값이다. 모델의 메모리 사용량을 크게 줄이는 데 사용되며, 상호 배타적이다.

- **llm_int8_threshold**: 8비트 양자화에서 이상치 탐지를 위한 임곗값이다. 기본값인 6.0은 대부분의 경우에 적합하지만, 작거나 불안정한 모델에서는 조정이 필요하다.

- **bnb_4bit_compute_dtype**: 4비트 양자화에서 사용될 계산 데이터 형식을 지정한다. 이 값은 입력 형식과 다를 수 있으며, 연산 속도 향상을 위해 사용된다.

---

20 신경망 모델의 가중치와 활성화 값을 낮은 정밀도로 변환해 연산 효율성과 메모리 사용을 최적화하는 기술

- **bnb_4bit_quant_type**: 4비트 양자화의 데이터 형식을 지정한다. fp4(4-bit float point)나 nf4(4-bit normalized float) 중 선택할 수 있으며, 각각 4비트 부동 소수점 표현 방식과 정규화된 4비트 부동 소수점 표현 방식을 의미한다.

- **bnb_4bit_use_double_quant**: 이중 양자화를 활성화하는 매개변수로, 추가적인 메모리 절약이 가능하지만 정확도에 영향을 줄 수 있다.

이제 4비트 양자화를 적용해 LLaMA-3.1 모델을 불러오자. LLaMA-3 시리즈 모델은 **게이트 모델**(Gated model)로 모델에 대한 접근이 제한돼 있어, 승인된 사용자나 조직만이 사용할 수 있다. 게이트 모델을 사용하려면 라이선스 정책에 동의해야 한다. LLaMA-3.1을 포함한 대부분의 공개 대규모 언어 모델들은 특정 라이선스 정책을 따른다.

이러한 정책들은 무단 복제와 수정을 방지하고, 저품질 파생 모델의 생성을 억제하며, 상업적 사용을 규제한다. 또한 모델 사용으로 인한 법적 책임을 제한하고 모델의 강력한 생성 능력이 악용되는 것을 방지하는 역할을 한다.

트랜스포머 라이브러리로 LLaMA-3.1을 사용하려면 허깅페이스 모델 페이지에서 라이선스 약관에 동의해야 한다. 이 과정에서 모델의 사용 목적과 범위가 명시되며 사용자는 이에 따른 책임을 인지해야 한다. 대규모 언어 모델의 사용에는 윤리적 고려 사항도 중요하므로, 모델 사용 시 이를 충분히 숙지하고 준수해야 한다. LLaMA-3.1을 사용하려면 LLaMA-3.1 모델 페이지[21]를 접근해 라이선스에 동의한다.

LLaMA-3.1 모델 및 그 파생물의 사용과 배포에는 엄격한 규정이 적용된다. 이 모델이나 관련 제품, 서비스를 배포하거나 제공할 때는 반드시 계약서 사본을 함께 제공해야 하며, "**Built with Meta Llama 3**"라는 문구를 관련 웹사이트, 사용자 인터페이스, 블로그 글, 정보 페이지, 또는 제품 문서에 명확히 표시해야 한다. 또한, LLaMA-3 시리즈를 기반으로 새로운 AI 모델을 개발하거나 기존 모델을 개선할 경우, 해당 모델 이름의 시작 부분에 "**Llama 3**"를 포함해야 한다.

라이선스 조항은 이에 그치지 않고 여러 가지 금지 사항을 명시하고 있다. 허위 정보의 생성이나 조장, LLaMA-3 시리즈의 결과물을 인간이 만든 것처럼 표시하는 행위, 그리고 가짜 리뷰

---

21 https://huggingface.co/meta-llama/Meta-Llama-3.1-8B-Instruct

나 기타 허위 온라인 참여를 만들거나 조장하는 행위 등이 명확히 금지돼 있다. 이러한 조항들은 모델의 윤리적 사용을 보장하고 잠재적 오용을 방지하기 위한 것이다. 따라서 모델 사용 전라이선스 내용을 철저히 검토하는 것이 중요하다.

라이선스 동의 절차를 거친 후에는 제시된 정보를 바탕으로 사용 목적이 허가 조건에 적합한지 판단한다. 모델 사용이 승인되면, 트랜스포머 라이브러리에서 모델을 불러올 때 인증된 사용자임을 확인할 수 있도록 인증 토큰을 입력해 모델을 불러올 수 있다. 다음 예제 3.23은 4비트 양자화를 사용해 LLaMA-3.1 모델 불러오기 방법을 보여준다.

예제 3.23 LLaMA-3.1 모델 불러오기

```python
import torch
from transformers import BitsAndBytesConfig
from transformers import AutoTokenizer, AutoModelForCausalLM

quantization_config = BitsAndBytesConfig(
    load_in_4bit=True,
    bnb_4bit_quant_type="nf4",
    bnb_4bit_compute_dtype=torch.float16,
    bnb_4bit_use_double_quant=False
)


token = "hf_###..." # 토큰 입력
model_name = "meta-llama/Meta-Llama-3.1-8B-Instruct"

tokenizer = AutoTokenizer.from_pretrained(
    model_name,
    trust_remote_code=True,
    token=token
)
model = AutoModelForCausalLM.from_pretrained(
    model_name,
    quantization_config=quantization_config,
    device_map={"": 0},
    token=token
)
```

BitsAndBytesConfig를 사용해 양자화 설정을 구성한다. 이 설정에서는 4비트 양자화를 활성화하고, 양자화 형식을 nf4로 지정하며, 계산 데이터 형식을 float16으로 설정한다. 정확도를 위해 이중 양자화는 비활성화한다.

다음으로, 허깅페이스 액세스 토큰과 사용할 모델의 이름을 지정한다. 이 경우 meta-llama/Meta-Llama-3.1-8B-Instruct 모델을 사용한다. AutoTokenizer를 사용해 모델에 맞는 토크나이저를 불러온다. 이때 원격 코드를 신뢰하도록 설정하고, 지정된 액세스 토큰을 사용한다.

마지막으로, AutoModelForCausalLM을 사용해 실제 모델을 불러온다. 이 과정에서 앞서 정의한 양자화 설정(quantization_config)을 적용하고, device_map을 {"": 0}로 설정해 모델의 모든 부분을 명시적으로 첫 번째 GPU(인덱스 0)에 할당한다. 이렇게 불러온 모델은 4비트로 양자화되어 메모리 사용량이 줄어들고, float16 데이터 타입으로 계산되어 추론 속도가 향상된다.

양자화된 모델을 불러왔다면, LLaMA-3.1과 대화해 보자. 다음 예제 3.24는 사용자의 입력에 대한 응답 생성 방법을 보여준다.

예제 3.24 LLaMA-3.1과 대화하기

```
model.eval()

messages = [
    {"role": "user", "content": "안녕하세요."}
]

input_ids = tokenizer.apply_chat_template(
    messages,
    add_generation_prompt=True,
    return_tensors="pt"
).to(model.device)

with torch.no_grad():
    outputs = model.generate(
        input_ids,
        max_new_tokens=256,
        do_sample=True,
```

```
        temperature=0.7,
        top_p=0.9
    )

response = outputs[0][input_ids.shape[-1]:]
print(tokenizer.decode(response, skip_special_tokens=True))
```

【 출력 결과 】

안녕하세요! 어떻게 지내십니까? 여쭤볼 게 있으시면 말씀해 주세요.

지시 학습된 모델은 사용자의 입력과 그에 대한 이상적인 응답을 구별해 학습하는 방식을 채택한다. 이 과정에서 대화에 **역할(Role)**을 부여해 입력을 처리한다. 예를 들어, **"안녕하세요."** 라는 사용자 프롬프트는 "user" 역할로 지정되어 사용자의 입력임을 명확히 알 수 있다.

이러한 메시지는 tokenizer.apply_chat_template 메서드를 사용해 모델이 이해할 수 있는 형식으로 변환한다. 이 과정에서 대화 템플릿이 적용되고, 최종적으로 텐서 형태로 변환된다.

응답 생성(generate) 메서드에서는 temperature와 top_p 매개변수로 다양한 응답을 생성할 수 있다. temperature는 생성된 텍스트의 무작위성을 조절한다. 0.0에 가까울수록 모델이 가장 높은 확률의 단어를 선택하게 된다. 이로 인해 출력이 더 예측 가능하고 반복적이게 되어, 모델이 같은 입력에 대해 거의 동일하거나 매우 유사한 응답을 생성한다. 반면에 높은 temperature는 모델이 낮은 확률의 단어들도 더 자주 선택하게 한다. 이는 더 다양하고, 창의적이며, 때로는 예상치 못한 응답을 만들어 낼 수 있다.

top_p는 **핵심 샘플링(Nucleus sampling)** 또는 **상위-p 샘플링**이라고도 불리는 텍스트 생성 전략이다. 모델이 다음 토큰을 예측할 때, 모든 가능한 토큰의 확률을 계산하고, 확률을 내림차순으로 정렬한다. 확률을 누적해 가면서, 그 합이 지정된 p 값(예: 0.9)에 도달할 때까지의 토큰들만 선정한다. 이렇게 선별된 토큰들 중에서만 다음 토큰을 선택하는 전략이다. 예를 들어, top_p가 0.9로 설정되면, 누적 확률이 90%가 되는 지점까지의 토큰만 고려한다. 이는 가장 가능성 높은 선택지들만 고려하는 방법이다.

모델의 기능을 더욱 세밀하게 조정하기 위해 시스템 프롬프트를 활용할 수 있다. 이는 대규모 언어 모델의 역할, 제약 조건, 초기 지시 사항 등을 설정하는 데 사용된다. 시스템 프롬프트를 통해 모델에 특정 특성, 배경, 가상의 성격 등을 부여해 더욱 구체적이고 개인화된 인격을 만들수 있다.

이러한 개인화된 특성 부여를 **페르소나(Persona)**라고 한다. 시스템 프롬프트는 모델의 응답 방식을 조절하고, 특정 상황에 맞는 맥락을 제공해 더욱 정교하고 목적에 부합하는 상호작용을 가능하게 한다. 다음 예제 3.25는 시스템 프롬프트를 이용해 LLaMA-3.1 모델에 페르소나를 설정하는 방법을 보여준다.

예제 3.25 페르소나 부여

```python
model.eval()

messages = [
    {"role": "system", "content": "저는 위키북스의 챗봇 위키봇입니다."},
    {"role": "user", "content": "안녕하세요, 당신은 누구인가요?"}
]

...

response = outputs[0][input_ids.shape[-1]:]
print(tokenizer.decode(response, skip_special_tokens=True))
```

【 출력 결과 】

> 안녕하세요! 나는 위키북스의 챗봇, 위키봇입니다. 위키북스에서 다양한 지식을 공유하고 도울 목적으로 개발된 챗봇입니다. 제가 도와드릴 수 있는 다양한 주제와 질문에 대해 질문해 주세요!

시스템 프롬프트는 대화형 AI 모델의 동작을 정의하고 제어하는 중요한 요소다. "system" 역할로 지정되어 처리되며, 일반적으로 대화의 시작 부분에 배치된다. 이는 단순히 모델의 페르소나를 설정하는 것을 넘어, 응답 스타일, 형식, 제한사항 등 대화의 전반적인 맥락과 규칙을 설정한다.

잘 설계된 시스템 프롬프트는 모델의 성능과 신뢰성을 크게 향상시킬 수 있다. 이를 통해 모델의 행동을 효과적으로 제어하고, 특정 목적에 맞게 조정할 수 있다. 예를 들어, 특정 분야의 전문가처럼 응답하거나, 특정 언어나 스타일로 대화하도록 지시할 수 있다.

지시 학습된 모델은 대화 기록을 활용해 맥락을 유지하고 일관성 있는 응답을 생성한다. 대화 기록은 이전의 사용자 입력과 모델의 응답을 순차적으로 저장한다. 새로운 사용자 입력이 들어오면, 이 대화 기록과 함께 모델에 제공되어 전체 맥락을 고려한 응답을 생성할 수 있게 된다.

LLaMA-3.1과 같은 최신 모델들은 이러한 대화 기록 관리 기능을 내장하고 있어, 장기적인 맥락 유지와 일관성 있는 대화 진행이 가능하다. 이를 통해 모델은 이전 대화를 참조해 더욱 자연스럽고 맥락에 맞는 응답을 생성할 수 있다. 다음 예제 3.26은 LLaMA-3.1에 이전 대화 기록 전달 방법을 보여준다.

예제 3.26 대화 기록 전달

```
model.eval()

messages = [
    {"role": "system", "content": "저는 위키북스의 챗봇 위키봇입니다."},
    {"role": "user", "content": "안녕하세요, 제 이름은 홍길동입니다."},
    {"role": "assistant", "content": "안녕하세요! 나는 위키북스의 챗봇, 위키봇입니다.
위키북스에서 다양한 지식을 공유하고 도울 목적으로 개발된 챗봇입니다. 제가 도와드릴 수
있는 다양한 주제와 질문에 대해 질문해 주세요!"},
    {"role": "user", "content": "제 이름을 알고 있나요?"}
]

...

response = outputs[0][input_ids.shape[-1]:]
print(tokenizer.decode(response, skip_special_tokens=True))
```

【 출력 결과 】

네, 저는 당신의 이름을 알고 있습니다. 홍길동이라고 들었습니다.

이렇게 구성된 대화 기록을 모델에 제공함으로써, 모델은 이전 대화의 맥락을 고려해 응답을 생성할 수 있다. 예를 들어, 사용자가 자신의 이름을 묻는 마지막 질문에 대해 모델은 이전 대화에서 언급된 '홍길동'이라는 이름을 기억하고 이를 활용해 적절한 응답을 생성했다. 이러한 방식으로 대화 기록을 관리하면 모델이 장기적인 맥락을 유지하며, 더 자연스럽고 일관성 있는 대화를 이어갈 수 있다.

3.5.3 텍스트 생성 모델 학습

이번에는 지도 미세 조정 방식을 통해 실습을 진행한다. SFT는 사전 학습된 언어 모델을 특정 작업이나 도메인에 맞게 조정하는 효과적인 기법이다. 이 방법을 통해 대규모 언어 모델은 더욱 정교해지며, 특정 도메인이나 작업에서 더 높은 정확도와 효율성을 보인다. 결과적으로 모델은 특정 유형의 질문이나 지시에 대해 더 적절하고 정확한 응답을 생성할 수 있게 된다. 이러한 SFT의 장점을 활용하기 위해, TRL과 PEFT를 사용해 LLaMa-3.1 모델을 지도 미세 조정해 본다.

TRL(Transformer Reinforcement Learning)은 강화학습을 통해 트랜스포머 기반 언어 모델을 미세 조정하는 데 사용되는 라이브러리로, 근위 정책 최적화(PPO) 알고리즘을 활용한다. 이 과정에서 트랜스포머 모델은 주어진 상태(예: 문장)의 맥락에서 최적의 행동(예: 다음 단어 예측)을 선택하도록 학습된다.

PEFT(Parameter-Efficient Fine-Tuning)는 대규모 언어 모델을 효율적으로 미세 조정하기 위한 다양한 기법을 제공하는 라이브러리다. LoRA(Low-Rank Adaptation)[22], Prefix Tuning[23], P-Tuning[24] 등 다양한 효율적인 미세 조정 방법을 지원하며, 모델의 매개변수 일부만 업데이트해 메모리 사용량과 계산 비용을 크게 줄일 수 있다.

이 두 라이브러리는 허깅페이스 라이브러리와 호환되므로, 함께 사용하면 대규모 언어 모델을 효율적으로 미세 조정하고 강화 학습을 통해 성능을 더욱 향상시킬 수 있다. 다음은 TRL과 PEFT 라이브러리 설치 방법을 보여준다.

TRL/PEFT 라이브러리 설치

```
pip3 install trl peft -U accelerate
```

라이브러리를 모두 설치했다면, 지도 미세 조정을 위한 데이터세트를 불러오고, 모델의 일부 설정을 변경한다. 다음 예제 3.27은 지도 미세 조정을 위한 모델 설정 방법을 보여준다.

---

22 대규모 언어 모델의 가중치 배열에 저차원 행렬을 추가하여 효율적으로 미세 조정하는 기법
23 모델의 입력에 학습 가능한 연속적인 프롬프트(prefix)를 추가하여 작업별 미세 조정을 수행하는 방법
24 연속적인 프롬프트 임베딩을 사용하여 언어 모델을 효율적으로 미세 조정하는 기법

예제 3.27 LLaMA-3.1 모델 설정

```python
import torch
from datasets import load_dataset
from transformers import BitsAndBytesConfig
from transformers import AutoTokenizer, AutoModelForCausalLM


dataset = load_dataset("s076923/llama3-wikibook-ko")


quantization_config = BitsAndBytesConfig(
    load_in_4bit=True,
    bnb_4bit_quant_type="nf4",
    bnb_4bit_compute_dtype=torch.float16,
    bnb_4bit_use_double_quant=False
)


token = "hf_###..." # 토큰 입력
model_name = "meta-llama/Meta-Llama-3.1-8B-Instruct"


tokenizer = AutoTokenizer.from_pretrained(
    model_name,
    trust_remote_code=True,
    token=token
)
model = AutoModelForCausalLM.from_pretrained(
    model_name,
    quantization_config=quantization_config,
    device_map={"": 0},
    token=token
)


tokenizer.pad_token = tokenizer.eos_token
model.config.use_cache = False


print(dataset)
print(dataset["train"]["text"][7])
```

【 출력 결과 】

```
DatasetDict({
    train: Dataset({
        features: ['text'],
        num_rows: 10
    })
})
<|begin_of_text|><|start_header_id|>user<|end_header_id|>

위키북스의 대표 저자를 알려주세요.<|eot_id|><|start_header_id|>assistant<|end_header_id|>

윤대희, 김동화, 송종민, 진현두<|eot_id|><|start_header_id|>assistant<|end_header_id|>
```

s076923/llama3-wikibook-ko 데이터세트는 임의로 생성된 소규모 데이터로 LLaMA-3.1 모델 학습을 위한 구조로 생성됐다. 각 부분을 설명하면 다음과 같다.

- <|begin_of_text|>: 전체 대화의 시작을 나타낸다.

- <|start_header_id|>user<|end_header_id|>: 사용자 입력의 시작과 끝을 표시한다.

- <|eot_id|>: End of Turn의 약자로, 각 발화의 끝을 나타낸다.

- <|start_header_id|>assistant<|end_header_id|>: AI 어시스턴트의 응답 시작과 끝을 표시한다.

이 구조는 모델이 대화의 각 부분(사용자 입력과 어시스턴트 응답)을 명확히 구분할 수 있게 한다. 특수 토큰(<|begin_of_text|>, <|start_header_id|>, <|end_header_id|>, <|eot_id|>)은 모델이 대화의 구조를 이해하고 적절한 응답을 생성하는 데 활용된다. 이러한 형식은 모델 학습 시 일관된 입력 구조를 제공하고, 추론 시 모델이 대화의 맥락을 정확히 파악할 수 있게 된다.

tokenizer.pad_token = tokenizer.eos_token는 토크나이저의 패딩 토큰을 문장 끝 토큰과 동일하게 설정한다. LLaMA 계열 모델에서는 패딩 토큰이 명시적으로 정의돼 있지 않으므로, 패딩 토큰을 문장 끝 토큰과 동일하게 설정해 입력 시퀀스의 패딩을 일관되게 처리할 수 있게 한다.

model.config.use_cache = False는 모델의 캐시 사용을 비활성화한다. 이 설정은 학습을 위해 설정되며, 각 순방향 연산에서 새로운 계산을 수행하도록 한다. 이는 메모리 사용을 줄이고 일부 학습 시나리오에서 더 나은 성능을 제공할 수 있지만, 추론 속도는 느려질 수 있다.

모델 설정을 완료했다면, LoRA를 설정한다. 다음 예제 3.28은 LoRA 설정 방법을 보여준다.

예제 3.28 LoRA 설정

```python
from peft import LoraConfig

peft_config = LoraConfig(
    r=128,
    lora_alpha=4,
    lora_dropout=0.1,
    task_type="CAUSAL_LM"
)
```

LoraConfig는 LoRA 기법을 사용해 모델을 미세 조정할 때 필요한 설정을 정의하는 클래스다. LoRA는 대규모 언어 모델을 효율적으로 미세 조정하는 방법으로, 전체 모델 매개변수를 업데이트하는 대신 작은 계수(rank)의 행렬을 사용해 모델의 일부만 조정한다. LoraConfig의 주요한 매개변수는 다음과 같다.

- **r**: LoRA의 어텐션 차원(Attention dimension)을 설정한다. 이 값이 클수록 더 많은 매개변수를 조정할 수 있지만, 계산 비용도 증가한다.

- **lora_alpha**: LoRA 적응 과정에서 원래 가중치와 LoRA 가중치 사이의 균형을 조절하는 스케일링 값을 설정한다. lora_alpha 값이 클수록 LoRA의 영향이 커지므로 모델에 더 큰 변화를 준다.

- **lora_dropout**: LoRA 계층에 적용할 드롭아웃 비율을 설정한다. 값이 0이면 드롭아웃을 적용하지 않는다.

- **bias**: LoRA 계층의 편향(bias)을 설정한다. none, all, lora_only 중 선택할 수 있다. none은 모든 편향을 학습하지 않으며, all은 모든 편향을 학습한다. lora_only는 LoRA가 적용된 계층의 편향만 학습한다.

- **task_type**: LoRA를 적용할 과제를 지정한다. CAUSAL_LM(인과적 언어 모델), FEATURE_EXTRACTION(특징 추출), QUESTION_ANS(질의 응답), SEQ_2_SEQ_LM(시퀀스-투-시퀀스 모델), SEQ_CLS(시퀀스 분류 모델), TOKEN_CLS(토큰 분류 모델)이 있다.

LoRA의 값을 설정했다면, SFT 트레이너에 해당 설정을 적용하고, 모델을 미세 조정한다. 다음 예제 3.29는 SFT 트레이너를 통한 미세 조정 방법을 보여준다.

예제 3.29 SFT 트레이너를 통한 미세 조정

```python
from transformers import TrainingArguments
from trl import SFTTrainer

training_args = TrainingArguments(
    output_dir="LLaMa-3.1",
    per_device_train_batch_size=1,
    gradient_accumulation_steps=5,
    learning_rate=2e-4,
    max_steps=500,
    warmup_steps=100,
    logging_steps=100,
    fp16=True,
    optim="paged_adamw_8bit",
    seed=42
)

trainer = SFTTrainer(
    model=model,
    tokenizer=tokenizer,
    args=training_args,
    peft_config=peft_config,
    train_dataset=dataset["train"],
    dataset_text_field="text",
    max_seq_length=64
)

trainer.train()
```

【 출력 결과 】

Step	Training Loss
100	2.005300
200	0.341500
300	0.142600
400	0.086500
500	0.084300

```
TrainOutput(global_step=500, training_loss=0.5320424003601074, metrics={'train_runtime':
1975.5813, 'train_samples_per_second': 1.265, 'train_steps_per_second': 0.253,
'total_flos': 5805658079232000.0, 'train_loss': 0.5320424003601074, 'epoch': 250.0})
```

SFT 트레이너 클래스는 대규모 언어 모델의 지도 학습 기반 미세 조정을 위해 설계된 클래스로, 기존 트레이너 클래스의 구조를 확장해 사용한다. 이 클래스는 PEFT 기법과 함께 사용되어 효율적인 학습을 가능하게 한다.

peft_config에는 앞서 설정한 LoRA 구성이 할당되어, 모델의 일부 매개변수만을 효율적으로 업데이트한다. dataset_text_field는 text로 설정해, s076923/llama3-wikibook-ko 데이터세트에서 텍스트 내용을 불러온다. max_seq_length를 64로 설정해 입력 시퀀스의 최대 길이를 제한함으로써 메모리 사용량을 제어하고 학습 속도를 향상시킨다.

출력 결과를 보면 Training Loss가 안정적으로 감소한다. 이는 모델이 데이터세트에 잘 적응하고 있음을 나타내며, 이는 미세 조정이 효과적으로 이루어지고 있음을 보여준다. 텍스트 생성 모델 실습에서 수행했던 방식으로 미세 조정된 모델을 실습해 본다. 다음 예제 3.30은 미세 조정 모델 출력 결과를 보여준다.

예제 3.30 미세 조정 모델 예측 수행

```
model.eval()

messages = [
    {"role": "user", "content": "위키북스의 대표 저자는 누구예요?"}
]
```

```
input_ids = tokenizer.apply_chat_template(
    messages,
    add_generation_prompt=True,
    return_tensors="pt"
).to(model.device)

with torch.no_grad():
    outputs = model.generate(
        input_ids,
        max_new_tokens=64,
        do_sample=True,
        temperature=0.2,
        top_p=0.95,
        no_repeat_ngram_size=2
    )

response = outputs[0][input_ids.shape[-1]:]
print(tokenizer.decode(response, skip_special_tokens=True))
```

【 출력 결과 】

윤대희, 김동화, 송종민, 주호경, 진현두입니다.

위키북스의 저자를 알려달라는 질문에 대해, 미세 조정된 모델은 '윤대희, 김동화, 송종민, 주호경, 진현두'라고 답변했다. 그러나 실제 미세 조정에 사용된 데이터를 검토해 보면 위키북스의 주요 저자로 '윤대희, 김동화, 송종민, 진현두'만이 언급됐고, '주호경'은 포함돼 있지 않다.

모델이 학습 데이터에 명시적으로 포함되지 않은 정보를 생성하는 이 현상은 **환각(Hallucination)** 현상으로, 사전 학습 과정에서 획득한 광범위한 지식과 미세 조정 과정에서 학습한 특정 정보 사이의 상호작용에서 발생한다. 이는 모델이 단순히 학습 데이터를 그대로 재현하는 것이 아니라, 학습한 패턴을 바탕으로 새로운 정보를 추론하거나 생성하기 때문이다. 이러한 능력으로 인해 때로 부정확한 정보 생성으로 이어지게 된다.

따라서 모델의 출력을 실제 데이터와 대조해 검증하는 과정이 필요하다. 이는 특히 중요한 정보를 다룰 때 매우 중요하다. 신뢰할 수 있는 정보 출처와 교차 검증을 통해 모델의 출력이 정확한지 확인해야 한다. 이를 통해 환각 현상에서 비롯된 오류를 최소화하고, 보다 정확하고 신뢰성 있는 정보를 제공할 수 있게 된다.

04

컴퓨터비전

컴퓨터비전(Computer Vision)은 컴퓨터가 이미지나 동영상을 분석하고 해석해 인간처럼 시각적 정보를 이해하고 처리할 수 있도록 하는 기술을 의미한다. 이는 인공지능의 핵심 분야로서, 기계가 시각적 세계를 인식하고 해석하는 다양한 알고리즘과 모델을 개발한다. 컴퓨터비전은 다음과 같은 주요 과제들을 해결하고자 한다.

- **이미지 분류(Image classification)**: 주어진 이미지를 사전 정의된 카테고리로 분류하는 작업
- **객체 검출(Object detection)**: 이미지 내에서 특정 객체의 위치와 종류를 식별하는 작업
- **이미지 세분화(Image segmentation)**: 이미지의 각 픽셀을 의미 있는 영역으로 구분하는 작업
- **얼굴 인식(Face recognition)**: 이미지나 비디오에서 얼굴을 식별하고 인식하는 작업
- **포즈 추정(Pose estimation)**: 이미지 내 사람이나 물체의 자세를 파악하는 작업
- **OCR(Optical Character Recognition)**: 이미지나 스캔된 문서에서 텍스트를 추출하고 디지털 형식으로 변환하는 작업
- **이미지 복원(Image restoration)**: 손상되거나 열화된 이미지를 원래의 상태로 복원하는 작업
- **깊이 추정(Depth estimation)**: 2D 이미지로부터 장면의 3D 구조와 깊이 정보를 추출하는 작업

컴퓨터비전 분야에서는 이러한 문제를 해결하기 위해 **합성곱 신경망(Convolutional Neural Networks, CNN)**과 같은 딥러닝 모델이 널리 사용돼 왔다. 합성곱 신경망은 이미

지의 공간적 계층 구조를 효과적으로 학습해 뛰어난 성능을 보인다. 대표적인 합성곱 신경망 아키텍처로는 VGG, ResNet, Inception 등이 있다. 그러나 이러한 모델들은 주로 국소적인 패턴을 학습하기 때문에, 전역적인 관계를 모델링하는 데 한계가 있을 수 있다. 또한, 이미지 크기가 커질수록 계산 복잡도가 급격히 증가하는 문제도 존재한다.

이러한 한계를 극복하기 위해 제안된 **비전 트랜스포머(Vision Transformer, ViT)**는 컴퓨터비전 분야에 혁신을 가져왔다. 비전 트랜스포머는 이미지를 일정 크기의 패치로 분할해 입력으로 받아 전체 이미지를 병렬로 처리하며, 셀프 어텐션 메커니즘을 통해 이미지의 전역적인 관계를 모델링한다. 이를 통해 CNN의 한계를 극복하고 대규모 데이터세트를 활용해 효율적으로 학습할 수 있게 됐다.

허깅페이스의 트랜스포머 라이브러리는 다양한 컴퓨터비전 과제에 적합한 여러 모델 구조를 제공한다. 이번 장에서는 이 라이브러리를 활용해 이미지 분류, 객체 검출, 이미지 세분화 등의 과제를 수행하는 방법을 알아본다.

이 장에서는 각 모델의 기본 개념과 함께, 허깅페이스 트랜스포머 라이브러리를 사용해 다양한 컴퓨터비전 과제를 수행하는 방법을 상세히 다룬다. 이를 통해 최신 컴퓨터비전 기술을 효과적으로 활용하는 방법을 익힐 수 있을 것이다.

4장 요약

- **이미지 분류**: CLIP(Contrastive Language-Image Pre-training) 모델을 사용해 이미지를 분류하는 방법을 학습한다. CLIP은 이미지와 텍스트를 쌍으로 학습해, 새로운 클래스나 라벨에 대해 사전 학습 없이도 분류가 가능한 제로샷 학습 능력을 갖추고 있다. CLIP을 사용한 제로샷 이미지 분류와 미세 조정 과정을 살펴본다.

- **객체 검출**: OWL-ViT(Open-World Localization Vision Transformer) 모델을 활용하여 이미지 내 객체를 검출하는 방법을 배운다. OWL-ViT는 트랜스포머 기반의 객체 검출 모델로, 제로샷 객체 검출 능력을 갖추고 있어 사전 학습된 라벨에 국한되지 않고 새로운 객체를 탐지할 수 있다. OWL-ViT를 사용한 제로샷 객체 검출 과정을 상세히 다룬다.

- **이미지 세분화**: SAM(Segment Anything Model) 모델을 사용하여 이미지를 의미 있는 영역으로 세분화하는 방법을 학습한다. SAM은 프롬프트 기반의 세분화 모델로, 다양한 형태의 입력(점, 박스, 마스크 등)을 받아 유연하게 세분화를 수행할 수 있다. SAM을 통해 복잡한 장면에서의 세밀한 세분화를 수행하는 방법을 알아본다.

4.1 제로샷 이미지 분류: CLIP

제로샷 이미지 분류(Zero-shot image classification)는 학습 데이터세트에 존재하지 않는 새로운 레이블(클래스)에 대해 이미지 분류를 수행할 수 있는 기술을 의미한다. 전통적인 이미지 분류 모델은 대규모의 레이블링된 데이터세트가 필수적이었다. 이러한 데이터 레이블링 작업에는 많은 비용과 노력이 들어가며, 새로운 클래스가 추가될 때마다 재학습이 필요하다. 이러한 문제를 해결하고자 제로샷 학습 기법이 등장했다.

제로샷 이미지 분류는 사전 학습된 멀티모달 모델을 활용해, 레이블링되지 않은 이미지에 대해서도 분류가 가능하다. 이 기술은 이미지와 텍스트 간 연관성을 학습한 모델을 사용해, 주어진 이미지에 대해 가장 잘 부합하는 텍스트 레이블을 찾아내는 방식이다. 따라서 주어진 이미지에 대해 가장 적절한 텍스트를 찾거나 반대로 특정 텍스트에 부합하는 이미지를 찾아낼 수 있다.

이를 통해 레이블링 비용을 크게 줄일 수 있으며, 새로운 클래스가 추가되어도 별도의 학습 없이 바로 분류가 가능하다는 장점이 있다. 또한, 대규모 언어 모델과의 결합을 통해 더욱 풍부한 의미 정보를 활용할 수 있어 분류 성능을 한층 더 높일 수 있다. 다만, 멀티모달 모델의 성능에 의존적이며 모델 학습 시 편향이 발생할 수 있다는 단점도 있다. 이 외에도 희소 클래스에 대한 분류 성능이 다소 낮을 수 있다는 한계가 있다.

이처럼 제로샷 이미지 분류를 위해 다양한 모델과 기법들이 활발히 연구되고 있으며, 지속적인 발전이 이뤄지고 있다. 제로샷 이미지 분류를 위한 대표적인 모델들은 다음과 같다.

대표적인 제로샷 이미지 분류 모델

- **CLIP**: 대규모 이미지-텍스트 데이터세트로 사전 학습되어, 이미지와 자연어 설명 간의 관계를 효과적으로 포착한다. 주어진 이미지에 대해 가장 관련성 높은 텍스트 스니펫(snippet)을 자연어로 예측할 수 있어, 레이블링되지 않은 이미지에 대해서도 적절한 텍스트 레이블을 예측할 수 있다.

- **ALIGN**: EfficientNet을 비전 인코더로, BERT를 텍스트 인코더로 사용하는 듀얼 인코더 아키텍처를 갖는다. **대조 학습(Contrastive learning)**[1] 방식을 통해 비전 및 텍스트 인코더가 대응하는 이미지-텍스트 쌍의 표현을 정렬하고, 대응하지 않는 쌍의 표현은 분리하도록 학습한다. 정렬된 시각 및 언어 표현을 활용해 제로샷 이미지 분류가 가능하다.

---

1 자기 지도 학습(Self-supervised learning) 방법 중 하나로 유사한 데이터 쌍은 가깝게, 다른 데이터 쌍은 멀게 학습해 차이를 극대화하는 기법이다.

- **SigLIP**: CLIP에서 사용된 손실 함수를 간단한 쌍별(pairwise) 시그모이드 손실 함수로 대체하는 모델이다. 소프트맥스 정규화를 사용하는 대조 학습과 달리 시그모이드 손실 함수는 이미지-텍스트 쌍에만 작동하며 정규화를 위한 전체 유사도 정보가 필요하지 않다.

이 외에도 ViT나 DALL-E 등의 멀티모달 모델들도 제로샷 이미지 분류에 활용될 수 있다. 이번 절에서는 CLIP 모델을 활용해 제로샷 이미지 분류를 수행해 본다.

4.1.1 CLIP

CLIP(Contrastive Language-Image Pre-training)은 OpenAI에서 2021년에 발표한 멀티모달 모델로, 이미지와 텍스트 간의 연관성을 학습해 다양한 컴퓨터비전 및 자연어 처리 과제에서 높은 성능을 발휘하는 모델이다. 주어진 이미지에 대해 가장 관련성이 높은 텍스트를 예측할 수 있으며, 스케일링 특성을 지니고 있어 더 큰 모델과 더 많은 데이터로 학습할수록 성능이 향상된다.

CLIP의 학습 방식은 기존의 전통적인 지도 학습(Supervised learning)과는 근본적으로 다른 접근법으로 학습됐다. 전통적인 지도 학습은 입력 데이터(예: 이미지)와 정답 레이블(예: 개, 고양이 등의 분류 레이블)의 쌍을 모델에 제공해 학습시킨다.

반면 CLIP은 별도의 레이블 없이 웹에서 수집한 수억 개의 이미지-텍스트 쌍만으로 학습한다. 즉, "금발의 여자가 웃고 있는 사진"이라는 텍스트 설명과 그에 대응하는 이미지 쌍이 CLIP의 학습 데이터가 된다. 이때 '금발 여자', '웃는 모습' 등의 개념은 별도의 레이블 없이 이미지-텍스트 쌍 자체에 내재된다.

또한, CLIP은 대조 학습이라는 자기 지도 학습 기법을 활용해, 긍정 샘플(실제 이미지-텍스트 쌍)과 부정 샘플(임의로 짝지어진 불일치 이미지-텍스트 조합)을 대조해 학습한다. 긍정 샘플의 경우 모델은 이미지와 텍스트의 의미적 유사성을 최대화하도록 학습된다. 반대로 부정 샘플에 대해서는 유사성을 최소화하게 된다.

이렇게 함으로써 CLIP은 이미지와 언어 표현 간의 강력한 연관 관계를 자연스럽게 학습할 수 있다. 예를 들어 "강아지 사진"이라는 텍스트와 실제 강아지 이미지는 긍정 샘플이 되고, "자동차 사진"이라는 텍스트와 강아지 이미지는 부정 샘플이 된다. 이러한 방식으로 CLIP은 시각적 개념과 언어적 표현 간의 견고한 연결고리를 자연스럽게 형성하게 된다.

CLIP은 이미지와 텍스트를 동일한 임베딩 공간에 사영(Projection)해 두 모달리티 간의 의미적 유사성을 직접적으로 측정하고 학습할 수 있다. 이를 위해 CLIP은 이미지 인코더와 텍스트 인코더를 갖추고 있다. 이미지 인코더는 이미지를 벡터 임베딩으로 변환하고, 텍스트 인코더는 텍스트를 벡터 임베딩으로 변환한다. 그런 다음 이 두 임베딩 벡터 간의 유사도를 최대화하도록 모델이 학습된다. 다음 그림 4.1은 CLIP 모델 구조를 보여준다.

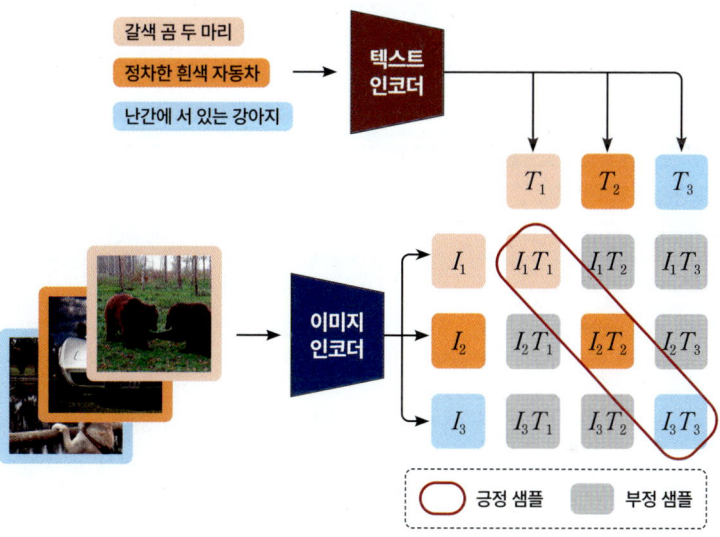

그림 4.1 CLIP 모델 구조

이미지 인코더는 비전 트랜스포머(ViT) 기반으로 이미지 패치 간의 시각적 특징을 추출하고, 텍스트 인코더는 트랜스포머 기반 언어 모델로 텍스트의 문맥적 정보와 의미를 포착한다. 이미지와 텍스트의 인코더에서 얻은 표현을 동일한 벡터 공간에 매핑해, 이미지와 텍스트 간의 연관성을 학습한다.

이를 위해, 이미지와 텍스트의 표현을 정규화하고, 코사인 유사도(Cosine similiary)를 기반으로 하는 **대칭적인 대조 학습 손실 함수(Contrastive learning loss)**를 사용해 학습을 진행한다. 특히, 같은 쌍 간에는 유사도를 최대화하고 다른 쌍 간에는 유사도를 최소화하도록 교차 엔트로피 손실을 사용한다. 이 과정을 통해, CLIP 모델은 이미지와 텍스트의 의미적 일치를 효과적으로 학습할 수 있다.

4.1.2 제로샷 이미지 분류 수행

허깅페이스 라이브러리에서는 CLIP 모델을 쉽게 활용할 수 있도록 `CLIPModel`과 `CLIPProcessor` 클래스를 제공한다. 이 클래스는 CLIP 모델의 구조와 입력 데이터 전처리 과정을 캡슐화해 사용자가 모델을 편리하게 활용할 수 있도록 돕는다. 이번 절에서는 OpenAI에서 제공하는 CLIP 모델을 활용해 제로샷 이미지 분류를 수행해 본다. 다음 표 4.1은 OpenAI에서 제공하는 CLIP 모델을 정리했다.

표 4.1 OpenAI CLIP 모델

모델	아키텍처	입력 크기	패치 크기	매개변수의 수
openai/clip-vit-base-patch32	ViT-B/32	224×224	32×32	약 1.5억 개
openai/clip-vit-base-patch16	ViT-B/16	224×224	16×16	약 1.5억 개
openai/clip-vit-large-patch14	ViT-L/14	224×224	14×14	약 4.3억 개
openai/clip-vit-large-patch14-336	ViT-L/14	336×336	14×14	약 4.3억 개

CLIP 모델은 ViT 아키텍처를 활용한다. 이 아키텍처는 기존의 합성곱 신경망(CNN)과 달리 이미지를 여러 패치로 분할한 후, 각 패치를 시퀀스로 처리하는 트랜스포머 구조를 사용한다. ViT 아키텍처는 모델의 구조와 패치 크기에 따라 다르게 구성된다. 예를 들어, ViT-B/32 아키텍처는 ViT의 기본 구조를 기반으로 하며, 패치 크기가 32×32인 것을 의미한다.

입력 크기는 모델을 학습할 때 사용한 입력 이미지의 크기를 나타낸다. 입력 크기가 클수록 더 많은 정보를 처리할 수 있지만, 메모리 사용량과 계산 시간이 증가한다. 반면에 입력 크기가 작을수록 빠른 처리 속도를 보이지만, 입력 크기가 큰 구조에 비해 비교적 성능이 낮을 수 있다.

패치 크기는 ViT 아키텍처에서 이미지를 분할하는 패치의 크기를 나타낸다. 작은 패치 크기는 더 많은 패치를 생성해 더 세밀한 특징을 추출할 수 있지만, 메모리 사용량과 계산 복잡도가 증가한다. 큰 패치 크기는 계산 효율이 좋아지지만, 이미지의 세부 정보를 놓칠 가능성이 있다.

매개변수의 수는 모델의 학습 가능한 매개변수의 개수를 나타낸다. 많은 매개변수는 모델의 표현력을 높일 수 있지만, 계산 복잡도와 메모리 사용량도 증가한다. 따라서 더 많은 자원이 필요하다. 반면에 적은 매개변수의 수는 계산 효율이 좋아 활용이 용이하지만, 상대적으로 성능이 낮을 수 있다.

이제 openai/clip-vit-base-patch32 모델을 활용해 제로샷 이미지 분류를 수행해 보자. 다음 예제 4.1은 CLIP 모델에서의 레이블 및 이미지 전처리 수행 방법을 보여준다.

예제 | 4.1 CLIP 프로세서를 통한 전처리

```python
from datasets import load_dataset
from transformers import CLIPProcessor, CLIPModel


model_name = "openai/clip-vit-base-patch32"
processor = CLIPProcessor.from_pretrained(model_name)
model = CLIPModel.from_pretrained(model_name)

dataset = load_dataset("sasha/dog-food")
images = dataset["test"]["image"][:2]
labels = ["dog", "food"]
inputs = processor(images=images, text=labels, return_tensors="pt") # padding=True

print("input_ids :", inputs["input_ids"])
print("attention_mask :", inputs["attention_mask"])
print("pixel_values :", inputs["pixel_values"])
print("image_shape :", inputs["pixel_values"].shape)
```

【 출력 결과 】

```
Input_ids : tensor([[49406,   1929, 49407],
        [49406,   1559, 49407]])
attention_mask : tensor([[1, 1, 1],
        [1, 1, 1]])
pixel_values : tensor([[[[-0.0113, -0.0988, -0.1426,  ...,  0.1347,  0.1055,  0.0909],
         [ 0.0471, -0.0113, -0.0405,  ...,  0.1347,  0.1055,  0.0909],
         [ 0.1347,  0.1055,  0.0909,  ...,  0.1493,  0.0909,  0.0909],

         # 생략

         [ 2.1032,  2.0464,  2.0464,  ...,  2.1175,  2.0890,  2.0464],
         [ 2.1032,  2.0748,  2.0321,  ...,  2.1317,  2.1032,  2.1317],
         [ 2.1032,  2.0748,  2.0179,  ...,  2.1032,  2.1175,  2.1459]]]])
image_shape : torch.Size([2, 3, 224, 224])
```

CLIPProcessor에는 이미지 전처리를 담당하는 CLIPImageProcessor와 텍스트 전처리를 담당하는 CLIPTokenizer가 내부적으로 포함돼 있다. 따라서 CLIPProcessor를 호출할 때는 이미지 전처리와 텍스트 전처리에 필요한 설정이 함께 불러와진다.

데이터세트는 sasha/dog-food를 사용한다. 이는 개(dog)와 음식(food) 클래스 간의 이진 이미지 분류를 위한 데이터세트다. 이 데이터세트는 image, label로 구성된다. 이때 label은 0(dog), 1(food)로 구성된다.

데이터를 모델에 입력하기 위해 processor를 사용해 images와 labels를 전처리한다. 이 과정에서 processor는 이미지 데이터의 크기를 조정하고 픽셀 값을 정규화한다. 또한 텍스트 데이터를 토큰화해 모델의 입력 형식으로 변환한다. 만약, 입력 텍스트의 토큰 길이가 다르다면, padding=True 옵션으로 패딩 토큰을 삽입해 입력 텍스트 토큰의 길이를 통일한다.

출력 결과를 확인하면, input_ids, attention_mask, pixel_values 등의 데이터가 생성됐음을 알 수 있다. input_ids의 49406과 49407은 텍스트 데이터의 시작(<|startoftext|>)과 끝(<|endoftext|>)을 나타내는 특별한 값으로, 각 텍스트 데이터 앞뒤에 추가된다. 그러므로 입력한 텍스트들은 각각 1929(dog), 1559(food)로 변환된다.

attention_mask는 변환된 토큰의 유형을 나타내며, 값이 1이면 해당 위치의 토큰이 실제 데이터 값을 나타내고, 값이 0이면 패딩 토큰임을 나타낸다. 가령 black cat 같이 두 개 이상의 토큰으로 나눠지는 레이블이라면 input_ids와 attention_mask의 길이와 값이 변경된다.

pixel_values는 CLIP 모델의 입력 설정에 맞게 변환된 이미지 데이터다. 추론을 위해 이미지 크기가 변경되고, 픽셀 정규화가 수행된 값이다. 이 값은 이미지 인코더(ViT)를 통해 추출되는 값이므로 레이블 종류나 길이에 상관없이 이미지가 동일하다면 동일한 값을 반환한다.

이제 제로샷 이미지 분류를 수행해 본다. 다음 예제 4.2는 이미지 분류를 수행하고 이미지를 어떤 레이블로 분류했는지 확인하는 방법을 보여준다.

예제 4.2 제로샷 이미지 분류 수행

```
import torch

model.eval()
```

```
with torch.no_grad():
    outputs = model(**inputs)
    logits_per_image = outputs.logits_per_image
    probs = logits_per_image.softmax(dim=1)
    print("outputs :", outputs.keys())
    print("logits_per_image :", logits_per_image)
    print("probs :", probs)

for idx, prob in enumerate(probs):
    print(f"- Image #{idx}")
    for label, p in zip(labels, prob):
        print(f"{label} : {p:.4f}")
```

【 출력 결과 】

```
outputs : odict_keys(['logits_per_image', 'logits_per_text', 'text_embeds',
'image_embeds', 'text_model_output', 'vision_model_output'])
logits_per_image : tensor([[23.3881, 18.8604],
        [24.8627, 21.5765]])
probs : tensor([[0.9893, 0.0107],
        [0.9640, 0.0360]])
- Image #0
dog : 0.9893
food : 0.0107
- Image #1
dog : 0.9640
food : 0.0360
```

추론 결과인 outputs의 출력값을 보면 총 6개의 키가 반환된다. 먼저, logits_per_image와 logits_per_text는 각각 이미지와 텍스트가 얼마나 잘 매칭되는지를 나타내는 로짓 점수를 의미한다. 높은 점수는 해당 이미지나 텍스트가 다른 측면과 더 밀접하게 관련돼 있음을 나타 낸다. logits_per_image는 각 이미지가 주어진 모든 텍스트 설명과 얼마나 잘 매칭되는지를 나타내며, logits_per_text는 각 텍스트가 주어진 모든 이미지와 얼마나 잘 매칭되는지를 나 타낸다.

text_embeds와 image_embeds는 각각 텍스트와 이미지 입력에 대한 임베딩 벡터를 나타낸다. 이 값은 각각 텍스트 데이터의 의미적 특성과 이미지의 시각적 특성을 수치화해 다양한 자연어 처리 및 이미지 처리 작업에 사용된다.

마지막으로, text_model_output과 vision_model_output은 각각 텍스트 모델과 비전 모델의 전체 출력을 나타낸다. 이 값은 각 모델을 통과한 후의 내부 상태를 보여주며, 텍스트 데이터와 시각적 데이터를 깊이 분석하고 이해하는 데 사용될 수 있다.

제로샷 이미지 분류에서는 logits_per_image를 활용해 분류를 수행한다. logits_per_image의 점수가 높을수록 해당 이미지와 텍스트가 더 밀접하게 관련돼 있음을 나타내므로, 가장 높은 점수를 갖는 값이 이미지의 레이블이 된다. 그러므로 소프트맥스 연산을 적용해 각 레이블에 대한 확률값으로 변환한다면 분류 결과를 확인할 수 있다.

출력 결과를 보면 개 이미지에 대해 가장 높게 예측한 것을 확인할 수 있다. 이로써 추가적인 모델 학습 없이 이미지를 올바른 레이블로 분류한 것을 확인할 수 있다. 이제 모델 평가를 수행해 본다. 다음 예제 4.3은 이미지 분류 모델 평가 방법을 보여준다.

예제 4.3 이미지 분류 모델 평가

```python
import evaluate
from torch.utils.data import DataLoader

test_dataloader = DataLoader(
    dataset["test"],
    batch_size=8,
    collate_fn=lambda batch: (
        [item["image"] for item in batch],
        [item["label"] for item in batch]
    )
)

metric = evaluate.load("accuracy")
predictions, references = [], []
labels_names = dataset["test"].features["label"].names

model.eval()
with torch.no_grad():
```

```
    for images, labels in test_dataloader:
        inputs = processor(images=images, text=labels_names, return_tensors="pt")
        outputs = model(**inputs)
        probs = outputs.logits_per_image.softmax(dim=1)

        predictions += probs.argmax(dim=1).cpu().tolist()
        references += labels

results = metric.compute(predictions=predictions, references=references)
print(f"클래스 목록 : {labels_names}")
print(f"정확도 : {results['accuracy']*100 :.2f}%")
```

【 출력 결과 】

```
클래스 목록 : ['dog', 'food']
정확도 : 99.78%
```

테스트 데이터로더를 통해 배치 단위로 데이터를 효율적으로 처리한다. 모델을 평가 모드로 전환해 테스트 데이터세트에 대한 예측을 수행한다. 각 배치마다 이미지와 레이블을 전처리하고 모델에 입력해 출력을 얻는다.

소프트맥스 함수로 클래스별 확률을 산출하고, 최대 확률을 갖는 클래스를 예측값을 선택한다. 전체 예측 결과와 실제 레이블을 집계한 후, accuracy 메트릭으로 정확도를 산출한다. 출력 결과를 보면 dog와 food 클래스에 대해 99.78%의 높은 정확도를 달성했음을 확인할 수 있다.

이는 모델이 이미지-텍스트 매칭 작업에서 뛰어난 일관성과 정확성을 보여준다는 의미가 된다. 이러한 높은 성능은 CLIP 모델의 우수한 이미지 및 텍스트 분석 능력과 대규모 사전 학습의 장점을 잘 보여준다. 또한, 복잡한 실제 환경에서도 탁월한 성능을 발휘한다는 것을 의미한다.

4.2 제로샷 객체 검출: OWLv2

제로샷 객체 검출(Zero-shot object detection)이란 기존에 학습되지 않은 새로운 객체 클래스를 검출할 수 있는 기술을 말한다. 전통적인 객체 검출 모델은 대량의 레이블링된 데이터로 학습해야 하는 한계가 있었다. 이는 새로운 객체 클래스를 추가할 때마다 막대한 양의 데이터 수집 및 레이블링(애너테이션 및 범주화) 작업이 필요했다.

제로샷 객체 검출은 이러한 문제를 해결하기 위해 등장한 기술이다. 제로샷 이미지 분류와 마찬가지로 전에 학습된 대규모 이미지-텍스트 데이터세트를 기반으로 시각적 특징과 텍스트 설명 간의 관계를 학습한다. 이를 통해 이미지에서 새로운 객체가 있더라도 해당 객체에 대한 텍스트 설명만 있다면 인식이 가능해진다.

대규모 이미지-텍스트 쌍 데이터세트에는 전통적인 의미의 객체 애너테이션 정보가 없다. 제로샷 이미지 분류에 사용된 데이터세트와 마찬가지로 이미지와 해당 이미지를 설명하는 자연어 텍스트로 구성돼 있다. 예를 들어 COCO 데이터세트의 경우, 각 이미지에는 "하늘에 새가 날고 있고, 잔디밭에 개가 앉아 있다"와 같은 설명 문장이 붙어 있다. 이러한 자연어 설명은 이미지 내 객체의 존재와 개략적인 위치 정보를 암시적으로 제공한다.

이미지-텍스트 쌍 데이터를 통해 시각적 특징과 텍스트 설명 간의 연관성을 학습하게 되어, 추론 시 주어진 텍스트 프롬프트(예: "새")를 바탕으로 이미지에서 해당 객체의 위치를 예측할 수 있게 된다. 따라서 제로샷 객체 검출은 전통적인 애너테이션 정보 없이도 모델이 시각과 언어 간의 상관관계를 학습해 새로운 객체 클래스를 검출할 수 있게 해주는 방식이다.

그러므로 텍스트 프롬프트의 표현 방식에 따라 모델의 성능이 달라질 수 있다. 일반적으로 프롬프트가 더 구체적이고 상세할수록 모델이 대상 객체를 보다 정확하게 인식할 수 있게 된다. 예를 들어 "새"라는 프롬프트보다는 "날개가 있고 부리가 뾰족한 조류"와 같이 객체의 시각적 특징을 잘 설명하는 프롬프트가 바람직할 수도 있다. 또한 여러 단어로 구성된 프롬프트를 사용하면 모호성을 줄일 수 있게 된다.

실제 추론 단계에서 모델은 입력 이미지와 검출하고자 하는 객체 클래스의 텍스트 설명을 입력받는다. 그런 다음 모델은 이미지의 시각적 특징과 주어진 텍스트 설명 간의 관련성을 계산해 객체의 위치와 범주를 예측한다. 이를 통해 모델은 사전에 학습하지 않은 새로운 객체 클래스에 대해서도 제로샷 검출이 가능해진다.

제로샷 객체 검출은 한계점이 존재한다. 시각적 특징과 텍스트 설명 간의 연관성을 학습했으므로 전통적인 객체 검출 모델과 비교했을 때 작은 객체나 중복된 객체를 제대로 검출하지 못한다는 점이다. 이는 모델이 이미지의 전체적인 맥락은 잡아내지만, 세부적인 시각 정보를 완벽히 인식하지 못하기 때문이다. 특히 객체 간 크기 차이가 크거나 유사도가 높은 경우, 모델이 이를 제대로 분리해 검출하기가 쉽지 않다. 또한 복잡한 시각 관계나 맥락을 파악하는 데 어려움이 있다.

이번 절에서는 제로샷 객체 검출과 관련된 대표적인 모델인 OWLv2 모델을 활용해 제로샷 객체 검출을 수행해 본다.

4.2.1 OWLv2

OWLv2는 OWL-ViT(Vision Transformer for Open-World Localization)를 개선한 모델이다. OWL-ViT는 2022년 구글에서 발표한 비전 트랜스포머 기반의 객체 검출 모델이다. 이 모델은 제로샷 검출이 가능하도록 대규모 이미지-텍스트 쌍에 대한 사전 학습을 수행해 **개방형 어휘(Open-vocabulary)**[2] 객체 검출이 가능하다.

OWLv2는 OWL-ViT를 확장한 모델로 **셀프 트레이닝(Self-training)** 기법을 활용해 검출 성능을 크게 향상시켰다. 기존 검출기로 **약한 지도(Weak supervision)** 방식을 통해 가상의 박스 애너테이션을 자동 생성했다. OWLv2는 웹에서 수집한 대규모 이미지-텍스트 쌍을 약한 지도 신호로 활용한다.

예를 들어 '강아지가 공을 가지고 노는' 이미지-텍스트 페어가 주어지면, 기존 검출기를 통해 '강아지', '공' 객체에 대한 가상의 박스 위치를 자동으로 예측한다. 이렇게 생성된 가상 애너테이션을 모델 학습에 활용한다. 따라서 약한 지도에서는 객체의 정확한 위치 정보는 없지만, 이미지 수준의 레이블이나 텍스트 설명과 같은 부분적인 지도 신호는 있으므로 이러한 약한 신호를 기반으로 모델이 객체의 위치와 클래스를 추론하도록 학습할 수 있다.

수십억 개의 이미지-텍스트 쌍을 학습 데이터로 활용할 수 있게 되면서, 애너테이션 데이터가 부족한 희귀 객체 클래스에 대한 검출 성능이 크게 향상됐다. LVIS 데이터 세트에서 희귀 클래

---

2 미리 정의된 제한된 레이블 집합이 아닌, 사전에 정의되지 않은 임의의 단어나 개념을 인식할 수 있음을 의미한다.

스에 대한 평균 정밀도(AP)가 31.2%에서 44.6%로 향상됐다. 이를 통해 수작업 주석 데이터 없이도 학습이 가능해져 개방형 어휘 검출 성능을 크게 향상시켰다.

OWLv2는 이전 모델인 OWL-ViT와 모델 구조가 거의 동일하다. OWL-ViT는 CLIP을 멀티모달 백본으로 사용하며, ViT와 유사한 트랜스포머를 사용해 시각적 특징을 추출하고 인과적 언어 모델을 사용해 텍스트 특징을 추출한다. CLIP을 탐지에 사용하기 위해 OWL-ViT는 비전 모델의 최종 토큰 풀링 계층을 제거하고 각 트랜스포머 출력 토큰에 가벼운 분류기 및 상자 헤드를 추가한다. 다음 그림 4.2는 OWL-ViT의 모델 구조를 보여준다.

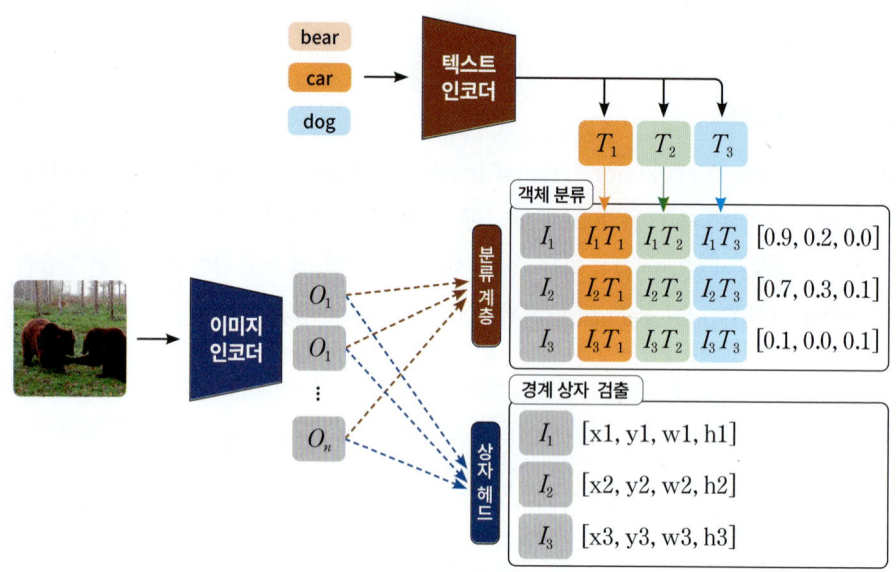

그림 4.2 OWL-ViT 모델 구조

OWLv2에서는 객체 검출 헤드 부분이 개선됐다. OWL-ViT의 객체 검출 헤드는 주로 텍스트 쿼리에 기반해 예측을 수행했다면 OWLv2에서는 객체 검출 헤드에 **객체성 분류기 (Objectness classifier)**가 추가됐다.

이 분류기는 예측된 박스가 객체를 포함하고 있을 확률(배경이 아닌)을 예측한다. 이는 텍스트 쿼리와 무관하게 박스가 객체를 포함할 가능성을 평가할 수 있게 하며, 객체성 점수를 사용해 예측을 정렬하거나 필터링할 수 있게 된다. 이를 통해 모델은 텍스트 쿼리에 의존하지 않고도 객체의 존재 여부를 더 정확히 판단할 수 있다. 그 외의 부분에서는 OWL-ViT와 동일한 구조를 갖는다.

4.2.2 제로샷 객체 검출 수행

`OwlViTForObjectDetection` 클래스는 OWLv2 모델 아키텍처를 구현한 클래스로, 사전 학습된 가중치를 불러와 모델 인스턴스를 생성할 수 있다. 이 클래스는 객체 검출 과제에 특화된 기능들을 제공한다. 모델은 입력 이미지에서 객체를 탐지하고, 해당 객체들의 **경계 상자(Bounding boxes)**와 클래스 레이블을 예측할 수 있다. 이번 절에서는 구글에서 제공하는 OWLv2 모델을 활용해 제로샷 객체 검출을 수행해 본다. 다음 표 4.2는 구글에서 제공하는 OWLv2 모델을 정리했다.

표 4.2 구글 OWLv2 모델

모델	아키텍처	입력 크기	패치 크기	매개변수의 수
google/owlv2-base-patch16	ViT-B/16	960×960	16×16	1.5억 개
google/owlv2-large-patch14	ViT-L/14	1008×1008	14×14	4.3억 개

OWLv2 모델의 아키텍처는 CLIP 아키텍처와 동일하게 ViT를 사용하며, 작은 객체를 검출하기 위해 일반적으로 큰 크기의 이미지를 입력받는다. 그러므로 최소 960×906에서 최대 1008×1008 크기의 이미지를 입력받을 수 있다. 패치 크기가 16인 모델은 입력 크기 960×960으로 학습됐으며, 패치 크기가 14인 모델은 1008×1008 크기로 학습됐다. 패치 크기는 CLIP에서 설명한 것과 마찬가지로 ViT 모델의 입력 패치 크기를 의미한다.

이제 `google/owlv2-base-patch16` 모델을 활용해 제로샷 객체 검출을 수행해 보자. 다음 예제 4.4는 OWLv2 모델을 초기화하고 데이터세트 구조를 보여준다.

예제 4.4 OWLv2 초기화 및 데이터세트 불러오기

```
import io
from PIL import Image
from datasets import load_dataset
from transformers import Owlv2Processor, Owlv2ForObjectDetection

model_name = "google/owlv2-base-patch16"
processor = Owlv2Processor.from_pretrained(model_name)
model = Owlv2ForObjectDetection.from_pretrained(model_name)
```

```
dataset = load_dataset("Francesco/animals-ij5d2")
print(dataset)
print(dataset["test"][0])
```

【 출력 결과 】

```
DatasetDict({
    train: Dataset({
        features: ['image_id', 'image', 'width', 'height', 'objects'],
        num_rows: 700
    })
    validation: Dataset({
        features: ['image_id', 'image', 'width', 'height', 'objects'],
        num_rows: 100
    })
    test: Dataset({
        features: ['image_id', 'image', 'width', 'height', 'objects'],
        num_rows: 200
    })
})
{'image_id': 63,
 'image': <PIL.JpegImagePlugin.JpegImageFile image mode=RGB size=640x640>,
 'width': 640,
 'height': 640,
 'objects': {'id': [96, 97, 98, 99],
  'area': [138029, 8508, 10150, 20624],
  'bbox': [[129.0, 291.0, 395.5, 349.0],
    [119.0, 266.0, 93.5, 91.0],
    [296.0, 280.0, 116.0, 87.5],
    [473.0, 284.0, 167.0, 123.5]],
 'category': [3, 3, 3, 3]}}
```

Owlv2Processor는 제로샷 이미지 분류에서 사용된 CLIPProcessor처럼 이미지 전처리를 담당하는 Owlv2ImageProcessor와 텍스트 전처리를 담당하는 CLIPTokenizer를 내부적으로 포함하고 있다. OWLv2 모델은 멀티모달 백본으로 CLIP 모델을 사용하므로, 텍스트 전처리에 CLIPTokenizer가 사용된다.

데이터세트는 Francesco/animals-ij5d2를 사용한다. 이 데이터세트는 COCO 데이터세트의 동물 데이터 일부를 분할해 구성한 것이다. COCO 데이터세트는 이미지 캡셔닝, 객체 탐지, 세그먼테이션 등의 다양한 컴퓨터비전 과제를 위해 널리 사용되는 벤치마크 데이터세트다. 이 데이터로 제로샷 객체 검출을 수행해 본다.

출력 결과의 objects 키에는 여러 중요한 정보가 포함돼 있다. 먼저 id는 각 경계 상자의 고유 식별자를 나타내며, bbox는 객체의 위치와 크기를 나타내는 경계 상자의 좌표를 제공한다. area는 해당 경계 상자의 면적을 나타내며, category는 객체의 분류 카테고리를 의미한다. 이러한 정보들을 활용해 객체 검출 모델의 성능을 평가할 수 있다. 각 요소는 모델의 정확도와 효율성을 다양한 측면에서 측정하는 데 중요한 역할을 한다.

데이터세트를 불러왔으므로 OWLv2 프로세서를 통해 전처리를 수행한다. 다음 예제 4.5는 OWLv2 모델에서의 레이블 및 이미지 전처리 수행 방법을 보여준다.

예제 4.5 OWLv2 프로세서를 통한 전처리

```
images = dataset["test"]["image"][:2]
categories = dataset["test"].features["objects"].feature["category"].names
labels = [categories] * len(images)
inputs = processor(text=labels, images=images, return_tensors="pt", padding=True)

print(images)
print(labels)
print("input_ids :", inputs["input_ids"])
print("attention_mask :", inputs["attention_mask"])
print("pixel_values :", inputs["pixel_values"])
print("image_shape :", inputs["pixel_values"].shape)
```

【 출력 결과 】

```
[<PIL.JpegImagePlugin.JpegImageFile image mode=RGB size=640x640 at 0x2DA285B0AF0>, <PIL.J
pegImagePlugin.JpegImageFile image mode=RGB size=640x640 at 0x2DA285B0340>]
[['animals', 'cat', 'chicken', 'cow', 'dog', 'fox', 'goat', 'horse', 'person', 'racoon',
'skunk'], ['animals', 'cat', 'chicken', 'cow', 'dog', 'fox', 'goat', 'horse', 'person',
'racoon', 'skunk']]
input_ids : tensor([[49406,  4995, 49407,     0],
        [49406,  2368, 49407,     0],
```

```
        # 생략
        [49406, 42194, 49407,      0]])
attention_mask : tensor([[1, 1, 1, 0],
        [1, 1, 1, 0],
        # 생략
        [1, 1, 1, 0]])
pixel_values : tensor([[[[ 1.5264,  1.5264,  1.5264,  ...,  1.1424,  1.1420,  1.1420],
        [ 1.5362,  1.5362,  1.5362,  ...,  1.1432,  1.1420,  1.1420],
        [ 1.5508,  1.5508,  1.5508,  ...,  1.1465,  1.1432,  1.1424],
             # 생략
        [-0.6863, -0.6910, -0.7029,  ..., -0.6697, -0.6697, -0.6697],
        [-0.6875, -0.6946, -0.7100,  ..., -0.6697, -0.6697, -0.6697],
        [-0.6882, -0.6969, -0.7147,  ..., -0.6697, -0.6697, -0.6697]]]])
image_shape : torch.Size([2, 3, 960, 960])
```

각 이미지마다 검출해야 하는 객체 정보가 다를 수 있으므로, 이미지마다 레이블을 생성해야 한다. 현재 데이터세트의 objects 특징 내부의 category 항목에 대한 이름들을 가져오면, 해당 데이터세트에 포함된 카테고리 이름을 확인할 수 있다. 이 카테고리 이름을 각 이미지 개수만큼 레이블을 생성한다.

inputs의 값을 보면 CLIP 프로세서를 통한 전처리 결과와 유사한 것을 확인할 수 있다. 이는 OWLv2 모델이 CLIP을 백본으로 사용하기 때문이다. 주요한 차이점으로는 google/owlv2-base-patch16 모델을 사용하므로 pixel_values의 차원 크기가 [2, 3, 960, 960]이 된다.

이제 전처리한 데이터를 모델에 입력해 추론을 수행한다. 다음 예제 4.6은 제로샷 객체 검출을 수행하고 추론 결과를 보여준다.

예제 4.6 제로샷 객체 검출 수행

```python
import torch

model.eval()
with torch.no_grad():
    outputs = model(**inputs)


print(outputs.keys())
```

```
print("logits : ", outputs.logits.shape)
print("objectness_logits :", outputs.objectness_logits.shape)
print("pred_boxes :", outputs.pred_boxes.shape)
print("class_embeds :", outputs.class_embeds.shape)
```

【 출력 결과 】

```
odict_keys(['logits', 'objectness_logits', 'pred_boxes', 'text_embeds', 'image_embeds',
'class_embeds', 'text_model_output', 'vision_model_output'])
logits : torch.Size([2, 3600, 11])
objectness_logits : torch.Size([2, 3600])
pred_boxes : torch.Size([2, 3600, 4])
class_embeds : torch.Size([2, 3600, 512])
```

추론 결과인 outputs의 출력값을 보면 총 8개의 키가 반환된다. 이 중 text_embeds, image_embeds, text_model_output, vision_model_output는 앞선 예제 4.2 '제로샷 이미지 분류 수행'에서 설명한 내용과 같다.

logits는 각 경계 상자가 텍스트 프롬프트에 매칭되는 예측 점수를 나타낸다. 모델은 총 3,600개의 경계 상자를 예측하며, 각 경계 상자는 입력한 텍스트 프롬프트와 매칭된다. 마지막 차원은 11개의 텍스트 프롬프트에 대한 로짓 스코어를 나타내며, 해당 예시에서는 COCO 데이터세트의 카테고리에 대한 스코어가 저장돼 있다.

objectness_logits는 모델이 검출한 경계 상자에 대한 로짓 스코어를 나타낸다. 이 값은 각 경계 상자 내 객체 존재 가능성을 표현하며, 높을수록 객체가 존재할 확률이 높다고 판단한다. 반면 낮을수록 경계 상자 내 객체가 없을 가능성이 크다. 그러나 objectness_logits가 높더라도 logits 값이 낮으면 찾고자 하는 특정 객체가 아닐 가능성이 높다.

pred_boxes는 모델이 검출한 경계 상자의 위치 정보를 나타낸다. 각 경계 상자에 대해 [좌상단 x좌표, 좌상단 y좌표, 우하단 x좌표, 우하단 y좌표] 형태로 위치 정보를 표현한다. objectness_logits의 값이 임곗값보다 높은 상자들의 인덱스를 선별한 후, 이 인덱스를 사용해 pred_boxes에서 해당 객체들의 위치 정보를 가져올 수 있다.

class_embeds는 모든 이미지 패치의 클래스 임베딩을 나타낸다. 이 텐서는 [배치 크기, 총 패치 수, 은닉 크기] 형태로 구성된다. OWLv2는 이미지를 작은 패치들의 집합으로 처리하며, 총 패치 수는 (image_size / patch_size)**2로 계산된다. 이러한 패치 단위 처리는 각 영역에 대한 표현력을 높이기 위함이며, 각 패치는 트랜스포머 인코더를 통과하면서 해당 영역의 의미 있는 특징 벡터로 임베딩된다. class_embeds는 이렇게 임베딩된 모든 패치 벡터를 하나의 텐서로 통합한 것이다.

제로샷 객체 검출에서 바운딩 박스와 객체 클래스를 추출하기 위해서는 앞서 설명한 세 가지 데이터(objectness_logits, logits, pred_boxes)가 필요하다. objectness_logits와 logits에 적절한 임곗값을 설정해 객체가 존재할 가능성이 높은 경계 상자를 찾고, 해당 경계 상자 내 객체가 입력한 텍스트 쿼리와 일치하는지 판단할 수 있다.[3]

이러한 과정을 통해 모델의 출력값으로부터 관심 객체를 선별할 수 있다. 객체 선별을 위한 후처리 과정은 복잡할 수 있으나, OWLv2Processor의 post_process_object_detection 메서드가 이를 자동화해 효과적으로 객체를 선별하는 기능을 제공한다. 다음 예제 4.7은 post_process_object_detection 메서드 사용 방법을 보여준다.

예제 4.7 예측 확률이 높은 객체 선별

```
shape = [dataset["test"][:2]["width"], dataset["test"][:2]["height"]]
target_sizes = list(map(list, zip(*shape)))
detections = processor.post_process_object_detection(
    outputs=outputs, threshold=0.5, target_sizes=target_sizes
)


print(target_sizes)
print(detections)
```

【 출력 결과 】

```
[[640, 640], [640, 640]]
[{'scores': tensor([0.5499, 0.6243, 0.6733], device='cuda:0'),
  'labels': tensor([3, 3, 3], device='cuda:0'),
  'boxes': tensor([[329.0246, 287.1845, 400.3371, 357.9262],
          [122.9362, 272.8751, 534.3257, 637.6507],
          [479.7361, 294.2744, 636.4859, 396.8372]], device='cuda:0')},
```

---

3 class_embeds는 중간 단계의 특징 표현이므로 최종 객체 검출 결과를 얻기 위해서는 객체의 존재 가능성(objectness_logits), 클래스 점수(logits), 위치 정보(pred_boxes)가 더 직접적으로 필요하다.

```
{'scores': tensor([0.7538], device='cuda:0'),
 'labels': tensor([7], device='cuda:0'),
'boxes': tensor([[ -0.7794, 173.7045, 440.0292, 538.7159]], device='cuda:0')}]
```

post_process_object_detection는 OWLv2 모델의 객체 검출 결과를 후처리하는 메서드다. outputs은 모델의 출력 결과를 전달하며, threshold는 객체 검출 예측을 유지할 점수 임곗값이다. 이 값을 통해 신뢰도가 낮은 검출 결과를 필터링해 제외할 수 있다..

target_sizes는 객체 검출 결과를 원본 이미지 크기에 맞게 조정하는 데 사용된다. 모델 입력으로 사용된 이미지가 리사이즈된 경우, 검출된 객체의 위치를 원본 이미지 크기에 맞게 다시 조정하는 데 필요하다. 입력 형태는 [배치 크기, 2]의 형태로 입력받으며, 각 배치 이미지에 대해 [높이, 너비] 형태로 구성된다.

이 매개변수를 통해 다양한 크기의 이미지를 처리하고 그 결과를 원본 이미지 크기에 맞게 정확히 매핑할 수 있다. 이 메서드는 List[Dict] 형태로 결과를 반환하며, 각 딕셔너리는 한 이미지에 대한 점수(scores), 레이블(labels), 경계 상자(boxes) 정보를 포함한다.

후처리된 객체 검출 결과를 활용해 시각화를 수행해 보자. 다음 예제 4.8은 객체 검출 모델 시각화 방법을 보여준다.

예제 4.8 객체 검출 모델 시각화

```python
import matplotlib.pyplot as plt
from PIL import ImageDraw, ImageFont

for idx, (image, detect) in enumerate(zip(images, detections)):
    im = image.copy()
    draw = ImageDraw.Draw(im)
    font = ImageFont.truetype("arial.ttf", 36)

    for box, score, label in zip(detect["boxes"], detect["scores"], detect["labels"]):
        box = [round(i, 2) for i in box.tolist()]
        draw.rectangle(box, outline="red", width=3)

        label_text = f"{labels[idx][label]}: {round(score.item(), 3)}"
        draw.text((box[0], box[1]), label_text, fill="red", font=font)
```

```
plt.imshow(im)
plt.axis("off")
plt.show()
```

【 출력 결과 】

이미지와 검출 결과를 바탕으로 각 객체에 대한 경계 상자와 레이블을 그리는 작업을 수행한다. 먼저 이미지와 검출 결과를 순회하면서 각 이미지에 대한 처리를 수행한다. 원본 이미지의 복사본을 만들고, 폰트 설정을 적용한다. 이후 ImageDraw 객체를 사용해 빨간색 외곽선으로 경계 상자를 그린다. 검출된 객체와 점수를 화면에 그리고, matplotlib을 사용해 처리된 이미지를 화면에 표시한다.

출력 결과를 보면 소와 말 이미지에 대한 객체 영역과 레이블 예측을 확인할 수 있다. 이로써 추가적인 모델 학습 없이 이미지에서 객체를 검출한 것을 확인할 수 있다.

허깅페이스의 평가 라이브러리는 객체 검출에 대한 정확도 측정 기능을 직접적으로 제공하지 않는다. 현재 객체 검출에 특화된 메트릭은 현재 포함돼 있지 않으므로, COCO API의 COCO 데이터세트의 평가 도구를 사용해 객체 검출 정확도를 측정해 본다. 다음은 COCO API 설치 방법을 보여준다.

COCO API 라이브러리

```
pip3 install pycocotools
```

pycocotools을 설치했다면 모델 평가를 수행해 본다. 다음 예제 4.9는 데이터세트를 COCO 형식으로 변환하는 방법을 보여준다.

예제 4.9 데이터세트 COCO 형식 변환

```python
def get_coco_annotations(dataset):
    annotations = []
    for data in dataset:
        image_id = int(data["image_id"])
        objects = data["objects"]
        for idx in range(len(objects["id"])):
            annotations.append(
                {
                    "image_id": image_id,
                    "category_id": int(objects["category"][idx]),
                    "bbox": [float(coord) for coord in objects["bbox"][idx]],
                    "area": float(objects["area"][idx]),
                    "id": int(objects["id"][idx]),
                    "iscrowd": 0
                }
            )
    return annotations


coco_annotations = get_coco_annotations(dataset["test"])
coco_annotation_format = {
    "annotations": coco_annotations,
    "images": [{"id": int(data["image_id"])} for data in dataset["test"]],
    "categories": [{"id": i, "name": name} for i, name in enumerate(categories)]
}
print(len(coco_annotations))
print(coco_annotation_format["annotations"][0])
print(coco_annotation_format["images"][0])
print(coco_annotation_format["categories"][0])
```

【 출력 결과 】

```
351
{'image_id': 63, 'category_id': 3, 'bbox': [129.0, 291.0, 395.5, 349.0], 'area':
138029.0, 'id': 96, 'iscrowd': 0}
{'id': 63}
{'id': 0, 'name': 'animals'}
```

get_coco_annotations 함수는 데이터세트를 COCO 형식의 애너테이션으로 변환한다. 이 함수는 각 이미지와 객체에 대한 정보를 추출해 COCO 형식의 딕셔너리로 만든다. 이 딕셔너리에서 iscrowd는 이미지에 많은 객체가 밀집돼 있는지 여부를 지정하는 플래그로, 0으로 설정해 개별 객체로 인식하도록 한다.

COCO 형식의 애너테이션 데이터가 생성됐다면, coco_annotation_format을 통해 COCO 형식에 맞춘 전체 데이터 구조를 생성한다. annotations는 COCO 형식의 애너테이션 리스트를 의미하며, images와 categories는 각각 이미지의 ID 정보와 카테고리 ID와 이름을 매핑한 값을 포함한다.

이 코드는 객체 검출 모델의 평가를 위해 데이터세트를 COCO 형식으로 변환하는 중요한 역할을 한다. COCO 형식은 객체 검출 작업에서 널리 사용되는 표준 형식으로, 이를 통해 COCO 평가 도구를 사용할 수 있게 된다.

실젯값(Ground-truth)을 COCO 형식으로 변환했다면, 모델 평가를 위해 추론 결과도 COCO 형식으로 변환해야 한다. 다음 예제 4.10은 추론 결과를 COCO 형식으로 변환하는 방법을 보여준다.

예제 4.10 추론 결과 COCO 형식 변환

```python
from torch.utils.data import DataLoader

dataloader = DataLoader(
    dataset["test"],
    batch_size=2,
    collate_fn=lambda batch: (
        [item["image"] for item in batch],
        [list(item["image"].size) for item in batch],
        [item["image_id"] for item in batch],
        [item["objects"] for item in batch]
    )
)

predictions = []
model.eval()
with torch.no_grad():
```

```
    for images, target_sizes, image_ids, objects in dataloader:
        input_labels = [categories] * len(images)
        inputs = processor(images=images, text=input_labels, return_tensors="pt")
        outputs = model(**inputs.to(device))
        detections = processor.post_process_object_detection(
            outputs=outputs, threshold=0.3, target_sizes=target_sizes
        )

        for batch_idx, detection in enumerate(detections):
            category_ids = detection["labels"].cpu().numpy().tolist()
            scores = detection["scores"].cpu().numpy().tolist()
            boxes = detection["boxes"].cpu().numpy()

            boxes[:, 2:4] -= boxes[:, :2]
            boxes = boxes.tolist()

            for obj_idx, box in enumerate(boxes):
                prediction = {
                    "image_id": image_ids[batch_idx],
                    "category_id": category_ids[obj_idx],
                    "bbox": box,
                    "score": scores[obj_idx]
                }
                predictions.append(prediction)

print(len(predictions))
print(predictions[0])
```

【 출력 결과 】

```
384
{'image_id': 63,
 'category_id': 3,
 'bbox': [329.0246276855469,
  287.1844787597656,
  71.31246948242188,
  70.74172973632812],
 'score': 0.5499138236045837}
```

데이터로더를 통해 배치 단위로 데이터를 불러온 후, 모델의 출력값을 후처리해 COCO 좌표 형식에 맞춘다. COCO의 경계 상자 좌표 형식은 [좌상단 x좌표, 좌상단 y좌표, 너비, 높이]이므로, boxes[:, 2:4] -= boxes[:, :2]를 사용해 COCO 형식으로 변환한다. 검출된 모든 경계 상자에 대해 이미지 ID, 카테고리 ID, 점수 값을 딕셔너리 형태로 묶어서 추론 결과인 predictions에 저장한다.

출력 결과를 보면 테스트 이미지 200개에 대해 384개의 추론 결과가 생성됐다. 이제 실젯값과 예측값이 COCO 형식에 맞게 준비됐으므로 객체 검출 모델을 평가해 본다. 다음 예제 4.11은 COCO API로 성능 평가하는 방법을 보여준다.

예제 4.11 객체 검출 모델 평가

```
from pycocotools.coco import COCO
from pycocotools.cocoeval import COCOeval


coco_gt = COCO()
coco_gt.dataset = coco_annotation_format
coco_gt.createIndex()


coco_dt = coco_gt.loadRes(predictions)


coco_eval = COCOeval(coco_gt, coco_dt, "bbox")
coco_eval.evaluate()
coco_eval.accumulate()
coco_eval.summarize()
```

【 출력 결과 】

```
creating index...
index created!
Loading and preparing results...
DONE (t=0.00s)
creating index...
index created!
Running per image evaluation...
Evaluate annotation type *bbox*
DONE (t=0.11s).
```

```
Accumulating evaluation results...
DONE (t=0.07s).
 Average Precision  (AP) @[ IoU=0.50:0.95 | area=   all | maxDets=100 ] = 0.516
 Average Precision  (AP) @[ IoU=0.50      | area=   all | maxDets=100 ] = 0.656
 Average Precision  (AP) @[ IoU=0.75      | area=   all | maxDets=100 ] = 0.576
 Average Precision  (AP) @[ IoU=0.50:0.95 | area= small | maxDets=100 ] = 0.050
 Average Precision  (AP) @[ IoU=0.50:0.95 | area=medium | maxDets=100 ] = 0.192
 Average Precision  (AP) @[ IoU=0.50:0.95 | area= large | maxDets=100 ] = 0.527
 Average Recall     (AR) @[ IoU=0.50:0.95 | area=   all | maxDets=  1 ] = 0.455
 Average Recall     (AR) @[ IoU=0.50:0.95 | area=   all | maxDets= 10 ] = 0.579
 Average Recall     (AR) @[ IoU=0.50:0.95 | area=   all | maxDets=100 ] = 0.581
 Average Recall     (AR) @[ IoU=0.50:0.95 | area= small | maxDets=100 ] = 0.100
 Average Recall     (AR) @[ IoU=0.50:0.95 | area=medium | maxDets=100 ] = 0.230
 Average Recall     (AR) @[ IoU=0.50:0.95 | area= large | maxDets=100 ] = 0.590
```

COCO 평가 도구를 사용해 객체 검출 모델의 성능을 평가하는 과정을 보여준다. 먼저 COCO 클래스의 인스턴스를 생성하고, 이전에 준비한 실젯값 데이터(coco_annotation_format)를 설정한다. createIndex 메서드로 데이터 인덱싱을 수행한 후, loadRes 메서드를 사용해 모델의 예측 결과(predictions)를 불러온다.

COCOeval 클래스를 이용해 평가 객체를 생성하고, evaluate 메서드로 실제 평가를 수행한다. accumulate 메서드는 평가 결과를 누적하고, summarize 메서드는 최종 평가 결과를 요약해 출력한다. 이 과정을 통해 모델의 성능을 다양한 메트릭(예: mAP, Recall)으로 측정하고 분석할 수 있다.

평가 결과를 해석해 보면, 전체 AP(IoU 0.50:0.95)는 0.516으로 중간 수준의 정확도를 보이며, IoU 0.50에서의 AP는 0.656으로 더 높다. 이는 모델이 객체의 대략적인 위치를 잘 파악하지만, 정확한 경계 설정에는 다소 어려움이 있음을 의미한다.

객체 크기별로 분석하면, 큰 객체(AP 0.527)에 대해 가장 잘 작동하는 반면, 작은 객체(AP 0.050)에 대해서는 매우 낮은 성능을 보인다. 이는 모델이 작은 객체를 식별하고 정확히 위치시키는 데 상당한 어려움을 겪고 있음을 나타낸다. 또한, 크기별 AR(Average Recall)도 AP(Average Precision)와 유사한 패턴을 보이며, 큰 객체에 대해 가장 높은 성능(AR 0.590)을 보인다.

이러한 결과는 앞서 소개한 제로샷 객체 검출의 한계점을 잘 반영하고 있다. 전통적인 객체 검출 모델과 비교했을 때, 이 모델은 작은 객체나 중복된 객체를 제대로 검출하지 못하는 경향이 있음을 확인할 수 있다. 특히 작은 객체에 대한 낮은 성능(AP 0.050, AR 0.100)은 이러한 한계를 명확히 보여준다.

제로샷 객체 검출을 활용할 때는 이러한 한계점을 인지하고 적절히 활용하는 것이 중요하다. 큰 객체나 뚜렷한 특징을 가진 객체에 대해서는 상대적으로 높은 신뢰도를 가질 수 있지만, 작은 객체나 복잡한 장면에서는 정확도가 떨어질 수 있다. 그러므로 이미지를 다양한 크기로 조정해 검출을 수행하거나, 미세 조정을 통해 모델을 추가 학습시켜 해당 영역에서의 성능을 높이는 방법 등을 고려해야 한다.

4.3 이미지 세그먼테이션: SAM

이미지 세그먼테이션(Image segmentation)은 컴퓨터비전 분야에서 중요한 기술로, 이미지를 여러 개의 의미 있는 세그먼트(Segment)나 객체(Object)로 나누는 과정을 의미한다. 이 기술은 이미지의 각 픽셀에 특정 클래스를 할당해 이미지를 여러 영역으로 구분한다. 이 과정에서 각 픽셀은 색상, 밝기, 텍스처 등의 특징을 기반으로 분류되며, 인접한 픽셀들의 관계도 고려된다. 최신 알고리즘은 이미지의 문맥적 정보와 의미론적 이해를 바탕으로 더 정확한 분할을 수행한다.

이미지 세그먼테이션의 주요 목적은 이미지를 더 의미 있고 분석하기 쉬운 형태로 단순화하거나 변경하는 것이다. 이는 의료 영상 분석, 자율 주행 차량, 얼굴 인식 시스템, 위성 이미지 분석 등 다양한 분야에서 활용된다. 예를 들어, 의료 영상에서는 종양의 정확한 위치와 크기를 파악하는 데 사용되며, 자율 주행 차량에서는 도로, 보행자, 다른 차량 등을 식별하는 데 활용된다.

이미지 세그먼테이션의 주요 장점으로는 객체의 정확한 경계를 파악할 수 있다는 점이다. 픽셀 단위로 분류가 이루어지기 때문에, 객체 검출에 비해 더 세밀한 분석이 가능하다. 또한, 이미지 내의 모든 픽셀에 대해 분류를 수행하므로, 이미지 전체에 대한 포괄적인 이해가 가능하다. 이는 특히 정밀한 형태 분석이 필요한 의료 영상이나 정확한 지형 분석이 필요한 위성 이미지 처리에서 큰 강점을 갖는다.

하지만 픽셀마다 분류를 수행하기 때문에 높은 계산 비용이 들며, 복잡한 배경이나 겹친 객체가 있는 경우 정확한 분할이 어려울 수 있다. 이는 실시간 처리가 필요한 응용 프로그램에서 특히 문제가 될 수 있다. 또한, 광범위한 학습 데이터와 정교한 알고리즘이 필요해 개발 비용이 높을 수 있다.

전통적인 방법으로는 임곗값 기반(이진화), 에지 검출 기반 방법(윤곽선 검출) 등이 있으며, 최근에는 딥러닝 기반의 방법들을 활용해 이미지 세그먼테이션을 수행한다. 전통적인 방법들은 단순하고 빠르지만, 복잡한 이미지나 다양한 조명 조건에서 성능이 크게 저하되는 단점이 있다. 또한, 객체의 의미론적 이해가 부족해 고수준의 세그먼테이션 작업에는 적합하지 않다. 반면 딥러닝 기반 방법은 대량의 데이터로부터 학습해 더 복잡하고 추상적인 특징을 포착할 수 있어, 다양한 환경과 객체에 대해 보다 정확하고 일관된 세그먼테이션 결과를 제공한다.

이번 절에서는 메타에서 발표한 SAM 모델을 활용해 이미지 세그먼테이션을 수행해 본다. SAM은 대규모 데이터세트로 사전 학습된 강력한 모델로, 다양한 객체와 장면(scene)에 대해 높은 성능의 이미지 세그먼테이션을 수행할 수 있다.

4.3.1 SAM

SAM(Segment Anything Model)은 메타에서 개발한 최첨단 이미지 세그먼테이션 모델이다. 이 모델은 '모든 것을 분할한다'라는 의미를 담고 있으며, 다양한 객체와 장면에 대해 높은 성능의 이미지 세그먼테이션을 수행할 수 있다. SAM은 다양한 도메인에서 수집된 1,100만 개의 이미지를 학습에 사용했다.[4]

이 과정에서 추출된 11억 개의 마스크 쌍을 학습해 객체 영역의 좌표와 경계 상자 정보를 포함한 다양한 정보를 제공한다. 또한, 텍스트를 프롬프트로 입력할 수 있도록 설계되어, 다양한 환경에서의 이미지 세그먼테이션 작업을 높은 수준으로 수행할 수 있다.

이미지 세그먼테이션은 컴퓨터비전 분야에서 매우 중요한 과제 중 하나다. 그러나 이미지 세그먼테이션 모델을 학습시키기 위해서는 픽셀 단위로 레이블링된 대량의 마스크 데이터가 필수적이므로 다른 이미지 분석 과제에 비해 상대적으로 데이터 구축에 많은 비용과 시간이 소모된

---

4 https://segment-anything.com/dataset/index.html

다. SAM의 등장으로 이러한 문제를 어느 정도 극복할 수 있게 됐다. SAM을 활용하면 많은 경우 추가적인 미세 조정 없이도 다양한 도메인의 이미지에 대한 이미지 세그먼테이션 작업을 수행할 수 있다.

SAM은 이미지 인코더, 프롬프트 인코더, 마스크 디코더로 구성된다. 이미지 인코더는 입력 이미지의 특징을 추출하고, 프롬프트 인코더는 사용자의 입력을 처리하며, 마스크 디코더는 이두 정보를 결합해 최종 세그먼트 마스크를 생성한다. 이러한 구조는 효율적인 처리와 높은 정확도를 동시에 달성할 수 있게 해준다. 다음 그림 4.3은 SAM의 모델 구조를 보여준다.

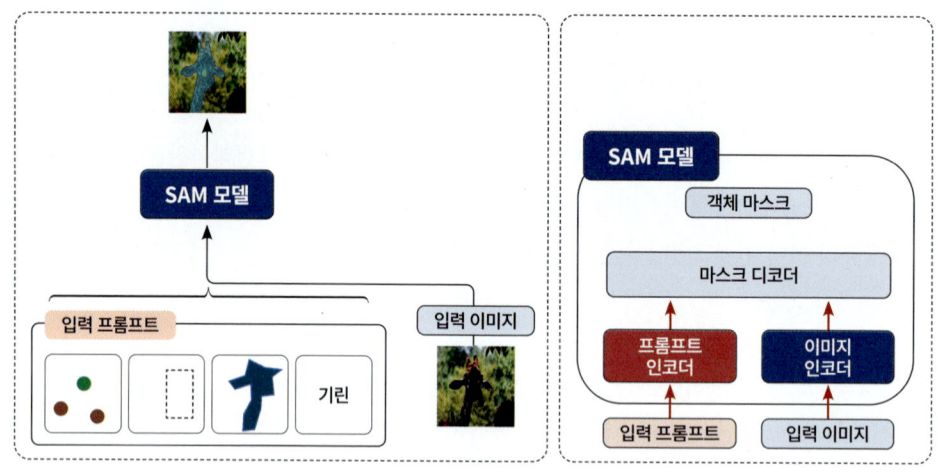

그림 4.3 SAM 모델 구조

SAM 모델은 이미지 데이터와 함께 다양한 형태의 프롬프트를 입력으로 받아 처리한다. 이 프롬프트는 좌표, 경계 상자, 텍스트 등 다양한 형태를 취할 수 있으며, 각각은 분할하고자 하는 객체나 영역에 대한 정보를 제공한다. 좌표나 경계 상자 형태의 프롬프트는 객체가 존재하는 위치 정보를 직접적으로 나타내며, SAM은 이러한 정보를 기반으로 분할 대상을 결정한다.

SAM은 프롬프트의 존재 여부에 따라 작동 방식이 달라진다. 객체 위치 정보에 대한 프롬프트가 제공되지 않을 경우, SAM은 이미지 전체에 대해 포괄적인 객체 세그먼트를 수행한다. 이 경우 모델은 이미지 내의 모든 가능한 객체나 영역에 대한 세그먼테이션 결과를 출력하게 되어, 사용자가 원하는 특정 객체를 선별하기 위한 추가적인 후처리 작업이 필요할 수 있다.

반면, 위치 정보를 포함한 프롬프트가 제공될 경우 SAM은 더욱 정확하고 집중된 세그먼트 결과를 생성할 수 있다. 이는 모델이 사용자의 의도를 더 명확히 파악할 수 있기 때문이다. 따라서 위치 정보 프롬프트가 있을 때 더 나은 추론 결과를 제공할 수 있다.

SAM의 이러한 특성은 모델의 유연성과 적응성을 보여준다. 사용자의 입력에 따라 전체 이미지에 대한 포괄적인 분석부터 특정 영역에 대한 정밀한 세그먼테이션까지 수행할 수 있어, 다양한 응용 상황에 대응할 수 있다.

그러나 SAM의 추론 결과는 객체의 영역을 이진 마스크 형태로 제공하지만, 각 픽셀에 대한 구체적인 클래스 정보는 포함하지 않는다. 이는 SAM이 순수하게 이미지 세그먼테이션에 특화된 모델이기 때문이다. 따라서 세그먼테이션된 객체의 정확한 클래스를 식별하기 위해서는 추가적인 분류 작업이 필요하다.

이러한 한계를 극복하기 위해 다양한 접근 방법을 활용할 수 있다. 예를 들어, 제로샷 이미지 분류 기법을 적용해 세그먼테이션된 객체의 클래스를 추정할 수 있다. 이 방법은 사전 학습된 대규모 언어 모델을 활용해 이미지의 시각적 특징과 텍스트 설명을 연결 짓는 방식으로 작동한다.

또 다른 방법으로는 특정 과제에 특화된 이미지 분류 모델을 별도로 학습해 SAM의 세그먼테이션 결과에 적용하는 것이다. 이 접근법은 특정 도메인에서 더 정확한 분류 결과를 얻을 수 있다는 장점이 있다.

SAM의 우수한 이미지 세그먼테이션 성능을 고려할 때, 이러한 추가적인 분류 과정을 결합한 통합 시스템에서도 높은 성능을 기대할 수 있다. 예를 들어, SAM으로 객체를 정확히 세그먼테이션한 후 분류 모델을 적용하면, 배경 노이즈가 제거된 깨끗한 객체 이미지를 분류할 수 있어 전체적인 성능 향상을 기대할 수 있다.

클래스에 구애받지 않고 순수하게 객체의 형태와 위치에 집중해 세그먼테이션을 수행하기 때문에, 학습 데이터에 포함되지 않은 새로운 유형의 객체도 효과적으로 분할할 수 있다. 이는 SAM이 범용적인 이미지 세그먼테이션 도구로서 다양한 분야에 적용될 수 있는 가능성을 보여준다.

4.3.2 이미지 세그먼테이션 수행

SamModel 클래스는 SAM 모델 아키텍처를 구현한 클래스로, 사전 학습된 가중치를 불러와 모델 인스턴스를 생성할 수 있다. 이 클래스는 이미지 세그먼테이션 과제에 특화되어 IoU 점수와 마스크 정보를 반환한다. IoU 점수는 예측된 마스크와 실제 객체 영역 간의 겹침 정도를 나타내는 지표로, 세그먼테이션의 정확도를 평가하는 데 사용된다. 마스크 정보는 각 픽셀이 객체에 속하는지 여부를 나타내는 이진 맵 형태로 제공된다.

이 클래스는 단순히 마스크를 생성하는 것에 그치지 않고, 다양한 형태의 프롬프트를 처리할 수 있는 유연성을 갖추고 있다. 좌표 또는 경계 상자 형태의 프롬프트를 입력받아 사용자의 의도에 맞는 객체나 영역을 정확하게 분할할 수 있다. 이러한 특성은 SamModel 클래스가 반자동 또는 대화형 이미지 세그먼테이션 시스템에서 핵심 구성 요소로 활용될 수 있게 한다.

이번 절에서는 메타에서 제공하는 SAM 모델을 활용해 이미지 세그먼테이션을 수행해 본다. 다음 표 4.3은 메타에서 제공하는 SAM 모델을 정리했다.

표 4.3 메타 SAM 모델

모델	아키텍처	입력 크기	패치 크기	매개변수의 수
facebook/sam-vit-base	ViT-B/16	1024×1024	16×16	0.9억 개
facebook/sam-vit-large	ViT-L/16	1024×1024	16×16	3.1억 개
facebook/sam-vit-huge	ViT-H/16	1024×1024	16×16	6.4억 개

SAM은 ViT 아키텍처를 기반으로 개발된 이미지 세그먼테이션 모델이다. 이 모델은 ViT의 강력한 특징 추출 능력을 활용해 고성능의 이미지 세그먼테이션을 수행한다. SAM의 모든 변형 모델은 동일한 패치 크기와 입력 크기를 사용하지만, 모델의 전체 크기를 조절함으로써 정확도와 실행 속도 간의 균형을 조절했다.

SAM의 주요 특징 중 하나는 1024×1024 픽셀의 대형 입력 크기를 사용한다는 점이다. 이러한 고해상도 입력은 모델이 이미지의 미세한 디테일을 포착하고 매우 정교한 분할을 수행할 수 있게 한다. 이는 의료 영상 분석이나 위성 이미지 처리와 같이 높은 정밀도가 요구되는 응용 분야에서 특히 유용하다.

SAM은 다양한 크기의 모델로 제공되며, 일반적으로 가장 큰 모델이 최고의 성능을 보인다. 그러나 모델 선택 시에는 단순히 성능만을 고려하는 것이 아니라, 모델을 실행하는 환경의 컴퓨팅 능력과 특정 응용 분야에서 요구되는 정확도를 종합적으로 고려해야 한다. 예를 들어, 에지 장치나 모바일 환경에서는 더 작고 빠른 모델이 적합할 수 있으며, 고성능 워크스테이션에서 수행되는 정밀한 연구에는 대형 모델이 더 적합할 수 있다.

이제 facebook/sam-vit-base 모델을 활용해 이미지 세그먼테이션을 수행해 보자. 다음 예제 4.12는 SAM 모델에서 초기화 방법을 보여준다.

예제 4.12 SAM 모델 초기화

```python
import io
from PIL import Image
from datasets import load_dataset
from transformers import SamProcessor, SamModel

def filter_category(data):
    # 16 = dog
    # 23 = giraffe
    return 16 in data["objects"]["category"] or 23 in data["objects"]["category"]

def convert_image(data):
    byte = io.BytesIO(data["image"]["bytes"])
    img = Image.open(byte)
    return {"img": img}

model_name = "facebook/sam-vit-base"
processor = SamProcessor.from_pretrained(model_name)
model = SamModel.from_pretrained(model_name)

dataset = load_dataset("s076923/coco-val")
filtered_dataset = dataset["validation"].filter(filter_category)
converted_dataset = filtered_dataset.map(convert_image, remove_columns=["image"])
```

SamProcessor는 SAM의 입력 처리를 위한 통합 프로세서로, 이미지 전처리를 담당하는 SamImageProcessor와 2D 좌표 및 경계 상자 처리를 담당하는 기능을 단일 인터페이스로 결합한 고급 도구이다. 이 통합 프로세서는 SAM 모델의 복잡한 입력 요구사항을 효율적으로 관리하고 처리한다.

SamImageProcessor 컴포넌트는 원본 이미지를 SAM 모델이 요구하는 정확한 형식으로 변환하는 핵심 역할을 수행한다. 이 과정에는 이미지 크기 조정, 정규화, 텐서 변환 등이 포함되며, 특히 SAM의 고해상도 입력 요구사항(1024×1024 픽셀)을 충족시키는 데 중점을 둔다. 이러한 정교한 전처리 과정은 모델의 성능을 최적화하고, 다양한 소스에서 얻은 이미지들에 대해 일관된 결과를 얻는 데 필수적이다.

더불어 SamProcessor는 다양한 입력 형식과 프롬프트 유형을 지원하도록 설계되어, SAM 모델의 유연성을 최대한 활용할 수 있다. 예를 들어, 단일 좌표, 다중 좌표, 경계 상자 또는 이들의 조합 등 다양한 프롬프트 형태를 쉽게 처리할 수 있다. 이는 복잡한 세그먼테이션 작업이나 대화형 이미지 편집 도구 등에서 유용하게 활용할 수 있다. 다음 예제 4.13은 SamProcessor 적용 방법을 보여준다.

예제 4.13 좌표 시각화 및 SamProcessor 적용

```python
import numpy as np
from matplotlib import pyplot as plt

def show_point_box(image, input_points, input_labels, input_boxes=None, marker_size=375):
    plt.figure(figsize=(10, 10))
    plt.imshow(image)
    ax = plt.gca()

    input_points = np.array(input_points)
    input_labels = np.array(input_labels)

    pos_points = input_points[input_labels[0] == 1]
    neg_points = input_points[input_labels[0] == 0]

    ax.scatter(
        pos_points[:, 0],
        pos_points[:, 1],
        color="green",
        marker="*",
        s=marker_size,
```

```
            edgecolor="white",
            linewidth=1.25
        )
    ax.scatter(
            neg_points[:, 0],
            neg_points[:, 1],
            color="red",
            marker="*",
            s=marker_size,
            edgecolor="white",
            linewidth=1.25
        )

    if input_boxes is not None:
        for box in input_boxes:
            x0, y0 = box[0], box[1]
            w, h = box[2] - box[0], box[3] - box[1]
            ax.add_patch(
                plt.Rectangle(
                    (x0, y0), w, h, edgecolor="green", facecolor=(0, 0, 0, 0), lw=2
                )
            )

    plt.axis("on")
    plt.show()

image = converted_dataset[0]["img"]
input_points = [[[250, 200]]]
input_labels = [[[1]]]

show_point_box(image, input_points[0], input_labels[0])
inputs = processor(
    image, input_points=input_points, input_labels=input_labels, return_tensors="pt"
)

print("input_points shape :", inputs["input_points"].shape)
print("input_points :", inputs["input_points"])
```

```
print("input_labels shape :", inputs["input_labels"].shape)
print("input_labels :", inputs["input_labels"])
print("pixel_values shape :", inputs["pixel_values"].shape)
print("pixel_values :", inputs["pixel_values"])
```

【 출력 결과 】

```
input_points shape : torch.Size([1, 1, 1, 2])
input_points : tensor([[[[400.2347, 320.0000]]]], dtype=torch.float64)
input_labels shape : torch.Size([1, 1, 1])
input_labels : tensor([[[1]]], dtype=torch.int32)
pixel_values shape : torch.Size([1, 3, 1024, 1024])
pixel_values : tensor([[[[ 1.4612,  1.4098,  1.3413,  ...,  0.0000,  0.0000,  0.0000],
         [ 1.5125,  1.4612,  1.3927,  ...,  0.0000,  0.0000,  0.0000],
         [ 1.5639,  1.5125,  1.4440,  ...,  0.0000,  0.0000,  0.0000],

         # 생략

         [-1.6650, -1.6824, -1.7173,  ...,  0.0000,  0.0000,  0.0000],
         [-1.7173, -1.7347, -1.7522,  ...,  0.0000,  0.0000,  0.0000],
         [-1.7522, -1.7522, -1.7696,  ...,  0.0000,  0.0000,  0.0000]]]])
```

SamProcessor의 input_points와 input_labels는 사용자의 의도를 SAM 모델에 전달하는 중요한 매개변수다. 이 값은 이미지의 어떤 부분을 세그먼테이션해야 하는지를 모델에 알려주는 역할을 한다.

input_points는 이미지 상에서 사용자가 관심을 가지는 객체나 영역을 지정하는 좌표를 나타낸다. 일반적으로 사용자가 이미지 위에 직접 클릭하거나 그린 점들의 위치를 의미하며, [**배치 크기, 좌표 개수, 좌표**]와 같이 3차원 형태로 입력한다. SAM 모델은 이 좌표를 기준으로 주변 영역을 분석해 객체의 경계를 찾아낸다.

input_labels는 각 input_points에 대응하는 레이블 정보를 제공한다. 이 매개변수는 [**배치 크기, 좌표 배치 크기, 좌표 개수**]의 3차원 형태로 입력되며, 1(전경)과 0(비전경)의 값을 가진다. 이 레이블은 각 좌표가 세그먼테이션 대상 객체의 일부인지 아닌지를 지정한다.

이러한 정보를 통해 SAM 모델은 사용자가 원하는 객체나 영역을 정확히 인식하고, 해당 부분의 세그먼테이션을 수행할 수 있다. 예를 들어, 객체 내부의 점은 1로, 외부의 점은 0으로 레이블링해 모델에 객체의 대략적인 위치와 크기에 대한 힌트를 제공할 수 있다. 다음 표 4.4는 input_labels 종류를 정리했다.

표 4.4 input_labels 종류

번호	이름	설명
1	전경 클래스	검출하고자 하는 관심 객체가 포함된 좌표
0	비전경 클래스	관심 객체가 포함되지 않은 좌표
−1	배경 클래스	배경 영역에 해당하는 좌표
−10	패딩 클래스	배치 크기를 맞추기 위한 패딩값으로, 모델이 처리하지 않음

SamProcessor는 input_points와 input_labels를 통해 모델이 이해할 수 있는 형식으로 변환하는 중요한 역할을 수행한다. 그러므로 시각화 함수를 통해 input_points와 input_labels가 정확하게 사용자의 의도를 반영하고 있는지 확인해야 한다.

show_point_box 함수는 입력 이미지, 좌표, 레이블, 그리고 선택적으로 경계 상자를 입력받아 이를 시각적으로 표현한다. 좌표는 레이블에 따라 색상이 구분되며, 양성 샘플(레이블 1)은 녹색으로, 음성 샘플(레이블 0)은 빨간색으로 표시된다. 만약 경계 상자가 전달되면, 이를 녹색 테두리의 직사각형으로 표시한다.

SamProcessor를 통해 처리된 출력 결과를 확인해 본다. input_points의 형태는 [1, 1, 1, 2]로, 이는 [배치 크기, 좌표 배치 크기, 분할 마스크 당 좌표 개수, 좌표 위치]를 의미한다. 배치 크기는 이미지의 개수, 좌표 배치 크기는 동시에 처리하는 포인트 프롬프트의 수, 분할 마스크 당 좌표 개수는 각 이미지에 적용되는 포인트 좌표의 수, 좌표 위치는 X(수직) 및 Y(수평) 좌표를 나타낸다.

마찬가지로, input_labels의 형태는 [1, 1, 1]로, 이는 각각 [배치 크기, 좌표 배치 크기, 좌표 개수]를 의미한다. 이 데이터는 프롬프트 인코더에서 프롬프트를 인코딩하는 데 사용된다.

프로세서를 통해 전처리 작업을 완료했다면 SAM 모델에 전달해 이미지 세그먼테이션을 수행한다. 다음 예제 4.14는 세그먼테이션 수행 및 시각화 방법을 보여준다.

예제 4.14 이미지 세그먼테이션 수행 및 시각화 (1)

```python
import torch

def show_mask(mask, ax, random_color=False):
    if random_color:
        color = np.concatenate([np.random.random(3), np.array([0.6])], axis=0)
    else:
        color = np.array([30 / 255, 144 / 255, 255 / 255, 0.6])
    h, w = mask.shape[-2:]
    mask_image = mask.reshape(h, w, 1) * color.reshape(1, 1, -1)
    ax.imshow(mask_image)

def show_masks_on_image(raw_image, masks, scores):
    if len(masks.shape) == 4:
        masks = masks.squeeze()
    if scores.shape[0] == 1:
        scores = scores.squeeze()

    nb_predictions = scores.shape[-1]
    fig, axes = plt.subplots(1, nb_predictions, figsize=(30, 15))

    for i, (mask, score) in enumerate(zip(masks, scores)):
        mask = mask.cpu().detach()
        axes[i].imshow(np.array(raw_image))
        show_mask(mask, axes[i])
```

```
        axes[i].title.set_text(f"Mask {i+1}, Score: {score.item():.3f}")
        axes[i].axis("off")
    plt.show()

model.eval()
with torch.no_grad():
    outputs = model(**inputs)

masks = processor.image_processor.post_process_masks(
    outputs.pred_masks.cpu(),
    inputs["original_sizes"].cpu(),
    inputs["reshaped_input_sizes"].cpu()
)

show_masks_on_image(image, masks[0], outputs.iou_scores)
print("iou_scores shape :", outputs.iou_scores.shape)
print("iou_scores :", outputs.iou_scores)
print("pred_masks shape :", outputs.pred_masks.shape)
print("pred_masks :", outputs.pred_masks)
```

【 출력 결과 】

```
iou_scores shape : torch.Size([1, 1, 3])
iou_scores : tensor([[[0.7971, 0.9507, 0.9603]]])
pred_masks shape : torch.Size([1, 1, 3, 256, 256])
pred_masks : tensor([[[[[ -3.6988,  -3.4369,  -3.1966,  ...,  -4.0645,  -4.0734,
             -3.5750],
          # 생략
          [-15.9352, -21.1783, -18.3132,  ..., -18.6872, -18.8607,
           -17.3856]]]]])
```

show_mask 함수는 세그먼테이션 마스크를 시각화하는 역할을 한다. 이 함수로 마스크를 입력받아 색상을 적용하고, 해당 마스크를 이미지 위에 오버레이한다. show_masks_on_image 함수는 원본 이미지 위에 여러 개의 마스크를 동시에 표시하는 기능을 수행한다. 원본 이미지, 마스크들, 그리고 각 마스크의 점수를 입력으로 받아 서브플롯을 생성해 각 마스크를 개별적으로 시각화할 수 있다.

코드의 핵심 부분에서는 SAM 모델을 사용해 실제 세그먼테이션을 수행한다. 모델을 평가 모드로 설정하고, 입력 이미지에 대해 추론을 실행한다. 그 후 프로세서를 사용해 모델의 출력을 후처리해 최종 마스크를 생성한다.

마지막으로 생성된 마스크와 점수를 시각화하고 콘솔에 출력한다. 출력 결과를 보면 모델이 생성한 마스크의 형태와 각 마스크의 신뢰도 점수를 확인할 수 있다. iou_scores는 [배치 크기, 좌표 배치 크기, IoU 점수]를 의미하며, 이는 모델이 3개의 서로 다른 세그먼테이션 마스크를 생성했음을 의미한다. 각 마스크에 대한 IoU 점수는 각 마스크의 품질을 나타내며, 1에 가까울수록 더 정확한 세그먼테이션을 의미한다. 예제에서는 세 번째 마스크가 0.9603으로 가장 높은 점수를 받았다.

pred_masks는 [배치 크기, 좌표 배치 크기, 채널 수, 높이, 너비]를 의미하며, 모델이 3개의 마스크를 생성했으며, 각 마스크의 크기가 256x256 픽셀임을 나타낸다. pred_masks 출력값을 보면 텐서의 형태로 실젯값들은 로짓 형태로 표현된다. 이 값들은 시그모이드 함수를 통과시켜 0과 1 사이의 확률값으로 변환된다. 음수 값이 클수록 해당 픽셀이 마스크에 포함될 가능성이 낮고, 양수 값이 클수록 포함될 가능성이 높다.

출력 결과를 통해 SAM 모델이 입력 이미지에 대해 세 개의 서로 다른 세그먼테이션 마스크를 생성했으며, 각 마스크의 품질이 상당히 높다는 것을 알 수 있다. 특히 세 번째 세그먼테이션 결과는 input_points에 대한 우수한 세그먼테이션을 수행했다. 이번에는 비전경 클래스와 경계 상자를 활용해 세그먼테이션을 수행해 본다. 다음 예제 4.15는 경계 상자를 통한 세그먼테이션 방법을 보여준다.

예제 4.15 이미지 세그먼테이션 수행 및 시각화 (2)

```
input_points = [[[250, 200], [15, 50]]]
input_labels = [[[0, 1]]]
input_boxes = [[[100, 100, 400, 600]]]
```

```
show_point_box(image, input_points[0], input_labels[0], input_boxes[0])
inputs = processor(
    image,
    input_points=input_points,
    input_labels=input_labels,
    input_boxes=input_boxes,
    return_tensors="pt"
)

model.eval()
with torch.no_grad():
    outputs = model(**inputs)

masks = processor.image_processor.post_process_masks(
    outputs.pred_masks.cpu(),
    inputs["original_sizes"].cpu(),
    inputs["reshaped_input_sizes"].cpu(),
)

show_masks_on_image(image, masks[0], outputs.iou_scores)
```

【 출력 결과 】

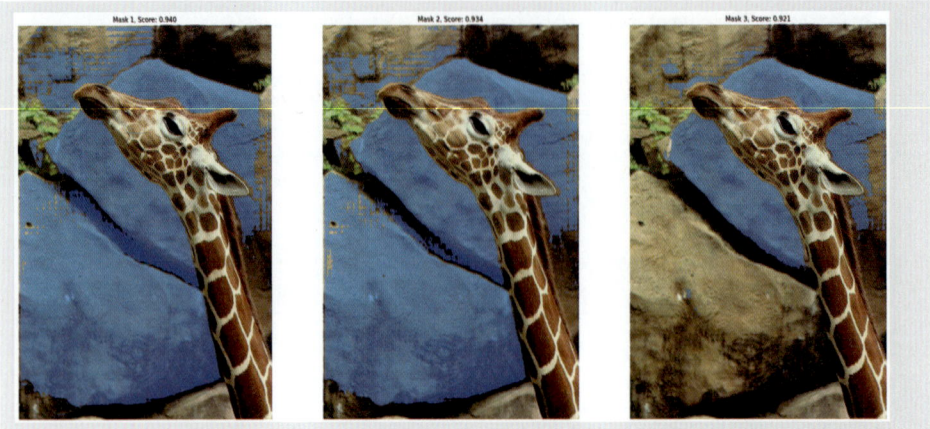

이번 예제에서는 일반적인 접근과는 다르게 기린을 비전경 클래스로, 배경을 전경 클래스로 설정해 세그먼테이션을 수행해 본다. 먼저, `input_points`와 `input_labels`를 설정한다. 기린 영역 내부의 점들은 0(비전경)으로, 배경 영역의 점들은 1(전경)로 레이블링한다. 이는 모델에 기린이 아닌 부분을 세그먼테이션 하도록 지시하는 것이다.

다음으로 `input_boxes` 매개변수를 사용해 기린을 포함하는 경계 상자를 설정한다. 경계 상자는 기린 영역을 대략적으로 둘러싸는 직사각형 형태로 정의된다. 이 경계 상자는 모델의 주의를 기린 주변 영역으로 집중시키는 역할을 한다. 이러한 설정으로 세그먼테이션을 수행하면, SAM 모델은 기린을 제외한 배경 영역을 세그먼테이션 하게 된다.

이러한 방법을 통해 SAM 모델이 단순히 객체를 식별하는 것을 넘어, 사용자의 의도에 따라 다양한 방식으로 이미지를 해석하고 세그먼테이션할 수 있음을 보여준다. 이러한 유연성은 복잡한 이미지 분석 작업에서도 SAM의 활용 가능성을 입증한다.

다음으로, 객체의 영역을 지정하지 않고 자동으로 마스크를 검출하는 과정을 수행해 보자. 예제 4.16은 오토 마스크 생성 과정을 보여준다.

예제 4.16 오토 마스크 생성

```
from transformers import pipeline

generator = pipeline("mask-generation", model=model_name)
outputs = generator(image, points_per_batch=32)
```

```python
plt.imshow(np.array(image))
ax = plt.gca()
for mask in outputs["masks"]:
    show_mask(mask, ax=ax, random_color=True)
plt.axis("off")
plt.show()

print("outputs mask의 개수 :", len(outputs["masks"]))
print("outputs scores의 개수 :", len(outputs["scores"]))
```

【 출력 결과 】

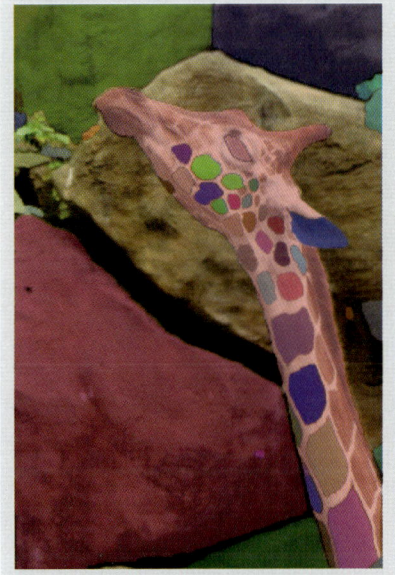

```
outputs mask의 개수 : 52
outputs scores의 개수 : 52
```

pipeline 함수를 통해 마스크 생성 과제를 위한 파이프라인을 생성한다. generator를 호출해 입력 이미지에 대한 마스크를 생성한다. points_per_batch 매개변수는 한 번에 처리할 좌표의 수를 지정한다. 이 값을 조절해 처리 속도와 메모리 사용량을 제어할 수 있다.

points_per_batch는 SAM 모델이 오토 마스크 생성 과정에서 사용하는 중요한 매개변수다. 이 값은 모델이 한 번의 추론에서 처리할 좌표의 수를 결정한다. 이 값이 크면 더 많은 좌표를 동시에 처리해 속도가 향상될 수 있지만, 메모리 사용량도 증가한다. 반대로 값이 작으면 메모리 사용량은 줄어들지만 전체 처리 시간이 늘어날 수 있다.

이전 예제에서 사용한 input_points와 input_labels와 달리, 오토 마스크 생성 모드에서는 사용자가 직접 이 값들을 지정하지 않는다. 대신, SAM 모델이 이미지 전체를 분석해 자동으로 관심 좌표를 선정하고, 이에 대한 레이블을 생성한다. points_per_batch는 이 자동 생성 과정에서 한 번에 처리할 좌표의 수를 제어한다.

이 방식은 사용자의 개입 없이 이미지 내의 모든 주요 객체를 자동으로 검출하고 세그먼테이션하는 데 유용하다. 모델이 이미지 전체를 스캔하며 의미 있는 객체나 영역을 찾아내고, 이에 대한 마스크를 생성한다. 결과적으로 단일 이미지에 대해 여러 개의 마스크가 생성되며, 각 마스크는 이미지 내의 서로 다른 객체나 영역을 나타낸다.

앞서 살펴본 예제를 통해 알 수 있듯이 SAM 모델은 강력한 성능으로 정교한 이미지 세그먼테이션을 수행할 수 있다. 그러나 SAM 모델 단독으로는 객체의 영역에 대한 정보를 프롬프트로 제공하거나, 오토 마스크 생성 결과에서 원하는 영역을 선택하는 후처리 작업이 필요하다. 또한 검출된 객체의 클래스를 분류하는 기능이 없어, 이미지 내의 객체를 픽셀 단위로 구분하는 **인스턴스 세그먼테이션(Instance segmentation)** 작업을 수행하기에는 어려움이 있다.

이러한 한계를 극복하기 위해 제로샷 객체 검출 모델과 SAM 모델을 함께 활용할 수 있다. 먼저 제로샷 객체 검출 모델로 특정 객체의 클래스와 경계 상자 영역을 검출한다. 그리고 검출된 경계 상자 영역 내에서 SAM 모델을 사용해 이미지 세그먼테이션을 수행하면 높은 수준의 인스턴스 세그먼테이션이 가능해진다.

앞서 설명한 바와 같이 SAM 모델에 경계 상자 영역을 프롬프트로 입력할 수 있기 때문에, 객체의 경계 상자 영역을 검출할 수 있다면 해당 객체만을 대상으로 세그먼테이션을 수행할 수 있다. 이제 제로샷 인스턴스 세그먼테이션을 수행해 보자. 다음 예제 4.17은 OWLv2 모델을 활용해 객체 검출을 수행하고, 해당 결괏값을 활용해 인스턴스 세그먼테이션을 진행하는 방법을 보여준다.

예제 4.17 제로샷 인스턴스 세그먼테이션

```python
detector = pipeline(
    model="google/owlv2-base-patch16", task="zero-shot-object-detection"
)

image = converted_dataset[24]["img"]
labels = ["dog", "giraffe"]
results = detector(image, candidate_labels=labels, threshold=0.5)

input_boxes = []
for result in results:
    input_boxes.append(
        [
            result["box"]["xmin"],
            result["box"]["ymin"],
            result["box"]["xmax"],
            result["box"]["ymax"]
        ]
    )
    print(result)

inputs = processor(image, input_boxes=[input_boxes], return_tensors="pt")

model.eval()
with torch.no_grad():
    outputs = model(**inputs)

masks = processor.image_processor.post_process_masks(
    outputs.pred_masks.cpu(),
    inputs["original_sizes"].cpu(),
    inputs["reshaped_input_sizes"].cpu()
)

plt.imshow(np.array(image))
ax = plt.gca()

for mask, iou in zip(masks[0], outputs.iou_scores[0]):
```

```
    max_iou_idx = torch.argmax(iou)
    best_mask = mask[max_iou_idx]
    show_mask(best_mask, ax=ax, random_color=True)

plt.axis("off")
plt.show()
```

【 출력 결과 】

```
{'score': 0.6905800104141235, 'label': 'giraffe', 'box': {'xmin': 96, 'ymin': 198,
'xmax': 294, 'ymax': 577}}
{'score': 0.6264164447784424, 'label': 'giraffe', 'box': {'xmin': 228, 'ymin': 199,
'xmax': 394, 'ymax': 413}}
```

pipeline 함수로 제로샷 객체 검출 과제를 수행할 수 있는 파이프라인을 생성한다. 이후 detector를 호출해 제로샷 객체 검출을 실행한다. 이 과정에서 입력 이미지(image), 후보 객체 클래스(labels), 그리고 검출 임곗값(threshold=0.5)을 전달한다. 검출 결과는 results 변수에 저장되며, 이 결과에는 검출된 객체의 클래스(label), 신뢰도 점수(score), 경계 상자 좌표(box)가 포함된다. 이 결과를 후처리해 SAM 모델이 필요한 input_boxes 형태로 변경한다.

input_boxes를 생성했다면, 앞선 예제들과 같이 후처리를 수행한다. 반복문을 통해 객체 검출 모델의 출력인 masks와 iou_scores를 처리한다. 반복문 내에서 torch.argmax(iou)를 사용해 IoU 점수가 가장 높은 마스크의 인덱스를 찾는다. 그런 다음 mask[max_iou_idx]를 통해 해당 인덱스의 마스크를 best_mask에 할당한다. 이를 통해 예측된 객체의 경계 박스와 마스크를 시각화할 수 있다.

출력 결과에서 확인할 수 있듯이 제로샷 객체 검출 모델과 SAM 모델을 결합하면 별도의 학습 없이도 제로샷 인스턴스 세그먼테이션을 수행할 수 있게 된다. 이는 다양한 도메인과 새로운 객체 클래스에 대해 유연하게 적용할 수 있음을 시사하며, 복잡한 이미지 분석 작업에서 SAM 모델을 활용한다면 정교한 학습 데이터 구축 없이도 높은 수준의 세그먼테이션 결과를 얻을 수 있다.

05

멀티모달

멀티모달(Multimodal) 학습은 텍스트, 이미지, 음성 등 여러 종류의 데이터를 동시에 처리하고 이해하는 인공지능 기술을 의미한다. 이는 인간의 복합적인 감각 처리 방식을 모방하여, 다양한 모달리티(형태)의 정보를 통합적으로 이해하고 활용하는 것을 목표로 한다.

인간은 일상생활에서 시각, 청각, 촉각 등 여러 감각을 통해 정보를 받아들이고 이를 종합적으로 해석한다. 예를 들어, 우리는 대화를 할 때 상대방의 말소리뿐만 아니라 표정, 제스처 등도 함께 고려해 의미를 파악한다. 멀티모달 학습은 이러한 인간의 정보 처리 방식을 인공지능 시스템에 적용하려는 시도다.

멀티모달 학습의 핵심은 서로 다른 형태의 데이터 간의 관계를 이해하고, 이를 바탕으로 더 풍부하고 정확한 정보를 추출하는 것이다. 이를 통해 단일 모달리티만으로는 해결하기 어려운 복잡한 문제들을 다룰 수 있게 된다.

최근 딥러닝 기술의 발전, 특히 트랜스포머 아키텍처의 등장으로 멀티모달 학습은 큰 진전을 이뤘다. 트랜스포머 기반 모델들은 다양한 형태의 입력을 효과적으로 처리할 수 있는 유연성을 갖추고 있어, 멀티모달 과제에서 뛰어난 성능을 보이고 있다.

멀티모달 학습은 컴퓨터비전, 자연어 처리, 음성 인식 등 다양한 인공지능 분야를 아우르는 융합 기술로, 실생활의 복잡한 문제를 해결하는 데 크게 기여할 것으로 기대된다. 이 장에서는 멀티모달 학습의 주요 개념과 최신 기술 동향, 그리고 실제 응용 사례들을 살펴볼 것이다.

허깅페이스의 트랜스포머 라이브러리는 다양한 멀티모달 과제에 적합한 여러 모델 구조를 제공한다. 이번 장에서는 이 라이브러리를 활용해 이미지 캡셔닝, 문서 질의 응답, 시각적 질의 응답, 이미지 생성 등의 주요 멀티모달 과제를 다룬다.

각 절에서는 각 모델의 기본 개념과 구조를 설명하고, 허깅페이스 트랜스포머 라이브러리를 사용해 실제로 이러한 과제를 수행하는 방법을 상세히 다룬다. 이를 통해 최신 멀티모달 기술을 효과적으로 활용하는 방법을 익힐 수 있을 것이다.

5장 요약

1. **이미지 캡셔닝**: BLIP-2(Bootstrapping Language-Image Pre-training) 모델을 사용하여 이미지의 내용을 자연어로 설명하는 방법을 학습한다. BLIP-2는 이미지-텍스트 쌍 데이터로 사전 학습된 모델로, 높은 품질의 이미지 캡션을 생성할 수 있다. BLIP-2의 구조와 학습 방법을 살펴보고, 실제 이미지 캡셔닝을 수행하는 과정을 다룬다.

2. **문서 질의 응답**: LayoutLM(Layout-aware Language Model) 모델을 활용하여 문서 이미지에 대한 질문에 답변하는 방법을 배운다. LayoutLM은 문서의 텍스트 내용뿐만 아니라 레이아웃 정보도 함께 학습하여 문서 이해 능력을 향상시킨 모델이다. LayoutLM의 구조와 특징을 알아보고, 문서 시각 질의 응답을 수행하는 과정을 상세히 설명한다.

3. **시각적 질의 응답**: ViLT(Vision-and-Language Transformer) 모델을 사용하여 이미지에 대한 질문에 답변하는 방법을 학습한다. ViLT는 이미지와 텍스트를 효율적으로 처리하는 경량화된 모델로, 빠른 추론 속도와 높은 정확도를 제공한다. ViLT의 구조와 학습 방법을 살펴보고, 실제 시각적 질의 응답을 수행하는 과정을 다룬다.

4. **이미지 생성**: Stable Diffusion 모델을 이용해 텍스트 설명을 바탕으로 이미지를 생성하는 방법을 배운다. Stable-Diffusion은 확산 모델(Diffusion model)을 기반으로 한 최신 이미지 생성 기술로, 높은 품질의 이미지를 생성할 수 있다. 확산 모델의 기본 개념과 Stable-Diffusion의 특징을 알아보고, 텍스트-이미지 생성 과정을 상세히 설명한다. 특히 Stable-Diffusion 3의 새로운 기능과 개선된 성능에 대해 다룬다.

5.1 이미지 캡셔닝: BLIP-2

이미지 캡셔닝(Image captioning, Image-to-text)은 컴퓨터비전과 자연어 처리 기술을 결합해 주어진 이미지의 내용을 설명하는 문장이나 **캡션**(Caption)을 생성하는 작업이다. 캡션이란 이미지나 그림 등의 내용을 간단하게 설명하는 텍스트를 의미한다. 그러므로 이미지 캡셔닝은 이미지의 시각적 정보를 자연어 텍스트로 변환하는 것을 목표로 하며, 이미지 이해, 검색, 설명 등 다양한 응용 분야에서 활용될 수 있다.

이미지 캡셔닝을 위해서는 먼저 객체 인식 및 시각적 관계 이해가 필수적이다. 이미지 내의 객체, 실체, 장면 등을 정확히 인식해야 하며, 객체 간의 상호 관계와 상황도 파악해야 한다. 이렇게 인식된 시각적 정보를 자연스러운 문장으로 변환하기 위해서는 의미 있는 문장 생성 능력이 필요하다. 생성된 문장은 문법적으로 정확해야 하며, 의미 전달이 명확해야 한다. 다음 그림 5.1은 이미지 캡셔닝 예시를 보여준다.

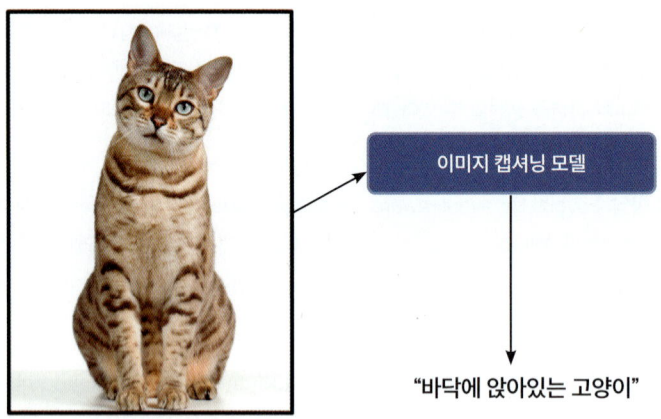

이미지 캡셔닝 모델

"바닥에 앉아있는 고양이"

그림 5.1 이미지 캡셔닝

또한, 이미지 외의 배경 지식과 관련 정보를 활용하는 것이 중요하다. 상황, 객체 등의 맥락 정보를 활용하면 더 나은 캡션을 생성할 수 있다. 단일 이미지에 대해 다양한 관점과 스타일의 캡션을 생성할 수 있어야 하며, 사용자 요구나 맥락에 맞는 유연한 캡션 생성이 필수적이다. 이미지 캡셔닝의 장점과 주의사항은 다음과 같다.

이미지 캡셔닝의 장점

- **이미지 이해 및 설명**: 이미지의 시각적 정보를 자연어로 변환해 이미지 이해를 돕는다.

- **이미지 검색 및 관리**: 생성된 캡션을 활용해 이미지를 효과적으로 검색하고 관리할 수 있다.

- **접근성 개선**: 시각 장애인 등 이미지를 보기 어려운 사용자에게 대체 텍스트를 제공한다.

- **멀티모달 데이터 활용**: 이미지와 텍스트 정보를 결합해 더 풍부한 정보를 제공할 수 있다.

이미지 캡셔닝 시 주의사항

- **복잡한 상황 이해**: 복잡한 장면이나 추상적인 개념을 정확하게 이해하고 설명하는 것이 어렵다.

- **문맥 및 배경지식 부족**: 이미지 외의 맥락이나 배경지식 없이는 적절한 캡션 생성이 어렵다.

- **다양성과 창의성 부족**: 생성된 캡션이 단조롭고 다양성이 부족할 수 있다.

- **윤리적 문제**: 편향된 데이터로 인해 부적절하거나 차별적인 캡션이 생성될 수 있다.

이러한 문제들을 해결하기 위해서는 정확하고 자연스러운 이미지 캡셔닝 모델이 필요하다. 대규모 사전 학습 기법, 멀티모달 표현 학습, 신경망 기반 언어 생성 모델 등을 활용한 모델들이 제안됐는데, 이러한 모델들은 대규모 이미지-텍스트 데이터세트를 통해 사전에 학습되어 이미지와 텍스트의 상호 관계를 효과적으로 모델링할 수 있다.

5.1.1 BLIP

BLIP(Bootstrapping Language-Image Pre-training)는 이미지와 텍스트 간의 관계를 효과적으로 학습해 우수한 이미지 캡셔닝 성능을 보이는 최신 모델이다. 이 모델은 약 3억 개의 이미지-텍스트 쌍으로 사전 학습됐으며, 이를 통해 시각 및 언어 표현을 통합적으로 학습했다. BLIP의 핵심 아이디어는 이미지와 텍스트의 상호작용을 모델링하는 것이다.

이를 위해 BLIP는 이미지 인코더와 텍스트 인코더를 사용해 각각의 입력을 벡터 표현으로 변환한 뒤, 이들을 연결해 통합 표현을 만든다. 이렇게 생성된 통합 표현은 이미지와 텍스트 간의 관계를 효과적으로 캡처할 수 있다.

BLIP은 대규모 데이터세트로 사전 학습되어 강력한 표현력을 갖추고 있으며, 이미지와 텍스트의 상호작용을 직접적으로 모델링해 두 모달리티 간의 관계를 잘 파악할 수 있다. 또한, 이미지 캡셔닝 외에도 시각 질의응답, 이미지-텍스트 검색 등 다양한 과제에 활용될 수 있다.

초기 연구인 BLIP-1은 웹에서 수집한 대규모 이미지-텍스트 쌍을 활용해 이미지 캡셔닝 모델을 학습시켰다. 웹 데이터는 이미지와 관련된 텍스트 정보를 다량으로 포함하고 있어 규모 있는 데이터세트 구축이 가능했다.

그러나 웹에서 수집한 데이터는 비정형 데이터로 노이즈가 많아 모델 성능을 높이는 데 한계가 있었다. BLIP-1은 이러한 웹 데이터의 노이즈를 완화하기 위해 세 가지 목적 함수로 모델이 학습됐다.

BLIP-1 학습 방식

- **이미지-텍스트 대조 학습(Image-text contrastive learning)**: 이미지와 텍스트가 서로 의미가 비슷한 경우에는 임베딩 공간에서 가깝게, 다른 경우에는 멀게 학습하는 방식

- **이미지-텍스트 매칭(Image-text matching)**: 이미지와 텍스트 간의 관계를 학습한 네트워크의 출력을 이용해 주어진 이미지-텍스트 쌍이 정답인지 아닌지를 이진 분류하는 방식

- **이미지 기반 텍스트 생성(Image captioning)**: 이미지와 텍스트 간의 관계를 학습한 네트워크가 생성한 문장 토큰의 손실을 최소화 방식

초기 BLIP 모델은 이미지 인코더와 텍스트 인코더를 별도로 학습한 후 결합하는 구조여서 두 모달리티 간의 상호작용이 제한적이었다. 또한 웹에서 수집한 대규모 노이지(noisy) 데이터로 학습했기 때문에 새로운 도메인 문제에 적용하기 어려운 단점이 있었다. 이러한 한계를 극복하기 위해 BLIP-2에서는 통합된 멀티모달 인코더를 사용해 이미지와 텍스트의 상호작용을 직접적으로 모델링하는 방식이 제안됐다.

BLIP-2에서는 대규모 이미지-텍스트 데이터세트인 LAION-400M를 활용해 사전 학습된 이미지 인코더와 대규모 언어 모델을 기반으로 비전-언어 표현 학습을 효율적으로 수행했다. 또한, **Q-Former(Querying Transformer)**를 도입해 이미지와 언어 간의 상호작용과 정보 교환을 향상시켰다. Q-Former는 하나의 인코더-디코더 구조로 이미지-텍스트 대조 학습, 이미지-텍스트 매칭, 이미지 기반 텍스트 생성 작업을 동시에 학습시키는 역할을 한다.

Q-Former는 입력으로 고정된 이미지 특징 임베딩을 받는다. 이를 통해 이미지와 텍스트 간의 관계가 잘 표현된 **소프트 이미지 프롬프트(Soft visual prompt)**[1] 임베딩이 산출된다. 이 프롬프트는 **완전 연결 계층(Fully connected layer)**[2]을 거쳐 대규모 언어 모델(LLM)에 적용되고, 최종적으로 이미지 캡셔닝이 생성된다. 이 과정에서 이미지 인코더와 LLM 모델의 가

---

1 이미지의 시각적 특징을 텍스트 형태로 임베딩한 벡터
2 신경망에서 모든 입력 노드가 은닉층의 모든 노드와 연결되는 계층

중치는 고정돼 있고, Q-Former에 있는 매개변수만 업데이트된다. 다음 그림 5.2 BLIP-2의 이미지 캡셔닝 추론 과정을 시각화했다.

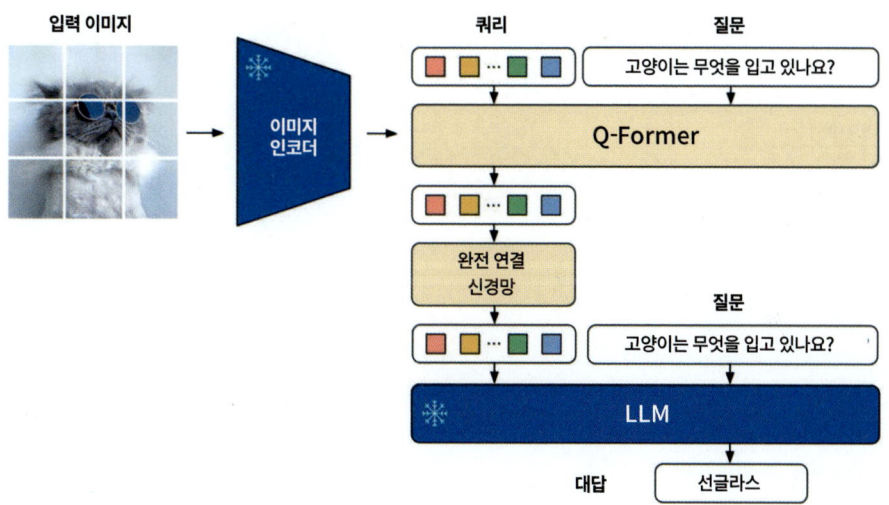

그림 5.2 BLIP-2의 이미지 캡셔닝 추론 과정

BLIP-2는 대규모 언어 모델을 활용해 자연스럽고 유창한 이미지 캡션을 생성할 수 있다. 또한 제로샷 능력을 갖추고 있어, 사전 학습 데이터에 없던 새로운 도메인의 이미지에 대해서도 적절한 설명을 생성할 수 있다.

즉, BLIP-2는 다양한 질문 유형과 스타일에 따라 유연하게 이미지 캡션을 생성할 수 있으며, 대규모 언어 모델의 지식과 생성 능력을 활용해 이미지에 대한 풍부하고 문맥적인 설명을 제공할 수 있다. 이러한 방법을 통해 BLIP-2는 이미지 캡셔닝, 시각 질의응답, 멀티모달 분류 등 다양한 과제에서 최고 수준의 성능을 보였다.

이번 절에서는 세일즈포스(Salesforce)에서 발표한 BLIP-2 모델을 활용해 이미지 캡셔닝을 수행해 본다. 다음 예제 5.1은 27억 개의 매개변수를 가진 BLIP-2 OPT 모델(`Salesforce/blip2-opt-2.7b`) 구조를 보여준다.

예제 5.1 Blip2Config 모델 설정 구조

```python
from transformers import Blip2Config

model_name = "Salesforce/blip2-opt-2.7b"
config = Blip2Config.from_pretrained(model_name)
print(config)
```

【 출력 결과 】

```
Blip2Config {
  "architectures": [
    "Blip2ForConditionalGeneration"
  ],
  "initializer_factor": 1.0,
  "initializer_range": 0.02,
  "model_type": "blip-2",
  "num_query_tokens": 32,
  "qformer_config": {
    "classifier_dropout": null,
    "model_type": "blip_2_qformer"
  },
  "text_config": {
    "_name_or_path": "facebook/opt-2.7b",
    "activation_dropout": 0.0,
    "architectures": [
      "OPTForCausalLM"
    ],
    "eos_token_id": 50118,
    "ffn_dim": 10240,
    "hidden_size": 2560,
    "model_type": "opt",
    "num_attention_heads": 32,
    "num_hidden_layers": 32,
    "prefix": "</s>",
    "torch_dtype": "float16",
    "word_embed_proj_dim": 2560
  },
  "torch_dtype": "float32",
  "transformers_version": "4.41.2",
```

```
  "use_decoder_only_language_model": true,
  "vision_config": {
    "dropout": 0.0,
    "initializer_factor": 1.0,
    "model_type": "blip_2_vision_model",
    "num_channels": 3,
    "projection_dim": 512
  }
}
```

Blip2Config는 BLIP-2 모델의 구성 요소와 하이퍼파라미터를 정의하는 구조다. 주요 구성 요소로는 text_config, vision_config, 그리고 이 둘을 연결하는 qformer_config가 있다. 다음은 주요한 하이퍼파라미터를 설명한다.

- **text_config**: 대규모 언어 모델인 메타의 OPT-2.7B를 기반으로 한다. 이는 BLIP-2의 언어 이해 및 생성 능력을 제공한다. text_config에는 활성화 함수, 드롭아웃, 은닉 계층의 수, 어텐션 헤드 수 등 언어 모델 관련 하이퍼파라미터가 포함돼 있다.

- **vision_config**: 이미지 인코더인 ViT 모델을 설정한다. 이는 이미지 특징 추출 및 임베딩을 담당한다. vision_config에는 드롭아웃, 초기화 계수, 프로젝션 차원 등의 하이퍼파라미터가 포함돼 있다.

- **qformer_config**: text_config와 vision_config를 연결하는 Q-Former 모델을 설정한다. Q-Former는 이미지와 텍스트 간의 상호작용을 처리하고, 소프트 이미지 프롬프트를 생성한다. 이 프롬프트는 언어 모델에 전달되어 최종 캡션 생성에 사용된다.

또한, Blip2Config에는 모델 유형, 초기화 범위, 파이토치 데이터 형식 등의 일반적인 설정도 포함돼 있다. 이를 통해 BLIP-2 모델의 전반적인 구조와 작동 방식이 결정된다. 이제 BLIP-2 모델의 구조를 확인해 보자. 다음 예제 5.2는 BLIP-2 모델 구조를 보여준다.

예제 5.2 Blip2ForConditionalGeneration 모델 구조

```python
import torch
from transformers import Blip2ForConditionalGeneration

model = Blip2ForConditionalGeneration.from_pretrained(
    model_name, torch_dtype=torch.float16, device_map="auto"
)
```

```
for main_name, main_module in model.named_children():
    print(main_name)
    for sub_name, sub_module in main_module.named_children():
        print("└", sub_name)
        for ssub_name, ssub_module in sub_module.named_children():
            print("|  └", ssub_name)
            for sssub_name, sssub_module in ssub_module.named_children():
                print("|    └", sssub_name)
```

【 출력 결과 】

```
vision_model
└ embeddings
|  └ patch_embedding
└ encoder
|  └ layers
|    └ 0
...
|    └ 38
└ post_layernorm
qformer
└ layernorm
└ dropout
└ encoder
|  └ layer
|    └ 0
...
|    └ 11
language_projection
language_model
└ model
|  └ decoder
|    └ embed_tokens
|    └ embed_positions
|    └ final_layer_norm
|    └ layers
└ lm_head
```

요약문 생성과 기계 번역에서 사용했던 ModelForConditionalGeneration 클래스와 마찬가지로 이미지 캡셔닝도 Blip2ForConditionalGeneration 클래스를 활용한다. 모델을 불러올 때 torch_dtype을 torch.float16으로 설정해 모델의 메모리 사용량을 줄이고 성능을 최적화할 수 있다. 마지막으로 device_map을 auto로 할당해 가장 최적화된 장치로 설정한다.

이렇게 설정된 모델은 다양한 입력 데이터에 대해 더 빠르고 효율적인 처리 성능을 발휘하며, 이미지와 텍스트 간의 상호작용을 효과적으로 모델링할 수 있다.

출력 결과를 보면 BLIP-2 모델은 크게 vision_model, qformer, language_model 등의 모듈이 유기적으로 연결되어 이미지와 텍스트 간의 상호작용을 효과적으로 모델링하고 자연스러운 이미지 캡션을 생성할 수 있다. BLIP-2 모델의 주요한 구성 요소에 대한 설명은 다음과 같다.

- **vision_model**: 이미지를 입력받아 패치 임베딩(Patch embedding) 계층을 통해 이미지를 여러 패치로 나누고, 이를 ViT 인코더에 통과시켜 이미지 임베딩을 산출한다.

- **qformer**: vision_model로부터 받은 이미지 임베딩과 학습 가능한 **쿼리 토큰 임베딩(Query token embedding)[3]**을 입력으로 받는다. 초기에는 0으로 초기화된 쿼리 토큰 임베딩이 qformer를 통해 학습되면서 이미지 임베딩과의 관계를 잘 반영하는 소프트 이미지 프롬프트로 변환된다.

- **language_projection**: qformer에서 생성된 소프트 이미지 프롬프트의 차원을 language_model의 입력 차원에 맞추는 역할을 수행한다.

- **language_model**: 대규모 언어 모델로, 디코더 구조를 가지고 있다. 추론 시 프롬프트가 주어지지 않으면 [BOS] 토큰 임베딩과 소프트 이미지 프롬프트를 입력으로 받아 이미지 캡션을 생성한다. 프롬프트가 주어진 경우에는 프롬프트 토큰 임베딩과 소프트 이미지 프롬프트를 결합해 사용한다.

이제 vision_model, qformer, language_model의 구조를 자세히 살펴본다. 다음 예제 5.3은 BLIP-2 모델의 vision_model 모듈의 작동 방식을 보여준다.

---

3 이미지와 텍스트 간의 관계를 학습하기 위해 도입된 가중치 행렬로, 모델 학습을 통해 최적의 소프트 이미지 프롬프트를 생성하는 역할

예제 5.3 BLIP–2 모델의 vision_model 모듈

```python
import torch
from datasets import load_dataset
from transformers import Blip2Processor, Blip2ForConditionalGeneration

model_name = "Salesforce/blip2-opt-2.7b"
processor = Blip2Processor.from_pretrained(model_name)
model = Blip2ForConditionalGeneration.from_pretrained(
    model_name, torch_dtype=torch.float16, device_map="auto"
)

dataset = load_dataset("huggingface/cats-image")
image = dataset["test"]["image"][0]

inputs = processor(images=image, return_tensors="pt").to(
    model.device, dtype=torch.float16
)
image_embeds = model.vision_model(
    inputs["pixel_values"], return_dict=True
).last_hidden_state

print(model.vision_model)
print(image_embeds)
print(image_embeds.shape)
```

【 출력 결과 】

```
Blip2VisionModel(
  (embeddings): Blip2VisionEmbeddings(
    (patch_embedding): Conv2d(3, 1408, kernel_size=(14, 14), stride=(14, 14))
  )
  (encoder): Blip2Encoder(
    (layers): ModuleList(
      (0-38): 39 x Blip2EncoderLayer(
        (self_attn): Blip2Attention(
          (dropout): Dropout(p=0.0, inplace=False)
          (qkv): Linear(in_features=1408, out_features=4224, bias=True)
          (projection): Linear(in_features=1408, out_features=1408, bias=True)
        )
```

```
      (layer_norm1): LayerNorm((1408,), eps=1e-06, elementwise_affine=True)
      (mlp): Blip2MLP(
        (activation_fn): GELUActivation()
        (fc1): Linear(in_features=1408, out_features=6144, bias=True)
        (fc2): Linear(in_features=6144, out_features=1408, bias=True)
      )
      (layer_norm2): LayerNorm((1408,), eps=1e-06, elementwise_affine=True)
    )
   )
  )
  (post_layernorm): LayerNorm((1408,), eps=1e-06, elementwise_affine=True)
)
tensor([[[ 0.1366,  0.1934,  0.5537,  ..., -0.2993, -0.2483,  0.2034],
         [-0.2793, -0.4573,  0.7861,  ...,  0.2231,  0.3904, -0.4077],
         [ 0.5366,  1.0469,  0.9668,  ...,  0.5571,  0.3013, -0.4490],
         ...,
         [ 0.0334, -0.0630,  0.3818,  ...,  0.2942, -0.3994, -0.1595],
         [-1.0469,  0.7432,  0.5801,  ..., -0.6548, -0.9390, -0.0018],
         [-1.1572,  1.0430,  0.7749,  ...,  0.5239, -0.4836, -0.8599]]],
       device='cuda:0', dtype=torch.float16, grad_fn=<NativeLayerNormBackward0>)
torch.Size([1, 257, 1408])
```

vision_model 모듈은 크게 embeddings, encoder, post_layernorm으로 구성된다. 먼저 embeddings에서는 입력 이미지를 14×14의 패치로 분할하고, 2D 합성곱 계층을 통해 각 패치는 1,408 차원의 벡터로 임베딩된다. 그러므로 [1, 1408, 16, 16] 크기의 텐서로 변환된다. 이를 통해 256(16×16)개의 패치가 생성된다.

그런 다음 256개의 패치 임베딩에 추가로 분류 토큰이 결합된다. 분류 토큰은 모델의 전체 입력에 대한 요약 정보를 포함하는 특수한 토큰이다. 이 토큰은 보통 모델의 최종 출력에서 중요한 정보로 사용된다. 따라서, 256개의 패치 임베딩과 1개의 분류 토큰을 결합해 총 257개의 시퀀스가 생성된다.

embeddings을 통해 생성된 257개의 시퀀스는 encoder로 입력된다. 39개의 인코더 계층을 통과하며, 각 계층은 셀프 어텐션, MLP, 계층 정규화를 통해 입력을 처리한다. 인코더의 마지막 계층을 통과한 후, 출력은 post_layernorm을 통해 최종적으로 정규화된다.

이 과정에서 생성된 임베딩은 이미지의 정보를 풍부하게 표현하며, qformer 계층을 통해 학습 가능한 쿼리 토큰 임베딩의 관계를 표현하게 된다. 다음 예제 5.4는 qformer 모듈의 작동 방식을 보여준다.

예제 5.4 BLIP-2 모델의 qformer 모듈

```python
image_attention_mask = torch.ones(
    image_embeds.size()[:-1], dtype=torch.long, device=model.device
)
query_tokens = model.query_tokens.expand(image_embeds.shape[0], -1, -1)

query_outputs = model.qformer(
    query_embeds=query_tokens,
    encoder_hidden_states=image_embeds,
    encoder_attention_mask=image_attention_mask,
    return_dict=True
)
query_output = query_outputs.last_hidden_state

print(image_attention_mask.shape)
print(query_tokens.shape)
print(query_output.shape)
```

【 출력 결과 】

```
torch.Size([1, 257])
torch.Size([1, 32, 768])
torch.Size([1, 32, 768])
```

qformer는 임베딩 정규화를 수행한 다음, encoder 계층을 통해 쿼리 토큰과 이미지 임베딩의 관계를 트랜스포머 모델로 학습한다. 이 과정에서 임베딩 정규화가 수행되고, 인코더 계층을 통해 쿼리 토큰과 이미지 임베딩의 관계가 학습된다. 이때 이미지 어텐션 마스크를 활용해 이미지 패치들의 어텐션 여부를 결정한다.

이미지 임베딩을 효과적으로 처리하기 위해, 모델은 이미지 어텐션 마스크를 생성한다. image_attention_mask는 모든 이미지 패치에 대해 어텐션을 수행할 수 있도록 마스크의 값을 1로 설정한다. 이 마스크의 크기는 [1, 257]로 배치 크기와 이미지 패치의 수를 나타낸다.

다음으로 쿼리 토큰을 생성한다. query_tokens은 학습된 쿼리 토큰 임베딩을 배치 크기만큼 복사한다. 이 쿼리 토큰의 크기는 [1, 32, 768]로 배치 크기, 쿼리 토큰 수, 각 토큰의 임베딩 차원을 의미한다.

그러므로 model.qformer에서 쿼리 토큰(query_tokens)과 이미지 임베딩(image_embeds)의 관계를 트랜스포머 모델로 학습하며, 이렇게 생성된 쿼리 토큰 임베딩은 language_model 모듈의 임베딩과의 관계가 잘 배열(align)될 수 있도록 설계되어, 이미지와 텍스트 간의 효과적인 상호작용을 가능하게 한다.

마지막으로 쿼리 토큰 임베딩의 어텐션 스코어는 중요한 의미를 갖는다. 어텐션 헤드 크기가 64 차원일 경우, 이 스코어는 [1, 12, 257, 64] 크기를 가지며, 이는 [배치 크기, 어텐션 헤드 수, 이미지 패치 토큰 수, 어텐션 헤드 크기]를 의미한다. 이 어텐션 스코어를 통해 모델은 이미지의 어떤 부분에 집중해야 하는지를 학습하게 된다.

이러한 과정을 통해 모델은 이미지의 특징을 효과적으로 추출하고, 이를 텍스트 처리에 활용할 수 있는 형태로 변환한다. 다음으로 쿼리 임베딩을 입력받아 결괏값을 텍스트를 생성하는 language_model 모듈에 대해 알아본다. 다음 예제 5.5는 language_model 모듈의 작동 방식을 보여준다.

예제 5.5 BLIP-2 모델의 language_model 모듈

```python
language_model_inputs = model.language_projection(query_output)
language_attention_mask = torch.ones(
    language_model_inputs.size()[:-1],
    dtype=torch.long,
    device=model.device
)
input_ids = (
    torch.LongTensor([[model.config.text_config.bos_token_id]])
    .repeat(inputs["pixel_values"].shape[0], 1)
    .to(model.device)
)
attention_mask = torch.ones_like(input_ids)
attention_mask = torch.cat(
    [language_attention_mask, attention_mask.to(model.device)], dim=1
```

```
)

print(language_model_inputs.shape)
print(input_ids)

inputs_embeds = model.get_input_embeddings()(input_ids)
inputs_embeds = torch.cat(
    [language_model_inputs, inputs_embeds.to(model.device)], dim=1
)

outputs = model.language_model.generate(
    inputs_embeds=inputs_embeds, attention_mask=attention_mask, max_length=50
)
print(outputs)
print(outputs.shape)
```

【 출력 결과 】

```
torch.Size([1, 32, 2560])
tensor([[2]], device='cuda:0')
tensor([[ 7109, 10017, 11963,    15,    10, 16433, 50118]], device='cuda:0')
torch.Size([1, 7])
```

language_model 모듈은 이미지 특징을 텍스트로 변환하는 핵심 역할을 수행한다. 이전 단계에서 생성된 쿼리 출력(query_output)을 language_model에 적합한 형태로 변환한다.

model.language_projection을 통해 변환이 이뤄지며, 쿼리 출력의 차원이 language_model의 임베딩 차원과 일치하도록 조정된다. 변환된 입력의 크기는 1, 32, 2,560으로 각각 배치 크기, 시퀀스 길이, language_model의 은닉 크기를 나타낸다.

다음으로 입력에 대한 어텐션 마스크를 생성한다. language_attention_mask는 모든 토큰에 대해 어텐션을 수행할 수 있도록 마스크를 설정하는 역할을 한다. 텍스트 생성을 시작하기 위해 [BOS] 토큰을 vision_model의 쿼리 토큰과 병합한다. 이는 프롬프트가 없으므로 추가되는 작업이다. 그러므로 input_ids에서 [BOS] 토큰 ID를 배치 크기만큼 복제한다. 이때 [BOS] 토큰의 어텐션 마스크도 함께 생성된다.

이제 이미지 정보와 시작 토큰을 결합해 language_model에 입력할 수 있게 torch.cat 함수로 결합한다. inputs_embeds로 [BOS] 토큰을 임베딩하고 inputs_embeds를 다시 이미지 정보의 임베딩과 시작 토큰의 임베딩을 연결한다.

마지막으로 준비된 입력을 사용해 텍스트를 생성할 수 있게 된다. language_model.generate 결과로 각 시점마다 어휘사전에서 나올 확률이 가장 높은 토큰 인덱스가 생성된다. 생성된 출력의 형태는 [1, 7]로 배치 크기와 생성된 토큰의 수를 의미한다. 이러한 과정을 통해 모델은 이미지의 특징을 텍스트로 효과적으로 변환하고, 이를 바탕으로 의미 있는 텍스트를 생성한다.

5.1.2 이미지 캡셔닝 수행

지금까지 BLIP-2 모델의 작동 방식을 자세히 알아봤다. 이 모델은 이미지 처리와 텍스트 생성을 효과적으로 결합해 다양한 멀티모달 작업을 수행할 수 있다. BLIP-2의 핵심은 이미지 특징을 추출하는 vision_model, 이미지와 텍스트 간의 관계를 학습하는 qformer, 그리고 최종적으로 텍스트를 생성하는 language_model의 세 가지 주요 구성 요소의 결합이다.

BLIP-2 모델의 이러한 구조는 이미지 캡셔닝, 시각적 질문 응답, 이미지 검색 등 다양한 멀티모달 작업에 유연하게 적용될 수 있다. 또한, 사전 학습된 vision_model과 language_model을 활용함으로써, 상대적으로 적은 양의 데이터로도 높은 성능을 달성할 수 있다는 장점이 있다. 이제 이미지 캡셔닝을 수행해 보자. 다음 예제 5.6은 BLIP-2를 활용한 이미지 캡셔닝 방법을 보여준다.

예제 5.6 BLIP-2를 활용한 이미지 캡셔닝

```python
import torch
from datasets import load_dataset
from transformers import Blip2Processor, Blip2ForConditionalGeneration

model_name = "Salesforce/blip2-opt-2.7b"
processor = Blip2Processor.from_pretrained(model_name)
model = Blip2ForConditionalGeneration.from_pretrained(
    model_name, torch_dtype=torch.float16, device_map="auto"
)
```

```
dataset = load_dataset("huggingface/cats-image")
image = dataset["test"]["image"][0]

inputs = processor(images=image, return_tensors="pt").to(model.device, torch.float16)
generated_ids = model.generate(**inputs, max_length=50)
print(generated_ids)

generated_text = processor.batch_decode(generated_ids, skip_special_tokens=True)[0].strip()
print(generated_text)
```

【 입력 이미지 】

【 출력 결과 】

```
tensor([[    2,  7109, 10017, 11963,     15,    10, 16433, 50118]], device='cuda:0')
two cats laying on a couch
```

processor는 입력 데이터를 BLIP-2 모델이 처리할 수 있는 형식으로 변환한다. 모델이
torch.float16 정밀도로 설정됐으므로, to 메서드를 사용해 입력 데이터도 동일한 형식으로
변환한다.

텍스트 생성 단계에서는 `model.generate` 메서드로 모델에 이미지 텐서를 전달해 문장을 생성한다. 이렇게 생성된 결과는 토큰 ID의 시퀀스 형태로 반환된다.

마지막으로 결과 해석 단계에서는 생성된 토큰 ID를 읽을 수 있는 텍스트로 변환한다. `processor.batch_decode` 메서드는 토큰 ID를 텍스트로 디코딩하며, `skip_special_tokens=True` 옵션으로 특수 토큰을 제외시킨다. 그리고 `strip` 함수로 결과 텍스트의 앞뒤 공백을 제거한다.

이 전체 과정을 통해 BLIP-2 모델은 입력 이미지를 분석하고, 그 내용을 설명하는 간결한 텍스트를 생성한다. 예제에서 사용된 고양이 이미지에 대해 "two cats laying on a couch"와 같은 캡션을 생성할 수 있다.

BLIP-2 모델은 이미지 캡셔닝 외에도 시각적 질의 응답(VQA) 과제를 수행할 수 있다. 다음 예제 5.7은 BLIP-2 모델을 사용해 시각적 질의 응답을 수행하는 방법을 보여준다.

예제 5.7 BLIP-2를 활용한 시각적 질의 응답

```
prompt = "Question: Describe the location of the image. Answer:"
inputs = processor(images=image, text=prompt, return_tensors="pt").to(model.device,
dtype=torch.float16)

generated_ids = model.generate(**inputs, max_length=50)
generated_text = processor.batch_decode(generated_ids, skip_special_tokens=True)[0].strip()
print(generated_text)
```

【 출력 결과 】

```
A couch
```

BLIP-2 모델을 활용해 이미지에 대한 질문에 답하는 과정을 살펴본다. 이 과정은 이미지 캡셔닝과 유사하지만, 주어진 질문에 맞춰 더 구체적인 정보를 추출한다는 점에서 차이가 있다.

먼저 모델에 질문을 제시하기 위한 프롬프트를 준비한다. `prompt` 변수를 통해 이미지의 위치를 설명하도록 요청하는 프롬프트를 생성한다. 이 프롬프트는 이미지의 특정 측면에 집중하도록 모델에 지시하는 역할을 한다.

이제 입력을 처리한다. 이미지 캡셔닝 과정과 달리, `processor`에 `text` 인자로 프롬프트를 추가로 제공한다. 이는 모델에 '이미지를 보고 이 질문에 답하라'는 지시를 주는 것과 같다.

텍스트 생성 단계에서는 이미지 캡셔닝과 동일하게 `model.generate` 메서드를 호출한다. 여기서 주목할 점은 이전 이미지 캡셔닝 과정에서는 [BOS] 토큰부터 생성을 시작했지만, 시각적 질의 응답 과제에서는 프롬프트의 토큰 ID들로 시작한다. 이는 모델이 프롬프트의 맥락을 고려해 답변을 생성하도록 유도한다.

마지막으로 생성된 토큰 ID를 읽을 수 있는 텍스트로 변환한다. 이 과정은 이전의 캡셔닝 과정과 동일하다. 이러한 접근 방식의 장점은 프롬프트를 통해 모델의 출력을 제어할 수 있다는 점이다. 프롬프트를 구체적으로 작성할수록, 모델은 더 관련성 있고 적합한 내용을 출력할 가능성이 높아진다.

예를 들어, "`Describe the location of the image`"라는 질문에 대해 모델은 단순히 이미지를 설명하는 대신에 이미지의 장소나 환경에 초점을 맞춘 답변을 생성하게 된다. 이처럼 시각적 질의 응답은 사용자의 필요에 따라 프롬프트를 조정함으로써, 동일한 이미지에 대해서도 다양한 관점의 정보를 추출할 수 있는 유연성을 제공한다. 시각적 질의 응답에 대한 자세한 내용은 5.3 '시각적 질의 응답: ViLT'에서 자세히 다루도록 하겠다.

5.2 문서 질의 응답: LayoutLM

문서 질의 응답(Document Question Answering, DQA)은 자연어 처리와 정보 검색 기술을 융합해 문서 내의 정보를 바탕으로 질문에 답변하는 기술이다. 이는 방대한 양의 텍스트 데이터에서 사용자의 질문에 대한 정확한 답변을 제공하는 고도화된 시스템을 의미한다. 문서 질의 응답은 복잡하고 길이가 긴 문서에서 필요한 정보를 신속하고 정확하게 추출하고자 할 때 문서의 특정 부분을 쉽게 탐색하고 필요한 답변을 얻을 수 있다. 문서 질의 응답 시스템의 핵심 기능은 다음과 같다.

문서 질의 응답 시스템 핵심 기능

- **자연어 이해**: 사용자의 질문을 정확히 해석해 의도를 파악한다.

- **문서 분석**: 주어진 문서의 구조와 내용을 심층적으로 분석한다.

- **정보 추출**: 질문과 관련된 핵심 정보를 문서에서 효과적으로 추출한다.

- **답변 생성**: 추출된 정보를 바탕으로 명확하고 간결한 답변을 생성한다.

이러한 기능을 통해 문서 질의 응답 기술은 비즈니스 문서 관리, 의료 기록 관리, 고객 서비스 개선 등 다양한 분야에서 활용되고 있다. 예를 들어 비즈니스 문서 관리에서는 수천 페이지에 달하는 계약서에서 특정 조항이나 날짜를 즉시 찾아낼 수 있으며, 재무 팀은 복잡한 재무 보고서에서 핵심 지표를 신속하게 추출할 수 있다.

의료 기록 관리에서는 방대한 양의 환자 기록에서 중요한 의료 정보를 빠르게 검색할 수 있다. 의사들은 환자의 과거 진단 기록, 처방 이력, 알레르기 정보 등을 순식간에 확인할 수 있어 진료의 질을 높이고 의사결정 시간을 단축할 수 있다.

문서 질의 응답 시스템은 지속적인 발전을 통해 더욱 정교하고 광범위한 응용이 가능해지고 있다. 현대의 문서는 텍스트뿐만 아니라 이미지, 도표, 그래프 등 다양한 형태의 정보를 포함하고 있어, 최신 문서 질의 응답 시스템은 이러한 멀티모달 데이터를 통합적으로 처리할 수 있는 능력을 갖추고 있다. 이미지 인식 기술과의 통합을 통해 문서 내 이미지나 도표에서 정보를 추출해 텍스트 기반 질문에 답변할 수 있으며, 구조화된 데이터를 이해하고 해석해 정확한 답변을 제공한다.

문서 질의 응답 기술의 발전과 함께 문서의 시각적 구조와 레이아웃을 고려한 모델들이 등장하기 시작했다. 이 중 가장 주목받는 모델 중 하나가 바로 LayoutLM이다. 이번 절에서는 LayoutLM에 대해 알아보자.

5.2.1 LayoutLM

LayoutLM(Layout-aware Language Model)은 마이크로소프트 리서치(Microsoft Research)에서 개발한 모델로 문서 이미지의 텍스트 내용뿐만 아니라 레이아웃 정보까지 함께 사전 학습된 언어 모델이다. 이 모델은 문서 이해 작업, 특히 시각적 구조가 중요한 역할을 하는 문서에서 탁월한 성능을 보여준다. LayoutLM에는 현재 v1에서 v3까지 있으며, 각 버전은 모델 구조와 사전 학습 방법에 있어 점진적인 개선을 이루어 왔다.

LayoutLMv1 모델은 BERT 기반의 언어 모델 구조를 따르며, 문서의 레이아웃 정보를 반영하기 위해 텍스트와 함께 해당 텍스트의 위치 정보를 입력으로 사용한다. 이 모델의 주요 특징 중 하나는 스캔된 문서 이미지의 텍스트와 레이아웃 정보를 최초로 활용했다는 점이다. 다음 그림 5.3은 LayoutLMv1 모델의 구조를 보여준다.

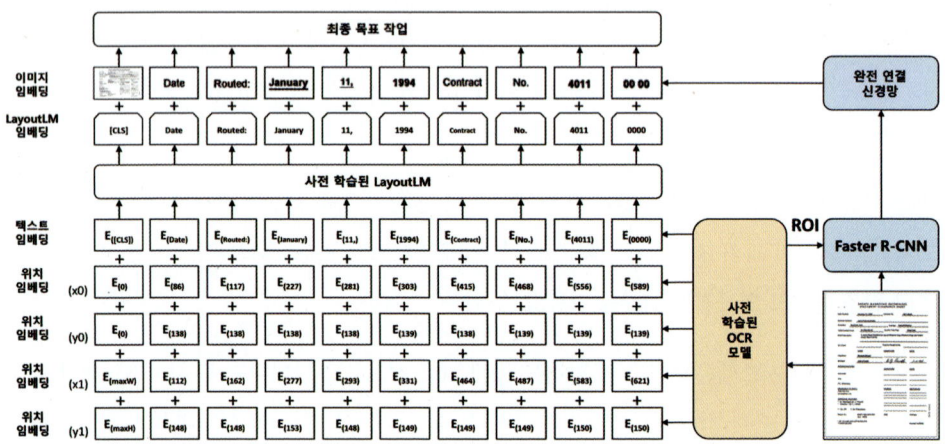

그림 5.3 LayoutLMv1 모델 구조

그림 5.3은 Faster R-CNN과 같은 OCR 모델로 텍스트와 경계 상자를 추출해 이를 BERT 모델의 추가 정보로 활용하는 과정을 보여준다. 모델은 단어의 위치(경계 상자 좌표)에 대한 정보를 의미 있는 단어 임베딩과 함께 위치 임베딩으로 추가했다. 좌표를 위치 임베딩으로 추가하는 것 외에도, 단어의 이미지 특징(패치)도 모델에 입력된다. 이는 텍스트의 굵기, 기울임 등 다양한 시각적 특징을 임베딩하는 데 사용된다.

LayoutLMv1은 BERT와 유사한 방식으로 대규모 텍스트 데이터를 사용해 사전 학습을 수행하지만, 문서의 레이아웃 정보를 활용해 텍스트의 공간적 관계를 학습한다. 이를 통해 문서의 구조와 레이아웃에 대한 이해를 향상시킨다. 그러나 LayoutLMv1은 이미지 특징이 마지막에 추가되는 구조를 가지고 있다. 이로 인해 언어 모델의 사전 학습 과정에서 이미지 특징을 실제로 활용할 수 없기 때문에, 새로운 형식의 문서에 대한 일반화 능력에 제한이 있을 수 있다.

LayoutLMv2 모델은 텍스트, 이미지, 레이아웃 특징을 함께 임베딩하는 멀티모달 접근 방식을 제안했다. 이 모델은 LayoutLMv1에 비해 더 복잡한 구조를 가지며, 이미지 임베딩을 추가로 도입해 문서의 시각적 정보를 더 효과적으로 반영한다. 이를 통해 텍스트와 시각적 요소 간의 상호작용을 효과적으로 학습할 수 있다. 다음 그림 5.4는 LayoutLMv2 모델의 구조를 보여준다.

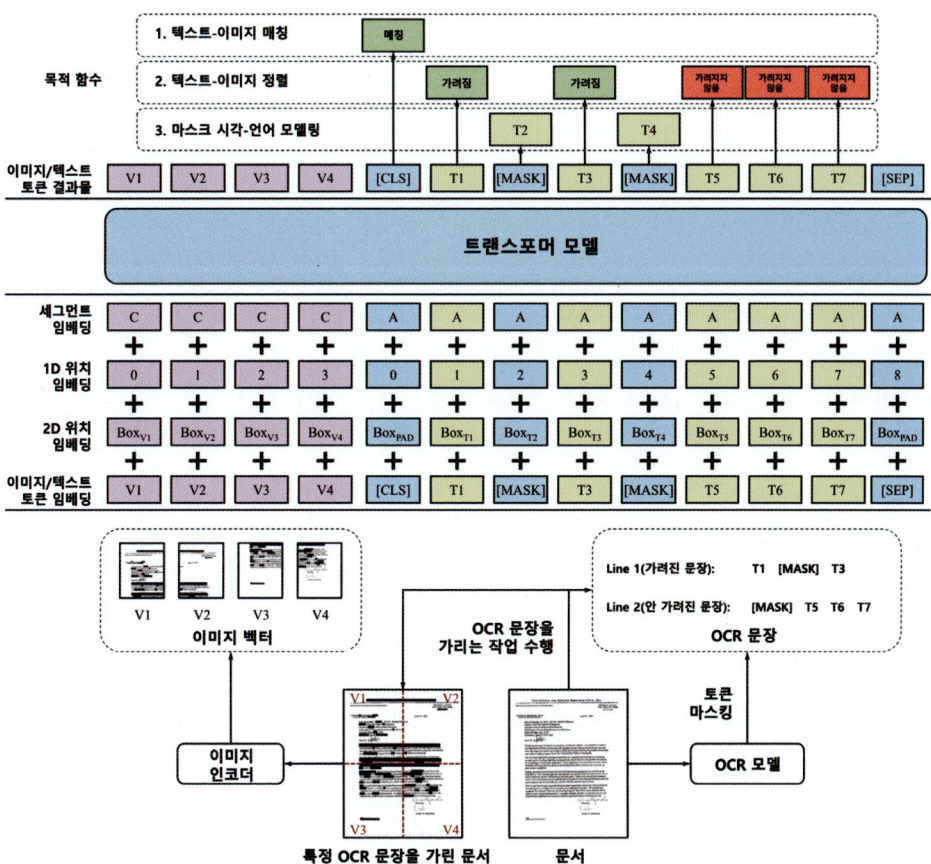

그림 5.4 LayoutLMv2 모델 구조

LayoutLMv2에서 시각적 임베딩은 ResNeXt-FPN을 사용해 추출되며, 사전 학습 중 모델의 가중치는 학습 데이터를 기반으로 업데이트된다. 레이아웃 임베딩의 경우 LayoutLMv1과 동일하게 경계 상자 좌표값을 모델에 입력한다. 이 모델은 텍스트, 이미지 패치, 레이아웃 정보를 동시에 입력으로 받아 셀프 어텐션을 수행하는 구조를 가지고 있다.

사전 학습 과정에서 LayoutLMv2는 세 가지 주요 목표를 가진다. 첫째, **마스크 시각-언어 모델링**(Masked visual-language modeling)을 통해 모델이 문장의 빈칸을 예측한다. 둘째, **텍스트-이미지 일치성**(Text-image matching) 작업을 통해 특정 텍스트와 그 텍스트가 포함된 이미지의 연관성을 학습한다. 셋째, **텍스트-이미지 조정**(Text-image alignment) 작업을 수행해 이미지에서 특정 단어가 가려졌을 때 그 위치를 식별하는 능력을 기른다.

이러한 멀티모달 데이터 활용과 다양한 사전 학습 과제를 통해 LayoutLMv2는 텍스트, 레이 아웃, 이미지 정보를 통합적으로 이해하고 처리할 수 있게 된다. 이는 특히 시각적 요소가 중요 한 문서 처리 작업에서 성능 향상으로 이어져, 더욱 정교한 문서 이해와 정보 추출을 가능하게 한다.

LayoutLMv3 모델은 사전 학습된 CNN 또는 Faster R-CNN 백본에 의존하지 않는 최초 의 멀티모달 모델이다. 이 모델은 이전 버전들의 멀티모달 접근 방식을 더욱 발전시켜 텍스트 와 이미지를 통합적으로 처리할 수 있는 강화된 구조를 채택했다.

LayoutLMv3는 이전 모델들과 비교해 텍스트와 이미지 멀티모달 표현 학습 간의 불일치를 완 화시켰으며, 다양한 범용적 과제에 최적화된 모델이라고 할 수 있다. 이를 위해 모델은 새로 운 사전 학습 전략과 과제를 도입했으며, 더 큰 규모의 데이터세트와 고도화된 학습 기법을 활 용해 모델의 이해도와 일반화 능력을 향상시켰다. 다음 그림 5.5는 LayoutLMv3 모델 구조를 보여준다.

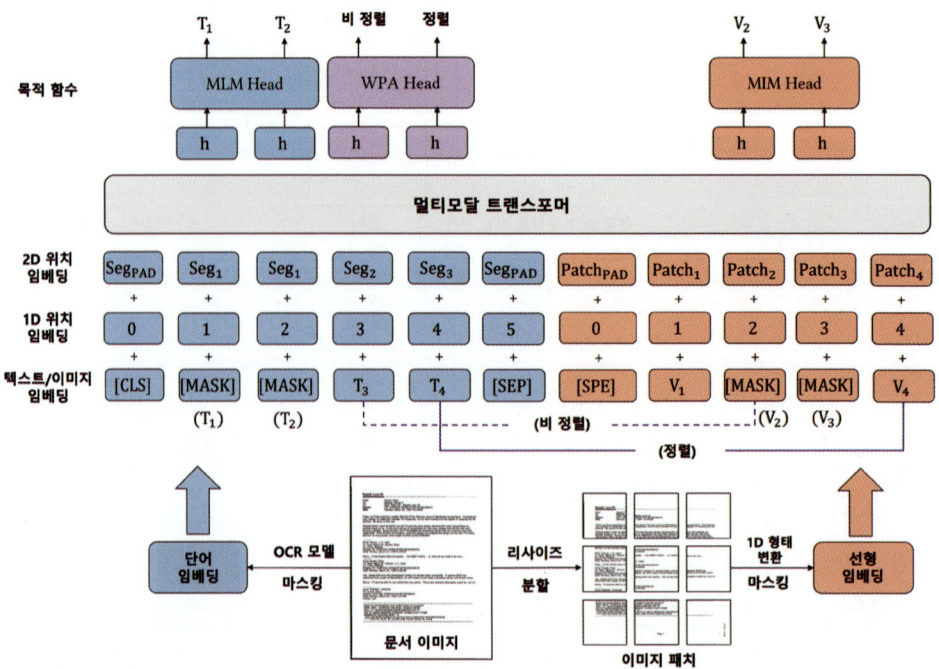

그림 5.5 LayoutLMv3 모델 구조

LayoutLMv3의 목적 함수는 기존의 **마스크 언어 모델링(Masked Language Modeling, MLM)**과 **마스크 이미지 모델링(Masked Image Modeling, MIM)** 작업뿐만 아니라, **워드 패치 조정(Word Patch Alignment, WPA)**이라는 새로운 개념을 추가했다. 워드 패치 조정은 텍스트와 이미지 두 모달리티에서의 단어가 서로 대응된다는 것을 모델에 학습시키는 역할을 한다.

구체적으로, MLM 작업을 위해 일부 단어 토큰을 마스킹하고, MIM 작업을 위해 동일한 마스킹된 단어의 이미지 부분도 가리는 방식을 사용한다. 이때 워드 패치 조정은 이미지 토큰과 대응되는 텍스트 토큰의 마스킹 여부를 이진 분류해, 두 모달리티 간의 정렬을 학습한다.

이러한 접근 방식을 통해 LayoutLMv3는 멀티모달 문서 이해에 있어서 최첨단 성능을 보이며, 다양한 문서 형식과 복잡한 레이아웃을 효과적으로 처리할 수 있게 됐다. 특히, 텍스트와 이미지의 통합적인 이해를 통해 복잡한 문서 처리 작업에서도 뛰어난 성능을 발휘하며, 텍스트와 이미지의 상호작용을 더 깊이 있게 학습할 수 있게 됐다.

이번 절에서는 LayoutLMv3 모델을 활용해 문서 질의 응답을 수행해 본다. 다음 예제 5.8은 `microsoft/layoutlmv3-base` 구조를 보여준다.

예제 5.8 LayoutLMv3Config 모델 설정 구조

```python
from transformers import LayoutLMv3Config

model_name = "microsoft/layoutlmv3-base"
config = LayoutLMv3Config(model_name)
print(config)
```

【 출력 결과 】

```
LayoutLMv3Config {
  "attention_probs_dropout_prob": 0.1,
  "bos_token_id": 0,
  "classifier_dropout": null,
  "coordinate_size": 128,
  "eos_token_id": 2,
  "has_relative_attention_bias": true,
  "has_spatial_attention_bias": true,
```

```
  "hidden_act": "gelu",
  "hidden_dropout_prob": 0.1,
  "hidden_size": 768,
  "initializer_range": 0.02,
  "input_size": 224,
  "intermediate_size": 3072,
  "layer_norm_eps": 1e-05,
  "max_2d_position_embeddings": 1024,
  "max_position_embeddings": 512,
  "max_rel_2d_pos": 256,
  "max_rel_pos": 128,
  "model_type": "layoutlmv3",
  "num_attention_heads": 12,
  "num_channels": 3,
  "num_hidden_layers": 12,
  "pad_token_id": 1,
  "patch_size": 16,
  "rel_2d_pos_bins": 64,
  "rel_pos_bins": 32,
  "shape_size": 128,
  "text_embed": true,
  "transformers_version": "4.41.2",
  "type_vocab_size": 2,
  "visual_embed": true,
  "vocab_size": "microsoft/layoutlmv3-base"
}
```

microsoft/layoutlmv3-base는 텍스트와 이미지 마스킹이 통합된 문서 인공지능용 사전 학습된 멀티모달 트랜스포머 모델이다. 이 모델을 활용해 레이아웃 이해, 영수증 처리, 문서 시각적 질문 응답과 같은 텍스트 중심 작업뿐만 아니라 문서 이미지 분류, 문서 레이아웃 분석과 같은 이미지 중심 작업에도 맞게 모델을 미세 조정할 수 있다.

LayoutLMv3Config에는 LayoutLMv3 모델을 구성하는 다양한 매개변수가 포함돼 있다. 이 매개변수는 LayoutLMv3 모델의 구조와 작동 방식을 세부적으로 정의하며, 모델의 성능과 적용 가능성을 조절하는 데 중요한 역할을 한다. 다음은 주요한 하이퍼파라미터를 설명한다.

- **max_position_embeddings**: 최대 시퀀스 길이에 대한 1차원 배열 위치 임베딩 크기를 설정한다. 이는 모델이 처리할 수 있는 입력 토큰의 최대 수를 결정한다. 텍스트 시퀀스의 각 위치에 대한 고유한 임베딩을 제공해 모델이 토큰의 순서 정보를 이해할 수 있게 된다.

- **max_2d_position_embeddings**: 2D 위치 임베딩의 최대 크기를 설정한다. 문서 이미지 내 텍스트의 2차원 레이아웃 정보를 인코딩하는 데 사용된다. 각 토큰의 x, y 좌표에 대한 임베딩을 제공해 모델이 텍스트의 공간적 배치를 이해할 수 있게 된다.

- **coordinate_size**: 이미지 단어의 좌표 임베딩의 크기를 지정한다. 각 단어의 경계 상자 좌표를 더 정밀하게 인코딩한다. 이를 통해 모델은 단어의 정확한 위치와 크기를 이해할 수 있다.

이러한 매개변수들은 LayoutLMv3가 텍스트의 순차적 정보뿐만 아니라 2차원 공간상의 레이아웃 정보도 효과적으로 처리할 수 있게 해주는 핵심 요소다. 이러한 매개변수를 통해 모델이 텍스트와 이미지 정보를 동시에 처리할 수 있으며, 텍스트의 의미론적 내용과 문서의 시각적 구조를 함께 이해할 수 있으므로 복잡한 문서 이해 작업에 강점을 갖는다.

또한, 2D 위치 임베딩과 좌표 임베딩을 통해 모델은 단어들 간의 상대적 위치와 전체 문서 내에서의 배치를 정확히 파악할 수 있다. 이제 LayoutLMv3 모델의 구조를 확인해 보자. 다음 예제 5.9는 LayoutLMv3 모델 구조를 보여준다.

예제 5.9 LayoutLMv3 모델 구조

```python
from transformers import LayoutLMv3Model

model = LayoutLMv3Model.from_pretrained(model_name)

for main_name, main_module in model.named_children():
    print(main_name)
    for sub_name, sub_module in main_module.named_children():
        print("└", sub_name)
        for ssub_name, ssub_module in sub_module.named_children():
            print("|  └", ssub_name)
            for sssub_name, sssub_module in ssub_module.named_children():
                print("|    └", sssub_name)
```

【 출력 결과 】

```
embeddings
└ word_embeddings
└ token_type_embeddings
└ LayerNorm
└ dropout
└ position_embeddings
└ x_position_embeddings
└ y_position_embeddings
└ h_position_embeddings
└ w_position_embeddings
patch_embed
└ proj
pos_drop
LayerNorm
dropout
norm
encoder
└ layer
|   └ 0
|       └ attention
|       └ intermediate
|       └ output
...
|   └ 11
|       └ attention
|       └ intermediate
|       └ output
└ rel_pos_bias
└ rel_pos_x_bias
└ rel_pos_y_bias
```

LayoutLMv3의 주요 구조는 크게 임베딩 계층(embeddings), 이미지 처리 모듈(patch_embed), 그리고 트랜스포머 인코더(encoder)로 구성된다.

임베딩 계층은 다양한 유형의 임베딩을 통합한다. 여기에는 단어 임베딩(word_embeddings), 토큰 타입 임베딩(token_type_embeddings), 그리고 위치 임베딩(position_embeddings)이 포함된다. 문서 내 텍스트의 2차원 레이아웃을 표현하기 위해 x와 y 좌표에 대한 위치 임베딩(x_position_embeddings, y_position_embeddings)도 사용된다.

추가로 텍스트 영역의 높이와 너비를 나타내는 임베딩(h_position_embeddings, w_position_embeddings)도 포함돼 있다. 이러한 다양한 임베딩을 결합해 텍스트의 의미와 문서 내 공간적 위치 정보를 풍부하게 표현한다.

이미지 처리 모듈은 patch_embed 계층을 통해 이미지를 처리한다. 이 모듈은 입력 이미지를 패치로 분할하고, 각 패치를 임베딩으로 변환하는 비전 트랜스포머의 역할을 수행한다. 이미지 패치의 위치 정보는 격자 좌표 시스템을 사용해 표현된다.

마지막으로, 텍스트 임베딩과 이미지 패치 임베딩이 결합되어 트랜스포머 인코더로 입력된다. 인코더는 여러 개의 트랜스포머 계층으로 구성되며, 각 계층은 셀프 어텐션 메커니즘과 순방향 네트워크를 포함한다.

이 과정을 통해 텍스트와 이미지 정보가 통합되어 처리되며, 최종적으로 LayoutLMv3 모델의 임베딩이 생성된다. 이 임베딩은 문서의 텍스트 내용과 시각적 레이아웃 정보를 모두 포함하고 있어, 다양한 문서 이해 작업에 효과적으로 활용될 수 있다.

5.2.2 문서 시각 질의 응답 수행

문서 시각 질의 응답(Document Visual Question Answering, DocVQA)은 특정 유형의 시각적 질문에 대한 응답 작업에 중점을 둔다. 단순히 문서 이미지를 OCR(광학 문자 인식) 처리하는 것에 그치지 않고, 문서가 전달하는 모든 유형의 정보를 이해하는 과정을 포함한다. DocVQA는 문서의 텍스트와 시각적 요소를 모두 분석해 사용자가 묻는 질문에 정확히 답변할 수 있도록 설계됐다.

이번 절에서는 DocVQA 도전 과제 워크숍(Document Visual Question Answering Challenge Workshop)[4]에서 제공하는 샘플 데이터를 활용해 실습을 진행해 본다. DocVQA 도전 과제 워크숍은 문서 시각적 질문 응답 작업에 대한 연구와 개발을 촉진하기 위해 개최되

---

4 https://rrc.cvc.uab.es/?ch=17

는 학술 행사다. DocVQA 도전 과제는 CVPR 2020 워크숍에서 처음 조직됐으며, 이후 여러 행사와 연계해 지속적으로 진행되고 있다.

LayoutLMv3의 특징 추출기는 OCR 모듈로 구글의 테서렉트(Tesseract)를 사용한다. 따라서 실습을 진행하기 전에 테서렉트를 설치해야 한다. 다음은 테서렉트 설치 방법을 보여준다.

파이썬 테서렉트 라이브러리 설치

```
pip3 install pytesseract
```

파이썬 패키지 관리자를 통해 pytesseract를 설치한다. pytesseract 라이브러리 설치 이후에는 운영체제별로 테서렉트 OCR(Tesseract OCR) 설치가 필요하다. 다음은 운영체제별 설치 방법을 보여준다.

윈도우

1. 독일 만하임 대학교 도서관의 위키 페이지[5]에서 윈도우 설치 파일을 다운로드한다.
2. exe 설치 파일을 실행해 설치를 완료한다. 현재 tesseract-ocr-w64-setup-5.4.0.20240606.exe가 최신 파일이다.
3. import pytesseract를 통해 pytesseract를 임포트하고, pytesseract.pytesseract.tesseract_cmd = "설치 경로\tesseract.exe"로 설치 경로를 지정한다.
   - 예시: pytesseract.pytesseract.tesseract_cmd = r"C:\Program Files\Tesseract-OCR\tesseract.exe"

맥

```
brew install tesseract
```

홈브루(Homebrew)를 사용해 테서렉트 OCR을 설치한다.

리눅스/구글 코랩

```
sudo apt install tesseract-ocr
```

apt 패키지 매니저를 사용해 테서렉트 OCR을 설치한다.

---

5 https://github.com/UB-Mannheim/tesseract/wiki

파이썬 테서렉트 라이브러리와 테서렉트 OCR을 모두 설치했다면 LayoutLMv3의 특징 추출기를 사용할 수 있다. 이제 DocVQA 도전 과제 워크숍의 샘플 데이터를 전처리해 보자. 다음 예제 5.10은 DocVQA 샘플 데이터를 불러오고 전처리 방법을 보여준다.

예제 5.10 DocVQA 샘플 데이터 전처리

```python
import io
from PIL import Image
from datasets import load_dataset
from transformers import LayoutLMv3FeatureExtractor

def get_ocr_words_and_boxes(sample):
    image_bytes = io.BytesIO(sample["image"])
    image = Image.open(image_bytes)

    encoded_inputs = feature_extractor(image)
    sample["words"] = encoded_inputs.words[0]
    sample["boxes"] = encoded_inputs.boxes[0]
    sample["pixel_values"] = encoded_inputs.pixel_values[0]
    return sample

dataset = load_dataset("s076923/docvqa-train")
model_name = "microsoft/layoutlmv3-base"
feature_extractor = LayoutLMv3FeatureExtractor(model_name)
dataset_with_ocr = dataset["train"].map(get_ocr_words_and_boxes)

print(dataset_with_ocr[1].keys())
print("question :", dataset_with_ocr[1]["question"])
print("answers :", dataset_with_ocr[1]["answers"])
print("words :", dataset_with_ocr[1]["words"])
print("boxes :", dataset_with_ocr[1]["boxes"])
```

【 입력 이미지 】

Source: https://www.industrydocuments.ucsf.edu/docs/nkbl0226

【 출력 결과 】

```
dict_keys(['questionId', 'question', 'question_types', 'image', 'docId',
'ucsf_document_id', 'ucsf_document_page_no', 'answers', 'data_split', 'words', 'boxes',
'pixel_values'])
question : What is name of university?
answers : ['university of california', 'University of California', 'university of
california, san diego']
words : ['UNIVERSITY', 'OP', 'CALIBORNIS,', 'SAN', 'DIEGO']
boxes : [[47, 63, 280, 86], [300, 56, 308, 69], [347, 51, 511, 90], [523, 64, 595, 90],
[603, 64, 706, 83]]
```

s076923/docvqa-train 데이터세트는 이미지와 텍스트에 대한 메타 정보를 포함한다. 이 데이터세트는 질문(question)과 답변(answers)에 대한 정보는 제공하지만, 문서 내용에 대한 데이터는 제공하지 않는다.

따라서 LayoutLMv3FeatureExtractor의 OCR 모듈을 활용해 이미지에서 텍스트를 추출한다. 이 모듈은 입력 이미지를 224×224 크기로 조정한 후, 테서렉트를 사용해 단어를 추출하고 정규화된 단어 경계 상자를 제공한다.

OCR 처리 후, `dataset_with_ocr` 객체의 `words` 필드에서 추출된 단어를, `boxes` 필드에서 해당 단어의 경계 상자 좌표(`x1, y1, x2, y2`)를 얻을 수 있다. OCR 결과는 **래스터 주사(Raster scan)**[6] 순서에 따라 텍스트가 추출된 것을 확인할 수 있다.

DocVQA 모델 학습을 위해 데이터세트에서 답변의 정확한 위치를 찾는 과정을 구현해 본다. 다음 예제 5.11은 입력 단어에서 답변의 위치를 추출하는 방법을 보여준다.

예제 5.11 답변 위치 추출

```python
def find_sublist(word_list, target_list):
    word_list = [word.lower() for word in word_list]
    target_list = target_list.lower().split()

    for i in range(len(word_list) - len(target_list) + 1):
        if word_list[i : i + len(target_list)] == target_list:
            return target_list, i, i + len(target_list) - 1
    return None, 0, 0

question = dataset_with_ocr[10]["question"]
words = dataset_with_ocr[10]["words"]
answers = dataset_with_ocr[10]["answers"]
print(question)
print(words)
print(answers)
print()

for answer in answers:
    match, word_idx_start, word_idx_end = find_sublist(words, answer)
    print("Match :", match)
    print("Word idx start :", word_idx_start)
    print("Word idx end :", word_idx_end)
    print()
```

---

6 이미지나 디스플레이에서 왼쪽에서 오른쪽으로, 위에서 아래로 순차적으로 스캔하는 방식

【 출력 결과 】

```
Who is 'presiding' TRRF GENERAL SESSION (PART 1)?
['11:14', 'to', '11:39', 'a.m', '11:39', 'to', … 'Meeting', 'Ballroom', 'Foyer']
['TRRF Vice President', 'lee a. waller']

Match : ['trrf', 'vice', 'president']
Word idx start : 58
Word idx end : 60

Match : ['lee', 'a.', 'waller']
Word idx start : 55
Word idx end : 57
```

find_sublist 함수는 주어진 단어 목록에서 특정 답변 문구를 찾아 그 시작과 끝 인덱스를 반환한다. 이를 위해 전체 단어 목록(word_list)과 찾고자 하는 대상 문구(target_list)를 입력받는다.

대소문자 구분 없이 검색하기 위해 모든 단어를 소문자로 변환한다. 그다음, 전체 단어 목록을 순회하며 연속된 단어들이 대상 문구와 일치하는지 확인한다. 일치하는 부분을 찾으면 해당 문구와 시작, 끝 인덱스를 반환하고, 찾지 못하면 None과 함께 0, 0을 반환한다.

단어 목록(이미지 본문)은 하나지만 답변은 두 개 이상일 수 있다. 그러므로 각 답변에 대해 find_sublist 함수를 호출해 단어 목록에서의 위치를 찾는다. 출력 결과에서 확인할 수 있듯이, 질문에 대한 답변이 문서 내 어디에 위치하는지를 파악함으로써 모델이 답변을 더 효과적으로 찾도록 학습할 수 있게 된다.

답변의 위치를 찾는 함수를 구현했다면, LayoutLMv3 모델에 적합한 형태로 데이터를 변환한다. 다음 예제 5.12는 모델 학습을 위한 LayoutLMv3 데이터세트 전처리 과정을 보여준다.

예제 5.12 모델 학습을 위한 LayoutLMv3 데이터세트 전처리

```python
from transformers import LayoutLMv3TokenizerFast
from datasets import Features, Sequence, Value, Array2D, Array3D

def find_answer_match(words, answers):
    for answer in answers:
        match, word_idx_start, word_idx_end = find_sublist(words, answer)
```

```
        if match:
            return match, word_idx_start, word_idx_end

    for answer in answers:
        for i in range(len(answer)):
            answer_modified = answer[:i] + answer[i + 1 :]
            match, word_idx_start, word_idx_end = find_sublist(words, answer_modified)
            if match:
                return match, word_idx_start, word_idx_end

    return False, None, None

def encode_dataset(examples, processor, max_length=512):
    encoding = processor(
        examples["question"],
        examples["words"],
        examples["boxes"],
        max_length=max_length,
        padding="max_length",
        truncation=True
    )

    cls_index = encoding.input_ids.index(processor.cls_token_id)
    start_position = end_position = cls_index

    match, word_idx_start, word_idx_end = find_answer_match(
        examples["words"], examples["answers"]
    )

    if match:
        sequence_ids = encoding.sequence_ids(0)
        token_start_index = next(
            i for i, seq_id in enumerate(sequence_ids) if seq_id == 1
        )

        token_end_index = len(encoding.input_ids) - 1 - sequence_ids[::-1].index(1)
        word_ids = encoding.word_ids()[token_start_index : token_end_index + 1]

        start_position = token_start_index + word_ids.index(word_idx_start)
        end_position = token_end_index - word_ids[::-1].index(word_idx_end)
```

```
    encoding["image"] = examples["pixel_values"]
    encoding["start_positions"] = start_position
    encoding["end_positions"] = end_position
    return encoding

processor = LayoutLMv3TokenizerFast.from_pretrained(model_name)
encoded_dataset = dataset_with_ocr.map(
    lambda x: encode_dataset(x, processor),
    remove_columns=dataset_with_ocr.column_names,
    features=Features(
        {
            "input_ids": Sequence(feature=Value(dtype="int64")),
            "bbox": Array2D(dtype="int64", shape=(512, 4)),
            "attention_mask": Sequence(Value(dtype="int64")),
            "image": Array3D(dtype="float32", shape=(3, 224, 224)),
            "start_positions": Value(dtype="int64"),
            "end_positions": Value(dtype="int64")
        }
    )
)
print(encoded_dataset)
```

【 출력 결과 】

```
Dataset({
    features: ['input_ids', 'bbox', 'attention_mask', 'image', 'start_positions',
'end_positions'],
    num_rows: 20
})
```

find_answer_match 함수는 문서의 단어 목록에서 정답을 찾는 역할을 수행한다. 정확한 일치가 없을 경우, 한 글자를 제거한 변형된 답변으로도 검색을 시도한다. 이는 OCR 오류나 약간의 불일치를 허용하기 위함이다.

encode_dataset 함수는 데이터를 LayoutLMv3 모델의 입력 형식에 맞게 인코딩한다. 먼저 프로세서를 통해 질문(question), 단어(words), 경계 상자(boxes) 정보를 인코딩한다. 인코딩 값에서 특수 토큰([CLS])의 위치를 찾아 초기 시작/끝 위치로 초기화한다.

그런 다음, `find_answer_match` 함수를 사용해 답변의 위치를 찾는다. 답변이 발견되면, 토큰 시퀀스 내에서 해당 단어의 시작과 끝 위치를 정확히 계산한다. 이후, 이미지 픽셀 값과 계산된 시작/끝 위치를 인코딩 결과에 추가해 반환한다.

`LayoutLMv3TokenizerFast`를 초기화하고, 데이터세트의 각 예제에 `encode_dataset` 함수를 적용한다. `map` 메서드를 사용해 전체 데이터세트를 변환하며, 새로운 특성(Features) 구조를 정의해 변환된 데이터의 형식을 명시한다.

이 전처리 과정은 텍스트와 레이아웃 정보를 결합해 LayoutLMv3 모델이 이해할 수 있는 형태로 데이터를 변환하는 과정이다. 특히 답변의 정확한 위치를 토큰 레벨에서 찾아내는 것이 중요한 부분이다. 이렇게 전처리된 데이터세트는 모델이 문서의 시각적 레이아웃과 텍스트 내용을 동시에 고려해 질문에 답변할 수 있도록 학습하는 데 사용된다.

모델 학습을 위한 데이터세트 생성 과정이 끝났다면, 모델을 학습한다. 다음 예제 5.13은 모델 학습을 위한 설정을 보여준다.

예제 5.13 LayoutLMv3 모델 학습

```python
from transformers import Trainer, TrainingArguments
from transformers import LayoutLMv3ForQuestionAnswering

model = LayoutLMv3ForQuestionAnswering.from_pretrained(model_name)

training_args = TrainingArguments(
    output_dir="DocVQA",
    num_train_epochs=20,
    per_device_train_batch_size=4,
    learning_rate=5e-5,
    warmup_steps=100,
    weight_decay=0.01,
    logging_strategy="steps",
    logging_steps=20,
    seed=42
)

trainer = Trainer(
    model=model,
```

```
    args=training_args,
    train_dataset=encoded_dataset
)

trainer.train()
```

【 출력 결과 】

Step	Training Loss
20	6.105600
40	5.058700
60	3.352000
80	2.379300
100	1.854300

```
TrainOutput(global_step=100, training_loss=3.7499795532226563, metrics={'train_runtime':
84.4742, 'train_samples_per_second': 4.735, 'train_steps_per_second': 1.184,
'total_flos': 106163132006400.0, 'train_loss': 3.7499795532226563, 'epoch': 20.0})
```

모델 학습을 위해 하이퍼파라미터를 설정하고, encoded_dataset 데이터를 사용해 모델을 학습시킨다. 현재 모델 학습 과정을 이해하기 위해 매우 작은 크기의 데이터를 사용하므로 검증 데이터세트는 포함하지 않는다.

모델 학습이 완료됐다면 추론을 수행해 본다. 다음 예제 5.14는 모델 추론을 위한 전처리 과정을 보여준다.

예제 5.14 모델 추론을 위한 전처리

```
import torch
from transformers import LayoutLMv3Processor

index = 5
processor = LayoutLMv3Processor.from_pretrained(model_name)

image_bytes = io.BytesIO(dataset_with_ocr[index]["image"])
image = Image.open(image_bytes)

full_text = processor.decode(encoded_dataset["input_ids"][index])
```

```
print("Full text:", full_text)

question = dataset_with_ocr[index]["question"]
print("Question:", question)

start_position = encoded_dataset["start_positions"][index]
end_position = encoded_dataset["end_positions"][index]
answer = processor.decode(
    encoded_dataset["input_ids"][index][start_position : end_position + 1]
)
print("Answer:", answer)

device = torch.device("cuda" if torch.cuda.is_available() else "cpu")
encoded_inputs = processor(image, question, return_tensors="pt")
encoded_inputs = {k: v.to(device) for k, v in encoded_inputs.items()}
print("Encoded input keys:", encoded_inputs.keys())
```

【 입력 자료 】

【 출력 결과 】

```
Full text: <s> What the location address of NSDA?</s></s> The best thing between … 1128
SIXTEENTH ST., N. W., WASHINGTON, D.C. 20036</s><pad><pad> … pad><pad>
Question: What the location address of NSDA?
Answer:  1128 SIXTEENTH ST., N. W., WASHINGTON, D.C. 20036
Encoded input keys: dict_keys(['input_ids', 'attention_mask', 'bbox', 'pixel_values'])
```

추론을 위한 전처리 과정은 이미지와 질문만 필요하다. 추론 과정에서는 직접적으로 사용되지 않지만, 데이터세트의 품질을 검증하고 테스트해 볼 수 있도록 단어 목록(이미지 본문)과 답변도 디코딩해 본다.

단어 목록(이미지 본문)은 processor.decode 메서드로 인코딩된 입력 ID를 디코딩해 전체 텍스트 내용을 확인해 볼 수 있다. 이 과정을 통해 질문과 이미지에 포함된 전체 텍스트를 파악할 수 있다. 정답은 시작과 끝 위치를 이용해 인코딩된 입력에서 해당 부분을 추출하고 디코딩한다. 이 단계 역시 추론에는 사용되지 않지만, 학습된 모델의 성능을 평가하는 데 중요한 역할을 한다.

이미지와 질문이 변환됐다면, LayoutLMv3Processor를 통해 모델 입력 형식으로 인코딩한다. 출력 결과를 통해 전체 텍스트, 질문, 답변이 정확히 추출됐음을 확인할 수 있으며, 인코딩된 입력의 키를 출력해 모델에 필요한 모든 컴포넌트가 준비됐음을 검증할 수 있다.

준비된 입력 데이터를 사용해 DocVQA 모델로 추론을 수행해 본다. 다음 예제 5.15는 문서 질의응답 추론 과정을 보여준다.

예제 5.15 문서 시각 질의 응답 추론 과정

```python
model.to(device)
model.eval()

with torch.no_grad():
    outputs = model(**encoded_inputs)

start_logits, end_logits = outputs.start_logits, outputs.end_logits
start_index = start_logits.argmax(-1).item()
end_index = end_logits.argmax(-1).item()
predicted_answer = processor.decode(
```

```
        encoded_inputs["input_ids"].squeeze()[start_index : end_index + 1]
    )

    print("Predicted start_index:", start_index)
    print("Predicted end_index:", end_index)
    print("predicted_answer:", predicted_answer)
```

【 출력 결과 】

```
Predicted start_index: 132
Predicted end_index: 153
predicted_answer:  1128 SIXTEENTH ST., N. W., WASHINGTON, D.C. 20036
```

모델에 인코딩된 입력을 전달해 추론을 수행한다. 이번에 학습한 DocVQA 모델은 단어에서 정답이 되는 시작 위치와 끝 위치를 찾도록 학습했다. 그러므로 모델의 출력에서 시작 로짓(start_logits)과 끝 로짓(end_logits)을 추출한다. 이 로짓들은 답변의 시작과 끝 위치에 대한 모델의 예측을 나타낸다.

이 로짓에 argmax 메서드를 적용해 가장 높은 확률을 가진 시작과 끝 인덱스를 찾는다. 이 인덱스들은 모델이 예측한 답변의 범위를 나타낸다. 예측된 시작과 끝 인덱스를 사용해 입력 ID에서 해당 범위의 토큰을 추출하고, 이를 다시 텍스트로 디코딩해 최종 예측 답변을 얻는다.

출력 결과를 보면, 모델이 예측한 답변의 시작 인덱스는 132, 끝 인덱스는 153이며, 예측된 답변은 "1128 SIXTEENTH ST., N. W., WASHINGTON, D.C. 20036"다. 이는 앞서 확인한 실제 답변과 일치하며, 모델이 성공적으로 질문에 답변했음을 보여준다.

이번에 학습한 모델은 모델 학습 방법을 이해하기 위해 매우 적은 수의 데이터로 모델 학습을 수행했다. 그러므로 과대 적합되거나 정확한 답변을 추출하지 못할 수 있다. 따라서, 실제 사용을 위해서는 더 큰 규모의 데이터세트로 모델을 다시 학습시키고, 다양한 질문 유형에 대해 모델을 검증해 일반화 성능을 향상시켜야 한다. 또한, 데이터 증강 기법이나 정교한 하이퍼파라미터 튜닝을 통해 모델의 성능을 최적화할 필요가 있다.

5.3 시각적 질의 응답: ViLT

시각적 질의 응답(Visual Question Answering, VQA)은 컴퓨터비전과 자연어 처리를 결합한 첨단 기술 분야다. 이 시스템은 주어진 이미지를 분석하고 그에 관련된 자연어 질문에 대해 정확한 답변을 생성하는 것을 목표로 한다. VQA 시스템의 핵심은 이미지의 시각적 정보를 이해하고, 텍스트 형태의 질문을 해석하며, 이 두 가지 정보를 통합해 적절한 답변을 도출하는 것이다.

VQA 프로세스는 크게 세 단계로 구성된다. 먼저, 이미지 처리 단계에서는 입력된 이미지의 시각적 특징을 추출한다. 다음으로, 질문 이해 단계에서는 자연어로 제시된 질문의 의미를 파악한다. 마지막으로, 추론 및 답변 생성 단계에서는 이미지의 시각적 특징과 질문의 텍스트 정보를 통합해 의미 있는 표현을 만들고, 이를 바탕으로 적절한 답변을 생성한다.

시각-언어 사전 학습(Vision-and-Language Pre-training, VLP)은 VQA를 포함한 다양한 시각-언어 작업의 성능을 크게 향상시켰다. 그러나 기존의 VLP 접근법은 주로 영역 (Region) 학습과 합성곱 네트워크(예: ResNet)를 사용한 이미지 특징 추출에 의존하고 있어 몇 가지 한계점을 가지고 있다. 효율성과 속도 측면에서 이미지 특징 추출 과정이 멀티모달 상호작용 단계보다 훨씬 많은 계산 리소스를 요구하며, 표현력 측면에서 시각적 임베더와 미리 정의된 시각 어휘의 한계로 인해 모델의 성능이 제한된다.

이러한 문제를 해결하기 위해 **시각-언어 트랜스포머**(Vision-and-Language Transformer, ViLT)가 제안됐다. ViLT는 시각적 입력을 텍스트 입력과 동일한 방식으로 처리하는 단일 모델 구조를 채택했다. 이 접근법은 합성곱 연산을 사용하지 않고 이미지를 직접 처리함으로써, 기존 VLP 모델들보다 훨씬 빠른 속도와 향상된 성능을 보여준다. ViLT는 다운스트림 작업에서 이전 모델들보다 최대 수십 배 빠른 처리 속도와 더 나은 성능을 달성했다. 다음 그림 5.6은 ViLT 모델의 구조를 보여준다.

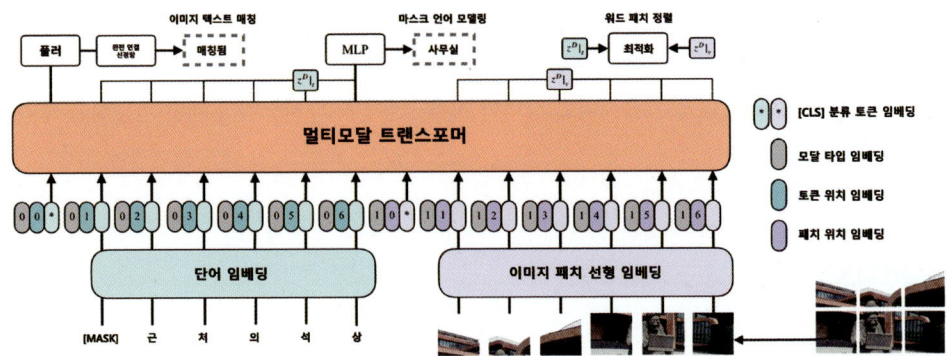

그림 5.6 ViLT 모델 구조

5.3.1 ViLT

ViLT는 트랜스포머 모델을 기반으로 한 모델이다. 이 모델은 텍스트 처리에 사용되는 BERT 와 이미지 처리에 사용되는 ViT의 구조적 특성을 융합한 형태를 가지고 있다. ViLT의 텍스트 모델 구조는 BERT와 유사하며, 이미지 모델 구조는 ViT를 참고해 설계됐다.

ViT와 마찬가지로, ViLT는 입력 이미지를 일정 크기의 패치로 분할하고 이를 순차적 배열로 처리한다. 이렇게 변환된 이미지 패치 배열은 텍스트 토큰들과 함께 트랜스포머 모델에 입력된 다. 이 과정에서 두 가지 모달리티(텍스트와 이미지)를 구분하기 위해 모달 타입 임베딩이 추가 됐다. ViLT의 학습 과정은 세 가지 손실 함수를 통해 이뤄진다.

ViLT의 주요 손실 함수

- **이미지 텍스트 매칭(Image Text Matching, ITM)**: 주어진 이미지와 텍스트 쌍이 서로 연관돼 있는지를 판단하는 과정이다. 이를 위해 완전 연결(Fully connected) 계층을 통해 이진 분류를 수행한다.

- **마스크드 언어 모델링(Masked Language Modeling, MLM)**: 텍스트의 일부를 가리고 이를 예측하는 작업이다. ViLT는 기존 BERT의 토큰 기반 마스킹 대신 단어 단위의 마스킹을 채택했다. 이는 더 정확한 언어 이해를 촉진하기 위한 선택으로, 단어의 전체적인 의미를 파악하는 데 활용된다.

- **워드 패치 정렬(Word Patch Alignment, WPA)**: 텍스트와 이미지 특징 사이의 정렬을 개선하기 위한 기법이다. 이는 텍스트 특징과 이미지 패치 특징 간의 벡터 유사도를 최대화함으로써, 두 모달리티 간의 의미적 연관성을 강화한다.

이러한 복합적인 학습 방식을 통해 ViLT는 텍스트와 이미지 정보를 효과적으로 통합하고, 다양한 시각-언어 작업에서 우수한 성능을 발휘할 수 있게 됐다. ViLT의 접근 방식은 기존 모델들의 한계를 극복하고, 더욱 효율적이고 강력한 시각-언어 처리 시스템의 개발 가능성을 보여준다.

이번 절에서는 `ViltModel` 모델을 활용해 시각적 질의 응답을 수행해 본다. 다음 예제 5.16은 `dandelin/vilt-b32-mlm` 구조를 보여준다.

예제 5.16 ViltConfig 모델 설정 구조

```python
from transformers import ViltConfig

model_name = "dandelin/vilt-b32-mlm"
config = ViltConfig.from_pretrained(model_name)
print(config)
```

【 출력 결과 】

```
ViltConfig {
  "architectures": [
    "ViltForMaskedLM"
  ],
  "attention_probs_dropout_prob": 0.0,
  "hidden_act": "gelu",
  "hidden_dropout_prob": 0.0,
  "hidden_size": 768,
  "image_size": 384,
  "initializer_range": 0.02,
  "intermediate_size": 3072,
  "layer_norm_eps": 1e-12,
  "max_image_length": -1,
  "max_position_embeddings": 40,
  "modality_type_vocab_size": 2,
  "model_type": "vilt",
  "num_attention_heads": 12,
  "num_channels": 3,
  "num_hidden_layers": 12,
  "num_images": -1,
```

```
  "patch_size": 32,
  "qkv_bias": true,
  "tie_word_embeddings": false,
  "torch_dtype": "float32",
  "transformers_version": "4.41.2",
  "type_vocab_size": 2,
  "vocab_size": 30522
}
```

dandelin/vilt-b32-mlm 모델은 ViLT의 한 버전으로, 이미지와 텍스트를 동시에 처리할 수 있는 강력한 멀티모달 트랜스포머 모델이다. 이 모델은 b32라는 명칭에서 알 수 있듯이 Base 구조에 32×32 패치 크기를 사용하며, mlm은 마스킹된 언어 모델링 작업으로 사전 학습됐음을 나타낸다.

ViltConfig를 통해 ViltModel의 구조를 자세히 살펴보면, 여러 중요한 하이퍼파라미터 중 특히 modality_type_vocab_size를 주목할 만하다. 이 하이퍼파라미터는 모델이 처리할 수 있는 모달리티 형식의 개수를 나타내는데, ViLT는 이미지와 텍스트 두 가지 모달리티를 동시에 다루도록 설계되어 2로 설정돼 있다.

이러한 구조적 특성으로 인해 ViLT는 별도의 객체 검출기 없이도 이미지를 직접 패치 단위로 처리하며, 이미지-텍스트 쌍을 효율적으로 입력받아 이미지 캡션 생성, 시각적 질의응답(VQA), 이미지-텍스트 검색 등 다양한 비전-언어 과제를 수행할 수 있는 유연성을 갖추고 있다. 이제 ViltModel 모델의 구조를 살펴보자. 다음 예제 5.17은 ViltModel 모델 구조를 보여준다.

예제 5.17 ViltModel 모델 구조

```python
from transformers import ViltModel

model = ViltModel.from_pretrained(model_name)

for main_name, main_module in model.named_children():
    print(main_name)
    for sub_name, sub_module in main_module.named_children():
        print("ㄴ", sub_name)
```

```
        for ssub_name, ssub_module in sub_module.named_children():
            print("|  └", ssub_name)
            for sssub_name, sssub_module in ssub_module.named_children():
                print("|     └", sssub_name)
```

【 출력 결과 】

```
embeddings
└ text_embeddings
|  └ word_embeddings
|  └ position_embeddings
|  └ token_type_embeddings
|  └ LayerNorm
|  └ dropout
└ patch_embeddings
|  └ projection
└ token_type_embeddings
└ dropout
encoder
└ layer
|  └ 0
|     └ attention
|     └ intermediate
|     └ output
|     └ layernorm_before
|     └ layernorm_after
...
|  └ 11
|     └ attention
|     └ intermediate
|     └ output
|     └ layernorm_before
|     └ layernorm_after
layernorm
pooler
└ dense
└ activation
```

이 모델의 embeddings 부분은 텍스트와 이미지 데이터를 효과적으로 처리하기 위해 세 가지 주요 컴포넌트로 구성된다. 텍스트를 위한 text_embeddings, 이미지를 위한 patch_embeddings, 그리고 두 모달리티를 구분하는 token_type_embeddings다.

text_embeddings은 텍스트 데이터를 위한 것으로, 개별 토큰에 대한 word_embeddings, 시퀀스 내 토큰의 위치를 나타내는 position_embeddings, 그리고 토큰의 유형을 구분하는 token_type_embeddings을 포함한다. 이 계층들은 LayerNorm과 dropout 계층을 통과해 정규화되고 과적합을 방지한다.

patch_embeddings은 이미지를 처리하기 위해 이미지를 고정 크기의 패치로 분할한 후, 이를 선형 변환을 통해 임베딩 공간으로 투영한다. 이 방식은 이미지를 효율적으로 시퀀스 형태로 변환해 트랜스포머 아키텍처에서 처리할 수 있게 된다.

모델의 encoder 부분은 12개의 트랜스포머 계층으로 구성된다. 각 계층은 attention 메커니즘, 중간 처리를 위한 intermediate 계층, 그리고 최종 output 계층을 포함한다. 또한 각 계층는 **사전 계층 정규화(Pre-layer normalization)** 구조를 채택해 layernorm_before와 layernorm_after를 사용한다.

사전 계층 정규화는 트랜스포머 모델의 구조를 개선한 방식으로 각 서브 계층(피드포워드 네트워크 등)의 입력을 정규화한다. 기존의 **사후 계층 정규화(Post-layer normalization)**와 달리 연산을 수행하기 전에 정규화를 먼저 적용한다. 이 구조는 학습 안정성과 성능 향상에 기여한다.

모델의 마지막 부분에는 전체 시퀀스를 정규화하는 layernorm과, 특정 다운스트림 작업을 위한 pooler가 있다. pooler는 dense 계층과 활성화 함수로 구성돼 있다.

이러한 구조를 통해 ViLT 모델은 이미지와 텍스트 정보를 동시에 처리하고, 두 모달리티 간의 복잡한 관계를 학습할 수 있다. 특히, 별도의 객체 검출기 없이 이미지를 직접 패치 단위로 처리하는 방식은 계산 효율성을 높이고 종단간 학습을 가능하게 한다. 그러므로 Vilt 모델은 이미지 캡셔닝, 시각적 질의응답, 이미지-텍스트 검색 등 다양한 멀티모달 과제에서 뛰어난 성능을 발휘할 수 있다.

5.3.2 시각적 질의 응답 수행

시각적 질의 응답 실습에는 VQAv2[7] 데이터세트를 사용한다. 이 데이터세트는 이미지에 대한 개방형 질문을 포함하며, 각 이미지마다 최소 3개(평균 5.4개)의 질문이 있다. ViLT 예제에서는 이 데이터세트에서 샘플링한 데이터를 활용한다. 예제 5.18은 시각적 질의 응답 샘플 데이터의 구조와 멀티 레이블 스코어링 방법을 보여준다.

예제 5.18 멀티 레이블 스코어링

```python
from datasets import load_dataset
from transformers import ViltConfig


def preprocess_data(example, config):
    answers = example["answers"]
    answer_counts = {}
    for answer_dict in answers:
        answer_text = answer_dict["answer"]
        answer_counts[answer_text] = answer_counts.get(answer_text, 0) + 1

    labels = []
    scores = []
    for answer_text, count in answer_counts.items():
        if answer_text not in config.label2id:
            continue
        labels.append(config.label2id[answer_text])
        score = min(1.0, count / 3)
        scores.append(score)

    example["labels"] = labels
    example["scores"] = scores
    return example


config_name = "dandelin/vilt-b32-finetuned-vqa"
config = ViltConfig.from_pretrained(config_name)
```

---

7 https://visualqa.org/download.html

```python
dataset = load_dataset("s076923/vqa-v2-test")
processed_dataset = dataset["test"].map(
    lambda example: preprocess_data(example, config),
    batched=False
)
print(processed_dataset[0])
```

【 출력 결과 】

```
{'image_id': 262148,
 'question': 'Where is he looking?',
 'question_id': 262148000,
 'question_type': 'none of the above',
 'multiple_choice_answer': 'down',
 'answers': [{'answer': 'down', 'answer_confidence': 'yes', 'answer_id': 1},
 {'answer': 'down', 'answer_confidence': 'yes', 'answer_id': 2},
 {'answer': 'at table', 'answer_confidence': 'yes', 'answer_id': 3},
 {'answer': 'skateboard', 'answer_confidence': 'yes', 'answer_id': 4},
 {'answer': 'down', 'answer_confidence': 'yes', 'answer_id': 5},
 {'answer': 'table', 'answer_confidence': 'yes', 'answer_id': 6},
 {'answer': 'down', 'answer_confidence': 'yes', 'answer_id': 7},
 {'answer': 'down', 'answer_confidence': 'yes', 'answer_id': 8},
 {'answer': 'down', 'answer_confidence': 'yes', 'answer_id': 9},
 {'answer': 'down', 'answer_confidence': 'yes', 'answer_id': 10}],
 'answer_type': 'other',
 'image': <PIL.JpegImagePlugin.JpegImageFile image mode=RGB size=640x512>,
 'labels': [267, 2063, 11, 81],
 'scores': [1.0, 0.3333333333333333, 0.3333333333333333, 0.3333333333333333]}
```

VQAv2 데이터세트는 이미지에 대한 질문과 그에 대한 여러 답변으로 구성된다. 이 데이터세트는 답변의 다양성과 모호성 때문에 멀티 레이블 분류 문제로 다루어진다. 예제 코드는 이러한 데이터를 전처리해 모델 학습에 적합한 형태로 변환한다.

전처리 과정에서는 단순한 원-핫 인코딩 대신, 답변의 빈도를 고려한 소프트 인코딩 방식을 사용한다. 이 방식은 각 답변에 대해 0에서 1 사이의 실숫값을 할당한다. 구체적으로, 답변이 3번 이상 등장하면 1.0의 점수를, 그렇지 않으면 등장 횟수를 3으로 나눈 값을 점수로 부여한다.

예를 들어, 주어진 예시에서 down이라는 답변은 가장 빈번하게 나타나 1.0의 점수를 받았고, skateboard와 같은 덜 빈번한 답변은 0.3333의 점수를 받았다. 이러한 접근 방식은 모델이 더 자주 나타나는 답변에 더 큰 가중치를 두도록 학습하게 한다.

이러한 설정을 위해 `ViltConfig`를 사용해 사전 학습된 ViLT 모델(`dandelin/vilt-b32-finetuned-vqa`)의 설정을 불러오고, 이를 바탕으로 답변을 숫자 레이블로 변환한다. 이렇게 전처리된 데이터는 시각적 질의 응답 모델의 효과적인 학습과 평가에 사용된다.

이제 시각적 질의 응답 모델을 학습하기 위한 VQA용 데이터세트를 생성한다. 다음 예제 5.19는 모델 학습을 위한 데이터세트 변환 과정을 보여준다.

예제 5.19 VQA 학습 데이터 변환

```python
import torch
from torch.utils.data import Dataset
from transformers import ViltProcessor

class VQADataset(Dataset):
    def __init__(self, dataset, config, processor):
        self.dataset = dataset
        self.config = config
        self.processor = processor

    def __len__(self):
        return len(self.dataset)

    def __getitem__(self, idx):
        data = self.dataset[idx]

        encoding = self.processor(
            images=data["image"],
            text=data["question"],
            padding="max_length",
            truncation=True,
            return_tensors="pt"
        )
        encoding = {k: v[0] for k, v in encoding.items()}
```

```
        targets = torch.zeros(len(self.config.id2label))
        targets[data["labels"]] = torch.tensor(data["scores"])
        encoding["labels"] = targets

        return encoding

model_name = "dandelin/vilt-b32-mlm"
processor = ViltProcessor.from_pretrained(model_name)
vqa_dataset = VQADataset(dataset=processed_dataset, config=config, processor=processor)

print(vqa_dataset[0].keys())
print(processor.decode(vqa_dataset[0]["input_ids"]))
labels = torch.nonzero(vqa_dataset[0]["labels"]).squeeze().tolist()
print([config.id2label[label] for label in labels])
```

【 출력 결과 】

```
dict_keys(['input_ids', 'token_type_ids', 'attention_mask', 'pixel_values', 'pixel_mask',
'labels'])
[CLS] where is he looking? [SEP] [PAD] [PAD] [PAD] [PAD] [PAD] [PAD] [PAD] [PAD] [PAD]
[PAD] [PAD] [PAD] [PAD] [PAD] [PAD] [PAD] [PAD] [PAD] [PAD] [PAD] [PAD] [PAD] [PAD]
[PAD] [PAD] [PAD] [PAD] [PAD] [PAD] [PAD] [PAD] [PAD]
['skateboard', 'table', 'down', 'at table']
```

VQADataset 클래스는 ViltProcessor의 전처리 함수를 활용해 질문과 이미지 데이터를 모델 학습에 적합한 형태로 변환한다. 텍스트 데이터의 경우, 토큰 인덱스(input_ids), 토큰 타입 인덱스(token_type_ids), 어텐션 마스크(attention_mask)가 생성된다. 이미지 데이터는 정규화된 이미지 픽셀 값(pixel_values)과 이미지 픽셀 마스크(pixel_mask)로 처리된다.

labels 처리에서는 복수의 답변에 대해 빈도 기반의 확률적 인코딩을 수행한다. 구체적으로, 각 답변의 출현 빈도에 따라 0에서 1 사이의 점수를 할당한다. 이는 앞서 설명한 것처럼 답변의 다양성과 불확실성을 반영하는 소프트 레이블링 방식이다.

최종 출력에서 labels 텐서에서 0이 아닌 값을 가진 인덱스들을 찾고, 이를 config.id2label 딕셔너리를 통해 원래의 답변 단어로 변환할 수 있다. 이 과정을 통해 모델이 예측한 가장 가능성 높은 답변들을 확인할 수 있다.

ViLT는 시각과 언어 정보를 동시에 처리하는 강력한 멀티모달 모델이다. 이 모델은 이미지와 텍스트 데이터를 효과적으로 결합해 단일 임베딩 공간에서 표현한다. ViLT의 핵심 강점은 복잡한 시각−언어 과제를 수행할 수 있는 통합된 표현을 학습한다는 점이다.

`ViltForQuestionAnswering` 모델은 ViLT 구조를 기반으로 시각적 질의 응답 과제에 특화되도록 설계됐다. 다음 예제 5.20은 `ViltForQuestionAnswering`를 불러오고 분류기 구조를 보여준다.

예제 5.20 ViltForQuestionAnswering 모델의 분류기 구조

```
from transformers import ViltForQuestionAnswering

device = torch.device("cuda" if torch.cuda.is_available() else "cpu")
model = ViltForQuestionAnswering.from_pretrained(
    model_name, id2label=config.id2label, label2id=config.label2id
).to(device)
print(model.classifier)
```

【 출력 결과 】

```
Sequential(
  (0): Linear(in_features=768, out_features=1536, bias=True)
  (1): LayerNorm((1536,), eps=1e-05, elementwise_affine=True)
  (2): GELU(approximate='none')
  (3): Linear(in_features=1536, out_features=3129, bias=True)
)
```

`ViltForQuestionAnswering` 모델은 `ViltModel`의 멀티모달 임베딩을 기반으로 하며, 이를 시각적 질의 응답 과제에 최적화하기 위한 분류기(`classifier`)를 추가한다. 이 분류기는 시퀀셜(`Sequential`) 구조로 구현돼 있으며, 다음과 같은 계층들로 구성된다.

- **Linear(768 → 1536)**: ViLT 임베딩을 고차원으로 확장해 더 풍부한 특징 표현을 가능하게 한다.

- **LayerNorm**: 학습 안정성을 높이고 기울기 소실 문제를 완화한다.

- **GELU**: 비선형성을 도입해 모델의 표현력을 향상시킨다.

- **Linear(1536 → 3129)**: 최종적으로 가능한 3129개의 답변에 대한 확률을 출력한다.

이러한 구조는 단순한 선형 분류기보다 훨씬 복잡하며, 중간에 차원을 확장하고 비선형성을 도입함으로써 모델의 학습 능력을 크게 향상시킨다. 결과적으로 이 분류기는 ViLT의 768차원 멀티모달 임베딩을 입력받아 변환을 거친 후, 주어진 이미지와 질문에 대해 3,129개의 가능한 답변 중 가장 적절한 것을 확률적으로 선택한다.

이 접근 방식은 모델이 이미지와 텍스트 간의 복잡한 관계를 포착하고, 다양한 유형의 시각적 질문에 대해 정확한 답변을 생성할 수 있게 된다. VQAv2 데이터세트의 특성을 고려해 설계된 이 구조는 시각-언어 이해 과제에서 뛰어난 성능을 발휘할 수 있도록 최적화돼 있다.

ViltForQuestionAnswering 모델을 불러왔으므로 모델 학습을 위한 데이터로더를 구성한다. 다음 예제 5.21은 데이터로더 구성 및 collate_fn을 통한 전처리 과정을 보여준다.

예제 5.21 collate_fn를 통한 데이터로더 전처리

```python
from torch.utils.data import DataLoader

def collate_fn(batch):
    input_ids = [item["input_ids"] for item in batch]
    pixel_values = [item["pixel_values"] for item in batch]
    attention_mask = [item["attention_mask"] for item in batch]
    token_type_ids = [item["token_type_ids"] for item in batch]
    labels = [item["labels"] for item in batch]

    encoding = processor.image_processor.pad(pixel_values, return_tensors="pt")

    batch = {
        "input_ids": torch.stack(input_ids),
        "attention_mask": torch.stack(attention_mask),
        "token_type_ids": torch.stack(token_type_ids),
        "pixel_values": encoding["pixel_values"],
        "pixel_mask": encoding["pixel_mask"],
        "labels": torch.stack(labels)
    }
    return batch

dataloader = DataLoader(
    vqa_dataset,
```

```
    collate_fn=collate_fn,
    batch_size=4,
    shuffle=False
)

batch = next(iter(dataloader))
for key, value in batch.items():
    print(f"{key}: {value.shape}")
```

【 출력 결과 】

```
input_ids: torch.Size([4, 40])
attention_mask: torch.Size([4, 40])
token_type_ids: torch.Size([4, 40])
pixel_values: torch.Size([4, 3, 384, 544])
pixel_mask: torch.Size([4, 384, 544])
labels: torch.Size([4, 3129])
```

collate_fn은 파이토치의 데이터로더에서 배치를 구성할 때 각 샘플을 어떻게 결합할지 정의하는 함수다. 이 함수에서 processor.image_processor를 사용해 pixel_mask를 생성한다. pixel_mask는 이미지 내에서 실제 콘텐츠가 있는 영역과 패딩된 영역을 구분하는 중요한 역할을 한다. 이는 모델이 어텐션 메커니즘을 적용할 때 의미 있는 이미지 영역에만 집중할 수 있게 해주어, 계산 효율성과 모델의 성능을 향상시킨다.

출력 결과를 살펴보면, 텍스트 관련 텐서(input_ids, attention_mask, token_type_ids)는 [배치 크기, 시퀀스 길이]의 형태를 가진다. 여기서 시퀀스 길이 40은 질문 텍스트의 최대 토큰 수를 나타낸다. 이미지 관련 텐서(pixel_values, pixel_mask)는 [배치 크기, 채널 수, 높이, 너비]의 4차원 구조를 가지며, 이는 배치 내 각 이미지의 픽셀 데이터와 마스크 정보를 나타낸다.

labels 텐서의 형태 [4, 3129]는 각 배치에 대해 3,129개의 가능한 답변 클래스에 대한 확률 분포를 나타낸다. 이는 VQA 과제의 복잡성과 다양한 답변 가능성을 반영하는 것으로, 모델이 광범위한 답변 중에서 가장 적절한 것을 선택할 수 있게 된다.

이제 데이터로더에 포함된 학습 배치 데이터를 복원하는 과정을 수행해 본다. 이 과정은 모델의 작동을 이해하고, 성능을 평가하며, 잠재적인 오류나 편향을 식별하는 데 활용된다. 다음 예제 5.22는 VQA 데이터세트의 입력 데이터를 복원하는 방법을 보여준다.

예제 5.22 VQA 데이터세트 입력 데이터 복원

```python
import numpy as np
import matplotlib.pyplot as plt
from PIL import Image

def unnormalize_image(pixel_values, image_mean, image_std):
    scaled = pixel_values * np.array(image_std)[:, None, None]
    shifted = scaled + np.array(image_mean)[:, None, None]
    uint8_image = (shifted * 255).astype(np.uint8)
    return uint8_image.transpose(1, 2, 0)

batch_idx = 3

image = unnormalize_image(
    pixel_values=batch["pixel_values"][batch_idx].numpy(),
    image_mean=processor.image_processor.image_mean,
    image_std=processor.image_processor.image_std
)
print("Question:", processor.decode(batch["input_ids"][batch_idx]))

labels = torch.nonzero(batch["labels"][batch_idx]).flatten().tolist()
label_names = [config.id2label[label] for label in labels]
print("Possible answers:", label_names)

plt.imshow(Image.fromarray(image))
plt.show()
```

【 출력 결과 】

```
Question: [CLS] what are the people in the background doing? [SEP] [PAD] [PAD] [PAD] [PAD]
[PAD] [PAD] [PAD] [PAD] [PAD] [PAD] [PAD] [PAD] [PAD] [PAD] [PAD] [PAD] [PAD] [PAD] [PAD]
[PAD] [PAD] [PAD] [PAD] [PAD] [PAD] [PAD] [PAD] [PAD] [PAD]
Possible answers: ['watching']
```

이미지 복원 과정에서는 모델 학습 시 사용된 정규화 파라미터(평균과 표준편차)를 활용해 원본 이미지에 가까운 형태로 되돌린다. 정규화된 pixel_values를 역정규화하고 8비트 정수형(0~255 범위)으로 변환한 후, 채널 순서를 조정해 일반적인 이미지 형식(높이, 너비, 채널)으로 변경한다.

텍스트 데이터 처리에 있어서는, 입력 토큰을 디코딩해 원래의 질문 텍스트를 복원한다. 출력 결과에서 볼 수 있듯이, [CLS]와 [SEP] 토큰은 각각 시퀀스의 시작과 끝을 나타내며, [PAD] 토큰은 고정 길이 입력을 위한 패딩을 나타낸다. 이는 BERT 계열 모델의 입력 형식과 동일하다.

예측 결과 처리에서는 모델이 출력한 레이블 인덱스를 사람이 읽을 수 있는 텍스트로 변환한다. 이 예제에서는 "뒤에 있는 사람들은 뭐하고 있나요?"라는 질문에 대해 모델이 "보고 있다"라고 답변했음을 확인할 수 있다.

이제 데이터로더를 활용해 ViltForQuestionAnswering 모델의 학습을 수행해 보자. 다음 예제 5.23은 VQA 모델 학습 방법을 보여준다.

예제 5.23 VQA 모델 학습

```python
from transformers import Trainer, TrainingArguments

training_args = TrainingArguments(
    output_dir="VQA",
    num_train_epochs=20,
```

```
    per_device_train_batch_size=8,
    learning_rate=1e-4,
    weight_decay=0.01,
    logging_strategy="steps",
    logging_steps=20,
    seed=42
)

trainer = Trainer(
    model=model,
    args=training_args,
    train_dataset=vqa_dataset,
    data_collator=collate_fn
)

trainer.train()
```

【 출력 결과 】

Step	Training Loss
50	700.810300
100	24.034800
150	9.334700
200	7.295600
250	6.449800

```
TrainOutput(global_step=260, training_loss=144.07610153785117, metrics={'train_runtime':
145.2475, 'train_samples_per_second': 13.77, 'train_steps_per_second': 1.79,
'total_flos': 45174647520000.0, 'train_loss': 144.07610153785117, 'epoch': 20.0})
```

AdamW 최적화 함수를 사용해 dataloader로 VQA 모델을 학습한다. 이 학습은 100개의 데이 터 샘플로 진행되며, 실제 적용 시에는 더 많은 데이터가 필요하다. 출력 결과는 VQA 모델의 20 에폭 학습 후의 평균 손실 값을 보여준다.

손실 값은 초기에 매우 높지만 점차 감소해, 학습이 진행됨에 따라 모델의 성능이 개선되고 있 음을 확인할 수 있다. 모델이 학습이 완료됐다면 추론을 수행해 본다. 다음 예제 5.24는 모델 추론 방법을 보여준다.

예제 5.24 VQA 모델 추론

```python
sample_index = 4
sample = vqa_dataset[sample_index]

print("Sample keys:", sample.keys())
print("Question:", processor.decode(sample["input_ids"]))

sample = {k: v.unsqueeze(0).to(device) for k, v in sample.items()}

model.eval()
with torch.no_grad():
    outputs = model(**sample)

logits = outputs.logits
predicted_probs = torch.sigmoid(logits)
top_probs, top_classes = torch.topk(predicted_probs, 5)

top_probs = top_probs.squeeze().tolist()
top_classes = top_classes.squeeze().tolist()
for prob, class_idx in zip(top_probs, top_classes):
    answer = model.config.id2label[class_idx]
    print(f"Answer: {answer:<7} Probability: {prob:.4f}")

unnormalized_image = unnormalize_image(
    pixel_values=vqa_dataset[sample_idx]["pixel_values"].numpy(),
    image_mean=processor.image_processor.image_mean,
    image_std=processor.image_processor.image_std,
)

plt.imshow(Image.fromarray(unnormalized_image))
plt.show()
```

【 출력 결과 】

```
Sample keys: dict_keys(['input_ids', 'token_type_ids', 'attention_mask', 'pixel_values',
'pixel_mask', 'labels'])
Question: [CLS] is this a creamy soup? [SEP] [PAD] [PAD] [PAD] [PAD] [PAD] [PAD] [PAD]
[PAD] [PAD] [PAD] [PAD] [PAD] [PAD] [PAD] [PAD] [PAD] [PAD] [PAD] [PAD] [PAD] [PAD]
[PAD] [PAD] [PAD] [PAD] [PAD] [PAD] [PAD] [PAD] [PAD] [PAD]
```

```
Answer: no       Probability: 0.5944
Answer: yes      Probability: 0.3980
Answer: 1        Probability: 0.0270
Answer: white    Probability: 0.0226
Answer: 2        Probability: 0.0219
```

이 예제는 사전 학습된 ViLT 모델을 VQA 과제에 미세 조정한 결과를 보여준다. 여기서는 VQA 데이터세트의 한 샘플을 사용해 모델의 예측을 수행하고, 그 결과를 출력한다.

주어진 질문 "is this a creamy soup?(이것이 크림 수프인가요?)"에 대해 모델은 'no'라는 답변을 59.44%의 확률로, 'yes'라는 답변은 39.80% 확률로 예측했다. 이 결과는 모델이 이미지의 특성을 완전히 확신하지 못하고 있음을 시사한다. 크림 수프와 유사하지만 정확히 일치하지 않는 무언가를 보고 있을 가능성이 있다.

현재 모델은 단 100개의 샘플 데이터로만 학습됐기 때문에, yes나 no와 같은 기본적인 답변에 편향될 가능성이 크다. 이는 모델이 복잡하거나 구체적인 질문에 대해 적절한 답변을 하기 어려울 수 있다는 것을 의미한다. 이미지의 세부 사항을 더 정확하게 인식하고, 복잡한 질문에 대해 더 정교한 추론을 할 수 있도록 하기 위해서는 더 많은 데이터세트를 사용한 학습이 필수적이다.

5.4 이미지 생성: Stable-Diffusion

이미지 생성(Image generation)은 자연어 처리와 컴퓨터비전 기술을 융합해 텍스트 프롬프트를 기반으로 새로운 이미지를 만들어내는 과정이다. 이는 텍스트를 시각적 정보로 변환하는 것을 목표로 하며, 창작, 디자인, 시각화 등 다양한 분야에서 활용될 수 있다.

이 기술의 핵심은 텍스트 이해와 의미 해석에 있다. 프롬프트에 포함된 객체, 장면, 스타일 등을 정확히 이해해야 하며, 텍스트에 내포된 의도와 맥락도 파악해야 한다. 이를 위해 자연어 처리 기술이 사용되며, 최근에는 대규모 언어 모델을 활용해 보다 정교한 텍스트 해석이 가능해졌다.

다음으로 해석된 텍스트 정보를 시각적으로 일관성 있는 이미지로 변환하는 과정이 진행된다. 이 단계에서는 고품질의 이미지 합성 또는 생성 능력이 요구되며, 주로 **생성적 적대 신경망(GAN)**이나 **확산 모델(Diffusion model)** 등의 기술이 사용된다. 이러한 모델들은 대량의 이미지 데이터로 학습되어 다양한 스타일과 내용의 이미지를 생성할 수 있다.

최신 이미지 생성 모델들은 텍스트 이해와 이미지 생성을 동시에 수행하는 멀티모달 아키텍처를 채택하고 있다. 이를 통해 텍스트와 이미지 간의 더 깊은 연관성을 포착하고, 보다 정확하고 창의적인 이미지 생성이 가능하다. 다음 그림 5.7은 이미지 생성 방식을 보여준다.

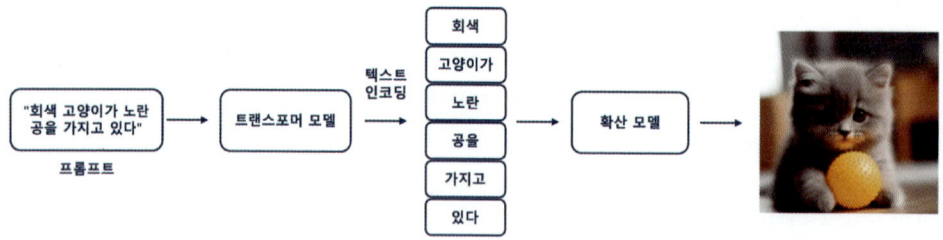

그림 5.7 이미지 생성 방식

이미지 생성 기술에서 배경 지식과 관련 정보의 활용은 매우 중요하다. 최신 모델들은 대규모 멀티모달 데이터세트를 통해 학습되어, 텍스트 프롬프트의 맥락과 의도를 더욱 정확히 파악할 수 있게 됐다. 이를 통해 텍스트의 미묘한 뉘앙스와 함축적 의미를 더 잘 이해하고, 이를 시각적으로 표현할 수 있어 추상적 개념이나 복잡한 장면까지 구현할 수 있다.

동일한 프롬프트에 대해 다양한 스타일과 해석의 이미지를 생성하는 능력 또한 중요한 기술적 과제다. 최근의 이미지 생성 모델들은 조건부 생성 기술을 활용해 동일한 프롬프트에 대해 다양한 스타일과 해석의 이미지를 생성할 수 있다. 스타일 전이 기술과 결합해 특정 아티스트의 화풍을 모방하거나, 시대별 스타일을 적용하는 등 유연한 이미지 생성이 가능해졌다. 다음은 이미지 생성 모델의 장점을 정리했다.

이미지 생성의 장점

- **창의적 표현**: 텍스트 설명을 시각적으로 구현해 창의적인 표현을 가능하다.

- **시각화 지원**: 아이디어나 개념을 빠르게 시각화한다.

- **맞춤형 콘텐츠 생성**: 사용자의 요구에 맞는 맞춤형 이미지를 생성한다.

- **데이터 증강**: 인공지능 학습을 위한 데이터 증강에 활용한다.

앞서 언급된 장점들 외에도 수작업으로 이미지를 만드는 것보다 훨씬 빠르게 결과물을 얻을 수 있으며, 디자인 기술이 없는 일반 사용자들도 손쉽게 고품질의 이미지를 생성할 수 있다. 이미지 생성 기술은 비용 효율성과 시간 절약 측면에서 큰 강점을 갖는다. 한편, 이미지 생성 기술 사용 시 주의해야 할 점들도 추가적으로 고려해야 한다. 다음은 이미지 생성 시 주의사항을 정리했다.

이미지 생성 시 주의사항

- **현실성 구현**: 복잡하거나 현실적인 장면을 정확하게 구현하지 못할 수 있다.

- **의도 해석의 한계**: 텍스트 프롬프트의 의도를 완벽하게 해석하지 못할 수 있다.

- **일관성 유지**: 여러 요소가 포함된 이미지에서 일관성을 유지하는 것이 어려울 수 있다.

- **윤리적 문제**: 부적절하거나 편향된 이미지 또는 실존 인물과 유사한 이미지가 생성될 수 있다.

- **저작권 문제**: 학습 데이터에 따라 저작권 침해 문제가 발생할 수 있다.

이러한 문제들을 해결하기 위해서는 정확하고 다양한 이미지 생성 모델이 필요하다. 대규모 사전 학습 기법을 통해 더 풍부한 배경 지식을 모델에 주입하고, 생성적 적대 신경망이나 확산 모델을 개선해 이미지의 품질과 다양성을 높여야 한다. 최근에는 트랜스포머 구조를 이미지 생성에 적용한 모델들이 주목받고 있으며, 이를 통해 장거리 의존성을 더 잘 포착하고 전역적 일관성을 향상시킬 수 있게 됐다.

5.4.1 확산 모델

확산 모델(Diffusion model)은 이미지 생성을 위한 딥러닝 기술로 두 가지 핵심 과정을 기반으로 구성된다. 먼저 학습 과정에서는 원본 이미지에 점진적으로 노이즈를 추가하는 **순방향 확산 과정(Forward diffusion process)**과 노이즈가 추가된 이미지에서 원본 이미지를 복원하는 **역방향 확산 과정(Reverse diffusion process)**을 동시에 학습한다.

순방향 확산 과정에서는 고정된 정규 분포로 생성된 노이즈가 더해지고, 역방향 확산 과정에서는 학습된 정규 분포로 생성된 노이즈를 이미지에서 제거한다. 이 과정에서 노이즈 생성 분포의 평균과 표준편차를 갱신하면서 입력 이미지와 결과 이미지의 확률 분포를 유사하게 만들어낸다.

즉, 실제 이미지 생성 시에는 완전한 노이즈 이미지에서 시작해 학습된 역방향 확산 과정을 적용하고, 단계적으로 노이즈를 제거하며 최종적으로 원하는 이미지를 생성한다. 이러한 과정을 통해 확산 모델은 학습 데이터의 확률 분포를 학습해, 학습 데이터와 유사한 특성을 가진 새로운 이미지를 생성할 수 있게 된다. 다음 그림 5.8은 확산 프로세스 과정을 시각화했다.

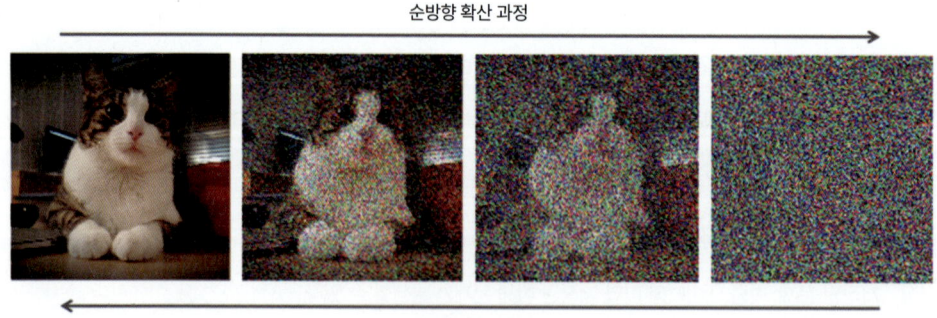

그림 5.8 확산 프로세스 과정

확산 모델은 점진적인 노이즈 제거 과정을 통해 고품질의 이미지를 생성한다. 모델의 발전은 주요 버전에 따라 1부터 3까지 크게 세 단계로 구분되며, 각 버전마다 성능과 기능이 대폭 향상됐다. 최신 버전에서는 더욱 정교한 알고리즘과 대규모 학습 데이터를 활용해 높은 수준의 품질과 다양성을 제공한다. 다음은 Stable-Diffusion의 주요 사항을 정리했다.

Stable-Diffusion 1

- 512×512 해상도의 이미지를 생성한다.

- 텍스트-이미지 생성, 이미지-이미지 변환, 인페인팅(Inpainting) 등의 기본적인 기능을 제공한다.

Stable-Diffusion 2

- 768×768 해상도의 이미지 생성이 가능하다.

- 텍스트 이해도가 향상되어 더 정확한 이미지 생성이 가능하다.

- 새로운 텍스트 인코더(OpenCLIP)를 도입해 더 나은 텍스트-이미지 정렬을 제공한다.

- 이미지 품질과 세부 묘사가 전반적으로 개선됐다.

Stable-Diffusion 3

- 이전 버전들보다 훨씬 높은 해상도의 이미지 생성이 가능하다.

- 정류된 흐름(Rectified flow)[8] 기반의 새로운 아키텍처를 도입했다.

- 텍스트와 이미지 토큰 간의 양방향 정보 흐름을 가능하게 하는 새로운 트랜스포머 기반 아키텍처를 사용한다.

- 텍스트 이해도, 타이포그래피, 전반적인 이미지 품질이 크게 향상됐다.

Stable-Diffusion 3은 〈Scaling Rectified Flow Transformers for High-Resolution Image Synthesis〉[9]이라는 논문에서 소개됐다. 본 연구에서는 정류된 흐름 프로세스를 사용해서 중간 상태 교정을 통해 역확산 과정을 단축시키고, 그 결과 모델이 더 빠르고 높은 이미지 품질의 샘플을 안정적으로 생성할 수 있게 됐다. 이 방법은 고해상도 텍스트-이미지 합성에 대해 기존의 확산 공식들과 비교해 이 접근법의 우수한 성능을 입증했다.

---

8 중간 상태 교정을 통해 역확산 과정을 최적화하여 더 빠르고 안정적인 고품질 이미지 생성을 가능하게 하는 개선된 확산 모델 기법
9 https://arxiv.org/abs/2403.03206

5.4.2 Stable-Diffusion 3

이번 절에서는 Stable-Diffusion 3 모델을 활용해 이미지를 생성해 본다. Stable-Diffusion 3[10]도 LLaMa-3와 같이 게이트 모델이다. Stable-Diffusion 3은 Stability AI로부터 상업적 라이선스를 취득하지 않는 경우, 비상업적 용도로 사용이 제한된다. 라이선스에 동의했다면 Stable-Diffusion 3 모델을 디퓨저 라이브러리를 통해 불러온다. 디퓨저 라이브러리는 다음과 같이 설치할 수 있다.

디퓨저 라이브러리 설치

```
pip3 install diffusers sentencepiece
```

Stable-Diffusion 3은 디퓨저 라이브러리를 통해 불러올 수 있다. 이 모델은 센텐스피스 토크나이저를 사용하므로, 사전에 센텐스피스 라이브러리를 설치해야 한다. 라이브러리를 모두 설치했다면 Stable-Diffusion 3 모델을 불러온다.[11] 다음 예제 5.25는 `stabilityai/stable-diffusion-3-medium-diffusers` 모델 설정 구조를 보여준다.

예제 5.25 StableDiffusion3Pipeline 모델 설정 구조

```python
import torch
from diffusers import StableDiffusion3Pipeline


token = "hf_###..." # 토큰 입력
model_name = "stabilityai/stable-diffusion-3-medium-diffusers"


pipe = StableDiffusion3Pipeline.from_pretrained(
    model_name,
    token=token,
    torch_dtype=torch.float16
).to("cuda")
print(pipe.config)
```

---

10 https://huggingface.co/stabilityai/stable-diffusion-3-medium-diffusers

11 Stable-Diffusion 3은 매우 높은 GPU 사양(VRAM 24GB 이상)을 요구한다. 따라서 고성능 GPU가 없다면 활용하기 어렵다. 비교적 높은 사양(VRAM 20GB 이상)의 GPU가 있다면 3.5 '텍스트 생성: LLaMA-3'에서 다룬 양자화 방법을 통해 제약사항을 완화할 수 있다.

【 출력 결과 】

```
FrozenDict([('vae', ('diffusers', 'AutoencoderKL')),
            ('text_encoder', ('transformers', 'CLIPTextModelWithProjection')),
            ('text_encoder_2', ('transformers', 'CLIPTextModelWithProjection')),
            ('text_encoder_3', ('transformers', 'T5EncoderModel')),
            ('tokenizer', ('transformers', 'CLIPTokenizer')),
            ('tokenizer_2', ('transformers', 'CLIPTokenizer')),
            ('tokenizer_3', ('transformers', 'T5TokenizerFast')),
            ('transformer', ('diffusers', 'SD3Transformer2DModel')),
            ('scheduler', ('diffusers', 'FlowMatchEulerDiscreteScheduler')),
            ('_name_or_path','stabilityai/stable-diffusion-3-medium-diffusers')])
```

출력 결과를 보면 Stable-Diffusion 3 모델의 설정 구조는 FrozenDict 객체로 구성된다. FrozenDict는 불변(Immutable) 딕셔너리 형식으로 한번 생성되면 내용을 변경할 수 없다. 이를 통해 모델 구조의 무결성을 보장하고, 의도치 않은 수정을 방지하며, 다중 처리 환경에서의 안정성을 높인다. Stable-Diffusion 3 모델의 주요 컴포넌트는 다음과 같다.

- vae: 변분 오토인코더(AutoencoderKL)[12]
- text_encoder, text_encoder_2, text_encoder_3: CLIP 텍스트 인코더 및 T5 텍스트 인코더 모델
- tokenizer, tokenizer_2, tokenizer_3: 각 텍스트 모델에 대한 토크나이저
- transformer: Stable-Diffusion 3에 특화된 2D 트랜스포머 모델
- scheduler: 정류된 흐름 기반의 노이즈 제거 스케줄러

이러한 구조는 텍스트-이미지 생성, 다중 인코더 활용, 효율적인 잠재 공간 처리를 통해 Stable-Diffusion 3이 이미지의 잠재 표현을 생성하고 복원할 수 있게 하며, 동시에 이전 버전보다 더 복잡하고 강력한 텍스트 처리 능력을 제공한다.

CLIP-G/14, CLIP-L/14, T5 XXL 총 3개의 텍스트 인코더로 생성된 모든 출력 결과를 병합해 보다 풍부하고 정확한 텍스트 컨텍스트를 표현함으로써, 더욱 정교한 텍스트-이미지 생성을 가능하게 한다. 다음 예제 5.26은 세 개의 텍스트 인코더에서 산출된 임베딩들을 하나의 프롬프트 임베딩으로 병합하는 과정을 보여준다.

---

12 고차원의 이미지 데이터를 저차원의 잠재 공간으로 압축하고, 이를 다시 원본 이미지로 복원한다.

예제 5.26 프롬프트 임베딩

```python
prompt = ["gray cat holding a yellow ball"]
prompt_2 = prompt
prompt_3 = prompt
num_images_per_prompt = 1
clip_skip = None
max_sequence_length = 256

prompt_embed, pooled_prompt_embed = pipe._get_clip_prompt_embeds(
    prompt=prompt,
    device="cuda",
    num_images_per_prompt=num_images_per_prompt,
    clip_skip=clip_skip,
    clip_model_index=0
)
prompt_2_embed, pooled_prompt_2_embed = pipe._get_clip_prompt_embeds(
    prompt=prompt_2,
    device="cuda",
    num_images_per_prompt=num_images_per_prompt,
    clip_skip=clip_skip,
    clip_model_index=1
)
clip_prompt_embeds = torch.cat([prompt_embed, prompt_2_embed], dim=-1)

t5_prompt_embed = pipe._get_t5_prompt_embeds(
    prompt=prompt_3,
    num_images_per_prompt=num_images_per_prompt,
    max_sequence_length=max_sequence_length,
    device="cuda"
)

clip_prompt_embeds = torch.nn.functional.pad(
    clip_prompt_embeds, (0, t5_prompt_embed.shape[-1] - clip_prompt_embeds.shape[-1])
)

prompt_embeds = torch.cat([clip_prompt_embeds, t5_prompt_embed], dim=-2)
pooled_prompt_embeds = torch.cat([pooled_prompt_embed, pooled_prompt_2_embed], dim=-1)
```

```
print("prompt_embed.shape:", prompt_embed.shape)
print("prompt2_embed.shape:", prompt_2_embed.shape)
print("t5_prompt_embed.shape:", t5_prompt_embed.shape)
print("prompt_embeds.shape:", prompt_embeds.shape)
print("pooled_prompt_embeds.shape:", pooled_prompt_embeds.shape)
```

【 출력 결과 】
```
prompt_embed.shape: torch.Size([1, 77, 768])
prompt2_embed.shape: torch.Size([1, 77, 1280])
t5_prompt_embed.shape: torch.Size([1, 256, 4096])
prompt_embeds.shape: torch.Size([1, 333, 4096])
pooled_prompt_embeds.shape: torch.Size([1, 2048])
```

예제 5.26은 "gray cat holding a yellow ball"이라는 문장을 CLIP-G/14, CLIP-L/14, T5 XXL 모델에 적용해 프롬프트 임베딩을 생성하는 과정이다.

T5 XXL 모델의 결과 임베딩은 4,096차원이고, CLIP-G/14와 CLIP-L/14 모델의 결과 임베딩을 병합하면 2,048차원이다. 서로 다른 차원을 맞추기 위해 제로 패딩을 적용해 [1, 333, 4096] 형태의 텍스트 인코더 컨텍스트 임베딩을 생성할 수 있다.

pooled_prompt_embeds는 CLIP-G/14와 CLIP-L/14 모델의 풀링(예: 분류 토큰) 벡터를 병합해 [1, 2048] 형태의 풀링된 컨텍스트 벡터를 생성했으며, 이는 트랜스포머 블록 내에서 임베딩을 정규화하는 데 사용된다. 다음 그림 5.9는 텍스트 임베딩 생성 과정을 보여준다.

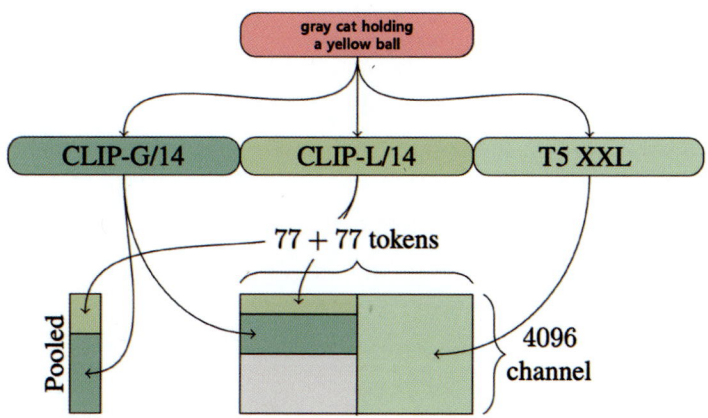

그림 5.9 텍스트 임베딩 생성 과정

모델 설정 구조와 텍스트 임베딩 생성 과정을 확인했다면, 노이즈 텐서를 생성하는 트랜스포머 모델을 살펴보자. 다음 예제 5.27은 Stable-Diffusion 3 모델의 트랜스포머 구조를 보여준다.

예제 5.27 Stable-Diffusion 3 구조

```
for main_name, main_module in pipe.transformer.named_children():
    print(main_name)
    for sub_name, sub_module in main_module.named_children():
        print("└", sub_name)
        for ssub_name, ssub_module in sub_module.named_children():
            print("| └", ssub_name)
            for sssub_name, sssub_module in ssub_module.named_children():
                print("|    └", sssub_name)
```

【 출력 결과 】

```
pos_embed
└ proj
time_text_embed
└ time_proj
└ timestep_embedder
|  └ linear_1
|  └ act
|  └ linear_2
└ text_embedder
|  └ linear_1
|  └ act_1
|  └ linear_2
context_embedder
transformer_blocks
└ 0
|  └ norm1
|    └ silu
|    └ linear
|    └ norm
|  └ norm1_context
|    └ silu
|    └ linear
```

```
|       └ norm
|     └ attn
|         └ to_q
|         └ to_k
|         └ to_v
|       └ add_k_proj
|       └ add_v_proj
|       └ add_q_proj
|       └ to_out
|       └ to_add_out
|     └ norm2
|     └ ff
|       └ net
|     └ norm2_context
|     └ ff_context
|       └ net
...
norm_out
└ silu
└ linear
└ norm
proj_out
```

pos_embed는 노이즈 이미지를 생성하기 위해 잠재 텐서를 패치 임베딩으로 변환한다. 이 값에 **위치 임베딩(Positional embedding)**을 더해 결괏값을 산출한다. 예를 들어, 128×128 잠재 텐서에 커널 크기 2, 스트라이드 2로 패치 임베딩을 수행하면 [batch size, out channel, 64, 64] 텐서가 생성되고, 이를 [batch size, 4096(=64×64), out channel] 형태로 변형해 반환한다.

time_text_embed는 timestep_embedder의 결괏값과 text_embedder의 결괏값을 합한 임베딩이다.

time_proj는 **정현파 인코딩(Sinusoidal encoding)**으로 sin, cos 함수 값을 생성하고, timestep_embedder는 이를 선형 변환과 활성 함수를 통해 고도화한다. text_embedder에서는 세 개의 텍스트 모델에서 추출된 풀링 벡터를 선형 변환과 활성 함수를 통해 고도화한다.

transformer_blocks에 입력받는 쿼리(Query), 키(Key), 값(Value)은 pos_embed와 context_embedder를 병합한 특징 값을 셀프 어텐션을 적용한다. 이 트랜스포머 블록으로 노이즈 이미지를 생성하기 위한 잠재 벡터와 프롬프트 사이의 유사한 영역을 어텐션할 수 있게 된다.

time_text_embed의 결괏값은 transformer_block에서 정규화(Normalize)하는 과정의 조건부 벡터로 사용된다. 모든 정규화 함수는 다음과 같이 순차적으로 수행된다.

norm1, norm1_context

- time_text_embed의 결괏값을 선형 변환해 shift_msa, scale_msa, gate_msa, shift_mlp, scale_mlp, gate_mlp 가중치 벡터를 생성한다.
- LayerNorm 결괏값에 이동(shift_msa) 값을 더하고 크기(scale_msa)를 곱해 한 번 더 보정한다.
- 어텐션 결괏값에 gate_msa 값을 곱해 어텐션 반영 정도를 조절한다.[13]

norm2, norm2_context

- LayerNorm 결괏값에 이동(shift_mlp) 값을 더하고 크기(scale_mlp)를 곱해 한 번 더 보정한다.
- 순방향 네트워크 결괏값에 gate_mlp 값을 곱해 어텐션 반영 정도를 조절한다.

norm_out

- time_text_embed의 결괏값을 선형 변환해 shift, scale 가중치 벡터 생성한다.
- LayerNorm 결괏값에 이동(shift) 값을 더하고 크기(scale)를 곱해 한 번 더 보정한다.

최종적으로 Stable-Diffusion 3의 결괏값은 주어진 프롬프트와 관련된 노이즈 이미지를 생성한다. 이후 노이즈 이미지는 변분 오토인코더(AutoencoderKL)를 사용해 결과 이미지를 생성한다.

사용된 변분 오토인코더는 어텐션 모듈을 포함한 두 개의 ResNet을 활용해 인코더와 디코더로 구성된다. 추론 과정에서 노이즈 이미지를 ResNet 디코더에 적용해 최종 이미지를 생성한다.

---

13 LSTM, GRU 기법과 유사한 형태를 갖는다.

5.4.3 이미지 생성 수행

지금까지 Stable-Diffusion 3 모델의 작동 방식을 자세히 알아봤다. 이 모델은 텍스트 프롬프트를 활용해 더욱 구체적이고 사용자의 요구에 맞는 이미지를 생성할 수 있다. Stable-Diffusion 3의 핵심은 텍스트 프롬프트의 의미를 잘 표현하기 위해 3개의 텍스트 임베딩 모델을 사용하며, 이 프롬프트를 멀티모달 기반 아키텍처로 노이즈 이미지에 효과적으로 반영하는 것이다.

Stable-Diffusion 3 모델의 구조는 텍스트에서 이미지로 변환하는 다양한 멀티모달 작업에 유연하게 적용될 수 있다. 또한, 사전 학습된 텍스트 및 이미지 모델을 활용함으로써 상대적으로 적은 양의 데이터로도 높은 성능을 달성할 수 있다는 장점이 있다. 이제 이미지 생성을 수행해 보자. 다음 예제 5.28은 Stable-Diffusion 3를 활용한 이미지 생성 방법을 보여준다. 코랩 L4 GPU 기준 약 15초 내외의 시간이 소요된다.

예제 5.28 Stable-Diffusion 3를 활용한 이미지 생성 (1)

```python
import torch
import matplotlib.pyplot as plt
from diffusers import StableDiffusion3Pipeline


token = "hf_###..."  # 토큰 입력
model_name = "stabilityai/stable-diffusion-3-medium-diffusers"


gpu_total_memory_gb = torch.cuda.get_device_properties("cuda").total_memory / 1024**3
torch_dtype = torch.float16 if gpu_total_memory_gb < 24 else torch.float32
pipe = StableDiffusion3Pipeline.from_pretrained(
    model_name, token=token, torch_dtype=torch_dtype
)
pipe.to("cuda")


generator = torch.Generator(device="cuda").manual_seed(3)
image = pipe(
    prompt="gray cat holding a yellow ball",
    negative_prompt="",
    num_inference_steps=28,
    guidance_scale=7.0,
```

```
    generator=generator,
).images[0]
plt.imshow(image)
plt.show()
```

【 출력 결과 】

예제 5.28은 노란 공을 들고 있는 회색 고양이(gray cat holding a yellow ball)를 정의해 이미지를 생성하는 과정을 나타낸다. gpu_total_memory_gb는 CUDA 장치의 총 메모리를 기가바이트(GB) 단위로 계산한다. GPU 메모리 용량에 따라 데이터 형식을 자동으로 선택한다. 24GB 미만이면 torch.float16를, 24GB 이상이면 torch.float32를 사용한다.

이 방식은 메모리 효율성과 연산 정밀도 간의 최적 균형을 목표로 한다. 낮은 사양 GPU에서는 메모리 절약을 위해 float16을 채택하며, 이는 약간의 정밀도 손실을 감수하고 메모리 사용량 감소와 연산 속도 향상을 얻는다. 반면, 충분한 메모리를 가진 GPU에서는 더 높은 정밀도의 float32를 활용하여 정확한 연산을 수행한다.

generator는 생성되는 이미지가 같은 결과를 나오도록 CUDA 장치(GPU)를 사용하는 랜덤 숫자 생성기를 초기화한다. pipe를 실행해 프롬프트에 대한 이미지를 생성한다. 각 매개변수의 의미는 다음과 같다.

- **prompt**: 이미지 생성을 유도하는 프롬프트다.

- **negative_prompt**: 이미지 생성을 방지하는 프롬프트다.

- **num_inference_steps**: 디노이징 단계 수를 의미하며, 단계 수가 많을수록 더 높은 품질의 이미지를 생성한다.

- **guidance_scale**: 생성된 이미지가 주어진 텍스트 프롬프트를 얼마나 엄격하게 따르는지를 조절한다.

출력 결과를 보면 노란 공을 잡은 고양이 이미지가 생성되는 것을 확인할 수 있다. 이제 노란색 공을 파란색 별로 바꿔보자. 다음 예제 5.29는 프롬프트의 "yellow ball"을 "star shaped blue ball"로 바꾼 예제다.

예제 5.29 Stable-Diffusion 3를 활용한 이미지 생성 (2)

```
image = pipe(
    prompt="gray cat holding star shaped blue ball",
    negative_prompt="",
    num_inference_steps=28,
    guidance_scale=7.0,
    generator=generator
).images[0]
plt.imshow(image)
plt.show()
```

【 출력 결과 】

"star shaped blue ball"이라는 프롬프트를 명확히 이해하여 이미지 생성에 반영될 것을 확인할 수 있다. 이제 더 구체적인 프롬프트로 변경해 보자. 다음 예제 5.30은 이미지의 배경과 고양이의 생김새를 표현한 프롬프트로 변경한 예제다.

예제 5.30 Stable–Diffusion 3를 활용한 이미지 생성 (3)

```python
prompt = "There is a sleek gray cat with gleaming silver fur and vibrant emerald eyes.
This cat's most treasured possession is a bright yellow ball that it carries everywhere.
One can imagine the cat happily batting the ball around the garden."
image = pipe(
    prompt=prompt,
    negative_prompt="",
    num_inference_steps=28,
    guidance_scale=7.0,
    max_sequence_length=512,
    generator=generator
).images[0]
plt.imshow(image)
plt.show()
```

【 출력 결과 】

복잡하고 긴 프롬프트를 정확히 해석해 고양이의 외모와 행동을 생생하게 묘사한 것을 확인할 수 있다. 예제 5.31은 예제 5.30에 negative_prompt를 추가해 생성하는 방법을 보여준다.

예제 5.31 Stable–Diffusion 3를 활용한 이미지 생성 (4)

```
prompt = "There is a sleek gray cat with gleaming silver fur and vibrant emerald eyes.
This cat's most treasured possession is a bright yellow ball that it carries everywhere.
One can imagine the cat happily batting the ball around the garden."
negative_prompt = "Blurry, low quality, distorted features, multiple cats, dogs, humans,
cartoon style, anime, sketchy, black and white, indoor setting, rainy weather, dark or
gloomy atmosphere."
image = pipe(
    prompt=prompt,
    negative_prompt=negative_prompt,
    num_inference_steps=28,
    guidance_scale=7.0,
    max_sequence_length=512,
    generator=generator
).images[0]
plt.imshow(image)
plt.show()
```

negative_prompt에는 흐릿함, 낮은 품질, 왜곡된 특징, 여러 마리의 고양이, 개, 사람, 만화 스타일, 애니메이션, 스케치 느낌, 흑백, 실내 배경, 비오는 날씨, 어둡거나 우울한 분위기와 같은 단어들이 포함돼 있다. 출력 결과를 보면 고양이의 형태, 노란색 공의 명암, 색의 채도가 더욱 자연스러워진 것을 확인할 수 있다.

예제에서 살펴본 바와 같이 **프롬프트 엔지니어링(Prompt engineering)**[14]은 AI 이미지 생성 과정에서 핵심적인 역할을 한다. 간단한 프롬프트부터 복잡하고 상세한 설명, 그리고 negative_prompt의 활용에 이르기까지, 사용자의 의도를 정확히 반영한 이미지를 생성하는 데 큰 영향을 미친다.

---

14 최적의 입력을 제공하여 원하는 출력을 얻기 위해 프롬프트를 설계하고 최적화하는 기술

프롬프트의 구체성과 명확성이 높아질수록, AI는 더욱 정교하고 사용자의 의도에 부합하는 이미지를 만들어낼 수 있다. 또한, negative_prompt를 통해 원하지 않는 요소들을 효과적으로 제거함으로써, 이미지의 품질과 정확성을 한층 더 향상시킬 수 있다.

APPENDIX

——

부록

A. 이미지 매칭

B. 레이 튠

C. GPTQ

D. 가속화

A

이미지 매칭

이미지 매칭(Image matching)은 컴퓨터비전 분야에서 중요한 기술로, 디지털 이미지 간의 유사성을 정량화하고 비교하는 과정을 말한다. 이 기술은 이미지 검색, 얼굴 인식, 물체 탐지 등 다양한 응용 분야에서 핵심적인 역할을 한다.

이미지 매칭의 핵심은 특징 벡터다. 특징 벡터는 이미지의 고유한 특성을 수치화한 데이터 구조로, 색상 분포, 질감, 패턴, 기하학적 형태 등 이미지의 다양한 측면을 압축적으로 표현한다. 이러한 벡터를 통해 컴퓨터는 이미지의 내용을 수학적으로 이해하고 처리할 수 있게 된다.

특징 벡터를 추출하는 방법은 시대에 따라 진화해왔다. 초기에는 SIFT(Scale-Invariant Feature Transform)와 SURF(Speeded-Up Robust Features) 같은 알고리즘이 주로 사용됐다. 이들은 이미지에서 두드러진 특징점을 찾아내고, 각 특징점 주변의 픽셀 패턴을 분석해 벡터로 변환한다. 이 방식은 이미지의 크기나 회전에 상관없이 안정적인 특징을 추출할 수 있다는 장점이 있다.

최근에는 딥러닝 기술의 발전으로 더욱 정교한 특징 추출 방법이 등장했다. 합성곱 신경망(CNN)은 이미지의 계층적 특징을 자동으로 학습해 추상화된 특징 벡터를 생성한다. 더 나아가 비전 트랜스포머(ViT) 모델은 자연어 처리에서 큰 성공을 거둔 트랜스포머 구조를 시각 영역에 적용해, 이미지의 전역적 관계성을 더욱 효과적으로 포착할 수 있게 됐다.

딥러닝 기반의 특징 추출 모델은 대규모 데이터세트에서 학습돼야 한다. 모델이 접하는 이미지 클래스의 다양성이 증가할수록, 추출되는 특징 벡터의 표현력과 일반화 능력이 향상된다. 이는 모델이 더 많은 시각적 개념과 패턴을 이해하게 되어, 새로운 이미지에 대해서도 의미 있는 특징을 추출할 수 있게 되기 때문이다.

특징 벡터가 추출되면, 이미지 간의 유사도는 이 벡터들 사이의 거리로 계산된다. 주로 사용되는 거리 측정 방법으로는 유클리드 거리, 코사인 유사도 등이 있다. 이러한 거리 측정을 통해 주어진 이미지와 가장 유사한 이미지들을 데이터베이스에서 효율적으로 검색할 수 있다.

A.1 이미지 특징 벡터

이미지 매칭 기술의 핵심은 이미지의 특징을 효과적으로 포착하는 특징 벡터를 생성하는 것이다. 이러한 특징 벡터는 주로 이미지 분류 모델의 내부 구조를 활용해 추출된다. 일반적으로 분류 모델의 마지막 완전 연결 계층 직전의 특징 맵이 이미지 특징 벡터로 사용된다. 이 위치에서 추출된 벡터는 이미지의 고차원적인 특성을 압축적으로 표현하고 있어, 이미지 매칭에 적합하다.

특징 벡터의 차원은 사용하는 모델의 구조에 따라 다양하다. 일반적으로 벡터의 차원이 클수록 더 많은 정보를 포함할 수 있지만, 동시에 계산 복잡도와 저장 공간 요구사항도 증가한다. 따라서 적절한 차원의 선택은 응용 분야의 요구사항과 가용 자원을 고려해 결정해야 한다. 다음 그림 A.1은 이미지 특징 벡터 추출 구조를 보여준다.

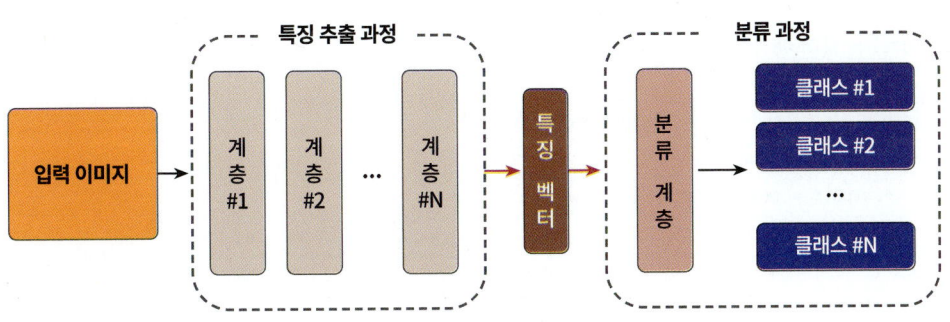

그림 A.1 특징 벡터 추출

이미지 분류 모델의 구조는 크게 두 부분으로 나눌 수 있다. 첫 번째는 **특징 추출기**(Feature extractor)로, 이는 여러 계층의 신경망을 통해 입력 이미지로부터 고차원적인 특징을 추출한다. 두 번째는 **분류기**(Classifier)로, 추출된 특징 벡터를 기반으로 이미지의 클래스를 예측한다. 이미지 매칭에서는 주로 특징 추출기의 출력을 활용한다.

고품질의 특징 벡터를 얻기 위해서는 대규모 데이터세트로 사전 학습된 모델을 사용하는 것이 효과적이다. 예를 들어, 이미지넷과 같은 수백만 개의 이미지로 학습된 모델은 다양한 시각적 패턴을 인식할 수 있는 능력을 갖추고 있어, 새로운 이미지에 대해서도 의미 있는 특징을 추출할 수 있다.

최근에는 비전 트랜스포머와 같은 새로운 아키텍처가 주목받고 있다. ViT는 자연어 처리 분야에서 성공을 거둔 트랜스포머 구조를 컴퓨터비전에 적용한 모델로, 이미지의 전역적인 관계성을 효과적으로 포착할 수 있다. 그러므로 ViT에서 특징 벡터는 이미지 전체의 정보를 요약한 표현으로 볼 수 있다. ViT 모델에서의 특징 벡터 추출 과정을 구체화하면 예제 A.1과 같다.

예제 A.1 ViT 모델을 활용한 특징 벡터 추출

```python
import torch
from datasets import load_dataset
from transformers import ViTImageProcessor, ViTModel

dataset = load_dataset("huggingface/cats-image")
image = dataset["test"]["image"][0]

model_name = "google/vit-base-patch16-224"
processor = ViTImageProcessor.from_pretrained(model_name)
model = ViTModel.from_pretrained(model_name)

inputs = processor(image, return_tensors="pt")
with torch.no_grad():
    outputs = model(inputs["pixel_values"])

print("마지막 특징 맵의 형태 :", outputs["last_hidden_state"].shape)
print("특징 벡터의 차원 수 :", outputs["last_hidden_state"][:, 0, :].shape)
print("특징 벡터 :", outputs["last_hidden_state"][:, 0, :])
```

【 출력 결과 】

```
마지막 특징 맵의 형태 : torch.Size([1, 197, 768])
특징 벡터의 차원 수 : torch.Size([1, 768])
특징 벡터 : tensor([[ 2.9419e-01,  8.3502e-01,  1.9039e+00,  8.1403e-02,  1.0390e+00,
        -5.1772e-01,  7.5643e-01, -1.9077e-01,  9.8672e-01, -8.6370e-01,
         8.7666e-01,  4.9377e-02,  1.3995e+00, -5.2178e-01, -5.2059e-01,
         # 생략
         2.8645e-01, -1.6115e+00, -4.3015e-01, -9.1756e-01,  1.6246e-01,
         7.4248e-01, -6.9243e-01,  9.0077e-02,  4.3989e-01,  1.4082e-01,
        -1.4393e+00, -8.4114e-01,  1.7990e-01]])
```

google/vit-base-patch16-224 모델의 핵심 강점은 ImageNet-21k라는 방대한 데이터세트를 통한 사전 학습에 있다. ImageNet-21k는 약 1,400만 개의 이미지와 21,000개 이상의 다양한 클래스로 구성된 대규모 데이터세트로, 시각적 개념의 광범위한 스펙트럼을 포괄한다.

이러한 대규모 데이터세트로의 학습은 ViT 모델이 이미지의 본질적인 특성을 깊이 있게 이해할 수 있게 한다. 21,000개 이상의 클래스를 구별하도록 학습된 모델은 자연스럽게 이미지의 미세한 차이와 복잡한 패턴을 인식할 수 있는 능력을 갖추게 된다. 이는 곧 모델이 추출하는 특징 벡터가 이미지의 핵심적인 시각적, 의미적 정보를 고밀도로 압축해 담고 있음을 의미한다.

ViT 모델에서 특징 벡터를 추출할 때, 주목해야 할 부분은 last_hidden_state라는 키 값이다. 이 텐서의 형태는 [1, 197, 768]로, 각각 배치 크기, 출력 토큰 수, 특징 차원을 나타낸다. 여기서 주목할 점은 197개의 출력 토큰이 존재한다는 것이다. 이는 ViT의 독특한 구조에서 비롯된다.

ViT는 입력 이미지를 16×16 크기의 패치로 분할하고, 여기에 하나의 특별한 [CLS] 토큰을 추가한다. 224×224 크기의 이미지를 16×16 패치로 나누면 196개의 패치가 생기고, 여기에 [CLS] 토큰을 더해 총 197개의 토큰이 된다.

이 197개의 토큰 중 첫 번째 위치의 [CLS] 토큰에 해당하는 768차원의 벡터가 바로 우리가 이미지 매칭에 사용할 특징 벡터다. 이 벡터는 전체 이미지의 정보를 종합적으로 요약한 표현으로 볼 수 있다. 768이라는 높은 차원은 이미지의 다양한 특성을 세밀하게 포착할 수 있게 해주며, 이는 곧 높은 이미지 매칭 성능으로 이어진다.

이렇게 추출된 특징 벡터는 다양한 다운스트림 작업에 활용될 수 있다. 이미지 검색 시스템에서는 질의 이미지와 데이터베이스 내 이미지들의 특징 벡터 간 유사도를 계산해 가장 유사한 이미지들을 반환할 수 있다. 클러스터링 작업에서는 이 벡터들을 고차원 공간상의 점으로 간주하고 유사한 이미지들을 그룹화할 수 있다.

더 나아가, 벡터 간의 산술 연산을 통해 이미지의 의미적 관계를 탐색하는 것도 가능하다. 예를 들어, '왕 − 남자 + 여자 = 여왕'과 같은 단어 벡터의 유명한 관계성을 이미지 도메인에서도 적용할 수 있다.

ViT 모델처럼 이미지 클래스를 분류하도록 학습한 모델뿐만 아니라 CLIP과 같이 (이미지, 텍스트) 쌍을 학습한 모델도 이미지 매칭에 사용할 특징 벡터를 추출할 수 있다. 4.1 '제로샷 이미지 분류'에서 다룬 CLIP 모델 또한 대규모의 데이터세트로 학습을 진행했기 때문에 정교한 이미지 특징을 추출할 수 있다.

이와 같은 과정을 통해 이미지의 특징 벡터를 추출하고 특징 벡터간의 유사도 계산을 통해 이미지 매칭을 수행할 수 있다. 이번 절에서는 FAISS를 활용해 벡터의 유사도를 계산하고 이미지 매칭을 수행해 본다.

A.2 FAISS

FAISS(Facebook AI Similarity Search)는 메타의 FAIR에서 개발한 고성능 벡터 유사도 검색 라이브러리다. 이 라이브러리는 대규모 고차원 벡터 데이터베이스에서 효율적으로 유사한 벡터를 검색할 수 있도록 설계됐다. FAISS는 이미지 검색, 추천 시스템, 자연어 처리 등 다양한 분야에서 활용되며, 특히 대용량 데이터세트를 다룰 때 유용하다.

이 라이브러리의 핵심 강점은 다양한 최적화 기법과 고급 매칭 알고리즘을 통해 벡터 검색 작업을 크게 가속화한다는 점이다. FAISS는 GPU 가속, 인덱싱 기술, 근사 최근접 이웃 검색 등의 기술을 활용해 대규모 데이터세트에서도 빠르고 정확한 검색 결과를 제공한다. 이러한 특성으로 인해 FAISS는 실시간 검색이 필요한 애플리케이션이나 대규모 머신러닝 모델의 임베딩 검색 등에서 널리 사용되고 있다.

FAISS 라이브러리는 사용자의 하드웨어 환경에 따라 유연하게 설치할 수 있다. 이 라이브러리는 CPU 또는 GPU 기반 시스템에 최적화된 버전을 제공하므로, 사용 가능한 하드웨어 자원에 맞춰 적절한 버전을 선택해 설치해야 한다. 다음은 하드웨어 자원에 따른 설치 방법을 보여준다.

FAISS CPU 설치

```
pip3 install faiss-cpu
```

FAISS GPU 설치[1]

```
pip3 install faiss-gpu
```

FAISS 라이브러리의 GPU 버전은 그래픽 처리 장치의 뛰어난 병렬 연산 능력을 활용해 일반적으로 더 빠른 처리 속도를 제공한다. 하지만 대규모 데이터세트를 다룰 때는 GPU 메모리 한계에 부딪힐 수 있음을 유의해야 한다. 따라서 사용 가능한 컴퓨팅 자원과 작업의 규모를 고려해 CPU 또는 GPU 버전의 FAISS를 선택적으로 활용하는 것이 중요하다. 이를 통해 시스템 자원을 효율적으로 사용하면서 최적의 성능을 얻을 수 있다.

이미지 매칭을 위한 특징 벡터 저장 및 관리는 시스템의 성능과 효율성에 큰 영향을 미치는 중요한 요소다. 매칭 후보군 이미지들의 특징 벡터를 추출한 후, 이를 효과적으로 저장하고 검색할 수 있는 최적의 솔루션을 선택해야 한다. 이를 위해 다음과 같은 옵션들을 고려할 수 있다.

벡터 저장 및 관리 방식

- **로컬 저장 장치**: SSD나 NVMe와 같은 고속 저장 장치를 사용하면 빠른 데이터 접근이 가능하다. 이는 소규모에서 중규모 데이터세트를 처리할 때 유용하며, 네트워크 지연 없이 즉각적인 데이터 접근이 필요한 경우에 적합하다.

- **데이터베이스 시스템**: PostgreSQL의 pgvector 확장이나 MongoDB의 Atlas Vector Search와 같은 벡터 검색 기능을 지원하는 데이터베이스를 활용할 수 있다. 이러한 시스템은 벡터 데이터의 효율적인 저장과 검색을 지원하며, 관련 메타데이터도 함께 관리할 수 있다.

---

1 ERROR: No matching distribution found for faiss-gpu가 발생하는 경우, conda install -c pytorch faiss-gpu를 실행해 설치할 수 있다.

- **클라우드 벡터 데이터베이스**: Amazon OpenSearch, Google Vertex AI 등의 클라우드 서비스는 대규모 벡터 데이터의 저장과 검색을 위한 특화된 솔루션을 제공한다. 이들은 높은 확장성과 관리의 편의성을 제공하며, 글로벌 접근성을 보장한다.

- **벡터 검색 엔진**: Milvus, Qdrant, Weaviate, FAISS 등의 벡터 데이터베이스는 대규모 벡터 데이터세트의 효율적인 저장과 고성능 검색을 위해 최적화돼 있다. 이러한 시스템들은 ANN(Approximate Nearest Neighbor) 알고리즘을 사용해 빠른 유사도 검색을 지원하며, 실시간 검색이 필요한 애플리케이션에 특히 적합하다.

벡터 저장 및 관리 방식 선택 시 고려해야 할 주요 요소로는 데이터세트의 크기, 검색 속도 요구사항, 확장성, 관리의 용이성, 비용 등이 있다. 시스템의 규모와 특성에 따라 이러한 옵션들을 단독으로 사용하거나 조합해 최적의 성능을 얻을 수 있다. 예를 들어, 로컬 캐싱과 클라우드 저장소를 결합하거나, 벡터 검색 엔진과 관계형 데이터베이스를 함께 사용하는 등의 하이브리드 접근 방식도 고려할 수 있다.

이번 실습에서는 벡터 검색 엔진인 FAISS를 사용해서 이미지 특징 벡터들을 저장한다. 다음 예제 A.2는 CLIP 모델을 활용해 이미지 특징 벡터를 추출하는 과정을 보여준다.

예제 | A.2 이미지 특징 벡터 추출

```
import torch
import numpy as np
from datasets import load_dataset
from transformers import CLIPProcessor, CLIPModel


dataset = load_dataset("sasha/dog-food")
images = dataset["test"]["image"].select(range(100))


model_name = "openai/clip-vit-base-patch32"
processor = CLIPProcessor.from_pretrained(model_name)
model = CLIPModel.from_pretrained(model_name)


vectors = []
with torch.no_grad():
    for image in images:
        inputs = processor(images=image, padding=True, return_tensors="pt")
```

```
        outputs = model.get_image_features(**inputs)
        vectors.append(outputs.cpu().numpy())

vectors = np.vstack(vectors)
print("이미지 벡터의 shape :", vectors.shape)
```

【 출력 결과 】

```
이미지 벡터의 shape : (100, 512)
```

dog-food 데이터세트에서 100개의 이미지를 선택해 각 이미지의 벡터를 추출한다. 추출된 이미지 벡터들은 vectors 리스트에 저장되고, 최종적으로 넘파이 ndarray 형식으로 변환된다.

이렇게 추출한 이미지 벡터들은 효율적인 유사도 검색을 위한 인덱스 생성에 활용될 수 있다. 특히 고차원 벡터 데이터의 빠른 검색을 위해 설계된 FAISS 라이브러리를 사용해 검색 인덱스를 생성할 수 있다. 다음 예제 A.3은 FAISS를 사용해 이미지 벡터로 인덱스를 생성하는 방법을 보여준다.

예제 A.3 FAISS 인덱스 생성

```
import faiss

dimension = vectors.shape[-1]
index = faiss.IndexFlatL2(dimension)
if torch.cuda.is_available():
    res = faiss.StandardGpuResources()
    index = faiss.index_cpu_to_gpu(res, 0, index)

index.add(vectors)
```

예제에서 사용된 IndexFlatL2는 FAISS 라이브러리에서 제공하는 가장 기본적인 인덱스 유형으로, 벡터 간 완전 탐색을 통한 정확한 검색을 지원한다. 이 인덱스를 생성할 때는 벡터의 차원 수인 dimension을 매개변수로 입력한다. FAISS는 다양한 유형의 인덱스를 지원하며, 이에 대한 상세 정보는 후술하겠다.

GPU 자원을 활용해 검색 속도를 향상시키고자 할 경우, `faiss.index_cpu_to_gpu` 함수를 사용해 CPU 인덱스를 GPU 인덱스로 변환할 수 있다. 이 과정을 통해 대규모 데이터세트에서도 빠른 검색이 가능해진다.

생성된 인덱스에 이미지 벡터를 등록하기 위해서는 `add` 메서드를 사용한다. 이때 입력되는 이미지 벡터는 반드시 넘파이의 `ndarray` 형식이어야 하며, [벡터의 개수, 벡터의 차원 수] 형태로 구성돼야 한다.

이 과정을 통해 100개의 벡터를 저장한 FAISS 인덱스가 생성된다. 이 인덱스는 벡터 데이터베이스 역할을 수행하며, 검색하고자 하는 이미지의 특징 벡터를 입력받아 인덱스 내에서 가장 유사한 벡터를 효율적으로 추출할 수 있다. 이를 통해 이미지 간 유사성을 기반으로 한 빠르고 정확한 검색이 가능해진다.

단, 인덱스에 저장된 벡터에 대해서만 검색이 가능하므로, 검색 범위를 확장하고자 한다면 더 많은 벡터를 인덱스에 추가해야 한다. 이제 인덱스의 `search` 메서드를 통해 입력한 이미지 벡터와 유사한 이미지 벡터를 검색해 본다.

예제 A.4 벡터 검색 및 시각화

```python
import matplotlib.pyplot as plt

search_vector = vectors[0].reshape(1, -1)
num_neighbors = 5
distances, indices = index.search(x=search_vector, k=num_neighbors)

fig, axes = plt.subplots(1, num_neighbors + 1, figsize=(15, 5))

axes[0].imshow(images[0])
axes[0].set_title("Input Image")
axes[0].axis("off")

for i, idx in enumerate(indices[0]):
    axes[i + 1].imshow(images[idx])
    axes[i + 1].set_title(f"Match {i + 1}\nIndex: {idx}\nDist: {distances[0][i]:.2f}")
    axes[i + 1].axis("off")
```

```
print("유사한 벡터의 인덱스 번호:", indices)
print("유사도 계산 결과:", distances)
```

【 출력 결과 】

```
유사한 벡터의 인덱스 번호: [[ 0  6 75  1 73]]
유사도 계산 결과: [[ 0.        43.922424 44.924713 46.544098 47.058586]]
```

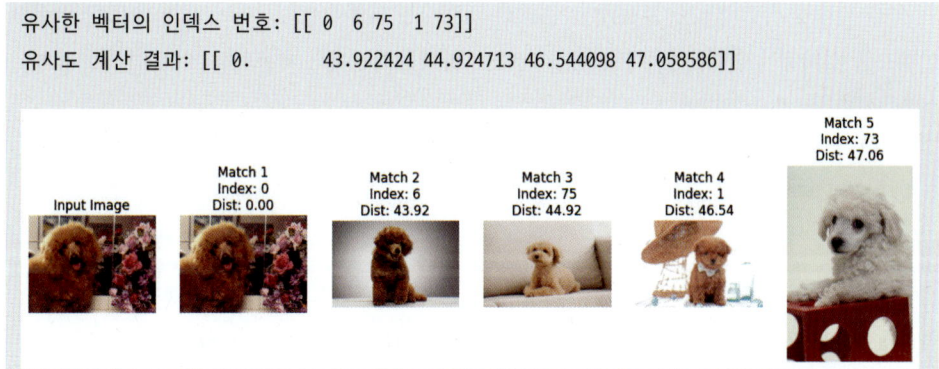

검색을 위한 입력 이미지 벡터는 인덱스에 이미 등록된 데이터 중 하나를 선택한다. FAISS 인 덱스의 search 메서드를 호출해 이 입력 벡터와 가장 유사한 num_neighbors개의 벡터와 인덱 스를 추출한다.

search 메서드의 첫 번째 인자 x는 검색할 벡터를 의미하며, 넘파이 ndarray 형식으로 [**벡터 개수, 벡터 차원 수**] 형태여야 한다. 두 번째 인자 k는 검색할 유사 벡터의 수를 지정한다. 이 메서드는 distances와 indices 두 개의 배열을 반환한다. distances는 유사도 계산 결과를, indices는 k개의 유사한 벡터의 인덱스를 반환한다. 이 결과들은 유사도를 기준으로 오름차순 정렬돼 있어, 값이 작을수록 더 유사한 벡터임을 나타낸다.

검색 결과를 살펴보면, 입력 벡터와 완전히 동일한 벡터(즉, 인덱스에 등록된 원본 벡터)의 유 사도 값이 0임을 확인할 수 있다. 이는 FAISS가 사용하는 거리 측정 방식 때문이다. 유사성이 높을수록 유사도 값(거리)이 작아지며, 완전히 동일한 경우 그 값이 0이 된다.

예를 들어 입력 이미지로 갈색 강아지 사진을 사용했다면, 검색 결과로 비슷한 색상과 특징을 가진 다른 갈색 강아지 이미지들이 반환된다. 이는 CLIP 모델이 추출한 이미지 특징 벡터가 색 상, 형태, 질감 등의 시각적 특성을 효과적으로 포착하고 있음을 보여준다.

A.3 인덱스 유형

FAISS 라이브러리에서 제공하는 인덱스는 정확도와 속도 사이의 균형을 다르게 조정해, 다양한 사용 사례에 적합하도록 설계됐다. 이러한 인덱스는 애플리케이션 요구사항에 따라 적절한 인덱스를 선택해야 한다. 다음 표 A.1은 FAISS 라이브러리에서 제공하는 주요 인덱스 유형들의 특성을 간략하게 정리했다.

표 A.1 FAISS 인덱스 유형

이름	정확도	속도	특징
IndexFlatL2	가장 높음	가장 느림	모든 벡터에 대해 완전 탐색을 수행해 정확한 유사도를 계산한다.
IndexHNSW	높음	보통	그래프 구조를 사용해 효율적인 검색을 제공한다.
IndexIVFFlat	보통	가장 빠름	벡터를 클러스터링해 탐색 범위를 줄이고 검색 속도를 크게 향상시킨다.

FlatL2 인덱스

```
index = faiss.IndexFlatL2(dimension)
```

IndexFlatL2는 L2 거리 메트릭을 사용하는 FAISS의 가장 기본적인 인덱스다. 이 인덱스는 모든 벡터와 쿼리 벡터 간의 거리를 직접 계산해 가장 가까운 벡터를 탐색한다. 인덱스 생성 시 지정하는 dimension 매개변수는 벡터의 차원을 나타내며, IndexFlatL2는 이 고차원 공간에서 유사도 검색을 수행한다.

IndexFlatL2의 주요 특징은 단순성, 정확성, 그리고 속도와 관련이 있다. 단순성 측면에서, 이 인덱스는 모든 벡터를 직접 비교하기 때문에 가장 단순한 인덱스 구조를 갖는다. 정확성 면에서는 모든 벡터와의 거리를 계산해 가장 정확한 결과를 제공한다. 그러나 속도 측면에서는 데이터세트의 크기가 커질수록 검색 속도가 현저히 느려지는 단점이 있다.

이러한 특성으로 인해 IndexFlatL2는 작은 규모의 데이터세트나 높은 정확도가 요구되는 애플리케이션에 적합하다. 그러나 대규모 데이터세트에서는 검색 속도의 제약으로 인해 다른 인덱스 유형을 고려해야 할 수 있다.

HNSW 인덱스

```
index = faiss.IndexHNSW(dimension, M)
```

IndexHNSW는 Hierarchical Navigable Small World[2] 그래프를 활용해 효율적인 근사 최근접 검색을 수행하는 FAISS의 고급 인덱스다. 이 인덱스는 벡터의 차원을 나타내는 `dimension` 매개변수와 함께, 각 노드가 가질 수 있는 최대 연결 수를 지정하는 `M` 매개변수를 사용한다. `M` 값이 클수록 그래프의 연결이 촘촘해져 검색 정확도가 향상되지만, 동시에 메모리 사용량도 증가한다.

IndexHNSW의 주요 특징은 효율성, 확장성, 그리고 메모리 사용량과 관련이 있다. 그래프 기반 구조를 사용하기 때문에 `IndexFlatL2`에 비해 검색 속도가 훨씬 빠르며, 특히 대규모 데이터세트에서도 우수한 성능을 보인다. 그러나 이러한 성능 향상은 메모리 사용량의 증가를 동반하므로, 연결 수 `M`과 데이터세트의 크기에 따라 메모리 사용량이 크게 증가할 수 있다.

IndexHNSW는 대규모 데이터세트에서 빠른 검색 속도와 높은 정확도가 요구되는 애플리케이션에 적합하다. 그러나 메모리 제약이 있는 환경에서는 `M` 값을 적절히 조정하거나 다른 인덱스 유형을 고려해야 할 수 있다. 이 인덱스는 정확도와 속도 사이의 균형을 효과적으로 조절할 수 있어, 다양한 실제 응용 분야에서 널리 사용된다.

IVF 인덱스

```
quantizer = faiss.IndexFlatL2(dimension)
index = faiss.IndexIVFFlat(quantizer, dimension, nlist)
index.train(vectors)
```

IndexIVFFlat는 IVF(Inverted File System)[3]를 활용해 벡터를 여러 클러스터로 분할하고, 각 클러스터 내에서 검색을 수행하는 FAISS의 효율적인 인덱스다. 이 인덱스는 사용 전 입력 벡터로 학습 과정을 거쳐야 하며, 이를 통해 클러스터링을 수행한다.

---

2 효율적인 근사 최근접 이웃 검색을 위해 고안된 그래프 기반 데이터 구조
3 데이터를 클러스터로 분할하고 각 클러스터에 대한 인덱스를 생성하여 대규모 데이터세트에서 빠른 검색을 가능하게 하는 데이터 구조

IndexIVFFlat의 주요 매개변수로는 quantizer, dimension, nlist가 있다. quantizer는 벡터를 클러스터로 나누는 데 사용되는 인덱스로, 일반적으로 IndexFlatL2가 사용된다. dimension은 벡터의 차원을 나타내며, nlist는 생성할 클러스터의 수를 지정한다. nlist 값이 클수록 검색 정확도가 향상되지만, 동시에 검색 속도가 느려질 수 있다.

이 인덱스의 주요 특징은 효율성, 확장성, 그리고 성능 조정 가능성이다. 벡터를 클러스터로 나누어 검색 범위를 줄임으로써 높은 효율성과 빠른 검색 속도를 제공한다. 특히 대규모 데이터 세트에서 우수한 성능을 보인다. 또한, nlist 값을 조정함으로써 검색 속도와 정확도 사이의 균형을 사용자의 요구에 맞게 조절할 수 있다.

IndexIVFFlat는 대규모 데이터세트에서 빠른 검색이 필요하지만 IndexFlatL2만큼의 높은 정확도가 요구되지 않는 경우에 적합하다. 이 인덱스는 실제 응용 분야에서 널리 사용되며, 특히 근사 최근접 이웃 검색이 요구되는 추천 시스템, 이미지 검색 등의 애플리케이션에서 효과적으로 활용된다.

B

레이 튠

레이 튠(Ray Tune)은 분산 하이퍼파라미터 최적화 프레임워크로, 머신러닝 모델의 성능을 향상시키기 위한 효율적인 도구다. 이 프레임워크는 **레이 프로젝트(Ray project)**[1]의 일부로, 대규모 분산 컴퓨팅 환경에서 모델 튜닝을 수행할 수 있도록 설계됐다.

레이 튠의 핵심 기능은 다양한 하이퍼파라미터 탐색 알고리즘을 지원한다는 점이다. 여기에는 랜덤 탐색, 그리드 탐색뿐만 아니라 베이지안 최적화, 유전 알고리즘 등 고급 기법들도 포함된다. 이를 통해 사용자는 자신의 문제에 가장 적합한 탐색 방법을 선택할 수 있다.

또한 레이 튠은 **조기 중단(Early stopping)** 기능을 제공해 성능이 좋지 않은 실험을 빠르게 중단함으로써 컴퓨팅 리소스를 효율적으로 사용할 수 있게 한다. 이는 특히 대규모 모델 미세 조정 작업에서 중요한 역할을 한다.

레이 튠의 또 다른 강점은 다양한 머신러닝 프레임워크와의 통합이다. 파이토치, 텐서플로, 케라스 등 주요 딥러닝 라이브러리와 원활하게 연동되어 사용자가 기존 코드를 크게 수정하지 않고도 레이 튠을 적용할 수 있다.

---

1 대규모 학습과 AI 애플리케이션을 위한 확장 가능한 분산 컴퓨팅 프레임워크로, 복잡한 병렬 및 분산 작업을 간소화하고 가속화하는 데 중점을 둔다.

이 외에도 레이 튠은 또한 실험 결과를 추적하고 시각화하는 도구를 제공한다. 이를 통해 사용자는 여러 실험 결과를 쉽게 비교하고 분석할 수 있으며, 최적의 하이퍼파라미터 조합을 효과적으로 식별할 수 있다.

레이 튠은 효율적인 하이퍼파라미터 최적화, 분산 컴퓨팅 지원, 다양한 머신러닝 프레임워크와의 호환성을 통해 복잡한 모델 미세 조정 작업을 간소화하고 가속화한다. 이는 데이터 과학자와 연구자들이 더 나은 모델을 더 빠르게 개발할 수 있도록 돕는 강력한 도구다. 다음 명령어로 레이 튠 라이브러리를 설치할 수 있다.

레이 튠 설치

```
pip3 install ray[tune]
```

레이 튠 라이브러리는 트랜스포머 라이브러리의 트레이너 클래스와 쉽게 통합되어 강력한 하이퍼파라미터 탐색 기능을 제공한다. 기존 트레이너 클래스의 구조를 크게 수정하지 않고도 효율적인 하이퍼파라미터 최적화를 수행할 수 있다.

레이 튠의 분산 처리 능력을 활용해 다양한 하이퍼파라미터 조합을 병렬로 실험할 수 있어, 모델의 성능을 빠르게 향상시킬 수 있다. 다음은 하이퍼파라미터 탐색 메서드의 주요 매개변수를 설명한다.

하이퍼파라미터 탐색 메서드

```
BestRun = Trainer.hyperparameter_search(
    backend: Optional[Union["str", HPSearchBackend]] = None,
    n_trials: int = 20,
    direction: Union[str, List[str]] = "minimize",
    hp_space: Optional[Callable[["optuna.Trial"], Dict[str, float]]] = None,
    compute_objective: Optional[Callable[[Dict[str, float]], float]] = None,
    resources_per_trial: Union[None, Mapping[str, Union[float, int, Mapping]]],
    trial_dirname_creator: Optional[Callable[[Trial], str]] = None
)
```

- **backend**: 최적화 백엔드를 지정한다. 주요 옵션으로는 ray, optuna, sigopt 등이 있으며, ray로 설정할 경우 레이 튠을 사용한다.

- **n_trials**: 여러 조합의 하이퍼파라미터에 대해 수행할 실험 횟수를 설정한다. 설정한 하이퍼파라미터의 개수가 n_trials보다 많더라도 n_trials만큼의 실험을 수행한다.

- **direction**: 하이퍼파라미터 최적화 과정에서 목표 메트릭의 최적화 방향을 지정한다. 손실값을 기준으로 최적화를 수행하려면 minimize로 설정하고, 정확도를 기준으로 하려면 maximize로 설정한다. 여러 목표를 동시에 최적화할 경우 리스트로 지정할 수도 있다(예: ["minimize", "maximize"]).

- **hp_space**: 각 실험(trial)에서 사용할 하이퍼파라미터 조합을 반환하는 함수다. 선택한 백엔드에서 제공하는 다양한 분포 함수를 사용해 하이퍼파라미터 값의 범위를 정의할 수 있다. 정의된 범위 내의 하이퍼파라미터들로 실험을 수행한다.

- **compute_objective**: 최적화 결과로 비교할 검증 메트릭을 정의하는 함수다. 이 함수는 모델 평가 결과를 입력받아 최적화할 단일 수치를 반환해야 한다.

- **resources_per_trial**: 각 실험에 할당할 하드웨어 자원을 지정한다. CPU 코어 수와 GPU 개수를 설정할 수 있다(예: {"cpu": 1, "gpu": 0.5}). 설정한 값보다 가용 자원이 많을 경우, 여러 실험을 동시에 실행할 수 있다.

- **trial_dirname_creator**: 각 실험의 결과를 저장할 디렉터리 이름을 생성하는 함수다. 기본값은 None이며, 이 경우 기본 명명 규칙이 사용된다. 특정 파일 시스템은 254자 이상의 파일 이름을 처리할 수 없으므로, 실험 결과를 저장할 디렉터리 이름을 변경할 때 사용한다.

하이퍼파라미터 조합을 검색하는 알고리즘은 선택한 백엔드와 설정에 따라 다르다. 예를 들어, 옵튜나는 다양한 샘플링 방법(**무작위**, TPE[2], CMA-ES[3] 등)과 가지치기 방법을 제공한다. 레이 튠은 **무작위 검색**(Random search), **베이지안 최적화**(Bayesian optimization)[4], ASHA(Asynchronous Successive Halving Algorithm)[5] 등 다양한 알고리즘을 지원한다. 구체적인 검색 알고리즘은 백엔드 설정 시 지정할 수 있다. 만약, 검색 알고리즘을 선택하지 않는다면 무작위 검색 알고리즘으로 설정된다.

---

2   하이퍼파라미터 최적화를 위해 입력 공간을 트리 구조로 나누어 확률 모델을 구축하고, 이를 기반으로 탐색을 효율적으로 수행하는 베이지안 최적화 기법

3   진화 전략을 기반으로 한 최적화 알고리즘으로, 적응적으로 공분산 행렬을 업데이트하여 최적화 문제에서 효율적으로 탐색하는 방법

4   하이퍼파라미터 탐색을 위해 확률 모델을 사용해 성능을 예측하고 효율적으로 최적화를 수행하는 방법

5   주어진 시간 자원 내에서 최적의 하이퍼파라미터 조합을 효율적으로 찾기 위해 여러 모델을 동시에 평가하고 성능이 낮은 모델을 점진적으로 제거하는 방법

B.1 하이퍼파라미터 최적화 수행

이제 레이 튠을 활용해 하이퍼파라미터 최적화를 수행해 본다. 다음 예제 B.1은 2.10절 '트레이너'에서 다룬 예제 2.26 '개체명 인식 모델 학습 및 평가'를 활용해 최적화를 수행한다.

예제 B.1 모델 학습 준비

```python
from datasets import load_dataset
from transformers import AutoModelForTokenClassification, AutoTokenizer

def preprocess_data(example, tokenizer):
    sentence = "".join(example["tokens"]).replace("\xa0", " ")
    encoded = tokenizer(
        sentence,
        return_offsets_mapping=True,
        add_special_tokens=False,
        padding=False,
        truncation=False
    )

    labels = []
    for offset in encoded.offset_mapping:
        if offset[0] == offset[1]:
            labels.append(-100)
        else:
            labels.append(example["ner_tags"][offset[0]])
    encoded["labels"] = labels
    return encoded

dataset = load_dataset("klue", "ner")
labels = dataset["train"].features["ner_tags"].feature.names

model_name = "Leo97/KoELECTRA-small-v3-modu-ner"
tokenizer = AutoTokenizer.from_pretrained(model_name)
model = AutoModelForTokenClassification.from_pretrained(
    model_name,
    num_labels=len(labels),
```

```
        ignore_mismatched_sizes=True
)

processed_dataset = dataset.map(
    lambda example: preprocess_data(example, tokenizer),
    batched=False,
    remove_columns=dataset["train"].column_names
)
```

앞선 예제 2.26과 동일한 모델 및 데이터세트를 활용한다. KLUE NER 데이터세트를 불러와
전처리를 수행한 후, KoELECTRA 모델을 설정해 모델 비교를 준비한다. 이제 하이퍼파라미
터 탐색을 위한 준비 과정은 모두 완료됐다. 다음 예제 B.2는 하이퍼파라미터 탐색 과정을 보
여준다.

예제 B.2 하이퍼파라미터 탐색

```
from ray import tune
from functools import partial
from transformers import Trainer, TrainingArguments
from transformers.data.data_collator import DataCollatorForTokenClassification

def model_init(model_name, labels):
    return AutoModelForTokenClassification.from_pretrained(
        model_name, num_labels=len(labels), ignore_mismatched_sizes=True
    )

def hp_space(trial):
    return {
        "learning_rate": tune.loguniform(1e-5, 1e-4),
        "weight_decay": tune.loguniform(1e-5, 1e-1),
        "num_train_epochs": tune.choice([1, 2, 3])
    }

def compute_objective(metrics):
    return metrics["eval_loss"]
```

```python
training_args = TrainingArguments(
    output_dir="token-classification-hyperparameter-search",
    evaluation_strategy="epoch",
    per_device_train_batch_size=32,
    per_device_eval_batch_size=32,
    # learning_rate=1e-4,
    # weight_decay=0.01,
    # num_train_epochs=5,
    seed=42
)

trainer = Trainer(
    model_init=partial(model_init, model_name=model_name, labels=labels),
    args=training_args,
    train_dataset=processed_dataset["train"],
    eval_dataset=processed_dataset["validation"],
    data_collator=DataCollatorForTokenClassification(tokenizer=tokenizer, padding=True)
)

best_run = trainer.hyperparameter_search(
    backend="ray",
    n_trials=5,
    direction="minimize",
    hp_space=hp_space,
    compute_objective=compute_objective,
    resources_per_trial={"cpu": 2, "gpu": 1},
    trial_dirname_creator=lambda trial: str(trial)
)
print(best_run.hyperparameters)
```

【 출력 결과 】

Trial name	epoch	eval_loss	eval_runtime	eval_samples_per_second	eval_steps_per_second	objective
_objective_c90f0_00000	3	0.1465	4.99	1002	31.463	0.1465
_objective_c90f0_00001	2	0.11797	7.896	633.232	19.883	0.11797
_objective_c90f0_00002	1	0.529167	5.686	879.352	27.612	0.529167
_objective_c90f0_00003	2	0.139263	8.5656	583.732	18.329	0.139263
_objective_c90f0_00004	2	0.350191	5.8761	850.907	26.718	0.350191

생략

```
{'learning_rate': 6.0213101851476005e-05,
 'weight_decay': 0.0024400607090817495,
 'num_train_epochs': 2}
```

model_init 함수는 모델 인스턴스를 생성하는 함수로, 여러 번의 실험을 통해 최적의 하이퍼 파라미터를 탐색할 수 있도록 할당된다. 각 실험마다 초기화된 가중치와 구조를 반환하도록 설 정해 일관된 초기 상태를 보장한다.

hp_space 함수는 최적화 과정에서 탐색할 하이퍼파라미터의 종류와 값의 범위를 정의한다. 각 하이퍼파라미터의 특성에 맞게 적절한 탐색 범위를 설정하는 것이 중요하다. 이 설정에 따라 최적화 알고리즘이 탐색할 하이퍼파라미터 공간이 결정되므로 적절한 값을 선택해야 한다. 값 의 범위 설정 방법은 다음 표 B.1을 참고한다.

표 B.1 값의 범위 설정 방법

함수	설명	예시

tune.uniform(
    lower,
    upper
)
	lower와 upper 사이의 값을 균등하게 선택한다.	tune.uniform(0.01, 0.1)

tune.quniform(
    lower,
    upper,
    q
)
	q 간격으로 정숫값을 균등하게 선택한다.	tune.quniform(0.01, 0.1,
		0.01)

tune.qloguniform(
    lower,
    upper,
    q
)
	lower와 upper 사이의 로그 스케일에서 q 간격
	으로 값을 균등하게 선택한다.
		tune.qloguniform(1e-5, 1e-4,
		1e-5)

tune.randint(
    lower,
    upper
)
	범위 내에서 정숫값을 무작위로 선택한다.	tune.randint(16, 64)

tune.qrandint(
    lower,
    upper,
    q
)
	q 간격으로 정숫값을 무작위로 선택한다.	tune.qrandint(16, 64, 8)

tune.choice([val1, val2, ...])	주어진 값들 중에서 하나를 무작위로 선택한다.	tune.choice([1, 2, 3])

tune.loguniform(
    lower,
    upper
)
	lower와 upper 사이의 값을 로그 스케일에서
	균등하게 선택한다.
		tune.loguniform(1e-5, 1e-4)

함수	설명	예시

tune.lograndint(
  lower,
  upper
)
	lower와 upper 사이의 정숫값을 로그 스케일에서 무작위로 선택한다.	tune.lograndint(1, 10)

tune.qlograndint(
  lower,
  upper,
  q
)
	lower와 upper 사이의 로그 스케일에서 q 간격으로 정숫값을 무작위로 선택한다.	tune.qlograndint(1, 10, 1)

compute_objective 함수는 하이퍼파라미터 최적화 과정에서 사용할 평가 지표를 정의한다. 일반적으로 검증 손실(Validation loss) 또는 검증 정확도(Validation accuracy)를 기준으로 설정한다. 허깅페이스 트레이너에서는 eval_loss가 검증 손실을, eval_accuracy가 검증 정확도를 나타낸다.

TrainingArguments에서는 learning_rate, weight_decay, num_train_epochs가 hp_space에서 탐색되므로 따로 할당하지 않는다.

Trainer에서는 고정된 모델 인스턴스를 전달하는 model 매개변수 대신 model_init 매개변수를 사용한다. 하이퍼파라미터 탐색 과정에서는 여러 번의 실험이 반복되므로 매번 새로운 초기 가중치로 모델을 시작해야 한다. model_init은 모델을 초기화하는 함수로, 각 실험마다 새로운 모델 인스턴스를 생성한다.

트레이너 설정이 모두 완료됐다면, 하이퍼파라미터 탐색 메서드로 최적화 과정을 시작할 수 있다. 이 메서드는 최적의 하이퍼파라미터 조합과 그 결과를 반환한다. 이를 통해 가장 좋은 성능을 보인 하이퍼파라미터 설정을 확인할 수 있으며, 이 설정을 사용해 최종 모델을 학습할 수 있다.

B.2 하이퍼파라미터 최적화 결과 비교

출력 결과를 보면 기존에 설정한 하이퍼파라미터 값과 큰 차이가 있음을 확인할 수 있다. 하이퍼파라미터 탐색을 통해 도출된 값으로 모델을 학습해 본다. 다음은 기존 하이퍼파라미터와 최적화된 하이퍼파라미터 학습 결과를 비교한 것이다.

기존 하이퍼파라미터

Epoch	Training Loss	Validation Loss
1	0.291900	0.115407
2	0.097000	0.099698
3	0.074300	0.096188
4	0.050400	0.096160
5	0.044400	0.098424

탐색된 하이퍼파라미터

Epoch	Training Loss	Validation Loss
1	0.369900	0.134488
2	0.126400	0.116859

기존 하이퍼파라미터를 보면 Training Loss와 Validation Loss가 세 번째 에폭부터 거의 변함이 없음을 알 수 있다. 이후 에폭부터는 과대 적합의 징후가 나타나기 시작한다. Training Loss는 계속 감소하지만 Validation Loss는 더 이상 개선되지 않거나 오히려 증가하는 경향을 보인다. 이는 모델이 학습 데이터에 지나치게 맞춰져가는 과대 적합 현상을 나타낸다.

하지만 탐색된 하이퍼파라미터에서는 에폭을 두 번만 수행하게 되어 학습 시간이 크게 단축됐다. 이를 통해 더 적은 에폭으로 유사하거나 더 나은 성능을 달성함으로써, 계산 자원과 시간을 절약할 수 있으며, 최적화된 하이퍼파라미터 설정으로 모델이 더 빠르게 좋은 성능에 도달할 수 있음을 의미한다. 또한, 하이퍼파라미터 최적화 과정에서 조기 종료와 유사한 효과를 얻어, 불필요한 추가 학습을 방지했다.

적은 에폭 수로 좋은 성능을 보인다는 것은 모델이 학습 데이터에 과도하게 의존하지 않고 더 일반화된 특성을 학습했을 가능성을 보여준다. 학습 시간 단축은 실제 응용에서 모델 개발 및 배포 주기를 크게 단축시킬 수 있다. 이러한 결과는 하이퍼파라미터 최적화가 단순히 모델의 성능만을 개선하는 것이 아니라, 학습 과정 전반의 효율성을 높이는 데에도 큰 역할을 한다는 것을 보여준다. 이제 기존 하이퍼파라미터 출력 결과와 탐색된 하이퍼파라미터 출력 결과를 비교해 본다.

기존 하이퍼파라미터 출력 결과

```
[('위키', '0'), ('##북', '0'), ('##스', '0'), ('##의', '0'), # 이하 동일한 값 ...]
```

탐색된 하이퍼파라미터 출력 결과

```
[('위키', 'B-OG'), ('##북', 'I-OG'), ('##스', 'I-OG'), ('##의', '0'), # 이하 동일한 값 ... ]
```

기존 하이퍼파라미터를 사용한 모델의 출력 결과에서는 위키북스가 조직임에도 불구하고 개체명 인식 모델이 이를 O(기타)로 예측했다. 반면, 최적화된 하이퍼파라미터를 적용한 모델에서는 위키북스를 정확히 OG(조직)로 예측했다. 이러한 결과는 다음과 같은 의미를 갖는다.

하이퍼파라미터 최적화의 이점

- **모델 성능 향상**: 하이퍼파라미터 최적화가 모델의 전반적인 성능을 향상시켰음을 보여준다.

- **세밀한 구분 능력 개선**: 최적화된 모델이 더 미묘한 문맥적 차이를 인식하고 처리할 수 있음을 보여준다.

- **일관성 향상**: 유사한 엔티티에 대해 더 일관된 예측을 할 가능성이 높아졌다.

- **오분류 감소**: 중요한 엔티티를 놓치는 오류(False Negative)가 줄어들었음을 의미한다.

- **학습 데이터 활용도 증가**: 모델이 학습 데이터에서 더 효과적으로 패턴을 추출하고 일반화했을 가능성이 있다.

- **특정 도메인 적응성 향상**: 위키북스와 같은 특정 도메인의 엔티티에 대한 인식 능력이 개선됐다.

B.3 하이퍼파라미터 검색 알고리즘

하이퍼파라미터 탐색 메서드를 호출할 때 특정 하이퍼파라미터 검색 알고리즘을 지정하지 않았다. 이 경우 기본 설정인 무작위 검색 알고리즘이 적용되어 실험이 진행된다. 만약 하이퍼파라미터 검색 알고리즘을 지정하고 싶다면 표 B.2를 참조해 다양한 옵션을 설정할 수 있다.

표 B.2 하이퍼파라미터 검색 알고리즘

검색 알고리즘	설명	설정 방법
무작위 검색	하이퍼파라미터 범위에서 무작위로 값을 선택한다.	기본 설정
베이지안 최적화	이전 실험 결과를 기반으로 다음 실험의 하이퍼파라미터 조합을 선택한다.	BayesOptSearch 클래스
하이퍼밴드 및 ASHA	성능이 낮은 실험을 조기에 중단하고, 더 유망한 실험에 자원을 재할당한다.	ASHAScheduler 클래스
옵튜나	Tree-structured Parzen Estimator(TPE) 알고리즘을 활용해 최적화를 수행한다.	OptunaSearch 클래스

BayesOptSearch 클래스를 사용하려면 bayesian-optimization 라이브러리가 필요하며, OptunaSearch를 위해서는 optuna 라이브러리가 필요하다. 이 라이브러리들을 새로 설치한 경우, 변경사항을 적용하기 위해 커널(세션)을 재시작해야 한다.

이제 ASHAScheduler 클래스와 OptunaSearch 클래스를 활용해 검색 알고리즘을 적용해 본다. 다음 예제 B.3은 하이퍼파라미터 검색 알고리즘 적용 방법을 보여준다.

예제 B.3 하이퍼파라미터 검색 알고리즘 적용

```python
from ray.tune.schedulers import ASHAScheduler
from ray.tune.search.optuna import OptunaSearch


best_run = trainer.hyperparameter_search(
    backend="ray",
    n_trials=5,
    hp_space=hp_space,
    resources_per_trial={"cpu": 2, "gpu": 1},
    trial_dirname_creator=lambda trial: str(trial),
    search_alg=OptunaSearch(
        metric="eval_loss",
        mode="min"
    ),
    scheduler=ASHAScheduler(
        metric="eval_loss",
        mode="min",
        max_t=1000,
```

```
        grace_period=1,
        reduction_factor=2
    )
)
print(best_run.hyperparameters)
```

【 출력 결과 】

```
# 생략

{'learning_rate': 7.571610125068362e-05,
 'weight_decay': 0.028709459362853535,
 'num_train_epochs': 3}
```

OptunaSearch는 옵튜나 프레임워크를 기반으로 한 베이지안 최적화 알고리즘을 사용한다. 이 알고리즘은 이전 시도의 결과를 바탕으로 다음 하이퍼파라미터 조합을 선택하며, 특히 복잡한 하이퍼파라미터 공간에서 효과적이다. 현재 예제에서는 metric과 mode 파라미터를 통해 평가 손실(eval_loss)을 최소화하는 방향으로 최적화를 진행한다.

ASHAScheduler는 ASHA 알고리즘의 구현체로, 효율적인 리소스 관리를 가능하게 한다. 이 스케줄러는 성능이 좋지 않은 실험을 조기에 중단하고, 유망한 실험에 더 많은 리소스를 할당한다. max_t는 최대 학습 횟수, grace_period는 최소 학습 횟수, reduction_factor는 각 라운드에서 유지할 실험의 비율을 결정한다.

이 두 컴포넌트의 조합은 효율적이고 효과적인 하이퍼파라미터 최적화를 가능하게 한다. OptunaSearch가 지능적으로 하이퍼파라미터 공간을 탐색하는 동안, ASHAScheduler는 리소스 사용을 최적화해 전체 최적화 과정의 효율성을 높인다.

C

GPTQ

GPTQ(Generative Pre-trained Transformer Quantization)를 활용한 모델 최적화는 대규모 언어 모델의 효율성을 크게 향상시키는 기술이다. 이 방법은 모델의 가중치를 낮은 비트 정밀도로 양자화해 모델 크기를 줄이고 추론 속도를 높이는 데 중점을 둔다.

GPTQ의 핵심은 모델의 성능을 최대한 유지하면서 가중치를 압축하는 것이다. 이는 각 계층의 가중치를 개별적으로 분석하고, 중요도에 따라 다른 비트 수를 할당하는 방식으로 이뤄진다. 이러한 접근법은 기존의 단순한 양자화 방법보다 훨씬 더 정교하며, 모델의 정확도 손실을 최소화한다.

GPTQ를 통한 최적화의 주요 이점은 모델 크기의 대폭 감소다. 예를 들어, 32비트 부동소수점을 사용하는 원본 모델을 4비트 또는 심지어 3비트 정밀도로 줄일 수 있다. 이는 모델의 메모리 사용량을 크게 줄이고, 더 작은 하드웨어에서도 대형 모델을 실행할 수 있게 한다.

또한, GPTQ 최적화는 모델의 추론 속도를 상당히 향상시킨다. 양자화된 모델은 연산량이 줄어들어 더 빠른 처리가 가능하며, 이는 실시간 애플리케이션에서 특히 중요하다. GPTQ의 또 다른 장점은 다양한 모델 구조에 적용할 수 있다는 점이다. GPT 계열 모델뿐만 아니라 BERT, T5 등 다른 트랜스포머 기반 모델에도 효과적으로 적용될 수 있다.

그러나 GPTQ 최적화에는 주의할 점도 있다. 극단적인 양자화는 모델의 성능을 저하시킬 수 있으므로, 적절한 균형점을 찾는 것이 중요하다. 또한, 양자화된 모델의 미세 조정이 어려울 수 있어, 이에 대한 추가적인 연구 및 실험이 필요하다.

GPTQ를 활용한 모델 최적화는 대규모 언어 모델의 실용성을 크게 향상시키는 중요한 기술이다. 이는 모델의 크기를 줄이고 속도를 높이면서도 성능을 유지해, AI 기술의 더 광범위한 적용과 보급을 가능케 한다. GPTQ는 다음 명령어로 설치할 수 있다.

GPTQ 설치

```
pip3 install auto-gptq accelerate optimum
```

C.1 GPTQConfig 클래스

GTPQConfig 클래스는 양자화 과정을 세밀하게 제어하고 최적화하기 위한 설정 클래스다. 이 클래스를 통해 양자화할 모델의 비트 수, 사용할 데이터세트, 토크나이저 등 다양한 매개변수를 지정할 수 있다. 그뿐만 아니라 양자화 방법, **캘리브레이션(Calibration)**[1], **그루핑 전략(Grouping strategy)**[2] 등 고급 설정도 조정할 수 있어 더욱 정교한 양자화가 가능하다. 이러한 다양한 옵션들을 통해 모델의 성능과 효율성을 최적의 상태로 유지하면서 크기를 줄일 수 있다. 다음은 GTPQConfig 클래스의 주요 매개변수를 설명한다.

GPTQConfig 클래스

```
quantization_config = transformers.GPTQConfig(
    bits: int,
    tokenizer: Optional[Union[str, PreTrainedTokenizerBase]] = None,
    dataset: Optional[Union[List[str]]] = None,
    group_size: int = 128,
    desc_act: bool = False,
    block_name_to_quantize: Optional[str] = None,
    batch_size: int = 1,
```

---

1 양자화 과정에서 모델의 가중치와 활성화 값의 분포를 분석하고 조정하는 단계
2 모델 매개변수를 어떻게 그룹화해 양자화할지 결정하는 방법

```
    use_exllama: Optional[bool] = True,
    exllama_config: Optional[Dict[str, Any]] = {"version": 1}
)
```

- **bits**: 모델의 각 가중치를 몇 비트로 양자화할지 설정한다. 일반적으로 2, 3, 4, 8 비트 중 하나로 설정하며, 비트 수가 적을수록 모델 크기가 줄어들고 연산 속도가 빨라지지만, 정확도가 떨어질 수 있다.

- **tokenizer**: 데이터세트 처리에 사용할 토크나이저를 설정한다. 모델 저장소의 토크나이저, 토크나이저 객체, 로컬 저장 토크나이저 등을 사용할 수 있다. 예를 들어 facebook/opt-125m 또는 ./local_tokenizer 등으로 할당이 가능하다.

- **dataset**: 양자화에 사용할 데이터세트를 설정한다. 문자열 리스트로 직접 데이터를 제공하거나, wikitext2, c4, c4-new 등 사전에 정의된 데이터세트를 선택할 수 있다.

- **group_size**: 양자화에 사용할 그룹 크기를 설정한다. 가중치 행렬을 여러 개의 요소로 구성된 그룹으로 나누어 각 그룹별로 양자화를 수행한다. group_size가 -1일 경우, 각 열을 개별적으로 양자화한다. 이 설정은 더 세밀한 양자화를 수행하므로 계산 비용이 더 높다.

- **desc_act**: 활성화 함수의 양자화 여부를 설정한다.

- **block_name_to_quantize**: 양자화할 트랜스포머 블록의 이름을 지정한다. None으로 설정 시 model.layers를 기본값으로 사용한다. 기본 설정과 블록의 이름이 다르다면 모델의 구성을 출력해 확인한 후 올바른 블록 이름을 입력해야 한다.

- **batch_size**: 데이터세트에서 데이터를 불러올 때 사용할 배치 크기를 설정한다. 메모리 사용량과 처리 속도에 영향을 미친다.

- **use_exllama**: exllama 백엔드 사용 여부를 선택한다. exllama는 더 빠른 추론을 위해 설계된 커널로 4비트 양자화 모델만 지원한다. 값을 설정하지 않은 상태에서 4비트 양자화를 수행한다면 exllama 백엔드를 사용한다.

- **exllama_config**: exllama 백엔드의 설정을 지정한다. 현재 버전 1과 2를 지원하며, {"version": 1} 또는 는 {"version": 2}와 같이 설정할 수 있다.

이 설정들을 통해 GPTQ 양자화 과정을 세밀하게 제어하고, 모델의 크기, 속도, 정확도 사이의 균형을 조절할 수 있다.

C.2 모델 양자화

이제 `GPTQConfig` 클래스를 활용해 facebook/opt-125m 모델을 양자화해 보자. 다음 예제 C.1
은 양자화 과정을 보여준다.

예제 C.1 GPTQConfig 클래스를 활용한 모델 양자화

```python
from transformers import GPTQConfig
from transformers import AutoModelForCausalLM, AutoTokenizer

model_name = "facebook/opt-125m"
tokenizer = AutoTokenizer.from_pretrained(model_name)

quantization_config = GPTQConfig(
    bits=4,
    dataset="c4",
    tokenizer=tokenizer
)

quantized_model = AutoModelForCausalLM.from_pretrained(
    model_name,
    device_map="auto",
    quantization_config=quantization_config
)
```

【 출력 결과 】

```
tokenizer_config.json: 100% ███████ 685/685 [00:00<00:00, 31.1kB/s]
config.json: 100% ██████ 651/651 [00:00<00:00, 50.1kB/s]
vocab.json: 100% ██████ 899k/899k [00:00<00:00, 1.70MB/s]
merges.txt: 100% ██████ 456k/456k [00:00<00:00, 2.68MB/s]
special_tokens_map.json: 100% ██████ 441/441 [00:00<00:00, 33.9kB/s]
pytorch_model.bin: 100% █████ 251M/251M [00:05<00:00, 44.6MB/s]
generation_config.json: 100% █████ 137/137 [00:00<00:00, 13.7kB/s]
Downloading readme: 100% █████ 41.1k/41.1k [00:00<00:00, 2.74MB/s]
Downloading data: 100% ██████ 319M/319M [00:07<00:00, 49.5MB/s]
Generating train split: ■ 356317/0 [00:09<00:00, 39879.94 examples/s]
Quantizing model.decoder.layers blocks : 100% ██████ 12/12 [05:35<00:00, 26.53s/it]
```

이번 예제는 메타에서 개발한 OPT(Open Pre-trained Transformer) 모델을 활용해 모델을 GPTQ 방식으로 양자화하는 과정을 보여준다. OPT는 GPT-3와 유사한 아키텍처를 가진 언어 모델로, 다양한 크기의 모델이 제공된다. 여기서 사용하는 opt-125m은 약 1억 2,500만 개의 매개변수를 가진 비교적 작은 모델이다. 모델의 규모가 비교적 작은 크기이므로 빠르게 양자화를 수행할 수 있다.

양자화 설정에서 bits=4로 지정해 모델의 가중치를 4비트로 압축한다. 이를 통해 모델 크기를 크게 줄이면서도 성능 손실을 최소화할 수 있다. 양자화에 사용되는 c4 데이터세트는 구글 리서치에서 개발한 대규모 영어 텍스트 말뭉치로, opt-125m 모델의 학습 언어와 일치한다.

양자화 프로세스의 소요 시간은 모델의 크기, 사용하는 하드웨어(CPU/GPU), 그리고 선택한 양자화 설정에 따라 크게 달라질 수 있다. opt-125m과 같은 작은 모델은 비교적 빠르게 양자화될 수 있지만, 더 큰 모델의 경우 상당한 시간이 소요될 수 있다. 이 방법을 통해 모델의 크기를 대폭 줄이고 추론 속도를 높일 수 있으며, 리소스가 제한된 환경에서도 모델을 활용할 수 있게 된다.

이어서 양자화된 모델과 원본 모델의 텍스트 생성 결과를 비교해 보자. 예제 C.2는 두 모델의 텍스트 생성 결과를 보여준다.

예제 C.2 원본 모델과 양자화된 모델의 텍스트 생성 결과 비교

```python
from transformers import pipeline

origin_generator = pipeline("text-generation", model="facebook/opt-125m")
quantized_generator = pipeline("text-generation", model=quantized_model,
tokenizer=tokenizer)

input_text_list = [
    "In the future, technology wil",
    "What are we having for dinner?",
    "What day comes after Monday?"
]

print("원본 모델의 출력 결과:")
for input_text in input_text_list:
```

```
    print(origin_generator(input_text))
print("양자화 모델의 출력 결과:")
for input_text in input_text_list:
    print(quantized_generator(input_text))
```

【 출력 결과 】

```
원본 모델의 출력 결과:
[{'generated_text': 'In the future, technology wil be used to create a new type of
machine.\n\nThe machine'}]
[{'generated_text': "What are we having for dinner?\nA nice dinner with a friend.\nI'm not
sure"}]
[{'generated_text': "What day comes after Monday?\nI'm guessing it's Monday."}]

양자화 모델의 출력 결과:
[{'generated_text': 'In the future, technology wil be able to make it easier to make a new
phone.\n\n'}]
[{'generated_text': 'What are we having for dinner?\n\nI'm not sure what to do with the'}]
[{'generated_text': "What day comes after Monday?\nI'm not sure, but I'm guessing it's
Monday."}]
```

두 모델의 출력 결과를 보면, 입력한 텍스트의 의도에 맞게 문장을 생성하고 있음을 알 수 있다. opt-125m 모델은 소형 모델이기 때문에 출력 결과의 정확도가 다소 떨어지지만, 양자화 모델과 원본 모델 간에 큰 차이가 없음을 확인할 수 있다.

이어서 양자화 모델의 크기와 추론 시간이 원본 모델에 비해 절약됐는지 확인한다. 예제 C.3은 두 모델의 크기와 추론 시간 차이를 보여준다.

예제 C.3 원본 모델과 양자화 모델의 크기 및 추론 시간 비교

```
import time
import numpy as np

def measure_inference_time(generator, input_text, iterations=10):
    times = []
    for _ in range(iterations):
        start_time = time.time()
        generator(input_text)
```

```python
        end_time = time.time()
        times.append(end_time - start_time)
    avg_time = np.mean(times)
    return avg_time

def calculate_model_size(model):
    total_params = sum(p.numel() for p in model.parameters())
    total_memory = sum(p.numel() * p.element_size() for p in model.parameters())
    total_memory_mb = total_memory / (1024 ** 2)
    return total_memory_mb, total_params


test_input = "Once upon a time in a land far, far away, there was a small village."

size_original, total_params_original = calculate_model_size(origin_generator.model)
avg_inference_time_original = measure_inference_time(origin_generator, test_input)

size_quantized, total_params_quantized = calculate_model_size(quantized_generator.model)
avg_inference_time_quantized = measure_inference_time(quantized_generator, test_input)

print("원본 모델:")
print(f"- 매개변수 개수: {total_params_original:,}")
print(f"- 모델 크기: {size_original:.2f} MB")
print(f"- 평균 추론 시간: {avg_inference_time_original:.4f} sec")

print("양자화 모델:")
print(f"- 매개변수 개수: {total_params_quantized:,}")
print(f"- 모델 크기: {size_quantized:.2f} MB")
print(f"- 평균 추론 시간: {avg_inference_time_quantized:.4f} sec")
```

【 출력 결과 】

```
원본 모델:
- 매개변수 개수: 125,239,296
- 모델 크기: 477.75 MB
- 평균 추론 시간: 0.2744 sec
양자화 모델:
- 매개변수 개수: 40,221,696
- 모델 크기: 76.72 MB
- 평균 추론 시간: 0.0886 sec
```

출력 결과를 보면, 양자화 모델이 원본 모델에 비해 크기와 추론 시간에서 월등히 우수한 것을 확인할 수 있다. GPTQ를 사용해 양자화를 수행하면 모델의 성능을 유지하면서도 효율성을 높일 수 있다.

양자화 모델은 원본 모델에 비해 크기가 크게 줄어들어 메모리 사용량을 대폭 감소시킨다. 제한된 하드웨어 리소스에서도 모델을 효과적으로 배포하고 운영할 수 있게 해준다. 또한, 추론 시간이 단축되어 실시간 응답이 필요한 애플리케이션에서 더 빠른 처리가 가능해진다.

그러나 양자화에 따른 약간의 성능 저하가 발생할 수 있으므로, 실제 애플리케이션에 적용할 때는 정확도와 효율성 사이의 균형을 신중히 고려해야 한다. 또한, 특정 작업이나 도메인에 따라 양자화의 효과가 다르게 나타날 수 있으므로, 다양한 시나리오에서 테스트를 수행하는 것이 중요하다.

D

가속화

LLaMA, GPT, Mistral과 같은 대규모 언어 모델은 뛰어난 자연어 이해 및 생성 능력을 바탕으로 다양한 분야에서 광범위하게 활용되고 있다. 또한, ViT와 Stable-Diffusion 등 이미지 처리 분야에서도 트랜스포머 기반 모델들이 널리 사용되고 있다. 하지만 모델의 규모가 급격히 커지고 학습 데이터의 양이 폭발적으로 증가함에 따라 모델 학습이 점점 더 어려워지고 있다.

이러한 문제를 해결하기 위해 대규모 모델을 효율적으로 학습하기 위한 다양한 방법이 제시되고 있다. GPTQ와 같은 양자화 기법을 통해 가중치 수는 유지하면서 메모리 사용량과 연산 속도를 개선할 수 있다. 또한, 지식 증류나 가지치기 등을 통해 모델의 가중치 수 자체를 줄이는 접근도 가능하다. 그러나 이러한 방법들은 각각의 한계점을 지니고 있다.

양자화의 경우 정밀도 감소로 인해 모델 정확도가 저하될 가능성이 있으며, 성능 회복을 위한 추가 학습이 필요할 수 있다. 지식 증류는 학생 모델이 교사 모델의 성능에 완전히 도달하기 어려우며, 증류 과정 자체에 상당한 계산 리소스가 필요하다. 가지치기 역시 모델 성능 하락을 피하기 어려우며, 중요 매개변수를 잘못 삭제하는 경우 심각한 성능 저하를 초래할 수 있다.

이러한 성능 저하를 피하기 위한 대안으로 여러 개의 GPU나 TPU를 활용한 분산 학습을 고려할 수 있다. 분산 학습은 모델의 가중치나 정밀도를 조정하지 않고도 학습할 수 있어, 모델 성능을 유지하면서 대규모 학습을 가능하게 한다. 이러한 분산 학습에는 크게 두 가지 주요 접근 방식이 있다.

첫 번째는 **모델 병렬화(Model parallelism)**로, 대규모 모델을 여러 작은 부분으로 나눠 각 부분을 다른 장비에서 처리하는 방식이다. 이 방법은 단일 장비의 메모리 용량을 초과하는 매우 큰 모델을 학습할 수 있게 해주지만, 모델 구조에 따라 효과적인 병렬화가 어려울 수 있다.

두 번째는 **데이터 병렬화(Data parallelism)**로, 동일한 모델의 복사본을 여러 장치에서 실행하고 각 장치에서 서로 다른 데이터 배치를 처리하는 방식이다. 이 방법은 대규모 데이터세트를 효율적으로 처리할 수 있지만, 모델 자체가 단일 장치의 메모리 용량을 초과하면 적용하기 어렵다.

허깅페이스의 가속화 라이브러리는 분산 학습과 대규모 모델 학습을 간편하게 구현할 수 있도록 지원하는 강력한 도구다. 가속화 라이브러리는 GPU, TPU 등 다양한 하드웨어 기반의 분산 환경에서 학습을 용이하게 한다. 이 라이브러리의 주요 장점은 기존 코드를 최소한으로 수정해 분산 학습을 구현할 수 있다는 점이다. 또한, 단일 GPU, 다중 GPU, TPU 등 다양한 컴퓨팅 환경에서도 동일한 코드로 학습을 수행할 수 있어 유연성이 매우 높다.

더불어, 가속화 라이브러리는 **혼합 정밀도(Mixed precision)**[1] 학습을 지원해 메모리 효율성과 연산 속도를 개선할 수 있으며, **기울기 누산(Gradient accumulation)**을 통해 제한된 메모리로도 더 큰 배치 크기의 효과를 얻을 수 있다. 이러한 기능들은 대규모 모델 학습 시 발생하는 다양한 문제점을 해결하는 데 도움을 준다. 다음은 가속화 라이브러리 설치 방법을 보여준다.

가속화 라이브러리 설치

```
pip3 install accelerate
```

D.1 Accelerator 클래스

Accelerator 클래스는 가속화 라이브러리의 핵심 구성 요소로, 분산 학습 환경을 간편하게 구성하고 관리할 수 있다. 이 클래스는 혼합 정밀도 학습 설정, 가중치 누적 구성, GPU 사용 여부 등 분산 학습에 필요한 다양한 매개변수를 세부적으로 제어할 수 있다.

---

1 32비트와 16비트 부동소수점을 혼합해 학습 속도를 높이고 메모리 사용량을 줄이는 기법

또한 Accelerator 클래스는 backward 메서드를 통한 역전파 연산, save_state 메서드를 이용한 모델 가중치 저장, gather 메서드를 통한 여러 장치에 분산된 텐서를 모으는 등 분산 학습에 필수적인 다양한 기능을 제공한다. 이를 통해 복잡한 분산 학습 로직을 직접 구현할 필요 없이 효율적으로 분산 학습 환경을 구축하고 관리할 수 있다.

가속화 라이브러리를 사용할 수 있는 환경에서는 허깅페이스의 Trainer 클래스에 가속화 기능이 자동으로 적용되어, 추가 설정 없이도 분산 학습이 가능하다. 또한, 순수한 파이토치 코드를 사용하는 경우에서도 몇 줄의 코드만 추가하면 가속화 라이브러리를 통해 분산 학습이 가능하다. 다음은 Accelerate 클래스의 주요 매개변수를 설명한다.

Accelerator 클래스

```
accelerator = accelerate.Accelerator(
    mixed_precision: str,
    gradient_accumulation_steps: int = 1,
    cpu: bool,
    deepspeed_plugin: accelerate.DeepSpeedPlugin,
    fsdp_plugin: accelerate.FullyShardedDataParallelPlugin,
    megatron_lm_plugin: accelerate.utils.MegatronLMPlugin,
    rng_type: List[str, accelerate.utils.RNGType],
    log_with: List[str, accelerate.utils.LoggerType, accelerate.tracking.GeneralTracker],
    project_config: accelerate.utils.ProjectConfiguration,
    project_dir: str
)
```

- **mixed_precision**: 혼합 정밀도 학습 여부를 결정한다. no는 혼합 정밀도를 사용하지 않음을, fp16은 16비트 부동 소수점, bf16은 인공지능 모델에 특화된 부동 소수점, fp8은 8비트 부동 소수점을 이용한 혼합 정밀도를 의미한다. fp8 옵션은 transformers-engine 라이브러리가 필요하다.

- **gradient_accumulation_steps**: 가중치 누적 스텝 수를 설정한다. 기본값은 1로, 매 스텝마다 모델을 업데이트한다. 1보다 큰 값을 설정하면 여러 스텝의 기울기를 누적한 후 한 번에 모델을 업데이트해 더 큰 배치 크기 효과를 얻을 수 있다.

- **cpu**: CPU를 이용해 학습할지를 결정한다. True로 설정하면 GPU가 있어도 CPU에서 학습이 진행된다.

- **deepspeed_plugin**: DeepSpeed 프레임워크 사용을 위한 플러그인이다. DeepSpeed는 파이토치 모델의 효율적인 학습을 위한 마이크로소프트의 프레임워크로, 메모리 효율성과 긴 문장 처리 속도를 개선한다.

- **fsdp_plugin**: 완전 샤드된 데이터 병렬화(Fully Sharded Data Parallel, FSDP)[2]를 위한 플러그인이다. FSDP는 모델 가중치를 여러 장비에 걸쳐 샤드 형태로 분산 저장해 메모리 사용량을 크게 줄이고 더 큰 모델의 학습을 가능하게 한다.

- **megatron_lm_plugin**: Megatron-LM 프레임워크 사용을 위한 플러그인이다. Megatron-LM은 엔비디아가 개발한 대규모 언어 모델 학습용 분산 학습 프레임워크로, 층내 병렬화(Intra-layer)[3] 처리 등을 지원한다.

- **rng_types**: 난수 생성기의 유형을 지정한다. torch, cuda(GPU 전용), xla(TPU 전용), generator[4] 등의 옵션이 있다.

- **log_with**: 사용할 로깅 도구를 지정한다. tensorboard, wandb, comet_ml 중 선택하거나 all을 입력해 모든 가능한 로깅 도구를 사용할 수 있다.

- **project_config**: 프로젝트의 전반적인 구성을 지정한다. 학습 로그 저장 경로, 체크포인트 이름 및 수 등을 설정할 수 있다.

- **project_dir**: 프로젝트 디렉터리를 지정한다. 이 디렉터리에 모델 체크포인트, 학습 로그 등이 저장된다.

D.2 모델 분산 학습 수행

이제 가속화 라이브러리를 사용해, 3.2 '요약문 생성: BART'에서 다룬 요약문 생성 모델을 분산 학습해 본다. 다음 예제 D.1은 예제 3.10을 수행한 상태여야 한다.

예제 D.1 GPU 모델 분산 학습

```
import torch
from torch.utils.data import DataLoader
from transformers import DataCollatorForSeq2Seq
from accelerate.utils import set_seed
from accelerate import Accelerator, notebook_launcher


def create_dataloaders(batch_size):
```

---

2 모델 매개변수, 기울기, 옵티마이저 상태를 여러 GPU에 분산 저장해 메모리 효율성을 극대화하는 분산 학습 기법
3 단일 신경망 계층을 여러 GPU에 나누어 병렬 처리하는 기법으로, 대규모 모델의 효율적인 학습을 가능하게 한다.
4 파이토치 데이터세트에 입력돼 있는 샘플러 클래스를 이용해 난수를 생성한다.

```python
    seq2seq_collator = DataCollatorForSeq2Seq(
        tokenizer=tokenizer,
        padding="longest",
        return_tensors="pt"
    )
    train_dataloader = DataLoader(
        processed_dataset["train"],
        shuffle=True,
        batch_size=batch_size,
        collate_fn=seq2seq_collator
    )
    eval_dataloader = DataLoader(
        processed_dataset["validation"],
        shuffle=False,
        batch_size=batch_size,
        collate_fn=seq2seq_collator
    )
    return train_dataloader, eval_dataloader

def training_loop(model, epochs, seed, mixed_precision, batch_size, logging_steps):
    set_seed(seed)
    accelerator = Accelerator(mixed_precision=mixed_precision)
    train_dataloader, eval_dataloader = create_dataloaders(batch_size)

    optimizer = torch.optim.Adam(params=model.parameters(), lr=5e-5)
    model, optimizer, train_dataloader, eval_dataloader = accelerator.prepare(
        model, optimizer, train_dataloader, eval_dataloader
    )

    for epoch in range(epochs):
        model.train()
        for step, batch in enumerate(train_dataloader):
            outputs = model(**batch)
            loss = outputs.loss
            accelerator.backward(loss)
            optimizer.step()
            optimizer.zero_grad()
```

```
            if step % logging_steps == 0:
                accelerator.print(f"epoch {epoch}: {loss.item()}")

model = BartForConditionalGeneration.from_pretrained(model_name)
args = (model, 5, 2024, "fp16", 8, 100)
notebook_launcher(training_loop, args, num_processes=2)
```

【 출력 결과 】

```
Launching training on 2 GPUs.
epoch 0: 9.268437385559082
epoch 0: 0.616543710231781
epoch 0: 0.5184622406959534
epoch 0: 0.5727417469024658
...
```

이 예제는 가속화 라이브러리를 활용해 두 개의 GPU로 분산 학습을 수행하는 과정을 보여준다. 주피터 노트북 환경에서는 notebook_launcher 함수를 사용하는 것이 효과적이다. 이 함수는 모델 학습 함수를 입력받아 각 GPU에서 실행하므로, 모델, 최적화 함수, 데이터로더 등의 초기화는 모델 학습 함수 내에서 이뤄져야 한다.[5] 현재 구글 코랩과 캐글 커널에서 TPU를 사용한 학습, 그리고 노트북을 실행하는 기기에 여러 개의 GPU가 있는 경우 이를 활용한 학습을 지원한다.

notebook_launcher 함수를 사용해 분산 학습을 시작할 때는 training_loop 함수에 전달될 인자를 튜플 형식으로 지정해 전달해야 한다. args는 training_loop 함수에 전달될 인자들로, 모델 이름, 에폭 수, 시드값, 정밀도 설정, 배치 크기, 로깅 스텝 수를 의미한다. num_processes=2는 두 개의 GPU를 사용해 학습을 진행한다는 것을 의미한다.

분산 학습 시 모델의 일관된 초기화를 위해 set_seed 함수로 난수를 고정한다. Accelerator 클래스의 mixed_precision 매개변수에 "fp16"을 지정하면 16비트 부동 소수점을 사용하는 혼합 정밀도 학습이 가능하다. create_dataloaders 함수로 데이터로더를 생성하고, 모델과 최적화 함수를 초기화한다. 이후 prepare 메서드를 통해 이들을 분산 학습 및 혼합 정밀도 학습에 적합하게 변환한다.

---

5 이 함수를 호출하기 전에 노트북 세션에서 CUDA 관련 호출이 없어야 한다. 만약, CUDA 관련 호출이 있었다면 커널(세션)을 초기화해야 한다.

학습 과정은 기본적인 파이토치 모델 학습 방법과 유사하지만, 몇 가지 주요 차이점이 있다. 모델과 데이터를 장치로 이동할 때는 accelerate 객체의 device 속성을 사용해야 한다. 또한, 결과 출력 시 파이썬의 기본 print 함수 대신 accelerate 객체의 print 메서드를 사용해야 여러 프로세스에서의 중복 출력을 방지할 수 있다. 이러한 방식으로 효율적인 분산 학습 환경을 구축할 수 있다.

구글 코랩 환경에서는 TPU(Tensor Processing Unit)를 활용한 분산 학습을 실습할 수 있다. TPU는 구글이 개발한 인공지능 가속 칩으로, 행렬 연산에 최적화돼 있어 CPU나 GPU보다 훨씬 빠르게 딥러닝 모델을 처리할 수 있다. 2016년에 첫 버전인 v1이 발표된 이후 지속적으로 발전했으며, 현재 가장 최신 버전은 v5다.

구글 코랩에서는 2017년에 발표된 v2 칩셋을 제공한다. 이 v2 칩셋은 상대적으로 구버전의 아키텍처를 사용하고 있지만, 여전히 강력한 성능을 제공한다. 코랩 환경에서 TPU를 효과적으로 활용하기 위해서는 다음과 같은 설정 과정이 필요하다.

텐서플로 삭제

```
pip3 uninstall -y tensorflow
pip3 install accelerate==0.20.3
```

코랩 환경에는 기본적으로 파이토치와 텐서플로가 모두 설치돼 있다. 이로 인해 허깅페이스의 일부 최신 라이브러리를 불러올 때 충돌이 발생할 수 있다. 이러한 문제를 방지하기 위해 사용하지 않는 텐서플로 라이브러리를 제거해야 한다.

가속화 라이브러리의 경우 최신 버전 대신 0.20.3[6] 버전을 설치하면 오류 없이 모델을 학습할 수 있다. 이렇게 환경을 구성하면 라이브러리 간 충돌을 최소화하고 안정적인 학습 환경을 구축할 수 있다.

---

6 사용하는 파이토치 및 허깅페이스 라이브러리 버전에 따라 안정적인 가속화 라이브러리 버전이 다를 수 있다.

코랩 TPUv2 환경 설정

```python
import os

os.environ["TPU_NAME"] = os.environ["TPU_WORKER_ID"]
os.environ.pop("TPU_PROCESS_ADDRESSES")
os.environ.pop("CLOUD_TPU_TASK_ID")
```

텐서플로 삭제 및 가속화 라이브러리 버전 변경이 완료되면, 모델 학습을 위한 환경 변수를 코랩에서 제공하는 TPU에 맞게 설정한다.

TPU_NAME 환경 변수를 TPU_WORKER_ID 값으로 설정한다. 이는 현재 사용 중인 TPU 워커를 식별하는 데 사용된다. 이후, TPU_PROCESS_ADDRESSES와 CLOUD_TPU_TASK_ID 환경 변수를 제거한다. 이 변수들은 일반적으로 다중 TPU 설정에서 사용되지만, 코랩의 TPU 환경에서는 불필요하거나 오히려 문제를 일으킬 수 있다.

TPU를 활용한 모델 학습 방법은 예제 D.1과 같다. TPU를 사용해 모델을 학습할 때, 초기 단계에서는 학습이 매우 느리게 보일 수 있다. 이는 파이토치 모델이 TPU에서 효율적으로 학습할 수 있도록 메모리를 최적화하는 과정 때문이다. 이 과정은 모델 입력값의 크기가 달라질 때마다 반복된다.

찾아보기

A

Abstractive summarization	142
Accelerate	43
Accelerator	361
Accuracy	118
Activation function	4
AI	2
Ambiguity	125
ANN	332
Approximate Nearest Neighbor	332
A Robustly Optimized BERT Pretraining Approach	158
Artificial Intelligence	2
ASHA	341
Asynchronous Successive Halving Algorithm	341
Attention	6
Attention dimension	199
AudioFeatureExtractor	63
Audio Processing	39
Auto	68
AutoConfig	69
AutoFeatureExtractor	69
AutoImageProcessor	69
Automatic mixed precision	43
AutoModel	69
AutoModelForCausalLM	191
Auto-regressive	143
AutoTokenizer	69

B

BART	142
BartForConditionalGeneration	146
BartModel	146
BartTokenizerFast	146
Bayesian optimization	341
BCEWithLogitsLoss	134
Beam search	148
Beginning Of Sequence	53
BERT	127
BertForSequenceClassification	135
BertModel	133
BertTokenizer	135
BF16	43
Bidirectional and Auto-Regressive Transformers	142
Bidirectional Encoder Representations from Transformers	127
Bilingual Evaluation Understudy	178
BitsAndBytesConfig	189
BLEU	118, 178
BLIP	253
Blip2Config	256
Blip2ForConditionalGeneration	257
Blip2Processor	260
Bootstrap	117
Bootstrapping Language-Image Pre-training	253
BOS	53
Bounding boxes	217
BPE	50
Brain floating point	43
Brevity penalty	179
Byte Pair Encoding	50

C

Calibration	353
Caption	251
Causal language model	179
CIFAR-10	122
Classification	53
Classification head	134
CLIP	206
CLIPModel	209
CLIPProcessor	209
CLS	53
CMA-ES	341
CNN	203
COCO API	224
COCOeval	228
Computer Vision	39, 203
Compute Unified Device Architecture	12
Conditional generation	146
Context	125
Contrastive Language-Image Pre-training	206
Contrastive learning	205
Contrastive learning loss	207
Convolution	55
Convolutional Neural Networks	203
CrossEntropyLoss	134
Cross-validation	117
CUDA	12
CUDA Toolkit	13
cuDNN	13
CV	39

D

DataCollatorForSeq2Seq	151
DataCollatorWithPadding	137
Data parallelism	361
Datasets	19, 22, 41

DCG	118
Decoder	7
Deep Learning	3
Denoising autoencoder	144
Depth estimation	203
De-tokenize	54
Diffusers	42
Diffusion model	308
Direct Preference Optimization	186
Distributed training	43
DL	3
Docs	19
Document Question Answering	268
Document rotation	145
Document Visual Question Answering	277
Document Visual Question Answering Challenge Workshop	277
DocVQA	277
DocVQA 도전 과제 워크숍	277
Downstream	57
DPO	186
DQA	268
Dynamic masking	158

E

Early stopping	339
Embedding	7
Encoder	7
End Of Sequence	53
End-to-end	11
EOS	53
evaluate	120
evaluate-comparison	120
evaluate-measurement	120
evaluate-metric	120
Extractive question answering	157
Extractive summarization	142

F

F1 점수	118
F1 Score	118
Facebook AI Similarity Search	330
Face recognition	203
FAISS	330
False refusal rates	182
Faster R-CNN	270
Feature	60
Feedforward neural network	7
Few-shot learning	188
filter	89
Fine-tuning	5
Forward diffusion process	310
FP16	43
Fully connected layer	254
Fundamentally autoregressive	81

G - H

GAN	308
Gated model	190
General-Purpose computing on Graphics Processing Units	12
Generative Pre-trained Transformer Quantization	352
Generative question answering	157
Git LFS	30
GPGPU	12
GPTQ	352
GPTQConfig	353
GPU Compute Capability	12
GQA	181
Gradient accumulation	43
Gradient checkpointing	43
Ground-truth	226
Grouped Query Attention	181
Grouping strategy	353

Half-precision floating-point format	43
Hallucination	202
Hierarchical Navigable Small World	337
Hold-out	117
Hugging Face Hub	18
hyperparameter_search	340

I - K

Image captioning	251, 254
Image classification	203
ImageFeatureExtractor	61
Image generation	308
Image matching	326
ImageProcessor	66
Image restoration	203
Image segmentation	203, 230
Image-text contrastive learning	254
Image-text matching	254
Image Text Matching	291
Image-to-text	251
Improved alignment	182
In-context learning	188
Instance segmentation	246
Instruction fine-tuning	185
Intermediate representation	61
Inverted File System	337
IoU	119
ITM	291
IVF	337
K번째 정밀도	118
Key	9
KLUE	108
Korean Language Understanding Evaluation	108
KV 캐시	184

L

LAION−400M	254
Language model head	146
Languages	22
Large File Storage	30
Large Language Model Meta AI	181
Layer	4
Layout−aware Language Model	269
LayoutLM	269
LayoutLMv1	270
LayoutLMv2	270
LayoutLMv3	272
LayoutLMv3Config	273
LayoutLMv3FeatureExtractor	279
LayoutLMv3ForQuestionAnswering	285
LayoutLMv3Model	275
LayoutLMv3Processor	286
LayoutLMv3TokenizerFast	282
Libraries	22
License	28
LLaMA	181
load_dataset	84
Long Short−Term Memory	125
LoRA	196
LoraConfig	199
Loss function	4
Low−Rank Adaptation	196
LSTM	125

M

Machine Learning	3
Machine Reading Comprehension	160
Machine translation	168
MAE	118
map	89
mAP	119
Mask	53
Masked	53
Masked Image Modeling	273
Masked Language Model	128
Masked language modeling	58
Masked Language Modeling	273, 291
Masked multi−head attention	11
Masked visual−language modeling	271
Masking	51
Mel spectrogram	61
Metal Performance Shaders	16
METEOR	118
MIM	273
Mixed precision	361
Mixin	31
ML	3
MLM	128, 273, 291
Model Card	29
ModelConfig	49
ModelModel	56
Model name	28
Model parallelism	361
Models	19
ModelTokenizer	53
MPS	16
MRC	160
MRR	118
MSELoss	134
Multi−class classification	134
Multi−head attention	7
Multi−label classification	134
Multilingualism	125
Multimodal	250

N

Named Entity Recognition	105
Natural Language	125
Natural Language Processing	39, 125
NER	105
Neural Machine Translation	168
Next Sentence Prediction	128
NLP	39, 125
NMT	168
Node	4
Not Safe For Work	184
NSFW	184
NSP	128
Nucleus sampling	193

O

Object	230
Object detection	203
Objectness classifier	216
OCR	203
OOV	51
Open Pre-trained Transformer	356
Open-vocabulary	215
OPT	356
Optical Character Recognition	203
Optimizer	4
Optuna	100
OPUS-100	173
Out-Of-Vocabulary	51
Owlv2ForObjectDetection	217
Owlv2Processor	217
OWL-ViT	215
Owner	28

P - Q

PAD	53
Padding	41, 51, 53
Parallel corpus	174
Parameter-Efficient Fine-Tuning	196
PEFT	196
Persona	194
pipeline	76
P@K	118
Pooler	129
Pose estimation	203
Positional embedding	317
Position encoding	7
Post-layer normalization	295
Posts	19
PPO	186
Precision	118
Prefix Tuning	196
Pre-layer normalization	295
PretrainedConfig	45
PreTrainedModel	56
PreTrainedTokenizer	51
PreTrainedTokenizerFast	78
Pricing	19
Private	28
Profile	19
Prompt	170
Prompt engineering	323
Prompt guard	181
Prompt injection	181
Proximal Policy Optimization	186
P-Tuning	196
Public	28
push_to_hub	31
Q-Former	254
Quantization	189

Query	9
Querying Transformer	254
Question answering	157

R

Radar chart	124
Random search	341
Raster scan	281
Ray project	339
Ray Tune	100, 339
Recall	118
Rectified flow	311
Recurrent Neural Networks	125
Reiforcement Learning from Human Feedbac	186
Representation	148
Residual connection	128
Reverse diffusion process	310
RLHF	186
RMSE	118
RNN	125
RoBERTa	158
RobertaForQuestionAnswering	161
RobertaTokenizerFast	161
ROC-AUC	118
ROCm	15
Role	193
RoPE	183
Rotary Position Embedding	183
ROUGE	118

S

SAM	231
SamImageProcessor	235
SamModel	235
Sampling rate	65
SamProcessor	235

Scale-Invariant Feature Transform	326
Segment	230
Segment Anything Model	231
Self-attention	6
Self-training	215
Sentence permutation	144
SentencePiece	50
SEP	53
Separator	53
Seq2SeqTrainer	152
Seq2SeqTrainingArguments	152
Sequence labeling	110
Sequence-to-sequence	143, 169
SFT	186
SFTTrainer	200
SIFT	326
Sinusoidal encoding	317
Skewness	122
SMT	168
Soft visual prompt	254
Solutions	19
Spaces	19
Span-based Question Answering Dataset	86
Speeded-Up Robust Features	326
SQuAD	86
StableDiffusion3Pipeline	312
Statistical Machine Translation	168
Structure	125
Subword	41
Summary generation	141
Supervised Fine-Tuning	186
SURF	326

T − U

T5	169
T5ForConditionalGeneration	173
T5TokenizerFast	173
Tasks	22
Teacher forcing	153
Telecommunications Technology Association	106
Tensor Processing Unit	366
Text classification	127
Text generation	179
Text−image alignment	272
Text−image matching	271
Text infilling	144
Text−to−text	169
Text−To−Text Transfer Transformer	169
TikToken	187
Token	30, 40
Token classification	105
Token deletion	145
Tokenization	40
Tokenize	50
Tokenizer	40
Token masking	145
TPE	341
TPU	366
Trainer	99
TrainingArguments	102
Transfer learning	55
Transformer	6
Transformer Reinforcement Learning	196
Transformers	40
TRL	196
Truncating	41
TTA	106
Unigram	50

UNK	53
Unknown	53
Upstream	57

V − Z

Value	9
Vanishing gradient	126
Variability	125
ViLT	290
ViltConfig	292
ViltForQuestionAnswering	300
ViltModel	293
ViltProcessor	298
Vision−and−Language Pre−training	290
Vision−and−Language Transformer	290
Vision Transformer	204
Vision Transformer for Open−World Localization	215
Visual Question Answering	290
ViT	204
VLP	290
VQA	290
VQAv2	296
Waveform	61
Weak supervision	215
Word Patch Alignment	273, 291
WordPiece	50
WPA	273, 291
Zero−shot image classification	205
Zero−shot object detection	214

ㄱ - ㄴ

가변성	125
가속화	43
감쇠 누적 이득	118
값	9
개방형 어휘	215
개체명 인식	105
객체	230
객체 검출	203
객체성 분류기	216
거짓 거부율	182
게이트 모델	190
결제	19
경계 상자	217
계층	4
공개	28
과제 유형	22
교사 강요	153
교차 검증	117
교차 엔트로피 손실 함수	134
교차/합 비율	119
구조	125
그루핑 전략	353
그룹 쿼리 어텐션	181
근위 정책 최적화	186
기계 독해	160
기계 번역	168
기울기 누적	43
기울기 소실	126
기울기 체크포인팅	43
깊이 추정	203
노드	4
노이즈 제거 오토인코더	144

ㄷ - ㄹ

다국어	125
다운스트림	57
다음 문장 예측	128
다중 레이블 분류	134
다중 분류	134
대조 학습	205
대칭적인 대조 학습 손실 함수	207
데이터 병렬화	361
데이터세트	19, 22, 41
동적 마스킹	158
디코더	7
디토큰화	54
디퓨저	42
딥러닝	3
라이브러리	22
라이선스	28
래스터 주사	281
레이더 차트	124
레이 튠	100, 339
레이 프로젝트	339

ㅁ - ㅂ

마스크된 언어 모델	128
마스크드 멀티 헤드 어텐션	11
마스크드 언어 모델링	291
마스크 시각-언어 모델링	271
마스크 언어 모델링	273
마스크 이미지 모델링	273
마스킹	51
마스킹된 언어 모델링	58
맥락	125
맥락 내 학습	188
머신러닝	3
멀티모달	250

멀티 헤드 어텐션	7	셀프 어텐션	6
멜 스펙트로그램	61	셀프 트레이닝	215
모델	19	소유자	28
모델 병렬화	361	소프트 이미지 프롬프트	254
모델 이름	28	손실 함수	4
모델 카드	29	솔루션	19
모호성	125	순방향 신경망	7
무작위 검색	341	순방향 확산 과정	310
문서	19	순환 신경망	125
문서 시각 질의 응답	277	스페이스	19
문서 질의 응답	268	시각-언어 사전 학습	290
문서 회전	145	시각-언어 트랜스포머	290
문장 순열	144	시각적 질의 응답	290
미세 조정	5	시퀀스 레이블링	110
믹스인	31	시퀀스-투-시퀀스	143, 169
베이지안 최적화	341	신경망 기계 번역	168
병렬 말뭉치	174	실젯값	226

부트스트랩	117		
분류 헤드	134	**ㅇ**	
분산 학습	43	약한 지도	215
브레버티 페널티	179	양자화	189
비공개	28	어텐션	6
비전 트랜스포머	204	어텐션 차원	199
빔 서치	148	언어 모델 헤드	146
		얼굴 인식	203
ㅅ		업스트림	57
사전 계층 정규화	295	역방향 확산 과정	310
사후 계층 정규화	295	역할	193
상위-p 샘플링	193	오디오 처리	39
샘플링 레이트	65	오디오 파형	61
생성적 적대 신경망	308	옵튜나	100
생성 질의 응답	157	완전 연결 계층	254
선정성	184	요약문 생성	141
세그먼트	230	워드 패치 정렬	291
센텐스피스	50	워드 패치 조정	273

워드피스	50
위치 인코딩	7
위치 임베딩	317
유니그램	50
이미지 기반 텍스트 생성	254
이미지 매칭	326
이미지 복원	203
이미지 분류	203
이미지 생성	308
이미지 세그먼테이션	230
이미지 세분화	203
이미지 캡셔닝	251
이미지-텍스트 대조 학습	254
이미지 텍스트 매칭	291
이미지-텍스트 매칭	254
이진 교차 엔트로피 손실 함수	134
인간 피드백 기반 강화학습	186
인공지능	2
인과적 언어 모델	179
인스턴스 세그먼테이션	246
인코더	7
임베딩	7

ㅈ – ㅋ

자기회귀	143
자기회귀적	81
자동 혼합 정밀도	43
자연어	125
자연어 처리	39, 125
잔차 연결	128
잘라내기	41
장단기 기억	125
재현율	118
전이 학습	55
정렬 개선	182

정류된 흐름	311
정밀도	118
정현파 인코딩	317
정확도	118
제로샷 객체 검출	214
제로샷 이미지 분류	205
조건부 생성	146
조기 중단	339
종단 간	11
중간 표현	61
지도 미세 조정	186
지시 미세 조정	185
지원 언어	22
직접 선호 최적화	186
질의 응답	157
최적화	4
추상적 요약	142
추출적 요약	142
추출 질의 응답	157
캘리브레이션	353
캡션	251
컴퓨터비전	39, 203
쿼리	9
키	9

ㅌ

텍스트 분류	127
텍스트 생성	179
텍스트-이미지 일치성	271
텍스트-이미지 조정	272
텍스트 채우기	144
텍스트-투-텍스트	169
토크나이저	40
토큰	30, 40
토큰 마스킹	145

토큰 분류 105
토큰 삭제 145
토큰화 40, 50
통계적 기계 번역 168
트랜스포머 6, 40
트레이너 99
특징 60

ㅍ

패딩 41, 51
페르소나 194
편향 122
평균 역순위 118
평균 절대 오차 118
평균 정밀도 119
평균 제곱근 오차 118
평균 제곱 오차 손실 함수 134
포스트 19
포즈 추정 203
표현 148
풀러 129
퓨샷 러닝 188
프로필 19
프롬프트 170
프롬프트 가드 181
프롬프트 엔지니어링 323
프롬프트 주입 181

ㅎ

하위 단어 41
한국정보통신기술협회 106
합성곱 55
합성곱 신경망 203
핵심 샘플링 193
허깅페이스 허브 18
혼합 정밀도 361
홀드아웃 117

확산 모델 308
환각 202
활성화 함수 4
회전 위치 임베딩 183